学术史读书记

乔秀岩 叶纯芳 著

古典与文明

Classics & Civilization

生活·讀書·新知 三联书店

图书在版编目（CIP）数据

学术史读书记／（日）乔秀岩，叶纯芳著．—北京：
生活·读书·新知三联书店，2019.1（2025.3 重印）
（古典与文明）
ISBN 978 - 7 - 108 - 06342 - 7

Ⅰ．①学…　Ⅱ．①乔…②叶…　Ⅲ．①经学－研究
Ⅳ．① Z126

中国版本图书馆 CIP 数据核字（2018）第 131759 号

责任编辑　钟　韵
装帧设计　薛　宇
责任印制　李思佳
出版发行　**生活·讀書·新知** 三联书店
　　　　　（北京市东城区美术馆东街 22 号 100010）
网　　址　www.sdxjpc.com
图　　字　01-2018-6208
经　　销　新华书店
排　　版　北京金舵手世纪图文设计有限公司
印　　刷　北京建宏印刷有限公司
版　　次　2019 年 1 月北京第 1 版
　　　　　2025 年 3 月北京第 2 次印刷
开　　本　880 毫米 × 1092 毫米　1/32　印张 16.5
字　　数　328 千字
印　　数　4,001 - 4,800 册
定　　价　68.00 元
（印装查询：01064002715；邮购查询：01084010542）

"古典与文明"丛书
总　序

甘阳　吴飞

古典学不是古董学。古典学的生命力植根于历史文明的生长中。进入 21 世纪以来，中国学界对古典教育与古典研究的兴趣日增并非偶然，而是中国学人走向文明自觉的表现。

西方古典学的学科建设，是在 19 世纪的德国才得到实现的。但任何一本写西方古典学历史的书，都不会从那个时候才开始写，而是至少从文艺复兴时候开始，甚至一直追溯到希腊化时代乃至古典希腊本身。正如维拉莫威兹所说，西方古典学的本质和意义，在于面对希腊罗马文明，为西方文明注入新的活力。中世纪后期和文艺复兴对西方古典文明的重新发现，是西方文明复兴的前奏。维吉尔之于但丁，罗马共和之于马基雅维利，亚里士多德之于博丹，修昔底德之于霍布斯，希腊科学之于近代科学，都提供了最根本的思考之源。对古代哲学、文学、历史、艺术、科学的大规模而深入的研究，为现代西方文明的思想先驱提供了丰富的资源，使他们获得了思考的动力。可以说，那个时期的古典学术，就是现代西方文明的土壤。数百年古典学术的积累，是现代西方文明的命脉所系。19世纪的古典学科建制，只不过是这一过程的结果。随着现代研究性大学和学科规范的确立，一门规则严谨的古典学学科应运而生。但我们必须看到，西方大学古典学学科的真正基础，乃在于古典教育在中学的普及，特别是拉丁语和古希腊语曾长期为欧洲中学必修，才可能为大学古典学的高深研究源源不断地提供人才。

19世纪古典学的发展不仅在德国而且在整个欧洲都带动了新的一轮文明思考。例如，梅因的《古代法》、巴霍芬的《母权论》、古朗士的《古代城邦》等，都是从古典文明研究出发，在哲学、文献、法学、政治学、历史学、社会学、人类学等领域带来了革命性的影响。尼采的思考也正是这一潮流的产物。20世纪以来弗洛伊德、海德格尔、施特劳斯、福柯等人的思想，无不与他们对古典文明的再思考有关。而20世纪末西方的道德思考重新返回亚里士多德与古典美德伦理学，更显示古典文明始终是现代西方人思考其自身处境的源头。可以说，现代西方文明的每一次自我修正，都离不开对古典文明的深入发掘。正是在这个意义上，古典学绝不仅仅只是象牙塔中的诸多学科之一而已。

由此，中国学界发展古典学的目的，也绝非仅仅只是为学科而学科，更不是以顶礼膜拜的幼稚心态去简单复制一个英美式的古典学科。晚近十余年来"古典学热"的深刻意义在于，中国学者正在克服以往仅从单线发展的现代性来理解西方文明的偏颇，而能日益走向考察西方文明的源头来重新思考古今中西的复杂问题，更重要的是，中国学界现在已经超越了"五四"以来全面反传统的心态惯习，正在以最大的敬意重新认识中国文明的古典源头。对中外古典的重视意味着现代中国思想界的逐渐成熟和从容，意味着中国学者已经能够从更纵深的视野思考世界文明。正因为如此，我们在高度重视西方古典学丰厚成果的同时，也要看到西方古典学的局限性和多元性。所谓局限性是指，英美大学的古典学系传统上大多只研究古希腊罗马，而其他古典文明研究例如亚述学、埃及学、波斯学、印度学、汉学以及犹太学等，则都被排除在古典学系以外而被看作所谓东方学等等。这样的学科划分绝非天经地义，因为法国和意大利等的现代古典学就与英美有所不同。例如，著名的西方古典学重镇，韦尔南创立的法国"古代社会比较研究中心"，不仅是古希腊研究的重镇，而且广泛包括埃及学、亚述学、汉学乃至非洲学等各方面专家，在空间上大大突破了古希腊罗马的范围。而意大利的古典学研究，则由于意大利历史的特殊性，往往在时间上不完全限于古希腊罗马的时段，而与中世纪及文艺复兴研究多有关联（即使在英美，由于晚近以来所谓"接受研究"成为古典学的显学，也使得古典学的研究边界越来越超出传统的古希腊罗马时期）。

从长远看，中国古典学的未来发展在空间意识上更应参考法国古典学，不仅要研究古希腊罗马，同样也应包括其他的古典文明传统，如此方能参详比较，对全人类的古典文明有更深刻的认识。而在时间意识上，由于中国自身古典学传统的源远流长，更不宜局限于某个历史时期，而应从中国

4

古典学的固有传统出发确定其内在核心。我们应该看到，古典中国的命运与古典西方的命运截然不同。与古希腊文字和典籍在欧洲被遗忘上千年的文明中断相比较，秦火对古代典籍的摧残并未造成中国古典文明的长期中断。汉代对古代典籍的挖掘与整理，对古代文字与制度的考证和辨识，为新兴的政治社会制度灌注了古典的文明精神，堪称"中国古典学的奠基时代"。以今古文经书以及贾逵、马融、卢植、郑玄、服虔、何休、王肃等人的经注为主干，包括司马迁对古史的整理、刘向父子编辑整理的大量子学和其他文献，奠定了一个有着丰富内涵的中国古典学体系。而今古文之间的争论，不同诠释传统之间的较量，乃至学术与政治之间错综复杂的关系，都是古典学术传统的丰富性和内在张力的体现。没有这样一个古典学传统，我们就无法理解自秦汉至隋唐的辉煌文明。

从晚唐到两宋，无论政治图景、社会结构，还是文化格局，都发生了重大变化，旧有的文化和社会模式已然式微，中国社会面临新的文明危机，于是开启了新的一轮古典学重建。首先以古文运动开端，然后是大量新的经解，随后又有士大夫群体仿照古典的模式建立义田、乡约、祠堂，出现了以《周礼》为蓝本的轰轰烈烈的变法；更有众多大师努力诠释新的义理体系和修身模式，理学一脉逐渐展现出其强大的生命力，最终胜出，成为其后数百年新的文明模式。称之为"中国的第二次古典学时代"，或不为过。这次古典重建与汉代那次虽有诸多不同，但同样离不开对三代经典的重新诠释和整理，其结果是一方面确定了十三经体系，另一方面将"四书"立为新的经典。朱子除了为"四书"做章句之外，还对《周易》《诗经》《仪礼》《楚辞》等先秦文献都做出了新的诠释，开创了一个新的解释传统，并按照这种诠释编辑《家礼》，使这种新的文明理解落实到了社会生活当中。可以看到，宋明之间的文明架构，仍然是建立在对古典思想的重新诠释上。

在明末清初的大变局之后，清代开始了新的古典学重建，或可称为"中国的第三次古典学时代"：无论清初诸遗老，还是乾嘉盛时的各位大师，虽然学问做法未必相同，但都以重新理解三代为目标，以汉宋两大古典学传统的异同为入手点。在辨别真伪、考索音训、追溯典章等各方面，清代都取得了巨大的成就，不仅成为几千年传统学术的一大总结，而且可以说确立了中国古典学研究的基本规范。前代习以为常的望文生义之说，经过清人的梳理之后，已经很难再成为严肃的学术话题；对于清人判为伪书的典籍，诚然有争论的空间，但若提不出强有力的理由，就很难再被随意使用。在这些方面，清代古典学与西方19世纪德国古典学的工作性质有惊人的相似之处。清人对《尚书》《周易》《诗经》《三礼》《春秋》等经籍的研究，对《庄子》《墨子》《荀子》《韩非子》《春秋繁露》等书的整理，在文字学、音韵学、版本目录学等方面的成就，都是后人无法绕开的必读著作，更何况《四库全书总目提要》成为古代学术的总纲。而民国以后的古典研究，基本是清人工作的延续和发展。

我们不妨说，汉、宋两大古典学传统为中国的古典学研究提供了范例，清人的古典学成就则确立了中国古典学的基本规范。中国今日及今后的古典学研究，自当首先以自觉继承中国"三次古典学时代"的传统和成就为己任，同时汲取现代学术的成果，并与西方古典学等参照比较，以期推陈出新。这里有必要强调，任何把古典学封闭化甚至神秘化的倾向都无助于古典学的发展。古典学固然以"语文学"（philology）的训练为基础，但古典学研究的问题意识、研究路径以及研究方法等，往往并非来自古典学内部而是来自外部，晚近数十年来西方古典学早已被女性主义等各种外部来的学术思想和方法所渗透占领，仅仅是最新的例证而已。历史地看，无论中国还是西方，所谓考据与义理的张力其实是古典学的常态甚至是其内在动力。古典学研究一方面必须以扎实的语文学训练为基础，但另一方面，古典学的发展和新问题的提出总是与时代的大问题相关，总是指向更大的义理问题，指向对古典文明提出新的解释和开展。

中国今日正在走向重建古典学的第四个历史新阶段，中国的文明复兴需要对中国和世界的古典文明做出新的理解和解释。客观地说，这一轮古典学的兴起首先是由引进西方古典学带动的，刘小枫和甘阳教授主编的"经典与解释"丛书在短短十五年间（2000—2015 年）出版了三百五十余种重要译著，为中国学界了解西方古典学奠定了基础，同时也为发掘中国自身的古典学传统提供了参照。但我们必须看到，自清末民初以来虽然古典学的研究仍有延续，但古典教育则因为全盘反传统的笼罩而几乎全面中断，以致今日中国的古典学基础以及整体人文学术基础都仍然相当薄弱。在西方古典学和其他古典文明研究方面，国内的积累更是薄弱，一切都只是刚刚起步而已。因此，今日推动古典学发展的当务之急，首在大力推动古典教育的发展，只有当整个社会特别是中国大学都自觉地把古典教育作为人格培养和文明复兴的基础，中国的古典学高深研究方能植根于中国文明的土壤之中生生不息茁壮成长。这套"古典与文明"丛书愿与中国的古典教育和古典研究同步成长！

2017 年 6 月 1 日于北京

目 录

2

....

札记

....

前　言

　　十多年前，外子桥本、我和目前任职山西师范大学的张焕君、台湾中正大学博士班刚毕业的黄智信，因分别研究《周礼》、《仪礼》、《礼记》、礼制，志同道合的我们，在山西临汾结拜为四兄弟，许下承诺，一生要为礼学研究贡献我们四人的心力。当时我们都是三十多岁的热血青年，有着数不完的理想，想要用我们的双手一一实现。十多年过去了，其间，桥本和我结为夫妻，也和焕君、智信在北京大学共同执行了"朱熹礼学研究——以祭礼为中心"的项目，并由台湾"中央研究院"出版了我们从日本静嘉堂抄出来的《杨复再修仪礼经传通解续卷祭礼》；得到日本东京大学东洋文化研究所、台湾图书馆的帮助，由北大出版社出版了《影印宋刊元明递修本仪礼经传通解正续编》；更结集了十多位学者对朱熹及其弟子礼学的研究，在中华书局出版了《朱熹礼学基本问题研究》论文集。这两年，四人虽然天各一方，但是都不曾忘记我们的初衷，仍在各自的研究领域中贡献着一己之力。

　　现在，三联书店要出版桥本和我两人的论文集了。这是第一次，将我们两人在这十多年当中所写的文章集结成书，作为一个阶段性的成果，我们非常期待这两本论文集的出版。

　　论文集分为两本，一是《文献学读书记》，一是《学术史读书记》。其中，外子桥本单独撰写的文章，是在2013年台湾出版的繁体字版《北京读经说记》基础上，添加了这几年所撰写的文章。这些年，我们尝试共同翻译早期日本学者的经学、文献学研究文章，这种合作方式意外地让工作更加迅速，也培养了两人的默契，更能够理解彼此的想法。于是，我们也开始以合作的方式撰写论文，《金刻本〈周礼〉商榷》《聂崇义〈三礼图〉版本印象》应该算是两个很好的例子。开始我们是分别撰写，后来在讨论的过程中，发现这两篇文章若对照来看，恰好是探讨宋金元南北方刻本关系很好的例证，于是调整做法，由两人合撰。而这两篇的撰作，完全是因为张焕君邀我们到山西师范大学参加"晋学文化研讨会"这样偶然的机会，我们以平水刻书为发想，撰写出了这两篇很有意思的文章。2013年冬，台湾"中央研究院"中国文哲研究所举办"台湾经学研究（一）——明郑时期—日据时期"研讨会，邀外子桥本和我参加。此前，我曾在台科会人文学中心博士后任职期间，参与举办"《日据时期台湾儒学参考文献》（林庆彰先生编）读书会"，在这个时期，台湾真正可以称得上是儒学家的人不多，其中郭明昆让我感到很奇特，故撰写《郭明昆的生平与〈仪礼·丧服〉研究》一文。三十九岁早逝的郭明昆只留下一部由友人帮忙搜集编纂的论文集，整部书以日文撰写，当时我还是日文的初学者，必须依靠翻译本，然而因为译者对《仪礼》的陌生，导致了随处可见的错译。趁此次机会，外子桥本和我再次合作，将此文改写成为《郭明昆汉族称谓研究的独特性》。历来学者对汉族称谓的研究，大都采用《仪礼·丧服》《尔雅》来作为核心资料。我们找到与郭明昆同时期研究汉族称谓、使用相同核心资料而获得好评的冯汉骥先生的成果，来作为检视郭明昆研究的对照。最后发现有汉学基础、接受日语教育、通过英文书刊学习西方人类学方法的郭明昆，却比留学美国，受到人类学完整训练的冯汉骥的研究做得更加准确、严谨，让我们惊叹！会后，"中研院"欧美所的洪子伟教授来找我们，表示这次会议是专程来听《郭明昆》这篇文章的，并希望我们能够参加翌年5月欧美所举办的"存在交涉——日据时期的台湾哲学"研讨会。因为我们在北大历史系都还要上课，所以只能采取折中的方法，我们回去重新撰写了文章，请洪教授代为宣读，最后才成为本书收录的《郭明昆对西方人类学理论的接受与利用》一文。郭明昆留下的著作，至今依然散发着迷人的光芒。好的作品，即使短暂地被时代所遗忘，但不会永远被埋没。

想起外子桥本常常说我在台湾接受过正规的经学训练，是经学的名门正派，他自己则是半路出家，大家看他好像喜欢发异论，但不会认同他的说法。不过，正是这种没受过正规训练的环境，让郭明昆跟外子桥本都注意到我们认为理所当然而忽略的内容，才是问题的关键，提出让我们处处惊艳的想法，就像《〈孝经孔传述议读本〉编后记》中的"唐玄宗的'文化大革命'"一节。长期以来，经学史的著作对由唐至宋经学转变的解释都不能让人完全信服，这篇文章以为关键在于我们对唐玄宗的种种作为是如何认定的。唐玄宗给儒、释、道三部重要经典《孝经》《金刚经》《道德经》重新作注，又令《孝经注》刻石；命人校改《尚书》文字；调整《礼记》中的《月令》，并令加注；编订《唐六典》《开元礼》……这种种作为，让人以为唐玄宗重视传统文化、重视孝道、重视儒家、重视经学，我们则否定了这种常理判断，文中举出许多证据来证明这个想法，在这里先向读者卖个关子。这本论文集中，首先想要推荐给读者的就是这一篇。

只要识字，或许就愿意打开书本。书，人人会读，可为什么我们要将论文集名之为"读书记"呢？这些年，我们一直在思索与讨论，也常被学生问到的问题，就是"理解经书的方法"。这两本《读书记》，可以说是我们的答案。而且，我们觉得这样读书，是一件特别有意思、快乐的事情。经书在古代之所以称为"经"，是因有神圣不可易的地位，虽然并非完全无错简、错字，但是经书中诸多问题至今已是不能解且不可解的事实，我们必须要接受。大体上目前我们读到的经书，和东汉及以后的经学家们所读到的并无二致，而他们想尽办法根据这不可易的文本，提出了可以解释的方法。我们想做的、能够做的，就是试着理解古人，探索他们何以如此解经，为什么不那么解经，然后自然而然串联出经学研究的历史。对我们来说，经书的魅力，在于历代经学家对经书的解释方法，不在经书本身伦理道德的规范或经世致用的使命，而在逐步寻求蛛丝马迹的过程中，甚至可以得到媲美看推理小说的畅快感。

　　每写完一篇文章，我们都会相视而问："某某某会感到满意吧？"是的，相信郑玄、刘炫、朱熹、杨复、孙诒让、郭明昆都会满意。不管是不是错觉，至少我们心里要有这样小小的自信，才敢投稿。这是我们对自己的期许。而让我们能够做出这种追求的，是北大历史系与古代史研究中心的老师们。在以量、以名牌取胜的时代，他们从来没有给过我们压力，要求写多少篇文章、发多少篇在核心期刊上，师友们总是默默地支持我们，耐心地体谅我们，适时地给予我们各种中肯的意见，每一篇文章我们都写得很快乐，也期待读者们能够欣赏我们的这种尝试。

叶纯芳　谨识

2018 年 1 月 8 日

郑玄《周礼注》从违马融《周官传》考

兼论汉人师法、家法之议与曹元弼"子郑子非马融弟子考"

叶纯芳

一、前言

在中国经学史的研究上，东汉的马融与郑玄是影响深远的人物。《后汉书·郑玄传》记载"（玄）以山东无足问者，乃西入关，因涿郡卢植，事扶风马融"[1]；又《董钧传》"郑众传《周官经》，后马融作《周官传》，授郑玄，玄作《周官注》"[2]，则郑玄之《周礼》，受之于马融可证。原本这是毫无可议的事，却因为《世说新语·文学篇》一段叙述马融在郑玄辞归故里时，惧怕郑玄学问高于自己，私下派人暗杀郑玄未果的传闻，使得后代学者对他们之间的关系揣测颇多。虽然《世说新语》注者刘孝标已斥之为"委巷之言"[3]，仍无法杜绝学者对此传闻的疑虑，民初学者曹元弼更撰写

1　范晔撰，李贤等注：《后汉书·郑玄传》（北京：中华书局，1987年），卷三十五，页1207。

2　《后汉书·董钧传》，卷七十九下，页2577。

3　刘孝标注云："马融海内大儒，被服仁义。郑玄名列门人，亲传其业，何猜忌而行鸩毒乎？委巷之言，贼夫人之子。"参见刘义庆撰，刘孝标注：《世说新语笺疏》（上海：上海古籍出版社，1995年），上册，页190。

《子郑子非马融弟子考》一文[1]，否定两人的师徒关系。

姑且不论这则传闻是否属实，郑玄在注经时从不提老师马融的名字，是不争的事实，如清代王鸣盛说"郑虽师融，著述中从未引融语"[2]、马国翰谓"融说往往为郑君所不取"。这在号称重师法、家法的两汉，难以解释。于是有清孙诒让为之缓颊云："群书援引马《传》佚文，与郑义往往符合，而今注内绝无楬著马说者，盖汉人最重家法，凡称述师说，不嫌蹈袭，故不复别白也。"[3]马氏、孙氏说法南辕北辙，胡玉缙则说两家"实各举其一偏"[4]。此间矛盾的详情，不仅牵涉马融与郑玄之间的关系，还涉及汉人师法、家法是否果如后代学者所言严谨。

前人讨论郑《注》对马《传》的从违时，往往只计算郑从马有多少条，不从又有多少条，以统计数字作为判定郑玄是否从师的标准，不能说不正确，但更需探讨其从违的原因。本文以这些从违的条数为基础，希望做更深入的探讨。不过马融的《周官传》今已亡佚，虽有清人辑佚本，所得条数实与《周礼》经文不成比例，这样的比较恐被认为失之偏颇。然以目前所得见的文献资料而言，有关马融的生平、

1　曹元弼：《复礼堂文集》（台北：华文书局，1968 年据 1917 年刊本影印），卷七，页 4—17。

2　王鸣盛：《蛾术编》（台北：信谊书局，1976 年影印道光二十一年世楷堂藏板），卷五十八，页 28 右。

3　孙诒让：《周礼正义》（北京：中华书局，2000 年），第一册，页 8。

4　胡玉缙：《许庼学林》（台北：世界书局，1963 年"读书札记丛刊"第二集），卷十二，页 283。

著作研究严重缺乏，势必借重辑佚资料，以略窥其学术之一二，或许得出的结果差强人意，但仍希望能够作为了解二人关系与汉代师法、家法真相的参考。

二、《周礼》在汉代的传授源流

《周礼》一书，于群经中最晚出，在汉初没有传授源流可寻。虽然《汉书·艺文志》云"武帝时，河间献王好儒，与毛生等共采《周官》及诸子言乐事者，以作《乐记》"[1]，似乎表示《周礼》在武帝时即受重视，实际上只是将《周礼》与其他书籍同样看待成文献参考资料，称不上将它视为一部有完整思想、系统的经书。

据《汉书·艺文志》以及贾公彦《序〈周礼〉废兴》引马融《周官传》所言，汉成帝时，以书颇散亡，使谒者陈农求遗书于天下，并诏光禄大夫刘向校经传诸子诗赋。刘向卒后，哀帝又使其子刘歆完成父业，《周礼》"始得列序"，著录于《七略》中。书虽出，旋即为众儒所排斥。刘歆生于甘露初年，此时的他年纪尚轻，务在广览博观，并对《左传》产生了浓厚的兴趣，而对《周礼》没有很深刻的体会，《周礼》仅是《七略》中的一条著录项，未受学者重视。

西汉末年，刘歆年约六十，根据平日读书所得，认为

1　班固撰，颜师古注：《汉书·艺文志》（北京：中华书局，1983 年），卷三十，页 1712。

此书是"周公致太平之迹"。[1] 平帝元始四年（4），王莽欲托《周礼》改制，极力宣扬此书[2]，至其居摄时期，并由刘歆奏请立于博士。[3]《经典释文·序录》云："王莽时，刘歆为国师，始建立《周官经》，以为《周礼》。"[4] 而且刘歆还教生徒学习《周礼》："河南缑氏杜子春受业于歆。"[5]

然而，新莽政权维持了不到二十年即灭亡，王莽所立诸博士也因此被废，加上兵祸连年，刘歆弟子死伤不知凡几。到了东汉，政局趋于稳定时，刘歆的学生有杜子春传授《周礼》，贾公彦《序〈周礼〉废兴》引马融《周官传》云：

奈遭天下仓卒，兵革并起，疾疫丧荒，弟子死丧。

1　贾公彦：《序〈周礼〉废兴》，郑玄注，贾公彦疏，阮元等校：《周礼注疏附校勘记》（台北：艺文印书馆，1989年据嘉庆二十年江西南昌府学本影印），页10左。

2　《汉书·王莽传》云："是岁，莽奏起明堂、辟雍、灵台，为学者筑舍万区，做市、常满仓，制度甚盛。立乐经，益博士员，经各五人。征天下通一艺教授十一人以上，及有《逸礼》、古《书》、《毛诗》、《周官》、《尔雅》、天文、图谶、钟律、月令、兵法、《史篇》文字，通知其意者，皆诣公车。"卷九十九上，页4096。

3　《汉书·艺文志·六艺略》礼类有"《周官经》六篇"，班固云："王莽时，刘歆置博士。"颜师古注："即今之《周官礼》也，亡其《冬官》，以《考工记》充之。"参见《汉书·艺文志》，卷三十，页1709—1710。

4　陆德明撰，吴承仕疏证：《经典释文序录疏证》（台北：崧高书社，1985年），页100。

5　《汉书·艺文志》，卷三十，页1712。

> 徒有里人河南缑氏杜子春尚在，永平之初，年且九十，家于南山，能通其读，颇识其说，郑众、贾逵往受业焉。众、逵洪雅博闻，又以经书记传，相证明为解，逵《解》行于世，众《解》不行。[1]

另有贾徽亦从刘歆受《周官》，但不知是否有以此授生徒，《后汉书·贾逵传》云：

> 贾逵字景伯，……父徽，从刘歆受《左氏春秋》，兼习《国语》《周官》，又受《古文尚书》于涂恽，学《毛诗》于谢曼卿，作《左氏条例》二十一篇。[2]

现存的文献中，《周礼》的传授，较明确的记载是从刘歆授徒开始。

刘歆的学生杜子春，在明帝永平初年，约九十岁，或可推杜子春应在年约三十五岁时学《周礼》于刘歆。后子春又传于郑兴、郑众父子以及贾逵，他们皆作《周礼解诂》，《序〈周礼〉废兴》引郑玄《序》云：

> 世祖（光武帝刘秀）以来，通人达士大中大夫郑少

1　贾公彦：《序〈周礼〉废兴》，《周礼注疏附校勘记》，页 10 左。
2　《后汉书·贾逵传》，卷三十六，页 1234。

郑玄《周礼注》从违马融《周官传》考

> 赣，名兴，及子大司农仲师，名众，故议郎卫次仲、
> 侍中贾君景伯、南郡太守马季长皆作《周礼解诂》。[1]

约略可见《周礼》流传的轮廓。《周礼》原名《周官》，或出于山岩屋壁，复入秘府，以目前的资料无法判定是由谁发现、献书给朝廷的。刘歆校书时得见《周官》，后改名为《周礼》，传予生徒杜子春等人，杜子春再传授郑众、郑兴、贾逵等人。《贾逵传》说"逵悉传父业，弱冠能诵《左氏传》及五经本文"[2]，知贾逵不仅从学于杜子春，也从其父贾徽学《周礼》。之后，马融根据郑众、贾逵的《周礼解诂》作《周官传》。从广义来看，马融应可算是杜子春这一学脉的。此外，又有卫宏"少与河南郑兴俱好古学"[3]，"河南郑兴、东海卫宏等，皆长于古学"[4]，虽不知其师传，推测其《周礼》学与杜子春也有间接的关系。

其后，出现了一个集大成的经学家——郑玄。郑玄先从张恭祖学《周官》，又从马融受《周礼》，所见到的《周礼》说解有郑兴、郑众、卫宏、贾逵与马融五家，至于张恭祖，则不知是否有解诂之作。经过这些汉代学者的努力，《周礼》一书得以传世。

郑玄博极群经而尤擅长礼学，由于他本身兼习今古文

1　贾公彦：《序〈周礼〉废兴》，《周礼注疏附校勘记》，页 12 右。
2　《后汉书·贾逵传》，卷三十六，页 1235。
3　《后汉书·卫宏传》，卷七十九下，页 2575。
4　《后汉书·杜林传》，卷二十七，页 936。

经学，故融合今古文经说，建立一套自己的礼学思想，完成《周礼注》《仪礼注》《礼记注》等礼学著作，使后代有"礼是郑学"的说法。[1] 他虽然在礼学上有卓越成就，但是郑学定于一尊的同时，代表当时其他各家的解释必须面临散亡的命运，幸赖清代辑佚家自古注、类书中将各家解诂辑出[2]，虽然所辑出的条目为数不多，但对汉代周礼家的研究，仍能略窥一二（见下页图）。

三、郑《注》对马《传》从违之实际情况

（一）从史传看马融与郑玄之关系

《后汉书·郑玄传》说郑玄因卢植的关系，"事扶风马融"[3]；又《儒林传》说"马融作《周官传》，授郑玄，玄作《周官注》"[4]、"（卢植）少与郑玄俱事马融，能通古今学"[5]，则

1　孔颖达云："《礼》是郑学。"郑玄注，孔颖达疏：《礼记注疏附校勘记》（台北：艺文印书馆，1989 年据嘉庆二十年江西南昌府学本影印），卷十四，页 3 右。

2　今有王仁俊辑《周礼贾氏注》（贾逵）；马国翰辑《周礼杜氏注》（杜子春）、《周礼郑大夫解诂》（郑兴）、《周礼郑司农解诂》（郑众）、《周礼贾氏解诂》（贾逵）、《周官传》（马融）；黄奭辑《周官马融传》；王谟辑《周官传》（马融）；孙诒让辑《周礼三家佚注》（贾逵、马融、干宝）等。参见孙启治、陈建华编：《古佚书辑本目录》（北京：中华书局，1997 年），页 36—37。

3　《后汉书·郑玄传》，卷三十五，页 1207。

4　《后汉书·董钧传》，卷七十九下，页 2577。

5　《后汉书·卢植传》，卷六十四，页 2113。

来源　　　流传

河间献王
山岩屋壁 ┐
李氏献书 ├→ 秘府本 ⋯⋯⋯⋯⋯→ 刘歆校理图书时发现，著录于《七略》中
孔安国献 ┘ 　　　　　　　　　　　刘歆校勘
　　　　　↓ 定名为《周礼》
故　　　　　　　　　杜子春　贾徽　其他生徒⋯⋯
书　　旧校本
　↓　　　　　　　→ 郑兴　贾逵　卫宏
今　　　　　　　　　郑众
书　　新校本
　　　　　　　　　　马融　　张恭祖　张衡[1]

故书、今书 ⋯⋯⋯→ 郑玄（兼览众家之善而撰《周礼注》）
皆有众本，同时存在　卢植撰《周礼解诂》

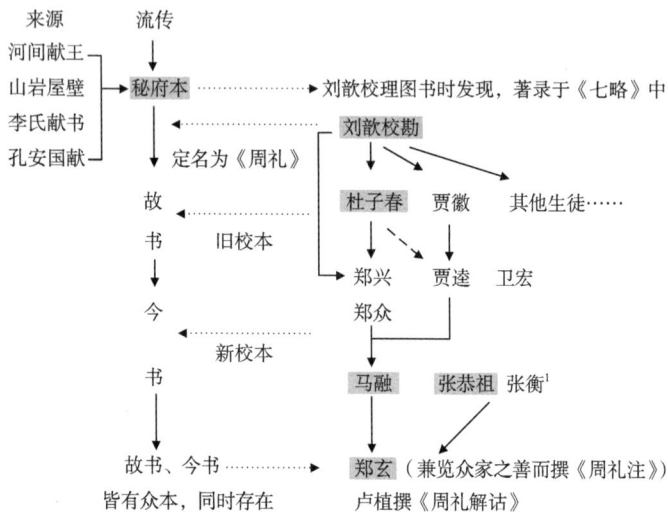

汉代《周礼》传授源流图

---

[1] 《后汉书·张衡传》云："（张衡）著《周官训诂》，崔瑗以为不能有异于诸儒也。"卷五十九，页 1939。

清楚交代马融为郑玄师。

马融，字季长，扶风茂陵人，拜京兆挚恂为师。挚恂隐于南山，不应征聘，名重关西，以儒术教授生徒，马融从其学，博通经籍，获得挚恂的赞赏，并以女妻之。本传说马融"才高博洽，为世通儒"[1]，学生常有数千，卢植、郑玄、范冉、延笃等人都是他的学生。

郑玄，字康成，北海高密人，少时为乡啬夫，但不喜为吏，好读书，遂至太学受业，师事京兆第五元先，通《京氏易》《公羊春秋》《九章算术》《三统历》；又从东郡张恭祖受《周官》《礼记》《左氏春秋》《韩诗》《古文尚书》。以山东无足问者，通过卢植的介绍，拜关西通儒马融为师。但郑玄此次的拜师并不顺利，马融的门徒众多，能够升堂受学的学生只有五十多人，其他学生，马融则派高业弟子授学，因此郑玄在马融门下，三年未曾见马融一面。即使如此，他还是勤奋不倦，日夜寻诵，把无法通解的地方记录下来。一次，马融会集诸生讨论图谶，听弟子说郑玄精易数，于是召见于楼上，这是郑玄第一次见到马融。郑玄不仅帮马融解决了易数的问题，更趁此机会将平日所得向马融请益。郑玄辞归故里时，马融有"郑生今去，吾道东矣"之叹，可见他对郑玄的赏识。郑玄自去"啬役之吏"后开始往来各地游学，拜访在位通人、处逸大儒，直至四十余岁才回乡。因生活贫困，在家种田，过着耕读的生活。可喜的是，这十多年所建

1　《后汉书·马融传》，卷六十上，页1972。

立起来的学术名声，使许多年轻学者慕名而来，拜于其门下。却又因党锢之祸起，与同郡孙嵩等四十余人俱被禁锢，于是杜门不出，隐修经业。

马融郑玄事迹对照表[1]

马融事迹	年龄	纪元	年龄	郑玄事迹
字季长，扶风茂陵人。	1	章帝建初四年（79）		
从京兆挚恂学儒术。	8	元和三年（86）		
明经为太子舍人，校书东观。	13	和帝永元三年（91）		
贾逵卒，年七十二。	23	永元十三年（101）		
拜为校书郎中，与刘珍、刘騊駼及五经博士，校定东观五经、诸子传记、百家艺术，整齐脱误，是正文字。	32	安帝永初四年（110）		
	49	顺帝永建二年（127）	1	字康成，北海高密人。
诏举敦朴，城门校尉岑起举融，征诣公车，对策，拜议郎。	55	阳嘉二年（133）		
	61	永和四年（139）	13	诵五经。

---

1 对照表内容参照陈邦福：《后汉马季长先生融年谱》（台北：商务印书馆，1980 年与《后汉贾景伯先生逵年谱》合刊）；王鸣盛：《郑康成年谱》，《蛾术编》，卷五十八，页 13 左至 16 左。

续表

马融事迹	年龄	纪元	年龄	郑玄事迹
目瞑意倦，力补《周官》。	66	建康元年（144）	18	为啬夫，诣学官，在此三年间（144—146）。
	67	永嘉元年（145）	19	
	69	桓帝建和元年（147）	21	受知于杜密，去吏。
为南郡太守。	70	建和二年（148）	22—36	造太学，师事京兆第五元先，从东郡张恭祖，往来幽、并、兖、豫十五年。
郑玄在门外受学于高业弟子。	85	延熹六年（163）	37	西入关，因卢植事扶风马融。
	86	延熹七年（164）	38—39	在马融门下凡三年。
融喟然谓门人曰："郑生今去，吾道东矣。"融以是年卒于家。遗令薄葬。	88	延熹九年（166）	40	辞马融东归。
		永康元年（167）	41	自扶风还，客耕东莱，学徒数百千人。
		灵帝建宁四年（171）	45	党事起，被禁锢。
		熹平元年（172）	46—57	隐修经业，杜门不出，与何休论难《公羊》，注《三礼》。

郑玄《周礼注》从违马融《周官传》考

续表

马融事迹	年龄	纪元	年龄	郑玄事迹
		献帝建安三年（198）	72	公车征为大司农，以病乞还家。
		建安五年（200）	74	注《周易》，六月卒。
著作：马融著《三传异同说》；注《孝经》《论语》《诗》《易》《三礼》《尚书》《列女传》《老子》《淮南子》《离骚》；所著赋、颂、碑、诔、书、记、表、奏、七言、琴歌、对策、遗令，凡二十一篇。				著作：门人相与撰玄答诸弟子问五经，依《论语》作《郑志》八篇。凡玄所注《周易》《尚书》《毛诗》《仪礼》《礼记》《论语》《孝经》《尚书大传》《中候》《乾象历》，又著《天文七政论》《鲁礼禘祫义》《六艺论》《毛诗谱》《驳许慎五经异义》《答临孝存周礼难》，凡百余万言。

（二）从《周礼注》看郑《注》对马《传》之从违

马融《周官传》虽亡佚，清代辑佚家有辑本，计有王谟《汉魏遗书钞》本、马国翰《玉函山房辑佚书》本、黄奭《汉学堂经解》本与孙诒让《周礼三家佚注》四家。此四家中，前三家或有误以马融他经注为《周礼》注者，而以孙诒让的辑本考订最为详实，所辑条数最多，佚文的可信度最高。但其余三家亦有可取之处，除去后人考证非马融本经注者[1]，马融佚注共辑得七十九条。与郑玄《注》相比较，得出以下的结果。

1. 郑《注》不从马《传》

郑玄不从马融注者，计有三十九条，其中又可以分为郑玄"不从马《传》"者二十七条，"二者所释重点不同"十二条：

（1）不从马《传》

例一：《地官·大司徒》：日至之景，尺有五寸，谓之地中。

马《传》：地中，洛阳。

郑《注》：郑司农云："土圭之长尺有五寸，以夏至之日，立八尺之表，其景适与土圭等，谓之地中。今颍川阳城地为然。"

古代以土圭测日影，土圭之法，即以土圭之日影测量土地之法。日至，即夏至。地中，指其地处于东西南北之正中。孙诒让云："地中者，为四方九服之中也。"[2]夏至那天中午，某

1　由于马融亦遍注群经，辑佚家有时会将其他经的注解当作《周官传》的注解，如"五帝谓大皞、炎帝、黄帝五人之帝属"，原为《礼记·月令》注疏所引马融语，黄奭误以为《司服》"祀五帝亦如之"注；又如王谟将《礼记》"敖不可长""月令""昏参中""以迎春于东郊""日夜分""断薄刑""客使自下由路西""中溜"等八条注文误植入《周礼》中。参见胡玉缙：《许廎学林》，卷十二，页285。

2　孙诒让：《周礼正义》，卷十八，页725。

地表竿的投影为一尺五寸，刚好与土圭（长一尺五寸）等长，则此地即为地中。马融以洛阳为"地中"，郑玄引郑众说，以颍川阳城为地中，颍川阳城在洛阳之东南。孙诒让以为古时测算之法本不甚密，王畿千里，通为土中，不能决定其为何地，是以古书言晷景者，亦各不同。

例二：《夏官·挈壶氏》：凡丧，县壶以代哭者。皆以水火守之，分以日夜。

> 马《传》：漏凡百刻，春秋分昼夜各五十刻，冬至昼则四十刻，夜则六十刻；夏至昼六十刻，夜四十刻。

> 郑《注》：分以日夜者，异昼夜漏也。漏之箭，昼夜共百刻，冬夏之间有长短焉。大史立成法，有四十八箭。

古代以悬壶滴漏法记时，悬一漏壶，壶下设一盘以承接壶中所漏之水，盘中有刻度，依器中水所没刻度以记时，一昼夜共百刻。郑玄所说的"箭"，即标记时刻之物。夏至昼长夜短，冬至昼短夜长，春秋二分则昼夜相等，挈壶氏负责区分昼漏和夜漏的长短。"昼夜共百刻"，马融与郑玄的说法相同，但对夏至、冬至各有多少刻，却有不同的看法，贾公彦《周礼疏》云：

> 郑注《尧典》云："日中者，日见之漏与不见者齐；日长者，日见之漏五十五刻，于四时最长也。

夜中者，日不见之漏与见者齐；日短者，日见之漏
四十五刻，于四时最短。"此与马异义。[1]

则郑玄认为夏至昼五十五刻，冬至昼四十五刻，与马融夏至
昼六十刻，冬至昼四十刻不同。《尚书·尧典》孔颖达《正
义》云"天之昼夜以日出入为分，人之昼夜以昏明为限"[2]，
眼睛对太阳的升起与落下有视觉上的误差，所认为的白天与
黑夜，与实际日出、日落有落差，故刻数要有所损益。日出
前二刻半，视觉就感受到天亮；视觉感受到天黑，已在真正
日落之后二刻半，这五刻原本算黑夜，因此要将这五刻还给
白昼。所以才会有"损夜五刻以裨于昼"[3]之语。根据日出入
为分，古今历数与太史所候的结果，则如下情况：

增九刻半 　减九刻半 　　减十刻半 　增十刻半

春分 ——→ 夏至 ——→ 秋分 ——→ 冬至 ——→ 春分

55 刻　　　　65 刻　　　　55 刻　　　　45 刻

在汉初，对于昼夜节气的变化还未清晰，以为昼夜变
化的规律是固定的，因此定下每九日增减一刻的标准，以致

1　郑玄注，贾公彦疏，阮元等校：《周礼注疏附校勘记》，卷三十，页 16 右。
2　孔安国传，孔颖达正义，阮元等校：《尚书注疏附校勘记》（台北：艺文印
　　书馆，1989 年据嘉庆二十年江西南昌府学本影印，与《周易》合刊），卷
　　二，页 15 右。
3　同上。

天时与漏刻有误差。直到和帝待诏霍融才上奏更正过来，郑
玄注《尚书纬·考灵曜》时，仍不知"九日增减一刻"有误
差，他的计算方法即据此。

马融根据的是"日见之漏"，即日出见为说。马融在注
《周礼》时，已将"日未出二刻半"与"日已入二刻半"减
去，因此夏至昼六十刻，夜四十刻，冬至反之。郑玄不知马
融已减，故又减五刻，以为夏至昼五十五刻。二者所持，孙
诒让认为马融"以日出见为分"的方法比"以日出入为分"
无争议：

> 大抵诸家所说刻数所以不同者，并以日入之后，
> 日出之前，损夜裨昼，任情增减，本无定率，遂滋差
> 互。今欲严定界域，用祛繁惑，则马氏据日出见之说，
> 庶得厥中矣。[1]

以马融为是。

（2）二者所释重点不同

例一：《地官·师氏》：三曰孝德，以知逆恶。

马《传》：教以孝德，使知逆恶之不可为也。

郑《注》：孝德，尊祖爱亲，守其所以生者也。孔子
曰："武王、周公其达孝矣乎！夫孝者，善
继人之志，善述人之事者也。"

1　孙诒让：《周礼正义》，卷五十八，页2420。

马融与郑玄解释"孝德"的角度不同，融以孝德之义为人所共知，故不解其义，顺着经文解释教以孝德的后果是"知逆恶之不可为"；玄则释孝德之义，并举孔子语，说明孝的行为是"善继人之志""善述人之事"者，以供后人依循。

例二：《春官·司几筵》：掌五几五席之名物。

马《传》：几，长三尺。

郑《注》：五几，左右玉、雕、彤、漆、素。

马融释形制，郑玄释种类。

例三：《春官·典瑞》：两圭有邸以祀地、旅四望。

马《传》：两圭，五寸。

郑《注》：两圭者，以象地数二也。

马融释形制，郑玄以象数释两圭。《易·系辞》："天一，地二。"[1]《汉书·律历志》："地之数始于二，终于三十。"[2]孙诒让云："祀地两圭者，取降于天之四圭，非象地数也。四圭亦不象天数，可证郑说未然。"[3]

2. 郑从马《传》

郑玄从马融注者计有三十三条：

1　王弼、韩康伯注，孔颖达等正义，阮元等校：《周易注疏附校勘记》（台北：艺文印书馆，1989 年据嘉庆二十年江西南昌府学本影印，与《尚书》合刊），卷七，页 26 左。

2　《汉书·律历志》，卷二十一上，页 963。

3　孙诒让：《周礼正义》，卷三十九，页 1586。

（1）与马融《传》相同

例：《地官·调人》：掌司万民之难。

　　马《传》：难，谓相与为仇也。

　　郑《注》：难，相与为仇雠。

（2）引通人说以与马融《传》合

例：《天官·司裘》：王大射，则共虎侯、熊侯、豹侯，设其鹄。

　　马《传》：十尺曰侯，四尺曰鹄，二尺曰正，四寸曰质。

　　郑《注》：郑司农云："方十尺曰侯，四尺曰鹄，二尺曰正，四寸曰质。"

　　郑玄引郑众说，与马融说法相同。

（3）引申马融《传》

①引书说以补充马融《传》

例：《地官·师氏》：掌以媺诏王。

　　马《传》：媺，媺道也。告王以善道。师者，教人以事而谕诸德也。

　　郑《注》：告王以善道也。《文王世子》曰："师也者，教之以事而谕诸德者也。"

　　马融《传》约《文王世子》文，郑《注》补充其出处。

②比况汉制以补充马融《传》

例：《春官·大宗伯》：五命赐则。

　　马《传》：则，地成国之名。王之下大夫四命，出封加一等，五命，赐之以方百里二百里之地者，方三百里以上为成国。

　　郑《注》：郑司农云："则者，法也。出为子男。"玄

谓：则，地未成国之名，王之下大夫四命，
出封加一等，五命，赐之以方百里二百里
之地者，方三百里以上为成国。王莽时以
二十五成为则，方五十里，合今俗说子男之
地，独刘子骏等释古有此制焉。

马融"地成国之名"，"地"后疑夺"未"字。则，受地不及
方三百里而未成国者谓之则。未成国，指小国，如子、男
等。郑玄举王莽时依据《周礼》实施的制度证明"子男赐
则"确有此事。孙诒让以为，郑意"则"为子、男受地之
名，而所受地数，应据《大司徒》子二百里、男百里为正。
《王制》子、男同五十里，郑玄以为是殷制，故斥"周子、
男五十里"者为俗说。[1]

　③存一说以补充马融《传》

例：《春官·典瑞》：牙璋以起军旅，以治兵守。

　　马《传》：牙璋，若今之铜虎符。

　　郑《注》：郑司农云："牙璋，瑑以为牙。牙齿，兵象，
　　　　　　故以牙璋发兵，若今时以铜虎符发兵。"玄
　　　　　　谓：牙璋，亦王使之瑞节。

除释"铜虎符"外，郑玄以为王使起军旅治兵守时，持此为
瑞节，与珍圭以征守恤凶荒同，因此亦可解释为"王使之瑞
节"。[2]

1　孙诒让：《周礼正义》，卷三十四，页1372。
2　孙诒让：《周礼正义》，卷三十九，页1596。

④ 说明器物作用以补充马融《传》

例:《春官·典瑞》:琬圭以治德,以结好。

  马《传》:琬圭,九寸。琬,顺也。

  郑《注》:琬圭,亦王使之瑞节。诸侯有德,王命赐
    之。及诸侯使大夫来聘,既而为坛会之,使
    大夫执以命事焉。郑司农云:"琬圭无锋芒,
    故以治德结好。"

郑玄补充"王使之瑞节""使大夫执以命事焉"说明琬圭的
作用。琬,没有棱角的玉器。因其圆润无棱角,故马融释
"顺也",为其引申义。郑玄引郑众"琬圭无锋芒,故以治德
结好",更方便理解马融释顺之义。

3. 马融有《传》,郑玄无《注》

  这类的注文有六条。

例一:《天官·渔人》:中士二人,下士四人,府二人,史四
人,胥三十人,徒三百人。

  马《传》:徒亦三百人者,池塞苑囿,取鱼处多故也。

例二:《天官·小宰》:六曰事职,以富邦国,以养万民,以
生百物。

  马《传》:事,职掌百工器用、末秬、弓车之属也。

例三:《地官·大司徒》:乃建王国焉。

  马《传》:王国,东都王城,今河南县。

例四:《地官·师氏》:二曰友行,以尊贤良。

  马《传》:教以朋友之行,使择益友。

例五:《地官·师氏》:三曰顺行,以事师长。

马《传》: 师，德所不如也。长，老者。

例六:《夏官·职方氏》: 河内曰冀州。

马《传》: 在东河之西，西河之东，南河之北。

以上六则，郑玄皆无注。

4. 无从判断

这类的注文有一条。

例:《天官·酒正》: 一曰泛齐。

马《传》: 今之宜成，会稽稻米，清似宜成。

郑《注》: 泛者，成而滓浮泛泛然，如今宜成醪矣。……杜子春读齐皆为粢，又《礼器》曰:"缇酒之用，玄酒之尚。"玄谓齐者，每有祭祀，以度量节作之。

《酒正》:"辨五齐之名，一曰泛齐，二曰醴齐，三曰盎齐，四曰缇齐，五曰沈齐。"五齐，为有滓未沛之酒也。沛，过滤使清。宜成之"成"，孙诒让云为"城"之假借字。[1]马融云"清似宜成"，则宜成为酒名。郑玄云"宜成醪"，醪，浊酒，则不知郑所言为"宜成酒"或"宜成所酿的酒"。故无法判断其是否从马融。

马融佚注七十九条中，排除"马融有《传》，郑玄无《注》"与"无法判断"共七条外，郑玄从马《传》者有三十三条，不从马《传》者有三十九条，郑玄对马融《传》

---

1 孙诒让:《周礼正义》，卷九，页343。

的从违，大体说来，各占一半。马国翰、孙诒让两人的说法正如胡玉缙所言"实各举其一偏"。

这七十二条注的范围内，郑玄在注文引用郑众的说法达二十一次之多，值得注意的是，其中有马融与郑众说法相同、相近，而郑玄只引用郑众说而不引马融说。郑玄对这个"同宗之大儒"[1]的解诂似乎特别垂爱，无怪乎后人怀疑马、郑二人之间是否有师生关系，即使肯定，也不认为他们有良好的往来，如王鸣盛说"融欲害郑未必有其事，而郑鄙融却有之"。[2]

以郑《注》内容来看，郑《注》中不曾有"马融云""马季长说"或"马师曰"等称述师说的语词，却引用非业师的刘歆、杜子春、郑兴、郑众、贾逵等人的说法，王鸣盛说"郑虽师融，著述中从未引融语"、马国翰所言"融说往往为郑君所不取"，应该是针对这部分而下的断论。虽然如此，观郑玄从马《传》的三十三条，其中不乏郑《注》与马《传》毫无二致者，因此，要说郑玄"从未引""所不取"，又与事实不甚符合。

那么，是否如孙诒让所言"汉人最重家法，凡称述师说，不嫌蹈袭，故不复别白也"？笔者以为有其可能性。在郑玄本传中，教授郑玄《周官》的老师，除了马融，还有张恭祖。但在郑《注》中，也从未提到张恭祖的名字。曹元弼

1　贾公彦：《序〈周礼〉废兴》，《周礼注疏附校勘记》，页8。
2　王鸣盛：《蛾术编》，卷五十八，页28右。

解释道：

> 或谓郑君从张君受《周官》，何以亦不引张君说？
> 不知张君所传者，《经》也，非《传》也。若以《传》
> 授之，则固当引及矣。[1]

笔者以为曹氏的解释值得商榷。试想，当老师传授经书时，最低限度也要解释字义、内容，针对某字某句，若有众多说法，也会说明自己的看法，如何只传读经文，却不说明其涵义？且张恭祖不仅传授郑玄《周官》，另有《礼记》《左氏春秋》《韩诗》《古文尚书》，这几部经书不论在文字内容上还是传授源流上皆有许多要解释的问题，难道都无须向学生说明？郑玄本传云"以山东无足问者"，恐怕说明张恭祖所能传授郑玄的经学知识有限，甚至对丁郑玄的疑问无法解答，于是才"西入关"，拜马融为师。

张恭祖在《后汉书》无传，名字也仅出现在《郑玄传》中，无法得知其生平著述，不过从贾公彦《序〈周礼〉废兴》引郑玄《序》云：

> 世祖以来，通人达士大中大夫郑少赣，名兴，及
> 子大司农仲师，名众，故议郎卫次仲，侍中贾君景伯，

1　曹元弼：《复礼堂文集》，卷七，页9左。

南郡太守马季长，皆作《周礼解诂》。[1]

身为学生，应该最清楚老师撰写了哪些书，但郑玄只字未提，笔者推测，张氏没有《周礼》相关著作，教导学生仅是口授，并未成书，很可能是像杜子春"有说无书"[2]，或是根据郑众等人的本子授徒，间下己意。郑玄《序》又云：

> 玄窃观二三君子之文章，顾省竹帛之浮辞，其所变易，灼然如晦之见明，其所弥缝，奄然如合符复析，斯可谓雅达广揽者也。然犹有参错，同事相违，则就其原文字之声类，考训诂，捃秘逸。谓二郑者，同宗之大儒，明理于典籍，粗识皇祖大经《周官》之义，存古字，发疑正读，亦信多善，徒寡且约，用不显传于世。今赞而辨之，庶成此家世所训也。[3]

郑玄作注时，以上各家的《解诂》还存世，马融是郑玄的老师，众所周知，故没有必要特别提出名字，从郑《注》中与马《传》的文字几乎相同可证。但杜子春、郑众、郑兴、贾逵等前贤的说法，必须一一标明，以作为区别。

又，郑玄对郑兴、郑众这两位"同宗之大儒"特别提出说明，有其不同于其他学者的用意，正如郑玄说二郑的说

1　贾公彦：《序〈周礼〉废兴》，《周礼注疏附校勘记》，页8。
2　胡玉缙：《许颅学林》，卷十二，页280。
3　贾公彦：《序〈周礼〉废兴》，《周礼注疏附校勘记》，页8。

解"用不显传于世",贾公彦《序〈周礼〉废兴》亦言"逵
《解》行于世,众《解》不行"。[1] 对郑玄而言,二郑"存古
字,发疑正读,亦信多善",希望通过自己"赞而辨之",让
这两位"同宗之大儒"的说解不仅能行于世,还能"成此家
世所训"。郑玄《周礼注》的撰作动机,除了"述先圣之元
意,思整百家之不齐"[2] 外,还有一件重要的工作,就是要将
二郑的说解"赞而辨之"[3],可以说明郑《注》之所以常引二
郑的原因。又加上马融的《传》是"兼揽二家(贾逵、郑众),
为备多所遗阙"[4],也就是说,即使郑玄师事马融,但贾逵、
郑众的《解诂》较马融《传》早完成,所以针对马融、郑众
相同的说解,于情于理上,郑玄都选择标示"郑司农云"。

四、汉人师法、家法之议及郑玄从师与否

谈到两汉时期经学研究的特色,学者皆言汉人最重
师法、家法。这样的说法,在清代相当盛行,如《顾广圻
传》云:

> 广圻读惠氏书,尽通其义。论经学云:"汉人治

1　贾公彦:《序〈周礼〉废兴》,《周礼注疏附校勘记》,页8。
2　《后汉书·郑玄传》,卷三十五,页1209。
3　张舜徽《郑氏经注释例》云:"凡《周礼注》中与先郑不同者,则云'玄
　谓'。"以自申所见。参见张舜徽:《郑学丛著》(武汉:华中师范大学出版
　社,2005年),页53。
4　贾公彦:《序〈周礼〉废兴》,《周礼注疏附校勘记》,页8。

经，最重师法。古文今文，其说各异。若混而一之，则蓼辘不胜矣。"[1]

皮锡瑞《经学历史》云：

> 汉人最重师法，师之所传，弟之所受，一字毋敢出入，背师说即不用。师法之严如此。[2]

皮氏又云：

> 前汉重师法，后汉重家法，而后能成一家之言。师法者，溯其源；家法者，衍其流也。师法、家法所以分者，如《易》有施、孟、梁丘之学，是师法；施家有张、彭之学，孟有翟、孟、白之学，梁丘有士孙、邓、衡之学，是家法。家法从师法分出，而施、孟、梁丘之师法又从田王孙一师分出者也。[3]

这样的说法，已经成为不可易的铁律。尤其是皮锡瑞这二段文，近现代凡提到汉代经学的文章，几乎都可见引用。从大

1　赵尔巽等：《清史稿·顾广圻传》（北京：中华书局，1977年），列传卷四八一，儒林二，页13192。
2　皮锡瑞撰，周予同注释：《经学昌明时代》，《经学历史》（台北：学海出版社，1985年），页64。
3　皮锡瑞撰，周予同注释：《经学极盛时代》，《经学历史》，页129。

方向来看，皮氏所言或许并无不妥，但仔细推敲，仍有可议之处。

首先，他说"师之所传，弟之所受，一字毋敢出入，背师说即不用"，这样的情况是有，但非绝对。《汉书·孟喜传》载"博士缺，众人荐喜。上闻喜改师法，遂不用喜"[1]，孟喜擅改师法，即使众人推荐，仍失去作为博士的资格，符合皮氏所言；又《汉书·张山拊传》说"（秦）恭增师法至百万言，为城阳内史"[2]，以皮氏"一字毋敢出入"的标准来看，秦恭"增"师法至百万言，难道"增"不算是某种程度的"改"？

其次，皮氏对于"师法""家法"的界定模糊不清。查阅前后两《汉书》，"家法"一词确实只出现在东汉。《后汉书·儒林传》云：

> 于是立五经博士，各以家法教授，《易》有施、孟、梁丘、京氏，《尚书》欧阳、大小夏侯，《诗》齐、鲁、韩，《礼》大小戴，《春秋》严、颜，凡十四博士，太常差次总领焉。[3]

按照皮锡瑞的定义，师法是"溯其源"，"源"应该只有一个，家法是"衍其流"，则"流"可以有许多个。以《易》

---

1 《汉书·孟喜传》，卷八十八，页3599。
2 《汉书·孟喜传》，卷八十八，页3605。
3 《后汉书·儒林列传》，卷七十九上，页2545。

的传授而言，施、孟、梁丘是师法，施有张、彭；孟有翟、
孟、白；梁丘有士孙、邓、衡之学，是家法。这与《后汉
书》"各以家法教授"的记载就有出入了。皮氏所谓的"师
法"，其实已含有"家法"的成分，不是当初纯粹田王孙的
师法。既然如此，何以仍区分师法与家法？如果皮氏从田王
孙开始算传授，是师法，那么田王孙的老师又该称呼什么？
又，他说"施、孟、梁丘已不必分，况张、彭、翟、白以下
乎"，"不必分"，又是什么意思呢？皮氏的说法有无法弥缝
的矛盾。马宗霍《中国经学史》云：

> 或谓前汉多言师法，而后汉多言家法，师法、家
> 法，名可互施，然学必先有师，而后能成一家之言。若
> 论其审，其间盖微有不同，章帝建初四年诏曰："汉承
> 暴秦，褒显儒术，建立五经，为置博士。其后学者虽曰
> 承师，亦别名家。"案此，则师法与家法不同之证。[1]

马宗霍虽然也承认师法、家法，不过已感觉到其中有"名可
互施"的情况。马宗霍认为出现两种称呼，一定有它的意
义，所以用"建立五经，为置博士，其后学者虽曰承师，亦
别名家"来说明师法与家法之间微妙的不同。虽然这样的说
明我们还是不太了解其间的差别，但马氏指出一个关键点，
就在于"置博士"，意即在汉代，若经师被选为"博士"，则

1　马宗霍：《中国经学史》（台北：商务印书馆，1968 年），页 38—39。

有师法可言，反之则无。"置博士"之所以重要，代表的是可取得利禄，弟子们按照师法讲经，能够谨守家法，发挥师说的，便可取得利禄，于是说经者日众。同时为了迎合执政者的喜好，并永远保持"博士"的地位不被取代，还需假设各种各样有可能性的问题，以应付挑战者的问难，长期下来，使得经说更加详细缜密，最终导致章句学的发达。钱穆先生说："有'章句'则有'师法'，凡当时所谓尊师法者，其实即守某家章句也。"[1]孟喜改了师法，是不尊师法者，所以与"博士缺"擦身而过。

由两《汉书》、皮氏、马氏所言，笔者以为当时的实际情况是，每个传授经学的学者，应该都同时兼有"师法"与"家法"，以皮氏所举的例子而言，施雠、孟喜、梁丘贺的易学承自田王孙，田王孙代表的是"师法"，施、孟、梁丘三人各有所得，是"家法"。学成后，这二人当了老师，融合了田王孙与自己的说法，成为一个有系统的"新师法"，分别传授给他们的学生，如此循环下去，上承师法，下传家法，即下图所示（图见下页）。

前汉叫"师法"，后汉叫"家法"，二者名异实同，而非皮氏所说"前汉重师法，后汉重家法"。

虽然读书人为求利禄，得尊师法，才有出路，不过，汉初学者由于不熟悉经书内容，对能读且能解析者，只能全

1　钱穆：《两汉博士家法考》，《两汉经学今古文平议》（台北：东大图书公司，1989 年），页237。

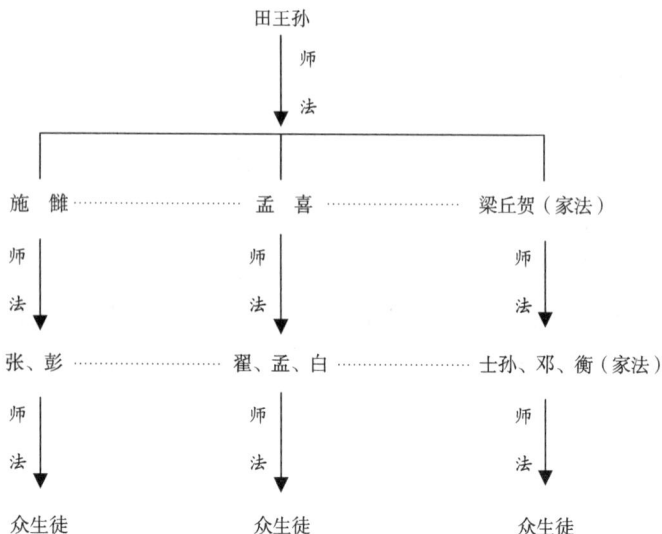

盘吸收。此后，渐渐地对经书能读通，再经过自己的思考，并提出自己的看法，于是对师法或增、或删、或改，后人认为他们不尊师法，实际上，这是一种再自然也不过的现象。钱穆先生"清代经师，圣尊汉学，高谈师说家法，已失古人真态"[1]可谓确论，汉代有师法，有家法，但并非"一字毋敢出入"。我们即使没有办法了解当时的真相，若仅以"师法""家法"的角度限制了汉代经学家，误以为他们只是师法的传声筒，或许将离事实更加遥远。"汉人最重师法"这句话应该多加斟酌、更审慎地提出才是。以此作为基础，再看马融与郑玄的关系，就没有什么好怀疑的了。

1　钱穆：《两汉博士家法考》，《两汉经学今古文平议》，页 258。

　　《周礼》在汉代的传授与解经，比起当时其余各经来说才刚起步，又由于《周礼》中多古文，能识者极少，即使如刘歆，也不能说传授绝无错误。其他经书在西汉早已经历过的识字、整理篇章、解释字义等等过程，《周礼》的传授在东汉才开始不久。即使如郑众这样有学问的大儒，也曾经以为"《书序》言成王既黜殷命，还归在丰，作《周官》"之《周官》，即是《周礼》的差错。两汉时期，除新莽短短的十五年外，《周礼》不曾"置博士"，传授《周礼》的学者，都是在民间靠自己的力量延续下去，因为不立博士，无关利禄，而有比较自由的发展空间。

　　以传经者而言，马融治《周礼》，学无常师，博通诸说，他自己解经时都不专主一家之言，更何况是对他的学生们。皮锡瑞说郑玄：

　　　　盖以汉时经有数家，家有数说，学者莫知所从，郑君兼通今古文，沟合为一，于是经生皆从郑氏，不必更求各家。[1]

治他经如此，治《周礼》更是如此，兼采各家，合为己说。虽然孙诒让以"汉人最重师法"作为郑玄将师说没入自己的说解、不必特意标明的理由，有待更多的直接证据进一步查证汉人注经的习惯；但是曹元弼以"汉人最重家法"作为马

1　皮锡瑞撰，周予同注释：《经学中衰时代》，《经学历史》，页135。

融不是郑玄老师的证明，亦非妥当的指控。

五、曹元弼《子郑子非马融弟子考》之商榷

在曹元弼[1]的《复礼堂文集》中，收有《子郑子非马融弟子考》一文，这篇文章可说是历来对马融与郑玄关系感到怀疑的集大成之作，文中将郑玄《别传》、《后汉书》本传、《世说新语》等叙述，与《马融传》事迹相对照，提出问题，一一辨证。除"注中显驳融处甚多"于上文已说明外，综而言之，约有以下数端：

（一）马融品德操守不足为郑玄师

曹元弼对于《后汉书》马融、郑玄、卢植、儒林等传记载郑玄是马融弟子的说法，感到相当怀疑与不满。不过，郑玄"于诸经注中往往显驳融说"[2]，不是他质疑的主因，而是郑玄"学行实圣人流亚"，"非融所可同年语"。

马融本传说：

> （融）善鼓琴，好吹笛，达生任性，不拘儒者之节。居宇器服，多存侈饰，常坐高堂，施绛纱帐，前

1　曹元弼，江苏吴县人，师定海黄以周，受学《诗》《礼》及群经。元弼之经学，以郑学为宗，著书二百余卷，总三百余万言。《易》《书》《诗》《三礼》《论语》《孝经》笺释都用郑《注》，可见其对郑学之服膺。
2　曹元弼：《复礼堂文集》，卷七，页4右。

> 授生徒，后列女乐，弟子以次相传，鲜有入其室者。[1]

马融不拘儒者之节、奢华、态度傲慢，对曹氏来说，是他最不配为郑玄老师的最大原因。关于此点，王泳《马融辨》已有说明。[2] 又京兆挚恂"以儒术教授，隐于南山，不应征聘，名重关西"，表示挚恂不为物所役的个性，行为德性受到大家的敬重，他对马融博通经籍感到惊奇，甚至以女妻之。或可说明马融的为人至少是通过了挚恂的考验。

（二）郑玄的学问比马融高，何需拜其为师

除了对马融的品行质疑，曹氏还提出《世说新语·文学篇》注引《郑玄别传》，郑玄为马融解决易数的问题，马融不解有七，郑玄解五，卢植解三，而马融不得一解，认为此时郑、马二人优劣立判，更何况与马融的高足相比。既然如此，郑玄哪里需要"三年在门，使高业弟子传授"？

然而《世说新语》体裁为小说，虽为研究汉末及魏晋间的历史、语言、文学家所重视，但所记载之遗闻逸事，只能作为参考用，又《别传》不知何人所作，如何说"言皆合理"？若是如曹氏般推崇郑玄者所撰作，必多溢美之词，亦

1　《后汉书·马融传》，卷六十，页1972。
2　王泳：《马融辨》，载《大陆杂志史学丛书·秦汉中古史研究论集》（台北：大陆杂志出版社，1970年）。

有可能。曹氏信《别传》，不信范晔《后汉书》郑玄本传所言，却谓范蔚宗"极尊郑学，何至惑于诬谬之说，以诬郑君乎"。范晔离郑玄之世未久，马融若非郑玄师，范晔岂不得知？

（三）郑玄在《月令注》中称马融为"俗人"，则马必非其师

《礼记注疏·月令》"命太尉赞桀俊"，郑《注》："三王之官有司马无大尉，秦官则有大尉。今俗人皆云周公作《月令》。未通于古。"孔颖达《正义》云："俗人谓贾逵、马融之徒。"曹氏以为：

> 汉时最重家法，岂有称其师为俗人之理？观此，则郑非融弟子，断然明矣！

郑玄目前仍保存完好的注疏之作有《周礼注》《仪礼注》《礼记注》《毛诗笺》，谓"俗人"者仅有此一条。而且称"俗人"为"贾逵、马融之徒者"，为孔颖达等人的《正义》而非郑玄，作为郑玄非马融弟子的证据太过薄弱。

其次，"俗人"一词在今天虽然是指平庸、鄙陋的人，郑玄用来形容自己的老师确实令人匪夷所思，以郑玄"学行实圣人流亚"的品德，自然不会做这种事，曹氏正是根据这种常理，来判断马融绝非郑玄的老师。

在两《汉书》中，有"俗人"之称。"俗人"大约指一般追逐流行的人，如《杨王孙传》："夫厚葬诚亡益于死者，

而俗人竞以相高，靡财单币，腐之地下。"[1] 或指追逐名利的人，如《张衡传》："衡少善属文，游于三辅，因入京师，观太学，遂通五经，贯六艺，虽才高于世，而无骄尚之情，常从容淡静，不好交接俗人。"[2] 至于学者之间，也有类似的语词来形容，如"俗儒"，相对于"通儒"而言。《杜林传》"博洽多闻，时称通儒"[3]，注云：

> 《风俗通》曰："儒者，区也。言其区别古今，居则玩圣哲之词，动则行典籍之道，稽先王之制，立当时之事，此通儒也。若能纳而不能出，能言而不能行，讲诵而已，无能往来，此俗儒也。"[4]

这是"俗儒"与"通儒"的差别。学者之间若要贬低对方的学识，通常以"俗儒"来形容，不会以"俗人"来形容，如《王充传》"充好论说，始若诡异，终有理实，以为俗儒守文，多失其真"[5]、《蔡邕传》"邕以经籍去圣久远，文字多谬，俗儒穿凿，疑误后学"。[6] 且《马融传》云"才高博洽，为世通儒"，他是被当时人所认同的"通儒"，若郑玄所指称的"俗人"为马融，则令人费解。

1　《汉书・杨王孙传》，卷六十七，页2908。
2　《后汉书・张衡传》，卷五十九，页1897。
3　《后汉书・杜林传》，卷二十七，页935。
4　同上。
5　《后汉书・王充传》，卷四十九，页1629。
6　《后汉书・蔡邕传》，卷六十下，页1990。

曹氏对郑玄称马融为"南郡太守马季长"也有意见。他认为学生不会称呼老师的官职，可见两人不是师徒关系。许冲《上〈说文解字〉表》云：

> 慎本从（贾）逵受古学，盖圣人不空作，皆有依据。今五经之道，昭炳光明，而文字者，其本所由生，自周礼、汉律皆当学，六书贯通其意。恐巧说邪辞使学者疑，慎博问通人，考之于逵，作《说文解字》。[1]

贾逵为许慎的老师，但许慎在《说文解字》当中称引贾逵的说法十多次，皆云"贾侍中说"，可知汉代学者对于师说，除了"不复别白"之外，也有称呼职衔的做法，曹氏的疑虑，或可解除。

（四）王肃借马融诋毁郑玄

经学史上，郑学与王学之争在魏晋时期已展开，亦各自有其拥护者。曹氏认为，"马融为郑玄师"这个说法，是王肃的阴谋，而这个谎言，从魏晋间一直沿误至今。

王肃"善贾、马之学，而不好郑氏"，常常"借贾、马为援"，就为了要反驳郑玄的说法，曹氏称他是"魏小人王肃"：

1　许慎：《说文解字》（台北：艺文印书馆，1994年），卷十五下，页793。

> 汉末郑学大行，魏小人王肃力诋之。……当时师
> 法犹重，肃之奸智以为郑与师说背，则其非不待言，
> 于是诬郑为马融弟子，而攻其异于马者。[1]

曹氏以为"汉人重师法"，这点王肃非常清楚，因此异想天开地称品性不良的马融为郑玄的老师。马融既非郑玄师，郑注中驳斥马融属理所当然之事，但这个谎言让郑玄成为一个不尊师、不重师法的学者，其学说自然无法容于世。近代学者已给郑、王二者公允的评价，在此不多赘述。曹元弼因服膺郑学，称郑玄为先师，对学说对立的王肃，自然有不好的评价。整篇文章，曹氏所提出的质疑，出发点都是为了推崇郑玄、保护郑玄，这种情怀读者自然能够谅解，不过因为先入为主的偏见，使曹氏只能看见王肃的阴谋与马融的无一是处。

六、结语

由前文的说明与论述，本文可归纳出以下几点结论：

其一，从史传的叙述来看，马融为郑玄师无疑。从《周礼》马融七十九条逸《传》与郑玄《注》相比较，郑玄不从马融注者，计有三十九条；郑玄从马融注者计有三十三条；马融有《传》，郑玄无《注》有六条；无法判断有一条，

1　曹元弼：《子郑子非马融弟子考》，《复礼堂文集》，卷七，页10右。

从违各占一半，证实马国翰、孙诒让二人的说法正如胡玉缙所言"实各举其一偏"。

其二，郑《注》引用郑众的说法达二十一次之多，其中有马融与郑众说法相同、相近，而郑玄却取郑众不取马融说，说明郑玄更重视学说提出的第一人，同时他想让同宗大儒的说解流传于世。

其三，汉代经师尊师法，可从以下几方面解读：从求利禄而言，是一种不得不的师法，尊师法，才能获得资源与支持；从学经的实际情形而言，汉初经师不熟悉经书内容，对师说只能全盘吸收，待对经书能读通，再经过自己的思考，并提出自己的看法，于是对师法或增、或删、或改，后人认为他们不尊师法，实际上，这是研究学问最自然的现象与过程；从经书本身而言，两汉时期，除新莽十五年外，《周礼》不曾"置博士"，传授《周礼》的学者，都是在民间靠自己的力量延续下去，因为不立博士，无关利禄，所以有比较自由的发展空间，与其他经书守师说的情况颇不同。我们承认汉代有师法，也有家法，但并非清儒所言遵守得如此严谨。

其四，孙诒让以"汉人最重师法"作为汉代经师将师说没入自己的说解、不必特意标明的理由，有待更多的直接证据进一步查验汉人注经的习惯，但从郑玄《注》与马融逸《传》内容相同的情况看来，可以作为这个现象的一个旁证。

其五，清末民初的曹元弼因尊郑玄为先师，作《子郑子非马融弟子考》一文，从汉代的师法、马融个人的品格操守及学问、郑玄著作不称引马融的说法等各方面来驳斥马融非郑玄的老师。文章的表面是针对马融，实际上是针对王肃与其支持者，虽然证据不足，曹氏还是建构出"王肃阴谋论"的说法，马融则无端地被牵扯进这个纷争中。

其六，以"汉人最重师法"为前提，郑玄在注中不称师，却有两种相反的结论，一是孙诒让所认为的"不嫌蹈袭，故不复别白"，一是曹元弼认为的"子郑子非马融弟子"，每个人从不同的角度以达到自己思考后的结果。从这篇文章可以领略到，曹元弼读书不可谓不勤，不可谓不广，但除了明确的、丰富的文献证据是必备的条件外，经学史研究是否有一套完备的研究方法，使我们在投注这么大的心力后，能得到一个比较偏向事实的结果，这是我们一直在思考的问题。

本文 2009 年刊登于"中研院"中国文哲研究所《中国文哲研究通讯》第十九卷第 1 期。

论郑王礼说异同

2007年春开设"经学史散论"课，因本人素无研究，选几篇当代学术论文，加以分析评论，期望对历史系研究生有启发意义。备课学习古桥纪宏先生博士论文《魏晋礼制与经学》、张稳蘋先生硕士论文《啖、赵、陆三家之春秋学研究》、新田元规先生硕士论文《唐至清初之禘祫论》等，深受教益，自己也有所思考。其中对郑玄、王肃礼说异同之意义，有了自己的理解，似觉可以自圆其说，因此提出来，请学界诸贤指教。

一、评论郑、王异同的不同视角

（一）郑、王异同的经学分析

郑玄、王肃礼说异同，是经学史上最重要的问题之一，历代学者有关议论极其繁多，笔者读书甚少，未知其涯略。其专论郑王异同而最著名者，当推皮锡瑞《圣证论补评》。皮氏另有《驳五经异义疏证》《郑志疏证》《六艺论疏证》《鲁礼禘祫义疏证》等，体例略同，合而观之，便于理解郑说之概要。皮氏服膺郑学，《圣证论补评》分析每一条材料，于王说多所批驳。《补评序》批判王肃不能分别今古家法以难郑玄,反而伪造《孔子家语》,欲借圣训以自重。皮氏认为,总体而言,"今文似奇而确,古文似正而非"(《圣证论补评序》《郑志疏证》均有此语),郑玄颇知择善而从,是为通识。皮氏固清末经学家,对每一具体经学问题,都有明确的是非判断。

《孔孟学报》第41期载今人简博贤先生《王肃礼记学及其难郑大义》,通过具体分析,对王说多所肯定,结论与皮氏相反。简先生比较郑、王礼说之大义,认为郑玄重尊尊,多泥迹;王肃重亲亲,守时训。这一评论,颇得郑、王礼学思想之大体,值得注意。但简先生之主旨在申释王说,论证王不仅不劣于郑,更有优于郑者,而且往往征引万斯大、秦蕙田等后人之说证成王说。其实每一学者都有各自不同的礼学思想体系,如王肃与万斯大等人,表面上有些结论一致,而背后的思想、理论截然不同,不足以相证。虽然如此,简先生之论,自不妨其为一家之言。

王肃欲夺郑玄之席,诸多观点与郑说正相矛盾,后人自然要讨论其间得失是非,故孙炎、马昭、王基、孔晁、张融以来,历两千年争论不休。若皮氏与简氏,可谓其殿军。依笔者浅见,皮氏论郑是王误的标准似在于郑、王所据文献资料的可靠性以及理论之完整性、逻辑之严密性等,偏向解经技术;简先生论王优郑劣的标准似在于郑、王经说观点是否合情合理,偏向思想内容。评价的层次既然不同,两说实可并行不悖。但需要注意的是,皮氏、简氏均认为自己这些标准可用来评价所有经学研究。换言之，皮氏、简氏的立场仍然都在经学内部，本人也是经学家，所以他们对包括自己在内的当代经学研究有如何要求，他们评价古代经学家就用如何标准，完全一致。笔者不曾知经学，但觉郑、王既然形成两套不同的经说体系，不便撷取其中个别观点，评估优劣，而必先就其学术体系，分析理解其思想、方法，乃为要务。

（二）郑、王异同的经学史评论

据古桥先生论文介绍，藤川正数认为郑学有权威主义、形式主义特点，王学有人文主义、实际主义特点。这一评价，与简先生所论相通，有一定的说服力。至于藤川进一步提出，郑学接近今文学精神，王学接近古文学精神，郑、王之争是今古文学之争的延续，则显然无据，无以取信。

古桥先生又介绍加贺荣治说，其说以为郑、王杂用今古学说，均属后汉古文学之后继。然后汉古文学除不拘家法、广参文献之外，亦有注重合理之特点。郑玄继承后汉古文学广参文献一派，王肃继承注重合理一派。对此，古桥先生指出，广参文献与注重合理，无论后汉古文学家抑或是郑玄、王肃，莫不兼具，硬分两派，毫无根据。笔者也赞同古桥先生的评论。王肃批评郑玄学说不甚合理的内容是一回事，这种特点是否属于某一学派，则是另一回事。

谈论学术史，需注意避免用粗糙甚至杜撰的学派概念来解释各种复杂现象。描述演变过程，分析演变规律，必须以恰切理解具体现象为基础。若能充分积累"点"之研究，"线"自当浮现，故不得凭想象先画"线"，使"点"迁就之。

（三）郑、王礼说与实际礼制的关系

古桥先生分析郑、王礼说与汉魏实际礼制之间的关系，提出如下几点看法：一、汉代的实际礼制与经学学说之间存在较大距离。二、郑玄礼说与后汉制度难以符合，王肃礼说则颇接近汉代以来之实际礼制。三、魏明帝好郑学，景初年间明帝、高堂隆等进行的一系列改制，其意图显欲使礼制靠近郑说。四、王肃对郑说提出异议，可以理解为对景初改制的反拨。今按：以往的经学或经学史研究，视角往往局限在经学领域内部，而忽视其与现实制度的关系。现在越来越多学者倾向于从历史的角度看经学，把经学学说放在当时的历史环境里进行观察。古桥先生的研究既是创获，又能给我们以很多启发。可惜古桥先生的论文是日文，不便学者参考。另外，具体观点也不无值得修正、商榷之处。笔者曾分析整理古桥先生论文的具体观点及所据材料，参以己意，重编为《删要》，发表在《儒家典籍与思想研究》第二辑（北京大学出版社，2010年），可供参考。

（四）赵匡评论郑玄

以上介绍前贤评论郑、王异同的几个重要视角。凡此等评论，无不着眼于郑、王礼说的具体内容，而具体之讨论，始终不脱时人的评价。笔者爱好读书，读郑、王言论，亦望能深入体会郑、王的思维过程。盖其立论内容，乃是其思维之结果，或许是学者研究的重要对象，但并非爱书者读书的重点所在。从读书的角度，更值得重视的是郑、王的思维过程以及解经态度。赵匡对郑玄的评论涉及这一点，很值得我们重视。

南北朝以后，王肃之说虽然也有影响，但郑学在经学领域里的主流地位始终没有动摇。直到唐肃宗卒，宝应二年（763）黎干发十诘十难（见《唐书·礼仪志一》），严厉批评郑说，而其说禘与赵匡一致。赵匡《辨禘义》，见陆淳编《春秋啖、赵集传纂例》卷二〔陆书编订时间在大历十年（775）〕黎干、赵匡的禘说，与郑玄完全不同，而相当接近王肃。然而赵匡的说法是："郑玄不能寻本讨源，但随文求义，解此禘礼，辄有四种。"这是解经态度的问题。

赵匡认为理解经书必须"寻本讨源""远观大指"，不得"随文求义"或"即文为说"如郑玄所为（并《辨禘义》语）。这种评论的主要意义在于表述赵匡自己的解经方法，而且正如张稳蘋先生、新田先生所论，宋代《春秋》学就是推进这种原则，而越走越远。但笔者认为，赵匡的批评已可说明郑、王礼说之异同。藤川先生、简先生论郑玄有形式主义、泥迹的特点，主要是从具体礼说的内容来讲的，但也不妨说，礼说内容的这些特点其实是"随文求义"的解经方法导致的结果。

二、二十五月、二十七月的意义

三年之丧的丧期，郑说二十七月，王说二十五月，是郑、王之争的主要论点之一。《士虞记》"又期而大祥，中月而禫"，郑玄以"中月"为隔月，大祥在二十五月，隔月禫在二十七月。王说"中月"即月中，所以大祥、禫都在二十五月。《檀弓》"祥而缟，是月禫，徙月乐"，王肃以"是月"即祥之月，祥之月禫，自然在二十五月。郑玄说"是月"与"徙月"相对为文，意思是说某月禫，第二月可以用乐，"是月"并非祥月。《士虞记》《檀弓》这两条记文，对二十五月、二十七月的结论有最直接的影响，固然很重要，但"中月""是月"的训诂本身意义并不太大，而纯属技术问题，只要有需要，随时可以调整解释。我们不能认为他们的争论就是为了"中月""是月"，而应探讨他们为何对"中月""是月"做出不同解释的根本原因，换言之，应讨论他们持二十五月、二十七月不同观点的真正缘由。

皮锡瑞认为郑说正确，是王肃误读《檀弓》，才产生异见（见《郑志疏证》）。如此说来，二十五月、二十七月的争论出于王肃的误解，王肃无理取闹，郑说即是正解，其间似无深意。简先生说，王说祥、禫同月得礼之正，郑说祥、禫异月殊乖人情。又引万斯大说，认为郑说误，而先儒多从郑者"亲丧宁厚"是一个因素。然依简先生概括，郑说重尊尊，王说重亲亲，而此一问题郑玄申亲情，王肃节制亲情，实不知当如何解释。总之，经学家评论问题，必归于一是一非，一正一误，但除了批判错谬以外，不能说明他们何以形成不同观点。

古桥先生认为，汉代以来的实际习惯就是二十五月。

郑玄提出二十七月，不合当时礼俗，所以王肃要主张二十五月。若如此，诚可说明王肃对郑说提出异议的意义。但依笔者陋见，汉代以来实际礼俗是二十五月这一点，未见任何根据，故不能证明王说比郑说更接近实际礼俗。

汉文帝有短丧令，至成、哀时渐有行三年者，王莽、光武时期三年丧较盛行。然安帝、桓帝先后令大臣、刺史等行三年丧，均不久旋废，其他偶行三年者则为史籍所特书（参详杨树达《汉代婚丧礼俗考》），又后汉明帝至魏帝皆用短丧（史书有关记载甚多，如《晋书·礼志中》云："自汉文革《丧礼》之制，后代遵之，无复三年之礼。"又，汉末荀爽、徐干皆有讥后汉天子短丧之文），可见后汉时三年丧绝非普遍礼俗。《日知录》云："《孝经援神契》曰：'丧不过三年，以期增倍，五五二十五月，义断仁，示民有终。'故汉人丧服之制谓之'五五'。《堂邑令费凤碑》曰'菲五五，缞杖其未除'，《巴郡太守樊敏碑》曰'遭离母忧，五五断仁'是也。"这里顾炎武认为，《隶释》所载汉碑资料中出现"五五"一词，实系丧服的代语，因为汉代有"三年丧，五五二十五月"的说法，如《孝经援神契》所见，故有此种修辞法。然则"五五"乃是成语，并不代表他们具体履行二十五月的丧仪。《荀子》《公羊传》《白虎通》均言三年之丧其实二十五月，可知为普遍的概念。故丧父可说三年，三年之丧可说二十五月，语言习惯如此，并不等于实际服丧的时间。至于"五五"，则修辞意味甚浓，离实情可能较远。假设实际服丧时间为三十六天，而刻碑时仍写作"五五"，亦完全可能。笔者阅读古桥先生论文，又翻检杨树达的书，未见任何直接的记载材料，可以证明汉代有人履行过二十五月丧仪，更遑论一般习俗。后汉实际礼俗是二十五个月，古桥之说的这一前提，至少目前尚未有任何根据。

再者，假设二十五月是实际情况，也很难说明王说比郑说更符合后汉实际礼俗。因为郑说二十七月，自然也包含二十五月的大祥。服丧是逐渐变化的过程，到了大祥，主要过程已经完毕，除衰服而着朝服，亦不妨说丧期已毕，剩下的禫是附带的多一次仪节。郑玄自然熟知《荀子》《公羊传》《白虎通》等明文记载的二十五月丧期概念，他亦未表明丧期是二十七月不是二十五月，只不过说二十五月大祥之后，二十七月又进行禫，如此而已。然则，郑说与传统的二十五月概念并不矛盾，古桥先生说王肃为了维护后汉实际礼俗反驳郑说的观点，也很难成立。

郑玄不能接受二十五月大祥、同月禫的观点，非要主张二十七月禫，究竟何为？郑玄学说以周详的系统研究为基础，每一观点都力求能解释相关一切经文，因此要对其某一具体观点指出其最主要的根据较为困难。就此丧期问题而言，可以说直接相关的一二十条经文都是郑玄的根据，郑玄认为只有认定二十七月禫，这些经文才可以通释无碍。虽然如此，若要指出其中最重要的根据，《檀弓》疏可以给我们提供答案："郑必以为二十七月禫者，以《杂记》云'父在为母为妻，十三月而祥，十五月而禫'，为母为妻尚祥禫异月，岂容三年之丧乃祥禫同月。"若《杂记》这则材料可信，则祥禫同月的说法便无法成立。于是郑玄采取二十五月大

祥、二十七月禫的观点，"中月"解释为隔月，"是月"理解
为泛指，一切解释圆满。

王肃对《杂记》此文有何解释，似无资料可考，疑王
肃有意回避不谈（简先生论文申王说，亦未解释《杂记》此文）。但王
肃提出异议又由何因？古桥先生指出，史载王肃提出二十五
月禫，在正始二年（241）朝议祫祭时。因举行吉祭须在禫
之后，故要确定祫祭时间，须先定禫的时间。于是太常孔
美、博士赵怡主张二十七月禫，散骑常侍王肃、博士乐群
主张二十五月禫〔见《魏书·礼志二》载景明二年（501）孙惠蔚上言〕。
但这场朝议除郑、王学说对立外，看不出其他思想背景，
二十五月禫之说当非为此场朝议而发，而是王肃素有其说，
至此次朝议，才第一次发生公开争论而已。

笔者认为，王肃二十五月禫说的实质，是将大祥与禫
两种仪节在实际意义上合并为一。《士虞记》："又期而大祥，
曰荐此祥事。中月而禫。"注云："禫之言澹澹然平安意也。"
祥之后有禫，诸经多有明文，无可否认其存在，但禫祭具
体内容如何？经传没有记载。杜佑说："练、祥、禫之制
者，本于哀情不可顿去而渐杀也。"（《通典》卷八十七）然大祥
已经二十五月，改着朝服，哀情淡化，说是渐杀，二十五月
与二十七月之间能有何等差异？故《礼记》所言祥禫之别，
已不甚分明。如《檀弓》"祥而缟，是月禫，徙月乐"，是
禫之明月始可乐，而《丧服四制》"祥之日，鼓素琴"，《檀
弓》"鲁人有朝祥而莫歌者……夫子曰……逾月则其善也"，
又"夫子既祥，五日弹琴而不成声，十日而成笙歌"，皆未

及二十八月而有乐。郑玄解谓大祥后可有乐,但非八音正乐,至禫之明月始有正乐(见《檀弓》疏)。其说虽巧,但如此细分,未免离现实甚远。于此亦可见,大祥与禫,理论上固可分为两祭,若从其实践层面而言,实无法区别其不同意义。强此履行,等于重复同样仪节,近乎所谓"敬不足而礼有余"者。故王肃以大祥与禫即在同月,存二名而实合为一,可谓方便。后人不深考郑、王意之所在,只知其结论为二十五月、二十七月丧期长短不同,杜佑甚至提出二十六月的折中方案,不知如此折中,已全失郑、王费心思虑的意义。

三、王肃合并郑玄所分

笔者理解二十五月、二十七月为大祥与禫或区分或合并的问题。其实其他几个郑、王礼说异同的重要问题,也与此相同。下面分类简述。

(一)郊丘

《郊特牲》疏云:"《大宗伯》云'苍璧礼天',……又云'牲币各放其器之色',则牲用苍也;《祭法》又云'燔柴于泰坛,用骍犊',是牲不同也。又《大司乐》云'凡乐,圜钟为宫,黄钟为角,大蔟为徵,姑洗为羽,冬日至于地上之圜丘奏之,若乐六变,则天神皆降',上文云'乃奏黄钟,歌大吕,舞云门,以祀天神',是乐不同也。故郑以云苍璧、苍犊、圜钟之等为祭圜丘所用;以四圭有邸、骍犊及奏黄钟之等以为祭五帝及郊天所用。"是经书记载圜丘、南郊，确实有所出入，不容混为一谈。《郊特牲》疏引王肃说则云："郊则圜丘，圜丘则郊。所在言之则谓之郊，所祭言之则谓之圜丘。于郊筑泰坛，象圜丘之形，以丘言之，本诸天地之性。"考《史记·封禅书》称"《周官》曰：冬日至，祀天于南郊，迎长日之至"，《汉书·郊祀志下》载王莽说，引《周官》"冬日至，于坠上之圜丘奏乐，六变则天神皆降"，而云："以日冬至，使有司奉祠南郊。"是司马迁、王莽等皆不以圜丘、南郊为二。汉朝从来没有特立圜丘，只有喜好郑学的魏明帝才选定委粟山为圜丘。圜丘、南郊名固不同，分析经书记载也可以证明其间有所出入，但小小异同是否必须为此设立截然不同的两种祭祀？更何况无论是圜丘还是南郊，除了时间、音乐、用牲等片段记载外，经传都没有说明具体仪节的内容，若要设计两种不同的祭礼，不知何以表现两者之差异。从祭祀的实际考虑，王肃以圜丘、南郊为一，显得更合理。

郑玄区分圜丘、南郊，所祭之天亦随之有别，认为圜丘祭昊天上帝，南郊祭五帝苍帝、黄帝之属，此所谓六天之说。王肃谓天至尊，不得有二，故不分圜丘、南郊，又以五帝非天，据云此说与贾逵、马融同。

（二）社稷

《祭法》云"王为群姓立社曰大社，王自为立社曰王社"，是天子有二社的明文。但据《宋书·礼志四》载傅咸

《表》，王肃对《祭法》的"大社"有稍微奇怪的解释："王者布下圻内，为百姓立之，谓之太社，不自立之于京师也。"此说讨论大社的性质与地点，实际上王肃的用意在反对天子二社制度。《通典》卷四十五注引孔晁云："汉氏及魏初，皆立一社一稷。至景初之时，更立太社、太稷，又特立帝社云。《礼记·祭法》云'王为群姓立社曰大社'，言为群姓下及士庶，皆使立社，非自立也。今并立二社，一神二位，同时俱祭，于事为重，于礼为黩。宜省除一社，以从旧典。"孔晁说与王肃一致，他们通过解释，将《祭法》的大社排除在京师天子社的概念之外，因而主张天子只有一社。何以如此，孔晁说明得也很清楚。在观念上分王社、大社二社固然很容易，但作为具体祭祀，这二社究竟有何差异？经传无具体说明。然则二社总嫌重复，不如省并为一社。就实际制度而言，汉代一直是一社，只有魏明帝景初年间才改为二社制度（《宋书》《晋书》有汉、魏二社一稷之说，是采用臣瓒误说的结果。笔者别有辨，见本书札记《汉魏二社一稷》）。之后，晋武帝先下诏云："社实一神，其并二社之祀。"傅咸对此提出异议，批评王肃说不可靠，并且主张"过而除之，不若过而存之"。武帝从其说，又下诏云："社实一神，而相袭二位，众议不同，何必改作。其使仍旧，一如魏制。"（并见《宋书·礼志四》）可见，一神二社始终是一个问题，不过魏晋以后的社已经是一种小祭祀，不为帝王朝臣重视，自不足深论，所以他们选择"过而存之"。从实际礼仪制度的角度看，一社自然比二社更合理。

又，王肃以社稷为人鬼，社祭句龙，稷祭后稷，实同贾逵、许慎、马融等先人。而郑玄独以社为地，配祀句龙；稷为原隰之神，配祀后稷。《郊特牲》疏云："郑必以为此论者，案《郊特牲》云'社祭土而主阴气'，又云'社所以神地之道'，又《礼运》云'命降于社之谓殽地'，又《王制》云'祭天地社稷为越绋而行事'，据此诸文，故知社即地神。"经书所载，既有社祭句龙、稷祭后稷的实际风俗，又有将社稷当作地神的宗教思想。郑玄对经书文句进行全面细致的分析，知道两方面因素都不能抹杀，但他也很重视理论，地神与人鬼不能不截然分辨。于是用配享概念来回避两者的冲突，认为真正的祭祀对象是地神，但同时也配享句龙、后稷。仲长统评论郑玄这种解释云："经有条例，记有明义，先儒未能正，不可称是。钩校典籍，论本考始，矫前易故，不从常说，不可谓非。孟轲曰：'予岂好辩哉，乃不得已也。'郑司农之正，此之谓也。"（见《续汉·祭祀志下》刘注引）王肃不采用郑说，因袭旧说，认为社稷祭祀的对象就是句龙、后稷，符合实际风俗，单纯易解，也等于将郑玄从理论上分开的地神与人鬼再次合并为一。

（三）庙制

郑玄说，天子立太祖庙并四亲庙，而周因受命之故，特立文武二祧，共立七庙，殷则六庙，夏乃五庙。王肃说，诸侯五庙，太祖庙及四亲庙，天子与诸侯相差以二，故太祖庙及亲庙六，共七庙，其所多出高祖之父、之祖即二祧。

《王制》《祭法》等皆有七庙明文，故郑、王均谓周天子七庙。不同者，郑玄将七庙中的二祧视为周朝特例，天子庙制的核心仍是太祖以及五服范围的四亲庙；王肃则否定对二祧赋予特殊含义，认为七庙为百王通制，所谓二祧不过是四亲庙的延伸，父、祖、曾、高、高祖之父、高祖之祖，三昭三穆均属亲庙，如此始得与诸侯五庙之间形成明显等差。换言之，郑玄从七庙中分出二祧概念，赋予特殊意义，而王肃又将二祧概念归并到亲庙概念中。郑说虽稍嫌复杂，然有韦玄成说、《白虎通》等为本，亦非杜撰。从理论上讲，《丧服小记》明言"王者立四庙"，若如王说，文武庙不在七庙之内，则周当有九庙，而经典绝无言九庙者。应该说，郑玄通过引进特殊的二祧概念，圆满解释了有关经文（其中也包括纬书）。后汉献帝时，蔡邕议宗庙改制，称"礼制七庙，三昭三穆与太祖七"，王肃说与蔡邕同。两说相较，作为实际制度，王肃说毕竟更简明合理。

（四）禘祭

依郑说，经典所见"禘"，有指祭天者，也有指宗庙祭祀者，祭天之中也有圜丘、南郊之分，宗庙祭祀之中也有大祭、时祭之别，所以上引赵匡说，郑玄"解此禘礼，辄有四种"。《丧服小记》"王者禘其祖之所自出，以其祖配之"，"礼，不王不禘"。《大传》"礼不王不禘，王者禘其祖之所自出，以其祖配之"。郑玄将这些"禘"都当作南郊祭天理解，但《祭法》"有虞氏禘黄帝而郊喾"，"禘"与"郊"并见，不能说"禘"是南郊，且"禘"在"郊"上，故认为是圜丘祭昊天上帝。圜丘祭昊天上帝，南郊祭感生帝，而《祭法》云"禘黄帝而郊喾"等，郑玄解释说"禘黄帝而郊喾"谓配享耳，真正的祭祀对象是昊天上帝、感生帝，并不矛盾。依王肃说，圜丘即南郊，但《祭法》"禘黄帝而郊喾"的"禘"既然不是南郊，也不能是圜丘，王肃遂释为宗庙大祭。王肃进而认为，《丧服小记》《大传》的"礼不王不禘，王者禘其祖之所自出，以其祖配之"说的也是宗庙大祭。所以按照王肃说，"禘"就是宗庙祭祀，祭天不叫"禘"。另外，据王说，《祭法》"禘黄帝而郊喾"的黄帝、喾等就是祭祀对象，而非配享。王肃将郑玄分别解释为圜丘祭天、南郊祭天、宗庙大祭的"禘"，统一解释为宗庙大祭，简明易解，又《大传》下文紧接着说"诸侯及其太祖"云云，故将"禘"理解为宗庙祭祀亦甚自然。

四、郑、王礼说的历史意义

大祥与禫，圜丘与南郊，昊天与五帝，大社与王社，地神与人鬼，二祧与亲庙，祭天禘与宗庙禘，这些相关、相类似的观念，郑玄都仔细区分，分别赋予不同的意义，而王肃对此都进行不同形式的合并，因此郑玄学说繁琐复杂，王肃礼说简明合理。这样的讨论结果，与简先生"郑玄多泥迹，王肃守时训"的评价及藤川先生"郑学形式主义，王学实际主义"的评价都不矛盾。但简先生、藤川先生主要就礼说内容亦即解经结果进行评价，而笔者关注的是他们解经的过程或态度、方法。

上列事例似乎甚多，但其中如圜丘与南郊、昊天与五帝、祭天禘与宗庙禘等，并非三种独立的问题，而是属于一系列问题，密不可分。故三种现象也可以说是一个问题。另外，郑、王异同问题多端，难以用"王肃合并郑玄所分"这种肤浅的概念来做解释。最简单的例子，如《祭义》"祀之忠也，如见亲之所爱，如欲色然"，郑注"如欲色者，以时人于色厚，假以喻之"，王肃说："欲色然，如欲见父母之颜色。郑何得比父母于女色。"王肃显然认为，用喜好美人来比喻祭祀的虔诚，有失严肃。换言之，导致郑、王异义的原因纯粹是伦理思想的问题。可见，"王肃合并郑玄所分"这种概括本身不直接说明任何问题，但通过具体观察"王肃合并郑玄所分"的事例，我们可以知道赵匡说"郑玄不能寻本讨源，但随文求义"，确实指出了郑玄礼学的方法论特点。

经书本非一地一人所作，来源非常复杂，后来逐渐编成各种不同著作，各书之间又相互关联，逐渐形成一套完整的经书体系。因此，经书的记载往往互有出入，甚至矛盾。前汉博士引用经书文句以议论政事，常断章取义，而未曾形成学说体系之论，故经书内在的矛盾往往忽视不理。郑玄对诸经纬文献进行全面系统的研究，建立了今天我们能够了解大致内容的第一套完整的经学概念体系。除了空前大的规模以外，严密的体系性，也是郑玄学说的突出特点，我们翻检《郑志》，其解释各经注说之间所存在的小小出入，亦足以了解其严密程度。尽管在郑玄之前已有很多学者做过研究，但最早期建立的经学概念体系，能够做到如此大规模，而且精密如此，足以惊人，故范晔《论》称"括囊大典，网罗众家"。

对此情况，笔者不禁要比附音韵学的发展历史。《切韵》是我们今天能够具体了解大致内容的第一部韵书，而且规模甚大，音韵体系也最严密。《切韵》的资料来源甚为复杂，且为求"剖析毫厘，分别黍累"，不管古今南北不同的语音体系，凡是有区别的字音，都加区别，结果《切韵》的音韵分析最细，音韵体系最复杂，远远超出一般生活中的语音体系。换言之，《切韵》体现的音韵体系是理论分析的结果，并不是实际使用的音韵体系。《切韵》的这种特点产生两方面后果：一方面，后代实用性的韵书对《切韵》的音韵体系进行大规模的合并简化，如《平水韵》；另一方面，若要分析研究历代音韵以及方言音韵，便不能不参照《切韵》分析的音韵体系。

东汉经学家需要对含有矛盾的经书体系进行统一的系统解释。郑玄分析经纬文献中的各种矛盾，说明其出入，所采取的态度与《切韵》的编者们相同，这就是尽量多区分概念，以求避免矛盾。《切韵》编者，若遇两个字在方言里的读音不同，或者在古文献里面是不同音，就算在本人的语言体系里念同音，无所分别，在理论上仍然要分析为两个不同的音韵概念，当作存在两个不同的音。郑玄解经，若遇同一个词或者同义、近义的词，在经纬文献的不同地方，含义、属性、用法有所出入，甚至矛盾，通常作为不同的概念来理解。郑玄力图保存文献语言的复杂性，为此要求读经者细分自己脑海中的相关概念。不难理解，这样细致的分析只有在理论上才得以进行，若移之于现实社会，显得太过复杂，甚至不合理不合情。若要保存文献语言的复杂性，必然要形成复杂到脱离现实的概念体系，个中原因，当是因为经纬文献本身包含异地异时不同人的各种说法，本来不反映一套现实的概念体系。

王肃对郑玄提出异义，有多方面原因，现实性考虑可能是最主要的因素。郑、王礼说异同，从结论来看，王肃往往将郑玄区分的概念再次合并。郑玄的分析是对文献概念进行理论研究的结果，离现实人情甚远；王肃则直接参与朝廷礼制的讨论，更关心现实的礼制，因此要求礼说合情合理，具有可实践性，不能只顾理论上的完美。当此时，为了解释的合理性，文献语言本来的复杂性往往被忽视。这里存在的矛盾，一方是我们平常使用的概念，由于经过实践的不断验证，证明是合情合理的；另一方，经纬文献所载，由于来源丛杂，流传过程分歧，所以既有权威性，又有内在矛盾。郑玄以经纬文献的记载为出发点，反过来要求细分自己脑海里平常使用的概念，以迁就文献的复杂现象。王肃则用合情合理的概念去解释经纬文献，对纬书记载加以否定，对经书中原有分歧的记载则进行合情合理的合并处理。郑玄虚心接受文献，要求我们改变概念；王肃则从当时的观念出发，要求调整文献的表面意义：方向正好相反。合情合理的现实不需借助经书，已可自明，但经书文献的复杂内容则不是人们所能想象出来的，所以在经书文献的解释上，不管王肃有多大影响，始终无法取代郑玄的位置。郑玄礼说脱离现实，所以必然会出现王肃的纠正理论；郑玄礼说尽量详细地保留文献内容的多样性，所以后人研究经书，必以郑玄为不祧之祖。《切韵》后必然产生《平水韵》，《切韵》是音韵研究不可或缺的根本资料，情形正相类似。

笔者提出这些观点，只是对郑、王学术基本方向的个人解释。既然是解释，无法证明绝对正确。不仅如此，举例反驳也很容易。郑玄注经改字极多，有目共睹，不必赘言。牵强的解释，亦自不乏，举其显例，则《郊特牲》"郊之祭也迎长日之至"，注以为夏正建寅之月，因建卯月春分，故称"长日之至"；"周之始郊日以至"，注以为当云"鲁之始郊日以至"，鲁建子冬至之月郊，周郊自在建寅月。对此王肃说："若儒者愚人也，则不能记斯《礼》也；苟其不愚，不得乱于周、鲁也。"即是批评其牵强。虽然如此，笔者通观郑、王礼说异义，得到的大致印象是：郑玄的思维紧贴文本，从经纬文献的文字出发，根据这些文字展开一套纯粹理论性的经学体系；王肃则从我们现实生活的角度出发，考虑礼说的可实践性以及合情合理性，对郑玄的经学体系进行改造。

赵匡谓"郑玄不能寻本讨源，但随文求义"，至此豁然可解。赵匡是说，郑玄由于过分拘泥经文语言上的细微差异，乱立各种分析概念，遂失经书之"大义"。王肃应该会认同赵匡的说法。至于赵匡与王肃之间的不同，则王肃以郑玄学说体系为前提，对具体的观点提出各种修改意见，其经学体系框架仍然接近郑玄。王肃否定郑玄过分拘泥文献语言的理论分析，并提出合并概念的解释方案，以寻求自己解释的体系完整性，努力弥缝经书不同记载之间的矛盾。赵匡认为读经需要掌握"大义"，不可拘泥具体经文，所以赵匡敢对不符合"大义"的经书记载表示怀疑，否定《左传》《明堂位》《中庸》《祭法》等。赵匡的《辨禘义》根据《大传》等经文掌握"大义"，反据此"大义"来批评《明堂位》等，说"《礼记》诸篇，或孔门之后末流弟子所撰，或是汉初诸儒私撰之以求购金"。这样解经，就分析文献的逻辑形式而言，正如马端临指出"据《礼记》以攻《礼记》"（《文献通考》卷一〇〇），存在严重的方法论缺点。赵匡对"大义"坚信不疑，但《礼记》诸篇之间本来存在互相矛盾的记载，然则经书"大义"与《礼记》中个别文句之间，当如何取舍？赵匡自然选择"大义"。王肃不言经书"大义"，因此对经书中包含矛盾的不同记载，也不采取蔑视或否定的态度。

先掌握"大义"，按照"大义"去解释经书，这是赵匡首先提出、宋人继承发展的解经方法。赵匡轻言经书不足信，为相信经书权威意义的后人所诟病，但赵匡的基本观点为宋人所继承，如朱熹读经书文句最细心，仍然重视、遵从赵匡对"禘"的看法；赵匡根据"大义"解释经书的经学方法更成为宋至清初经学的主流。所以黄干称：朱熹说赵匡的"禘"说是《仪礼经传通解》"笔削大义之所存也"（杨复序黄干《仪礼集传集注·祭礼》引）。但相对而言，赵匡仍能慎重衡量经书文句，与宋以后多数学者轻易下论断不同。这一点，张稳蘋先生的论文通过细心的分析，已经拈出，可以参考。宋至清初经学家的礼说与现实生活中的礼仪实践有密不可分的关系，同时通过不断地研究，经学"大义"越来越纯粹地贯彻于经书的解释之中，这一点新田元规先生的论文有具体详细的论述，可以参考。这种被"大义"纯化的经学发展到极点，所有经书都可以用"大义"来解释，无所乖戾，结果经书就变得毫无存在的意义，因为所有一切都不外乎"大义"。明人郝敬论《礼记》诸篇不同而云："后儒各记所闻，互相矛盾。远观者自能折衷，有所不知宜存而弗论。"又云："郑康成辈，好信不通，执此征彼。及其不合，牵强穿凿，诪张百出。"（《礼记通解》卷首《读礼记》）此与赵匡所论，旨意正相通。清初姚际恒则谓："古人文字亦欲各出其能，不为雷同也。后儒乃欲寸寸而合之，铢铢而较之，岂不愚哉。"（《续礼记集说·祭义篇》引）其轻视经文文字，而独重大义也如此。物极必反，乾隆中期以后，经学家的礼说与社会实践之间失去直接的关联，他们做的研究是理论性的，而且偏向文献学。这就是为什么清代前期以前，各种经说往往比较接近王肃的观点，像《五礼通考》即经常采用王肃之说，而乾隆中期以后，学者开始一味地推崇郑玄。如王鸣盛极力推崇郑玄，而他最主要的著作《尚书后案》几乎可以说是辑佚、校定的文献学著作。但学者永远不会满足于纯粹的文献学，于是有王念孙、段玉裁等注重内容合理性的研究。尽管他们采用相对客观的音韵、训诂学手段，毕竟为了内容的合理性，不惜牺牲文献文字的复杂多样性，故文献学家顾千里与段玉裁水火不容。又如金鹗、孙诒让等不受一味尊郑风气的影响，讨论礼说往往认同王肃说，说明这些学者研究礼说，并非纯粹观念上的理论研究，而是想通过分析文献，探索、复原上古实际存在过的礼制。

郑玄的目标在建立一套能够完整解释一切经文的理论体系，王肃欲使理论体系更适合礼制的实践，这是经学研究的两个最重要的目标以及研究方法，对后代学者有最深远的影响。赵匡开始用经学"大义"解释经书，可以说是第三种目标及研究方法。宋至清初学者既重"大义"，又考虑实践，可以说是王肃与赵匡两个方向的结合。至如金鹗等要通过文献探讨上古历史事实，已脱离经学范畴，可算是另一目标及方法。至清代后期，学者都有这几方面因素而轻重比率不同，因而形成各自不同的学术风格，并不能认为一个时代只有一种学术方法。

虽然我们都以经学目之，在郑玄、王肃、赵匡、金鹗等学者之间，目的不同，研究方法不同，学术的性质相差甚远，如果硬用一个价值标准评骘优劣，只能说明评论者自己的价值取向而已。我们当代学人应当采取何种价值标准，固然也是重要的问题，但笔者对古代学术本身更有兴趣。

本文初稿报告于 2007 年台湾政治大学召开的"第五届中国经学国际研讨会"，后经修改发表于 2008 年北京大学出版社出版的《北大史学》第十三辑，2009 年台湾政治大学中文系出版《第五届中国经学国际研讨会论文集》亦见收录。

今收录于本书，内容有所调整。

论郑何注论语异趣

乔秀岩

一、绪言

何晏等《上〈论语集解〉表》云："前世传受，师说虽有异同，不为训解。中间为之训解，至于今多矣，所见不同，互有得失。今集诸家之善，记其姓名，有不安者，颇为改易，名曰《论语集解》。"然则，读《论语集解》，当求何晏等以何者为善，何者为不安，始得知何晏等撰《集解》之意。而此又极不易求知。何则？何晏等所据包、周、孔、马、郑、陈、王、周生诸儒之书，后世无一存者，仅在《论语集解》中见其残文佚句。《集解》所载诸家说，皆何晏等所善，至其以为不安者，固不见于《集解》，是只见其所是，不见其所非，无从讨论何晏等取舍之标准。

敦煌、吐鲁番本《论语》郑注残卷，始出于 20 世纪初，罗振玉、王国维曾为考订，而其时所见尚少。1959 年尾崎雄二郎亦曾撰文讨论敦煌本郑注与《集解》引孔注相同之情况（载京都大学教养学部发行《人文》第六集），但终因材料少，未及深论。至 1969 年吐鲁番又出卜天寿抄本长卷，之后吐鲁番时有所获，至今经王素先生整理出版排印本（《唐写本论语郑氏注及其研究》，文物出版社，1991 年），合以诸书所引，则郑注已得全书之半。按《郑志》，郑玄自称"《论语注》人间行久"，王肃序《家语》云"郑氏学行五十载"。当郑注最盛时，何晏等另撰《集解》，引郑说固不少，而不取郑说以及删改郑说处亦甚多。若谓郑注为《集解》之前提，《集解》必有取代郑注之意，当不为过。今得半部郑注，可以对校《集解》，则何晏取舍旧注，编撰《集解》之标准，尚可知其大概。然则读郑注，所以知《集解》也。欲知《集解》，亦舍此莫由。

按《集解》称引各家说，自《经典释文》以来即有不可确定是出谁氏者。如《里仁》"父母之年不可不知"章，《释文》云："此章注，或云孔注，或云包氏，又作郑玄语辞，未知孰是。"又有诸经义疏引《论语》注，当皆郑注，而其文与《集解》引孔注、包注、马注同者甚多。孔广林云"郑从马学，故注亦多用马义"，义或当然，但无确证。丁晏、刘宝楠等疑义疏所引或即包注，非郑注（如《八佾》"吾不与祭如不祭"注等），徒增后人迷惑。陈鳣、段玉裁（《说文》"耶"字注）等均疑孔注当出伪托，丁晏、沈涛皆为详论，陈奂又有补证（陈奂序沈涛《孔注辨伪》，颇有见地，惜王大隆辑陈文失收），其伪固不容疑，而或谓王肃伪造，或谓何晏假托，未有定论。今按：《集解》所引各家注说，非全无特色可言。孔以讲述正文大意为主，包亦述大义而训诂名物之言较孔为多，马多言纲伦名数，郑多言礼制，何晏等自注或涉玄学。然此只得大概论之，不可具体细论。如《子罕》"吾未见好德如好色者"，敦煌本郑注"疾时人薄于德而厚于色，故发此言"，

64

《集解》同文而不言谁氏。此或何晏等因袭郑注为自注而干
没其名，或何晏等"记其姓名"引录郑说，版本误脱"郑
曰""孔曰"等字而已，皆不可知。然则在何晏等原本，此
注究属谁氏，且不得明辨，各家注说之异同，自不可深论。
总之，《集解》引录各家说，多有疑义，不易分析。

通观《集解》，虽引据诸家，但文理一贯，浑然成一家
之言，绝无拼凑龃龉之感。如《为政》：

> 子曰："多闻阙疑，慎言其余，则寡尤。【集
> 解】包曰：尤，过也。疑则阙之，其余不疑，犹慎言之，则少过
> 也。多见阙殆，慎行其余，则寡悔。【集解】包曰：殆，
> 危也。所见危者，阙而不行，则少悔也。言寡尤，行寡悔，
> 禄在其中矣。"【集解】郑曰：言行如此，虽不得禄，亦得禄
> 之道也。

郑云"言行如此"，而《集解》乃引包说解其"如此"之义。
然上下连读，自然一贯，若去"包曰""郑曰"字，谓皆何
氏一家之言，并无可疑。又如《雍也》：

> 子曰："人之生也直，【集解】马曰：言人所生于世而自终
> 者，以其正直也。罔之生也幸而免。"【集解】包曰：诬罔正直之
> 道而亦生者，是幸而免。

孔子言两句，上下连贯，《集解》上用马说，下用包说，天

学术史读书记

衣无缝，犹如一人之说，而与郑玄解"生"为"初生之性"者迥异。又如《乡党》：

> 祭于公，不宿肉。【集解】周曰：助祭于君，所得牲体，归则班赐，不留神惠。祭肉不出三日，出三日不食之矣。【集解】郑曰：自其家祭肉，过三日不食，是亵鬼神之余。

上周说，下郑说，均与敦煌本郑注同。且不论为郑袭周说，抑为周说据郑注伪造，上下两说在郑玄确为一家之言。今《集解》分标"周曰""郑曰"，其说仍可视为一家之言。

又按《集解》引录各家说，于原文有所删节，非即原文，此较敦煌、吐鲁番本郑注与《集解》可知者。如《乡党》"衣前后襜如也"：

> 【郑注】将揖，必磬折。磬折则衣前垂，小仰则衣后垂，故曰襜如也。
>
> 【集解】郑曰：一俯一仰，衣前后襜如也。

此皆《集解》欲注文简明，删节郑注原文。经此删节，郑释"衣前后"之具体细节皆不可得见，注文"衣前后襜如也"竟与正文无异。当知《集解》与郑注之不同，不仅在《集解》之取舍郑注，即《集解》引郑注处，已经何晏等删节，颇失郑注原貌。清人所见郑注佚文，除诸经义疏等所引外，仍以《集解》所引为大宗，故皆未能真得郑学之要领，亦未能真知《集解》之本质。

《泰伯篇》"启予足"一章，集中表现此类问题。

> 曾子有疾，召门弟子曰："启予足，启予手。【郑注】启，开也。曾子以为孝子受身体于父母，当完全之。今有疾，或恐死，故使弟子开衾而视之。《诗》云：'战战兢兢，如临深渊，如履薄冰。'【郑注】言此《诗》者，喻己常戒慎，恐有所毁伤。而今而后，吾知免夫，小子。"【郑注】今日而后，我自知免于患难矣。言小子者，呼之，欲使听识其言也。

> 曾子有疾，召门弟子曰："启予足，启予手。【集解】郑曰：启，开也。曾子以为受身体于父母，不敢毁伤，故使弟子开衾而视之。《诗》云：'战战兢兢，如临深渊，如履薄冰。'【集解】孔曰：言此《诗》者，喻己常戒慎，恐有所毁伤。而今而后，吾知免夫，小子。"【集解】周曰：乃今日而后，我自知免于患难矣。小子，弟子也。呼之者，欲使听识其言。

一章三注，《集解》内容皆同郑注，而称郑、孔、周三家。且不论郑玄以前已有所谓孔、周说，郑玄袭以为己注，抑或郑注在先，后人据郑注假托孔、周，要此三注在郑玄确为一家之言，今《集解》虽分别称郑、孔、周，内容亦当视为一家之言。又，此《集解》引录郑注，亦有所删节，非皆原文。

《集解》既已成一家之言，故下文比较《集解》与郑注，不析论《集解》所引各家。

二、郑注组织体系，《集解》支离分散

（一）《集解》句为之解

《乡党》有数十字长章，郑注总置一长注，《集解》分散为注，形式显异者。如"入公门，鞠穷如也"至"复其位，踧踖如也"共七十三字，郑注连写正文，下总置一注：

> 入公门，鞠穷如也，如不容。立不中门，行不履阈。过位，色勃如也，足躩如也，其言似不足者。摄齐升堂，鞠躬如，屏气似不息者。出降一等，逞其颜色，怡怡如也。没阶，趋进翼如也。复其位，踧踖如也。【郑注】此谓君燕见与之图事之时。鞠穷，自翕敛之貌也。入公门如不容，自卑小也。立不中门，行不当枨闑之中央。阈，门限也。过位，位揖也。入门北面时，君揖进之，必避逡，故言足躩如也。其言似不足者，谦以待君问也。自此已上，谓图事于庭。摄齐升堂，谓图事于堂。降阶一等，申其颜色。怡怡如，悦怿貌也。没，尽也。尽阶即庭。翼如，股肱舒张之貌也。复其位，向时揖处。踧踖如，让君为之降也。

《集解》则分为八句，除"其言似不足者"无注外，每句各置一注。

> 入公门，鞠躬如也，如不容。【集解】孔曰：敛身。立

不中门，行不履阈。【集解】孔曰：阈，门限。过位，色勃如
也，足躩如也。【集解】包曰：过君之空位。其言似不足者。
摄齐升堂，鞠躬如也，屏气似不息者。【集解】孔曰：皆重
慎也。衣下曰齐。摄齐者，抠衣也。出降一等，逞颜色，怡怡
如也。【集解】孔曰：先屏气，下阶舒气，故怡怡如也。没阶，趋
进翼如也。【集解】孔曰：没，尽也。下尽阶。复其位，踧踖如
也。【集解】孔曰：来时所过位。

按：郑云"此谓君燕见与之图事之时"，说明一章之背景，
又云"自此已上，谓图事于庭。摄齐升堂，谓图事于堂"，
说明一章之内可分两段，场合不同，故仪表亦异。此郑玄细
审正文所言何时何事，章节结构如何，解释颇有体系性。因
体例所限，注解字词，必须先述正文，如"立不中门""其
言似不足者"等，故注文稍嫌繁复。《集解》则句为之解，
全不顾何时何事，专释正文各句当如何解。如此解释，固
然简明，但一章分散为数句，不说明上下文之关系，经此
解释，仍不知所言何事。可见郑注与《集解》，方向正相反，
郑注组织结构，指向有机立体化，《集解》粉碎结构，指向
支离平面化。总一章为一注，每一句为一注，此虽体例形式
之异，实涉郑、何解释之本质特色，不容忽视。

郑注重视一章中上下文之结构，《集解》倾向分散释
句，指向不同，故解释随之相异。如《雍也》：

　　子游为武城宰。【郑注】武城，鲁下邑。子曰："汝得人

焉耳乎？"对曰："有澹台灭明者，行不由径，非公事未尝至于偃之室。"【郑注】澹台灭明，孔子弟子，子游之同门。径，谓步道。"汝得人焉耳乎"，汝为此宰，宁得贤人，与之耳语乎？曰：有澹台灭明者，修身正行，为人如此，因公事乃肯来至我室。得与之耳语乎，言相亲昵；非公事而不来，言无私欲。

子游为武城宰。【集解】包曰：武城，鲁下邑。子曰："女得人焉耳乎？"【集解】孔曰：焉耳乎，皆助辞。曰："有澹台灭明者，行不由径，非公事未尝至于偃之室。"【集解】包曰：澹台，姓；灭明，名；字子羽。言其公且方。

郑训"耳"为"耳语"，可谓非常怪异，故清人见《太平御览》引此注片段，皆疑有讹误。今既得郑注全文，知郑所以为此解者，正因下文子游答云"非公事未尝至于偃之室"。问答相应，故"得与之耳语乎，言相亲昵；非公事而不来，言无私欲"。《集解》无视对应结构，孔子问，子游答，分别为注，故不取郑说，遂谓"焉耳乎，皆助辞"。《集解》此解虽简明易了，但不足以解孔子何以不言"女得人焉乎"而必言"女得人焉耳乎"。又，若据《集解》，则子游答语不直接回答孔子之问，稍嫌迂曲。要之，郑注、《集解》各有长短，不当专据训诂怪僻以郑注为误。郑注以上下文对应为解，《集解》以每句分散为解，是其所以不同。

又如《颜渊》：

樊迟问仁，子曰"爱人"；问知，子曰"知人"。樊迟未达，子曰："举直错诸枉，能使枉者直。"【集解】包曰：举正直之人用之，废置邪枉之人，则皆化为直。樊迟退，见子夏曰："乡也吾见于夫子而问知，子曰：'举直错诸枉，能使枉者直。'何谓也？"子夏曰："富哉言乎。【集解】孔曰：富，盛也。舜有天下，选于众，举皋陶，不仁者远矣。汤有天下，选于众，举伊尹，不仁者远矣。"【集解】孔曰：言舜、汤有天下，选择于众，举皋陶、伊尹，则不仁者远矣，仁者至矣。

此章郑注已佚，而《为政》"举直措诸枉，则民服"郑注云："措，犹投也。'诸'之言'于'，谓投之于枉者之上位。"是郑见子夏言舜举皋陶、汤举伊尹而不仁者远，不言废置某人，故知是举直者投之于枉者之上。《集解》以"举措"之常义释此章，固非不可通，而毕竟与下文子夏之说不甚符合。此亦郑注重视上下文对应，《集解》仅就各句为解之例。

又如《八佾》：

哀公问主于宰我，宰我对曰："夏后氏以松，殷人以柏，周人以栗，曰使民战栗也。"【郑注】主，田主，谓社。哀公失御臣之权，臣（中缺）见社无教令于民，而民事之，故（中缺）树之田主，各以其生地所宜木，遂以为社于其野。然则周公社以栗木者，是乃土地所宜木。宰我言使人战栗，媚耳，非其（下缺）。子闻

之曰："成事不说，遂事不谏，既往不咎。"【郑注】哀公
失御臣之政，欲使（中缺）宰我之对，成哀公之意（中缺），谏止其不
可解说不可谏止言其既往不可咎责。言此失者，无如之何。

　　哀公问社于宰我，宰我对曰："夏后氏以松，殷
人以柏，周人以栗，曰使民战栗。"【集解】孔曰：凡建邦立
社，各以其土所宜之木。宰我不本其意，妄为之说，因周用栗，便云使
民战栗。子闻之曰："成事不说，【集解】包曰：事已成，不可
复解说。遂事不谏，【集解】包曰：事已遂，不可复谏止。既往不
咎。"【集解】包曰：事已往，不可复追咎。孔子非宰我，故历言此三
者，欲使慎其后。

"既往不咎"，郑注以为孔子无奈，《集解》以为孔子非宰我，
理解显异。所以然者，郑注重视"哀公问主于宰我"七字，
谓"使民战栗"为宰我答哀公之辞，非泛论社主之语。故知
宰我迎合哀公，成哀公之意。既是哀公之意，责难宰我亦
徒然，无如之何也。《集解》不取此说，谓"使民战栗"纯
属妄言，故孔子不可不教训宰我，"既往不咎"是深责之语。
两说相较，郑注似凿，《集解》平实。但若据《集解》，不知
《论语》何以不云"宰我曰"，而必云"哀公问社于宰我，宰
我对曰"。是郑注结合上下文为解，《集解》摒弃如此牵合之
说，犹如杜预非难汉儒解《春秋》滥立义例。又，郑玄治
经，必为校订文字，一字之微，必求切解，故其注《论语》，
亦校《古论语》。若谓"哀公问主于宰我"七字不关内容，

竟可有可无，郑玄尚能校订文字乎？不能也。《集解》无校字之说，视文字为琐事，故以"哀公问主于宰我"七字无义意，置而不论。郑注深切关注《论语》正文之每一文字，并且建立上下文之有机结构，《集解》反其道而行。

郑注指向有机结构，又有极细微者。如《八佾》：

"祭如在"，【郑注】时人所存贤圣之言也。祭神如神在。【郑注】恐时不晓"如在"之意，故为解之。

祭如在，【集解】孔曰：言事死如事生。祭神如神在。【集解】孔曰：谓祭百神。

郑注以"祭如在"为古语，"祭神如神在"为释"祭如在"之说，所言一事耳。《集解》则以"祭如在"为祭鬼，"祭神如神在"为祭百神，两事同类而不相同。上句三字，下句五字，仅仅八字，而郑注必谓其间有立体结构，《集解》必以为两句平列。

郑注又有统观二三章者。如《子罕》"子谓颜渊曰：'惜乎，吾见其进也，未见其止也。'子曰：'苗而不秀者有矣夫，秀而不实者有矣夫。'子曰：'后生可畏，焉知来者之不如今也。四十五十而无闻焉，斯亦不足畏也已。'"此三章，首称"子谓颜渊曰"，下二章皆仅称"子曰"。然郑注以为第二章"不实者"、第三章"后生"皆指颜渊，是三章连读为解。《集解》不取郑说，而三章分别为解，故第二章注云："孔曰：言万物有生而不育成者，喻人亦然。"第三章注云："后生谓年少。"若据《集解》，第二章、第三章皆泛论人才，无所指斥。此上下章之间，郑注欲建立有机结构，《集解》欲分散各章单独视之。

（二）《集解》不牵合经书

上引《八佾》"哀公问主于宰我"章郑注"树之田主，各以其生地所宜木，遂以为社于其野"，即《大司徒》文。郑注《论语》每据经书为解，尤以据《周礼》为特色，而《集解》全不取其说。如《为政》：

> 子曰："人而无信，不知其可。【郑注】"不知其可"者，言其不可行。大车无輗，小车无軏，其何以行之哉？"【郑注】大车，柏车；小车，羊车。輗穿辕端以著之，軏因辕端以节之。车待輗軏而行之，犹人之行不可无信也。

> 子曰："人而无信，不知其可也。【集解】孔曰：言人而无信，其余终无可。大车无輗，小车无軏，其何以行之哉？"【集解】包曰：大车，牛车。輗者，辕端横木，以缚轭。小车，驷马车。軏者，辕端上曲钩衡。

郑注以大车之与小车，輗之与軏，皆相对为说，与《集解》依《论语》正文顺序，大车、輗、小车、軏，依次注解不同。此又郑注指向立体结构、《集解》指向支离分散之例。

又，此郑注以大车为柏车，小车为羊车；《集解》则以大车为牛车，小车为驷马车。孙诒让《车人》正义以包说为正，举三证论郑说不可通。今按：《车人》并列大车、羊车、柏车，郑注《辀人》亦云"大车，牛车也"，皆与此注不合，不知郑说何所依据。然羊车、柏车除《车人》外，《十三经》《史》《汉》诸书皆所不见，则此郑注即欲迁就《考工记》，明矣；《集解》必不容许此说，亦明甚。又如《雍也》：

> 子曰："质胜文则野，文胜质则史。"【郑注】质谓情实，文谓言辞。野，如野人，言其鄙略也。史，如太史、小史，言多言。

> 子曰："质胜文则野，【集解】包曰：野，如野人，言鄙略也。文胜质则史。"【集解】包曰：史者，文多而质少。

此郑注以两句相对为解，《集解》分散两句，句各为解，与"人而无信"章同。郑注先释"质""文"，《集解》盖以为常语，故不烦注解。《集解》释"野"与郑注同，而释"史"稍异。郑注言"如太史、小史"，以《周礼》官名解释"史"之含义。《集解》不欲牵合经书，故只得言"文多质少"，不顾其言"文多质少"与正文"文胜质"无异，如此注释与不注无异。又如《述而》"德之不修"郑注"德谓六德"，"子以四教，文、行、忠、信"郑注"行谓六行"，皆据《大司徒》"乡三物"为解，《集解》全然不取郑说。盖郑注必欲以《周礼》概念限定《论语》词义，《集解》必定不取郑说，以为皆泛言之词，与《周礼》无关。

又如《雍也》"子谓子夏曰'女为君子儒，无为小人儒'"：

> 【郑注】"儒"主教训，谓师也。子夏性急，教训君子之人则可，教训小人则愠恚，故戒之。《周礼》曰："儒以道德教人。"
>
> 【集解】孔曰：君子为儒，将以明道；小人为儒，则矜其名。

按：《周礼·大宰》"以九两系邦国之民：……三曰师，以贤得民；四曰儒，以道得民"，《大司徒》"以本俗六安万民：……四曰联师儒"，是《周礼》之"儒"乃以道教人者，非读书人之泛称。故郑注即据以解《论语》此章，并明引《周礼》为说。又，此章首言"子谓子夏"，是孔子谓子夏者，非泛言之辞，故郑注以君子儒、小人儒为教训君子、教训小人者。《集解》解《论语》，不参据经书，拒绝依《周礼》解释《论语》，故以"儒"为读书人之泛称。《集解》之说，简明易解，但若如其说，"儒"字可有可无，"子谓子夏"亦无义意。郑玄释经，字斟句酌，《集解》之训说，郑玄必不可受。

郑注《论语》参据经书，不限《周礼》。《八佾》：

> 子曰："君子无所争，必也。【郑注】君子上（中缺）与

人常（下缺）。射乎，揖让而升下而饮，其争也君子。"【郑注】射乎（中缺），于是乃有争心。人唯病者不能射。射礼，使中者饮不中者。酒所以养病，故人耻之。君子心争，小人力争也。（按：此章据卜天寿抄本。"使中者饮不中者"，原本作"使不中者也酒饮不中者"，义不可通。今录文以意修改，非谓郑注原文必当如此，特此说明。）

子曰："君子无所争，必也射乎。【集解】孔曰：言于射而后有争。揖让而升下而饮。【集解】王曰：射于堂，升及下皆揖让而相饮。其争也君子。【集解】马曰：多算饮少算，君子之所争。

郑注末句"君子心争，小人力争"，言此一章之立体含义。"酒所以养病，故人耻之"，引用《礼记·射义》解释君子心争之义。心争之义明，乃知"揖让而升下"谓君子不力争也。若如《集解》，"揖让而升下而饮"仅言其仪节，"其争也君子"《集解》只言所争之事，不知何以为争，亦不知君子小人之别。此章郑注阐明君子小人之别，释《论语》正文有立体感，而以《礼记》为依据。《集解》只释《论语》正文所言之事，既不解释其义理，又不征引经书，平明易解，毫无深度，犹如一个平面。

又如《里仁》："子曰：'不仁者不可以久处约。'"

【郑注】约谓贫。因不仁之人久居贫困则将盗窃。
【集解】孔曰：久困则为非。

按：孔子只言"不可以久处约"，未言其所以然，郑注知"久居贫困则将盗窃"者，《坊记》云："子云：'小人贫斯约，富斯骄；约斯盗，骄斯乱。'"《卫灵公》云："小人穷斯滥。"故郑注知"将盗窃"。《集解》拒绝牵合《坊记》《卫灵公》而限定为"将盗窃"，故泛言"为非"。《集解》说与郑注不矛盾而含义更空泛，可见《集解》非不取郑注之理解，而是拒绝郑注据经书限定含义。

又如《述而》："子曰：'自行束脩以上，吾未尝无诲焉。'"

【郑注】自行束脩，谓年十五之时（中缺），酒脯。十五以上有（中缺）及《孝经说》曰："臣无竟外之交。"弟子有束脩（中缺）与人交者，当有所教诲以忠信之道也。（按：除王素先生所校外，参据俄藏敦煌文书 05919 残卷。）

【集解】孔曰：言人能奉礼，自行束脩以上，则皆教诲之。

按：孔子只言"未尝无诲"，郑注知"教诲以忠信之道"者，《檀弓上篇》云"古之大夫，束脩之问不出竟"，注云"以其不外交"。郑玄据此，以"自行束脩以上"有外交之道，故以"未尝无诲"谓教诲"与人交"之礼，即"教诲以忠信之道"也。《集解》拒绝牵合《檀弓》，限定"未尝无诲"为"教诲以忠信之道"，故云"皆教诲之"。正文"未尝无诲"，《集解》"皆教诲之"，几无不同，有注与无注无异。

通观诸例，郑注、《集解》互有长短，要之，郑注必欲以经书词义解释《论语》，用经书概念限定《论语》含义；《集解》必欲以常训常义解释《论语》，不许用经书概念限定《论语》内容，是其不同。

（三）《集解》摒弃体系性训诂学说

上引郑注"大车，柏车；小车，羊车"，"质谓情实，文谓言辞"，皆相对为训诂，而为《集解》所不取，此例甚多。如《为政》：

> 子曰："《书》云'孝乎！惟孝，友于兄弟'，施于有政，是亦为政。【郑注】"孝乎"者，美大孝之辞。人既有孝行，则能友于兄弟。善父母曰孝，善兄弟曰友。《易》曰："家人有严君焉，父母之谓也。"父母为严君，则子孙为臣民，故孝友施为政。奚其为？为政。"【郑注】我今何为乎？汝使我为政。

> 子曰："《书》云'孝乎惟孝！友于兄弟'，施于有政，是亦为政。奚其为为政？"【集解】包曰："孝乎惟孝"，美大孝之辞。"友于兄弟"，善于兄弟。施，行也。所行有政道，与为政同。

上第一节见郑注以一章取义，《集解》分句注解之例，此章郑注分出二注，《集解》总置一注者，《集解》见"奚其为为政"，论大旨当与"是亦为政"无异，若论其语法结构则颇不易分析，故略而不谈，是以《集解》无注而已。上第二节论郑注必欲参据经书为解，《集解》必不为此，此章郑注引《周易》证孝友之可以为政，《集解》不取其说，亦其例也。此章郑注"善父母曰孝，善兄弟曰友"出《尔雅》，郑玄以为"孝""友"之定训，故注《周礼》《仪礼》皆引以为说，此章亦然。《集解》"'友于兄弟'，善于兄弟"，理解与郑注无异，而不用《尔雅》定训，仅仅解释正文词义而已。此类定训，郑学之徒必须熟悉，而《集解》以为与《论语》无关，遂摒弃不录。

又如《子路》"必也正名乎"，郑注："正名谓正书字也。古者曰名，今世曰字。《礼记》曰：'百名以上则书之于策。'孔子见时教不行，故欲正其文字之误。"按：《聘礼记》"百名以上书于策，不及百名书于方"，郑注："名，书文也，今谓之字。"《人行人》"王之所以抚邦国诸侯者，……九岁属瞽、史谕书名"，郑注："书名，书之字也，古曰名，《聘礼》曰'百名以上'。"是郑玄以"古曰名，今曰字"为定训。《外史》"掌达书名于四方"，郑注则云："谓若'尧典''禹贡'，达此名使知之。或曰：古曰名，今曰字，使四方知书之文字，得能读之。"知郑玄非谓所有"名"字可当"文字"解，但必先探讨可否用"名，书文也，今谓之字"之训诂。故"正名"解释为"正书字"（"书字"即"书之字"，亦即"书文"），并云"古者曰名，今世曰字"。

郑玄训诂体系性强，一字之训，往往关涉诸经，拙著《义疏学衰亡史论》曾有论及。如《子罕》"麻冕礼也，今也纯",郑注:"'纯'当为'缁',古之'缁'字以'才'为声。此'缁'谓黑缯也。"此乃郑玄解经之定训,故《媒氏》注"'纯'实'缁'字也,古'缁'以'才'为声",与《论语》注同。贾公彦(《媒氏》《冠礼》《昏礼》疏)、孔颖达(《都人士》《玉藻》《祭统》疏)等皆述此义,更有甚者,或谓"'纯'止可为丝为缁"(《质人》疏),可见此训诂关涉诸经解释。又如《子罕》"子绝四,毋亿,毋必,毋固,毋我",郑注:"亿,谓以意,意有所疑度。必,谓成言未然之事。固,谓已事因然之。我,谓己言必可用。绝此四者,为其陷于专愚也。"按:郑注《仪礼》屡言"礼不必",如《昏礼》"摈者出请事"注:"请犹问也。礼不必事,虽知犹问之,重慎也。"其言"不必事"与郑注《子罕》吻合。若《集解》,释"毋必"云"用之则行,舍之则藏,故无专必",则与郑云"礼不必事"毫不相干。又如《曲礼》"将适舍,求毋固",注:"谓行而就人馆。固犹常也。求主人物,不可以旧常,致时乏无。"其解"毋固",又与郑注《子罕》吻合。若《集解》,释"毋固"云"无可无不可,故毋固行",不可以解《曲礼》。《八佾》"子曰:居上不宽,为礼不敬,临丧不哀,吾何以观之哉",郑注:"居上不宽,则下无所容。礼主于敬,丧主于哀也。"其言"礼主于敬"与《曲礼》注同,"丧主于哀"与《玉藻》注同,是郑玄礼学之原理。《集解》则此章无注。又如《公冶长》:

　　子贡问曰:"赐也何如?"子曰:"汝器。"【郑注】

"何如"者，自问何所像似。曰："何器？"曰："瑚琏。"【郑
注】瑚琏，黍稷之器。夏曰瑚，殷曰琏，周曰簠簋。（中缺）食之主，
若云汝有养民之器也。（按：卜天寿抄本"养民"作"养仁"，是"民"
避讳作"人"，又假"仁"字为之。故《公冶长》正文"其养民也惠"，
卜天寿抄本亦作"养仁"。）

　　子贡问曰："赐也何如？"子曰："女器。"【集解】
孔曰：言女器用之人。曰："何器？"曰："瑚琏。"【集解】包
曰：瑚琏，黍稷之器。夏曰瑚，殷曰琏，周曰簠簋。宗庙之器贵者。

按：黍稷为食之主，见《掌客》《特牲》注，此亦郑玄礼学
之基本概念。郑注据此概念，始得以解"瑚琏"为"养民
之器"。《集解》"瑚琏"至"簠簋"全同郑注，而下云"宗
庙之器贵者"，盖嫌郑注穿凿。然宗庙之器甚多，不以簠簋
为最贵，如此解释，虽则简明，但不得解释孔子必言"瑚
琏"之含义。此章郑注必欲据其经学理论，附会"食之主"
之含义；《集解》必不容许借助经学始可明之说，故泛言宝
器为解。

（四）《集解》不取郑玄礼学理论

　　上引《公冶长》"瑚琏"节，已见郑注据礼学概念发明
《论语》，《集解》不取其说。然郑注中，更有关涉郑玄礼学
之专有理论者。如《八佾》：

子曰："射不主皮，为力不同科，古之道也。"【郑注】射不主皮者，谓礼射。大射、宾射、燕射，谓之礼射。今大射（中缺）主皮之射，不胜者降。然则礼射，虽不胜犹复升射。今大射、乡射、燕射是主（中缺）将祭于君，班余获，射兽皮之射。礼射不主皮，优贤者，为力役之（中缺）科不因人力。古之道，随事宜而制祭之。疾今不然。（按："不胜者降"卜天寿本脱"不"，"犹复升射"卜天寿本作"由复胜射"，今订正。）

子曰："射不主皮，【集解】马曰：射有五善焉：一曰和，志体和。二曰和容，有容仪。三曰主皮，能中质。四曰和颂，合雅颂。五曰兴武，与舞同。天子有三侯，以熊、虎、豹皮为之。言射者不但以中皮为善，亦兼取和容也。为力不同科，古之道也。"【集解】马曰：为力，力役之事。亦有上中下，设三科焉，故曰不同科。

按《乡射记》："礼射不主皮。主皮之射者，胜者又射，不胜者降。"郑注："礼射，谓以礼乐射也，大射、宾射、燕射是矣。不主皮者，贵其容体比于礼，其节比于乐，不待中为隽也。言不胜者降，则不复升射也。"射分两类，一主皮之射，一不主皮之射，不主皮之射又谓礼射，有大射、宾射、燕射。此郑玄据《诗》《周礼》《仪礼》等经书中散见有关射礼诸文，经过综合研究始得建构之礼射概念，非经书所固有。每当解释诸经文，郑玄运用此礼射概念，辨析其大射、宾射、燕射之别，以避诸经之间互相抵牾矛盾，精微巧妙，颇见苦心（刁小龙学兄近作博士论文有论）。故其注《八佾》，亦述论此礼射概念。《集解》以为《八佾》此章与郑玄礼射概念无关，大射、宾射、燕射三射之分，于理解此章毫无意义，故摒弃郑说，而泛论"射有五善"。所言"五善"，实本《乡大夫》"五物"。然孔子明言"射不主皮"，自不当与"三曰主皮"牵合论之，《集解》云"以中皮为善，兼取和、容"，未免含混。郑注精密，故不免拘束；《集解》自由，故不免疏漏。

又如《八佾》：

> 子语鲁大师乐曰："乐其可知也。【郑注】大师，乐官名也。始作翕如，【郑注】始作，谓金奏之时。人闻金奏之声，人皆翕如，变之貌。从之纯如，皦如，绎如，以成。"【郑注】从，读曰纵。纵之，谓既奏，八音皆作。纯如，咸和之貌。皦如，清别之貌。绎如，志意条达之貌。此四者皆作应，而乐以成。成犹终。《书》曰："箫韶九成，凤凰来仪。"

> 子语鲁大师乐曰："乐其可知也。始作翕如也。【集解】大师，乐官名。五音始奏，翕如盛。从之纯如也，【集解】从，读曰纵。言五音既发，放纵尽其音声，纯纯和谐也。皦如也，【集解】言其音节明也。绎如也，以成。"【集解】纵之以纯如，皦如，绎如，言乐始作翕如，而成于三者。

郑注云"八音"，《集解》云"五音"，乍看相类似，其实意义迥别。郑注以"始作"为金奏，"从之"为八音皆作；《集

84

解》以"始作"为五音始奏,"从之"为五音既发。八音谓众乐器,五音谓音阶。据《集解》,"始作""从之"皆五音,只有始奏、既发之别。"五音"犹言乐音,别无含义,故《集解》"五音始奏"与正文"始作"无异,《集解》"五音既发"与正文"从之"无异。郑注以为,凡礼之正乐,始于金奏,金奏之后,乃有合奏。此郑玄据《诗》《周礼》《仪礼》等经书中散见有关礼乐诸文,经过综合研究始得建构之礼乐概念,非经书所固有(可参金鹗《求古录》等)。郑玄知此为孔子专论礼之正乐,非泛论乐音者,章首云"子语鲁大师乐",既与大师乐言,所论必当是礼之正乐,不容以为泛论乐音。此又郑玄细审上下文关联之例,如上第一节所论。《集解》训释"乐其可知"以下,不牵合"子语鲁大师乐",更不欲依据郑氏一家之礼乐理论,故不言"八音"而言"五音",貌似而义迥异。

又如《乡党》:"乡人饮酒,杖者出,斯出矣。"

【郑注】乡人饮酒,谓党正饮酒于序,以正齿位。礼,六十杖于乡。正齿位之礼,主于老者。礼毕出,孔子从而后出也。

【集解】孔曰:杖者,老人也。乡人饮酒之礼,主于老者。老者礼毕出,孔子从而后出。

《集解》与郑注后半略同。郑注先解此章所言为党正饮酒之礼,《集解》摒弃此说。郑玄分析《周礼》《仪礼》《礼记》

学术史读书记

等经书中散见有关乡饮酒诸文，认为乡饮酒有乡大夫献贤能于其君，与之饮酒者，亦有党正饮酒于序，正齿位者，又有州长乡射礼毕，乃饮酒者，及卿大夫士饮国中贤者，其礼各异，不容混淆（参见《乡饮酒礼》贾疏）。每遇经书有涉及乡饮酒处，郑玄无不辨论是何种乡饮酒礼。区分乡饮酒礼为四种，此乃郑玄礼学理论体系有关饮酒礼之基本概念，非经书有明文辨析者。因此之故，郑玄注此章必须说明是党正饮酒于序，以正齿位之礼（"饮酒于序，以正齿位"，《党正职》文），又因此之故，《集解》解释此章大体与郑注同，而必欲剔除其限定此礼为党正饮酒之说。又，《王制》云"五十杖于家，六十杖于乡，七十杖于国"，郑注取以证"杖者"为老人，《集解》取其结论，不取其经书证据，如上第二节所论，故改言："杖者，老人也"。郑注云"正齿位之礼，主于老者"，谓党正饮酒是正齿位之礼，故以老者为主。若乡大夫献贤能之礼，自以贤者、能者为主，不以老者为主。《集解》排除郑玄礼学理论之限定性解释，故必欲改言"乡人饮酒之礼，主于老者"，不顾并非所有乡人饮酒均以老者为主。此亦见郑注精密而拘束，《集解》自由而疏漏。

（五）《集解》窜改郑注

上文论《集解》不取郑注之经学因素，致使解释无体系性。或问：郑玄与何晏等人性格不同，解释具有不同特色，事属自然，其何足深论？答曰：郑玄与何晏等人，性格不同，思想不同，固然矣。可异者，《集解》明明依赖郑注，而从中剔除经学因素。其最显者，如《为政》："子曰：'非其鬼而祭之，谄也。'"

> 【郑注】天曰神，地曰祇，人曰鬼。非其祖考而祭之者（中缺），媚求淫祀之福。郑易祊田而祀周公（下缺）。
> 【集解】郑曰：人神曰鬼。非其祖考而祭之者，是谄求福。

郑注"天曰神，地曰祇，人曰鬼"，对比为训，始可知神、祇、鬼之别，词语解释具有体系性，而且如此理解亦有其经学根据。《集解》见其"天曰神，地曰祇"不关此章，直言"人曰鬼"又不成文，故改作"人神曰鬼"。郑注依据经学，为体系性注释。《集解》反此，指向分散平面化解释，是性格不同，志趣不同。然此《集解》标引郑说，明引郑注而窜改"天曰神，地曰祇，人曰鬼"作"人神曰鬼"，混论神鬼，是有意否定郑注之指向。郑注又云"非其祖考而祭之者，（中缺）媚求淫祀之福"，即本《曲礼下篇》曰："非其所祭而祭之，名曰淫祀。淫祀无福。"《集解》标引郑注，而改"媚求淫祀之福"作"谄求福"，是因袭其说而不许郑注用《曲礼》之词语，故为剔除。《集解》之窜改，可谓细心周详。末句"郑易祊田而祀周公"云云，引《左传》证"非其鬼而祭之"之事，《集解》亦不取，故删省不录。郑注以经书、经学释《论语》，《集解》袭用郑注，而有意剔除经书、经学因素，灼然可见。

又如《子罕》"吾自卫返于鲁，然后乐正，《雅》《颂》各得其所"：

【郑注】是时道衰乐废，孔子来还乃正之，故《雅》《颂》之声各应其节，不相夺伦。

【集解】郑曰：是时道衰乐废，孔子来还乃正之，故《雅》《颂》各得其所。

郑注"《雅》《颂》之声各应其节，不相夺伦"，"不相夺伦"用《虞书》文。《集解》求简，不欲牵涉经书，故删此句，改作"《雅》《颂》各得其所"，注文竟与正文无异。上第一章引《乡党》"衣前后襜如也"章，见《集解》引郑注而删节其文，郑注与《集解》之间，似乎只有繁简之别。若此郑注"《雅》《颂》之声各应其节，不相夺伦"《集解》改作"《雅》《颂》各得其所"，以及上举《为政》郑注"媚求淫祀之福"《集解》改作"谄求福"等，则皆郑玄牵合经书为注，故以为繁，《集解》引郑，剔除其涉经书之语句，故以为简。然则上第四节末引郑注《乡党》"礼，六十杖于乡"，《集解》改作"杖者，老人也"者，《集解》虽称孔注，例亦同此。

又如《乡党》：

执珪，鞠躬如也，如不胜。上如揖，下如授。勃如战色，足蹜蹜如有循。享礼有容色，私觌愉愉如也。

【郑注】执珪，谓以君命聘于邻国。执珪如不胜者，敬慎之至。执轻如执重。上如揖，授玉宜敬也。下如授，不敢忘礼也。勃如战色，恐辱君命。足蹜蹜如有循，举前曳踵，圈豚而行。享，献。聘礼，既聘而享，享用珪璧，有庭实，皮马相间也。觌，见也。既享，以私礼见，用束帛乘马。

执圭，鞠躬如也，如不胜。【集解】包曰：为君使聘问邻国，执持君之圭。鞠躬者，敬慎之至。上如揖，下如授。勃如战色，足蹜蹜如有循。【集解】郑曰：上如揖，授玉宜敬。下如授，不敢忘礼。战色，敬也。足蹜蹜如有循，举前曳踵行。享礼有容色，【集解】郑曰：享，献也。聘礼，既聘而享，用圭璧，有庭实。私觌愉愉如也。【集解】郑曰：觌，见也。既享，以私礼见。愉，颜色和。

郑注以正文三十六字总置一注，《集解》分四段为注。《集解》第一段称包，与郑注略同，其不同者，郑注"执珪如不胜者，敬慎之至"，《集解》则云"鞠躬者，敬慎之至"，此当以郑注为恰切。"上如揖"以下，《集解》分三段，皆引述郑注，而有删节。郑注"足蹜蹜如有循，举前曳踵，圈豚而行"者，《玉藻》云"圈豚行，不举足，齐如流"，郑注："圈，转也。豚之言若有所循。不举足，曳踵则反之。齐如水之流矣。孔子执圭则然。此徐趋也。"又云"执龟玉，举前曳踵，蹜蹜如也"，郑注："著徐趋之事。"是郑玄以《乡党》与《玉藻》互注。《集解》引录郑注，取"举前曳踵"而不取"圈豚"，"举前曳踵，圈豚而行"省作"举前曳踵行"者，"举前曳踵"事理明白，而"圈豚"词义特殊，必习《玉藻》乃知其义，故也。又，郑注"皮马相间""用束帛乘马"，《集解》均删去不录者，此皆郑玄带言礼学理论，"皮马相间"《聘礼记》文，"用束帛乘马"本《聘礼》经文（"束帛"疑当作"束锦"）。此郑学之徒须知之事，而与《论语》正文词义无关，故《集解》必欲删之。此等删省，皆可见郑注《论语》为经学之书，读郑注可以学经学理论，不读经又无以理解郑注；《集解》则与经学无关，读《集解》不需经学知识，亦无益于学经。

又如《八佾》"绘事后素"章：

子夏问曰："'巧笑倩兮，美目盼兮，素以为绚兮'，何谓也？"【郑注】倩兮、盼兮（中缺），容貌。素（中缺）成口绚。言有好女如是，欲以洁白之礼成而嬛之。此二句，《诗》之言。问之者，疾时淫风大行，嫁娶多不以礼者。子曰："绘事后素。"曰："礼后乎？"【郑注】绘，画文。凡绘画之事，先布众彩，然后素功（中缺）。《诗》之意，欲以众彩喻女容貌，素功喻嫁娶之礼（中缺）。后素功，则皆晓其为礼之意也。子曰："起予者商也。始可与言《诗》已矣。"【郑注】（上缺）云"绘事后素"时，忘其意以素喻礼。子夏云曰"礼后乎"，孔子则觉，故曰："起予者商。"商，子夏之名也。

子夏问曰："'巧笑倩兮，美目盼兮，素以为绚兮'，何谓也？"【集解】马曰：倩，笑貌。盼，动目貌。绚，文貌。上二句在《卫风·硕人》之二章，其下一句逸也。子曰："绘事后素。"【集解】郑曰：绘，画文也。凡绘画，先布众色，然后以素分布其间，以成其文。喻美女虽有倩盼美质，亦须礼以成之。曰："礼后乎？"【集解】孔曰：孔子言"绘事后素"，子夏闻而解知以素喻礼，故曰："礼后乎？"子曰："起予者商也。始可与言《诗》已矣。"【集解】包曰：予，我也。孔子言：子夏能发明我意，可与共言《诗》。

按：《硕人》，庄姜之诗。子夏引《诗》，孔子云"后素"，子夏又云"礼后"，郑玄综合为解，故以此《诗》为疾时嫁娶不守礼，"礼后"谓美女尚需以嫁娶之礼约束之乃为善。《集解》以为引《诗》只取比喻，"礼后"之"礼"，无须限定为嫁娶之礼，不如泛化以为凡做人皆须用礼义约束自己。可见郑注与《集解》，所言此章含意显殊。然《集解》释"绘事后素"仍标引郑注，而且窜改其文。郑注以孔子答、子夏再问为一段，统置一注，论旨一贯，"礼后"之"礼"谓嫁娶之礼，故"绘事后素"之"素"亦喻嫁娶之礼。《集解》以"绘事后素"为一段，标引郑注，"礼后"又一段，标引孔注。一段分为二段，分别解释，"绘事后素"引郑注，窜改原文，剔除"嫁娶"义，"礼后"更释为泛言礼义。读者不见郑注原文，只见《集解》，则莫不皆谓郑玄说与孔安国同，《集解》吸收郑玄说，又引孔安国为之补证。《集解》融汇囊括郑、孔诸家之长，读《集解》胜过读郑注。此即《集解》之诈术，不得不辨。郑说与《集解》孔说截然不同，《集解》

之孔注既伪，其引郑注亦失郑说之本意。《集解》虽标引各家，其实皆何晏等一家之说，而且何晏等有意否定郑说。欲非郑说，而不明言驳难，不仅不驳难，更标引郑注，其不合己意者删之、改之，仅存其合己意者，所录郑注皆非郑玄主旨所在，是其诈术高明之处。

又如《八佾》"子贡欲去告朔之饩羊"：

【郑注】牲生曰饩。礼，人君每月告朔于庙，有祭事，谓之朝享。鲁自文公始不视朔，视朔之礼，以后遂废。子贡见其礼废，故欲去其羊。诸侯告朔以羊，则天子特牛与。（按：卜天寿抄本"于庙"上有"以羊"。若然，则"于庙"当属下读。《通典》卷七十等诸书所引皆无"以羊"，疑卜天寿抄本涉下文误衍。）

【集解】郑曰：牲生曰饩。礼，人君每月告朔于庙，有祭，谓之朝享。鲁自文公始不视朔。子贡见其礼废，故欲去其羊。

《集解》引郑注，于郑注原文有所删省。录"鲁自文公始不视朔"而删"视朔之礼，以后遂废"，求简也。郑注末尾云"诸侯告朔以羊，则天子特牛与"，是郑玄据《八佾》此文，推论天子礼，是礼学体系之说，郑学之重要定论，故《司尊彝》疏、《我将》疏、《玉藻》疏等皆述此说。但《八佾》此章言鲁事，初不关天子礼，故《集解》不容不删除之。

《八佾》又有一事，可谓《集解》窜改郑注之显例。

"邦君树塞门，管氏亦树塞门。邦君为两君之好，有反坫，管氏亦有反坫。管氏而知礼，孰不知礼。"

> 【郑注】塞犹弊。礼，天子外屏，诸侯内屏。
> 反坫，反爵之坫，在两楹之间。
> 人君辨内外，于门树屏以蔽之；
> 若与邻国君为好会，其献酢之礼（中缺），爵于坫上：
> 今管仲奢僭为之，是不知礼也。

> 【集解】郑曰：反坫，反爵之坫也，在两楹之间。
> 人君别内外，于门树屏以蔽之。
> 若与邻国为好会，其献酢之礼更酌，酌毕则各反爵于坫上。
> 今管仲皆僭为之，如是是不知礼。

《集解》引郑注，大体与郑注原文相同，唯删省"塞犹弊；礼，天子外屏，诸侯内屏"十二字为异。按郑注原文，先述塞门之制，次述反坫之制，次言人君树塞门之义，次言人君有反坫之义，最后论管仲僭礼，解释井然有序。《集解》引郑注，删省首十二字，则先言反坫，次言塞门，次又言反坫，互错其言，自乱伦次，颇失注书之体。"天子外屏，诸侯内屏"，说出纬书，亦是礼学体系之说，郑学之重要定论，故《郊特牲》注亦引述之。然此章不涉及天子，"天子外屏，诸侯内屏"非解释此章所需，因此《集解》剔除此说，不顾剔除之后，论述结构坍塌，犹如四腿桌子去其一腿也。可见《集解》不取郑玄经学体系之说，甚为彻底，似若有仇，其引郑注亦必剔除经学体系之说，细心周详，似若剔除小鱼骨刺，唯恐剔除不尽。

（六）小结

本章对校郑注与《集解》，见其不同特点。郑注于《论语》正文上下文之间，探寻有机结构，又牵合经书为解，注释中，常述其礼学体系之说。郑玄以其庞大复杂之经学体系解释《论语》，故其说皆有理据，精密至极，不容改易。但《论语》文义为之限定为符合经学之固定内容，故自后人习惯于《集解》《集注》者视之，不免有僵硬偏颇之感。

笔者去年作《论郑王礼说异同》一文（即本书第二篇），认为郑玄建立精密复杂之经学理论体系，区分概念以保存经书原有之复杂性，是属于纯理论性文献研究；王肃见郑玄经学理论体系脱离实际之缺点，于郑玄区分之多种概念进行合情合理之合并整理，是注重实践性之经学理论研究。然研究经书，区分概念，建立一套可以解释所有经文而且能避免不同经文互相矛盾之理论体系，首需确定经书范围。因为互相矛盾之经文多少，随范围大小而异故也。其在经书范围外者，如《孟子》是也。按《公冶长》：

子在陈，曰："归与，归与，吾党之小子！【郑注】吾党之小子，鲁人为弟子，从孔子在陈者。欲与之俱归于鲁也。狂

简，斐然成章，吾不知所裁之。"【郑注】狂者进取，而简略
于时事，谓时陈人皆高谈虚论，言非而博，我不知所以裁制而止之，毁
誉于日众，故欲避之归尔。

　　子在陈，曰："归与，归与！吾党之小子狂简，斐
然成章，不知所以裁之。"【集解】孔曰：简，大也。孔子在陈，
思归欲去，故曰：吾党之小子，狂者进取于大道，妄作穿凿，以成文
章，不知所以裁制，我当归以裁之耳。遂归。

郑注与《集解》迥异。据郑注，"吾党之小子"谓弟子在陈
者，"狂简斐然成章"者谓陈人。若据《集解》，"吾党之
小子"谓弟子在鲁者，"狂简斐然成章"者亦即弟子在鲁
者。郑注正文"不知所裁之"上有"吾"字，与《史记》同，故
不得如《集解》说。又，此章首云"子在陈"，若如《集解》
说，此三字并无深意，可有可无。郑玄欲结合此三字解
释孔子语，故以为孔子疾陈人狂简。此章郑注分出二注，《集解》
统置一注，所以然者，郑注以"吾党之小子"句断故尔。其
实郑玄正因将章首"子在陈"与后段"狂简，斐然成章，吾
不知所裁之"结合为解，始有如此断句。《集解》不取郑说，
是因《孟子·尽心》云："万章问曰：'孔子在陈，曰："盍
归乎来。吾党之小子，狂简进取，不忘其初。"孔子在陈，
何思鲁之狂士？'孟子曰：'孔子"不得中道而与之，必也
狂狷乎。狂者进取，狷者有所不为也"。孔子岂不欲中道哉。
不可必得，故思其次也。'"此《孟子》明言"孔子在陈，思

鲁之狂士",不得如郑注解也。郑玄非不读《孟子》者,故郑注《周礼》屡引《孟子》文。然郑玄不以《孟子》为经,故不求《孟子》所言符合其经学理论,亦不以其解《论语》与《孟子》相矛盾为意。可见郑玄之经学理论为封闭之体系,经书范围有明确界限。郑学之精密,即在此经书范围内,细心研究避免经文互相矛盾之结果。

《集解》与郑玄正相反,尽量不援据经书,彻底摒弃用经学解释《论语》,可谓将《论语》独立于经学之外。又不取上下文有机结构之说,各句分别解释,是以全无体系性。加以注文尚简,力求平明,往往注文与正文几同,有注与无注无异。《集解》不限定解释,故容许读者自由理解。然当郑注盛行之日,而撰辑《集解》,何晏等不得忽视郑注,故《集解》中多引郑注。今核查其引郑注,即知何晏等或删或改,脱胎换骨,上述郑注特点全然消失。当知《集解》借集录先师旧说之形,遂成就何晏等一家言之实。

三、郑注与《集解》之思想异趣

近代以来,学者重思想,轻经学,故郑学特点及《集解》反对郑注之特点,均未为世人所知。谈论思想者,见古书中所言之事,参照哲学、政治等外在概念,分析其思想。盖古书中所言之事,乃古人思虑之后果,犹雪泥鸿爪而已。笔者读其经学,通过所言之事,探讨其言所以然之故。探讨所以然,即求古人思虑之过程。古人之思虑在此,不在彼也。

虽然，思想亦影响经学之一端，不妨稍稍留意。金谷治《郑玄与论语》一文（见《唐写本论语郑氏注及其研究》下卷）言郑注描绘孔子为"具体实践者的活生生的""与当时时势深刻关联的历史人物"。其所举例如《八佾》"林放问礼"章郑注"疾时人失礼"、"夷狄之有君"章郑注"为时衰乱，以矫人心"、"绘事后素"章郑注"疾时淫风大行，嫁娶多不以礼者"、"射不主皮"章郑注"疾今不然"等，皆《集解》等所不言者。金谷又引陈澧说，《毛诗笺》可见郑玄伤汉末乱世之忧思，以为《论语注》描述孔子，实郑玄以己身影射孔子。今按：金谷云"实践者"云云，无所根据，至其云"以己身影射孔子"，则似得郑意。盖20世纪60至70年代，政治运动风靡全球，要求学者关注时势，谈论历史以生动为价值。金谷前说，即此思潮之产物。平心而论，所列郑注诸条，皆只见疾时伤感，绝非积极参与政治之态度。金谷亦引《公冶长》"归与归与"章郑注（见上第二章第六节）及《子罕》"沽之哉"章郑注"宁有自炫卖此道者乎，我坐而待价者"，谓孔子形象非常消极，亦反映郑玄回避参与政治之心态。此说是也。然金谷又云"郑玄一直关心国家大事，并且胸怀明确的政治理想"，以注中屡见周公致太平之说为证。今谓：周公致太平为有关《周礼》之基本概念，不得仅据此言，遽论有政治志向。《三礼》本以政教为重，礼学、经学不容不涉及政治，郑学又以《周礼》为理论框架之基础，注中表述周公致太平说，不足为异。郑玄之政治理想，未尝有实践意义，其注诸经及《论语》，以建立完美之理论体系为宗旨，非所以主张其政治立场。

金谷又举《为政》"十世可知"章郑注"所损益可知者，据时篇目皆在，可校数也"，《子路》"必也正名乎"章郑注"孔子见时教不行，故欲正其文字之误"（参见上第二章第三节），认为"与作为古典学者的郑玄自身立场有关"。今谓金谷此说，盖得郑玄之意。《述而》"久矣吾不梦见周公"，郑注："孔子昔时，庶几于周公之道，汲汲然常梦见之。末年以来，圣道已备，不复梦见之。"（王素先生所校外，参据俄藏敦煌文书 05919 残卷。）是孔子晚年得道，已为圣人，与周公等。故《述而》"天生德于予者"，郑注："谓授我以圣性，欲使我制作法度。"但"孔子见时教不行，故欲正其文字之误"（《子路》注，见上）。《述而》"汝奚不曰，其为人也，发愤忘食，乐以忘忧"，郑注云："汝何不云，我乐尧舜之道，思六艺之文章。"正文"发愤忘食"不言所为何事，郑玄以为"思六艺之文章"。《公冶长》"夫子之文章可得闻"，郑注："文章，谓六艺之义理也。"是谓孔子研究六艺之义理，亦即经学。汲汲研究六艺之义理，校古礼篇目，正经书文字，是孔子所为与郑玄正同。"不梦周公"，后人解释皆谓孔子至晚年，政治抱负未得实现，故为慨叹如此。唯独郑玄谓孔子因为已经得道为圣人，编订经书以示后人，故不复梦周公，孔子是成功者，非失败者。知郑玄之追求，在研究经书文字，不在政治实践，最有明证（笔者并无意否定研究郑玄政治思想之意义）。郑注《学而》又云："自周之后，虽百世，制度犹可知。以为变易损益之极，极于三王，亦不是过。"郑玄建立《三礼》理论体系，以《周礼》最具严密体系，遂据以为基本框架，《礼记》中与《周礼》不合者，辄谓夏、殷礼，以避矛盾。正因认为"损益之极，极于三王"，三王为典型，古礼不外此三王制度，故得以不合《周礼》者为夏、殷礼。若无"极于三王"说，郑玄无以合《周礼》《礼记》《仪礼》为《三礼》，建其经学体系。可见，此郑玄述孔子语义，实述郑玄自己之思想。金谷谓郑玄以己身影射孔子，盖是也。笔者感觉郑玄知时政时俗混乱已极，教化successive太平，只得寄希望于后世，故放弃社会实践，埋头研究经学，自校订文本起，字斟句酌，求诸经之解释不互相矛盾，为此建立精密复杂之理论体系。只有绝望于现世者，尽全力沉潜，始得完成如此庞大之文献研究。

今世人谈论《集解》，必言其玄学。今按：《集解》固有玄学因素，如：

　　《为政》"攻乎异端"【集解】善道有统，故殊途而同归。

　　《为政》"虽百世可知也"【集解】物类相召，世数相生，其变有常，故可预知。

　　《公冶长》"性与天道"【集解】天道者，元亨日新之道，深微故不可得而闻也。

　　《述而》"志于道"【集解】道不可体，故志之而已。

　　《子罕》"子绝四，毋意"【集解】以道为度，故不任意。

　　"毋我"【集解】唯道是从，故不有其身。

《子罕》"吾有知乎哉"【集解】知者，知意之知也。知者言未必尽，今我诚尽。

此等《集解》皆不标"某曰"，当是何晏等自为之说。若《公冶长》"孟武伯问子路仁乎，子曰，不知也"，《集解》"孔曰：'仁道至大，不可全名也。'"是何晏等称引先儒注说，亦不无涉玄之说。然通观《集解》，未必以玄学为宗旨，故王弼说（《集解》不引王弼，今见皇侃《义疏》引）往往出《集解》之外。

又，上引《集解》文中"元亨日新""殊途而同归"，又如《述而》"五十以学《易》"，《集解》"《易》，穷理尽性以至于命"等，皆引《周易》经传文。但《集解》引《易》，亦不过借以表述思想概念，与郑玄引经文互证、具有体系性者不同。按：《学而》"道千乘之国"：

【集解】马曰：道谓为之政教。《司马法》："六尺为步，步百为亩，亩百为夫，夫三为屋，屋三为井，井十为通，通十为成，成出革车一乘。"然则千乘之赋，其地千成，居地方三百一十六里有畸，唯公侯之封乃能容之。虽大国之赋，亦不是过焉。包曰：道，治也。千乘之国者，百里之国也。古者井田，方里为井，十井为乘。百里之国，适千乘也。融依《周礼》，包依《王制》《孟子》。义疑，故两存焉。

诸书所引郑注与《集解》引马注同。且不论是郑注因袭马融，抑《集解》据郑注为马说，此《集解》并列二说，后下按语，分析两说称"融依《周礼》，包依《王制》《孟子》"，此固不误。然此乃经学上之一大问题，经学家必须选择其中一说，以建设其经学理论体系。而何晏等竟云"义疑，故两存焉"，此何言哉？是何晏等不为经学也。不为经学，无意建立经学理论体系，始可为此言。何晏等不仅不为经学，又欲解放《论语》，将《论语》摆脱经学之限制，因此之故，《集解》乃有上第二章所述种种现象。窃谓《论语集解》之目的，即在《论语》之"去经学化"，不知读者以为如何。

四、《论语》史上之郑注与《集解》

西汉人学《论语》，与学诸经同，皆以援引经书为谈论之资，非谓讨论经文解释。东汉始有对校诸经解释，探讨其间融贯者。至郑玄而建立庞大精密之经学理论体系，得以解释所有经书而无矛盾。郑玄亦取《论语》纳入其体系，故其注《论语》即以经学体系解释《论语》。郑学之长，在其精密。其说贯通诸经，无所抵牾，甚至一字之微，尽得与其体系相应。然郑学之短，在其拘束。郑玄专就经书文本研究理论，为求符合其体系，经书文义颇受限制，乖离人情甚远。魏明帝颇好郑学，朝廷制度多依仿郑说（古桥纪宏学兄有论，参本书第二篇《论郑王礼说异同》）。逮明帝辞世，改元正始（明帝依郑玄三统说，用殷正。明帝崩，复夏正，改元正始。年号正始，意谓推翻明帝依从郑玄之制，颇有象征意义），朝廷改复明帝以前之制，王肃抨击郑学拘泥之弊，于郑说多所改造，以求经学礼说接近人情自然。何晏等作《论语集解》，则全然不取郑学，释《论语》不用经学，使《论语》独立于经学体系之外。王肃之与何晏等，其反郑学是同，所以反郑学则异。王肃驳难郑学之拘泥，欲将己说施于朝廷礼制。论学理则郑学精密，论制度则王说合理，故后之研究经书理论者，以为郑说不可夺，而议论朝廷制度，则往往以王说为妥。至《论语》，无关制度，书本文字而已，既有郑注精密如此，何晏等欲自作新注，取而代之，殊不容易。故用《集解》之体，谓此新注囊括孔安国以来名儒学说，郑注亦在采择之列，荟萃精华而成，可以胜过郑注。沈涛自序《论语孔注辨伪》云："盖当涂之世，郑学盛行，平叔思有以难郑，而恐人之不信之也。于是托于西京之博士、阙里之裔孙，以欺天下后世。"沈说孔注为何晏等自造，未为定论，然其论何晏等引录孔注之用意，盖不误也。

《集解》引录郑注，于郑注涉经学之处，或删或改。郑玄建立庞大复杂之理论体系，以释《论语》，而《集解》拆毁其体系，使《论语》文字，句句分散独立，涤除一切附加理论。因此，《集解》注《论语》，往往与《论语》正文无异，《论语》正文所不言，《集解》亦不说明，有注与无注无异。若然，《集解》之意义何在？窃谓即在否定经学。何晏等欲将《论语》独立于经学之外，《论语》应当直接阅读，不需参考任何理论，是可以无注。但若无注，世人不知可以直接阅读，仍读郑注。故何晏等不得不作有注犹若无注之《集解》。

郑注为庞大复杂之体系结构，《集解》将此结构拆毁之，铲除之，彻底干净。因有《集解》，《论语》始变为任人随意解释之古文，至晋代乃出现百家争鸣、百花齐放之局面。晋人江熙集注《论语》，汇集晋人解释《论语》诸说，今见皇侃《义疏》所引。晋人解释《论语》，丰富多彩，各种异说尽现于一时。此皆可谓《集解》否定郑注《论语》、解放《论语》之结果。若以郑注《论语》为基础，必不能产生晋人各种解释。因晋人解释多歧，至梁有皇侃《义疏》，疏理众说之异同。皇侃《义疏》以梳理晋人以来众说为主，非所以研究《集解》，因为《集解》空洞，有注若无注故也。

然则，南北朝至唐代中期，郑注与《集解》并行，《集解》未尝压倒郑注者，唐代中期以前，经学仍在，仍有学者研究经学理论，故郑注未被废置。贾公彦、孔颖达等义疏，皆所以研究经学体系理论，故所引《论语》皆郑注。郑注《论语》为郑学体系之一部分，若为郑学，不得不学郑注《论语》。直至啖助、赵匡等，始用圣人"大义"解释经书，经书内容不合"大义"辄谓经书之误，于是根据经书文字研究理论体系之郑学、义疏学渐衰，郑注《论语》亦日微，至宋更不为学者所重。郑注《论语》宋代已微，故无刻本，其书遂亡。今可见者，敦煌、吐鲁番所出唐代以前抄本及诸经义疏所引为主。义疏学与郑注《论语》同其盛衰，亦可见郑注《论语》之性质。

有注若无注之《集解》，因其简明，颇有传习者。至朱熹撰《集注》，仔细周详，既完备又易解，本可以压倒《集解》，而《集解》仍有流传，不似郑注之亡佚者，北宋时《集解》仍有读者，甚至有邢昺疏，故《集解》即有刻版。因此南宋以下虽读者无多，而其书流传不绝。

本文报告于 2008 年"中研院"中国文哲研究所召开的"魏晋南北朝经学国际研讨会"上，收入 2016 年该所出版的《魏晋南北朝经学国际研讨会论文集》。在该书出版之前，先由白石将人先生翻译成日文，2009 年发表在野间文史先生主编的《东洋古典学研究》第二十七集。另有压缩改编稿《郑何注论语的比较分析》，2009 年发表在《北京大学学报（哲学社科版）》第四十六卷第 2 期。

札记：道

　　"道"犹今言"可能性"。《丧服·不杖期章》"女子子为祖父母"，传曰"何以期也？不敢降其祖也"。郑玄注："经似在室，传似已嫁，明虽有出道犹不降。"贾公彦云："知经似在室者，以其直云'女子子'无嫁文，故云'似在室'。云'传似已嫁'者，以其言'不敢'，则有敢者。'敢'谓出嫁降旁亲，是已嫁之文。此言'不敢'，是虽嫁而不敢降祖，故云'传似已嫁'也。经传互言之，欲见在室、出嫁同不降，故郑云'明虽有出道犹不降'也。云'出道'者，女子子虽十五许嫁始行纳采、问名、纳吉、纳征四礼，即著笄为成人，得降旁亲，要至二十乃行请期、亲迎之礼。以其笄而未出，故云'明虽有出道犹不降'。不直言出而言'道'者，实未出，故云'出道'，犹郑注《论语》云'虽不得禄，亦得禄之道'，是亦未得禄而云'之道'，亦此类也。"按：《论语·为政》："子张学干禄。子曰：多闻阙疑，慎言其余，则寡尤。多见阙殆，慎行其余，则寡悔。言寡尤，行寡悔，禄在其中矣。"郑玄云："言行如此，虽不得禄，得禄之道也。"（敦煌、吐鲁番出土郑注残卷无此处，今仅得据何晏《集解》引。）贾疏引以为说。又如《丧服·杖期章》"出妻之子为母"，传曰"绝族无施服，亲者属"。注云："'亲者属'，母子至亲，无绝道。"贾疏云："对父与母义合，有绝道，故云'母子至亲，无绝道'。"又如《论语·颜渊》"子曰，忠告善道，否则止，无自辱焉"，郑注："朋友，义合之轻者。凡义合者有绝道。忠言以告之，不从则止也。"又如《丧服小记》"为殇后者以其服服之"，注："殇无为人父之道，以本亲之服服之。"

郑学第一原理

乔秀岩

一、本文撰作缘起

在经学还盛行的时代，每一学者都有自己遵奉履行的经学方法，据以评判古代学者的经学观点。近代以来，经学衰亡而史学代兴，学者幻想通过客观科学的研究方法，能够判定历代学者解释之准确与否。近二十年来，郑玄学说的体系性开始逐渐为学界所认知，如池田秀三《郑学的特质》（2006年汲古书院出版《兩漢における易と二禮》所收）综合研究郑学特点，即以体系性为讨论问题的前提，并且说明凡是研究郑学的人都会注意到这一鲜明的特点；刁小龙《郑玄礼学及其时代》（清华大学历史系博士论文，2008年）重点讨论郑玄以"《周礼》为纲、调和《三礼》"的理论建构，是大陆学界最近的代表性成果。强调学说体系性，即可为郑学保证判断标准之独立性，不必再受当代学术标准的干扰。笔者数年前编译《魏晋礼制与经学》（见《儒家典籍与思想研究》第二辑，北京大学出版社，2010年），特发"郑王不优不劣论"，旨在告别据一己标准评判古人是非的言论。同时，郑学理论体系确实具有鲜明特色，饶有趣味，故笔者另撰《论郑王礼说异同》（见本书

第二篇），试图通过比较，探索郑学之特色。既然承认有独特体系，如果只观察其体系，只能看出结构是否合理，有无矛盾。若欲讨论郑玄礼学体系的意义与特色，则必须与其他礼学体系进行比较，辨析何为诸家不得不同之理，何为郑玄特殊之论。拙文通过比较郑、王两家之礼说体系，指出：郑玄细分概念来解释经书记载的歧异，保存文献语言的复杂性，与王肃忽略经书记载的小异，保证解释的合理性，正好相反（池田秀三《郑学的特质》在拙文之前，已经指出郑玄的思路指向复合化，与许慎、何休、王肃倾向单一化不同）。然此仅就已完成之理论体系观察其不同特色，未及讨论郑玄所以形成这种理论体系之缘由，换言之，未知其所以然。后读郑注《论语》，发现郑玄与何晏之间，也有正相反的鲜明特色，即郑玄指向结构，何晏指向解构，而且两者走得都很极端。拙文《论郑何注论语异趣》（见本书第三篇）较详细地分析介绍相关具体情况，是清人做梦都没想到的离奇景观。那些离奇的解释，笔者当时以为是郑注《论语》的特殊情况，与注《三礼》的解释方法有所不同，尽管郑注《论语》在内容上牵合《三礼》理论之处比比皆是。直到2011年秋学期，与研究生同学们校读孙诒让《周礼正义》，逐渐醒悟到"结构取义"才是郑注《三礼》最基本的解经方法，郑注《论语》与注《三礼》，在解释方法上完全一致。也知道《论郑王礼说异同》《论郑何注论语异趣》两篇拙文应相结合，再按经学理论与经文解释两个层次，重新梳理，即可理解郑玄解经的全体结构。

"结构取义"即郑玄观察上下文来推定经文词句意义的

解释方法。这种解释方法，在郑注《三礼》中屡见不鲜，历代学者也都知道这种现象，但通常只当作特殊情况，似乎未有人深入探讨其原理。今观《周礼正义》即知，郑玄"结构取义"的结果，不仅为赵匡所讥，亦为宋代刘敞，清代金鹗、王引之、孙诒让等学者所否定。王引之等人在先秦古籍中搜集大量书证，综合分析用词例，确定词义。孙诒让也非常重视用词例，这一点只需随手一翻《周礼正义》即可知。郑玄"结构取义"与此相反，意味着"望文生训"，自然为孙诒让他们所不取。其实，郑玄"随文求义""即文为说"，绝非随意乱说，而是郑学真正奥妙所在。学者不知此义，不足与论郑学。第二节先介绍此学期笔者阅读《天官》正义所得若干事例，第三节将重新讨论郑学的结构。

二、"结构取义"之事例

（一）随文求义之例

1. 次叙

　　《司市》"以次叙分地而经市"，注："次谓吏所治舍，思次、介次也，若今市亭然。叙，肆行列也。"

　　《内宰》"佐后立市，设其次，置其叙，正其肆"，注："次，思次也。叙，介次也。"贾疏云："案：《司市》注与此注不同者，郑望文解之。彼经无'肆'文，故以'叙'为行列，并思次、介次共为一所解之；此文自有'肆'文，故分思次、介次别释也。"

按：此即郑玄随文求义之法。"次""叙"皆单字，所指何物，本无明确界限。故郑玄审度上下文，在上下文之关系结构中探索该字所指，斟酌为注。字词无固定所指，所指何物，因语境而定，是郑学之原则。

2. 内命妇、内人

《内宰》"凡丧事，佐后使治外内命妇，正其服位"，注："内命妇谓九嫔、世妇、女御。"孙疏云："贾疏云'不言三夫人者，三夫人从后，不在"治"限，故不言也。'案：贾说是也。《肆师》'大丧，禁内外命男女之衰不中法者'，彼注'内命女，王之三夫人以下'，与此注不同。据《追师》云'为九嫔及外内命妇之首服'，是内命妇不数九嫔，则三夫人更不数可知。《丧大记》注亦云'内命妇，君之世妇'。若然，经凡言内命妇、命女者，唯当数世妇、女御耳。三夫人、九嫔位尊，殆非内宰、肆师所治也。二注说并未确。"

按：郑玄于《内宰》云"内命妇谓九嫔、世妇、女御"，于《肆师》云"内命女，王之三夫人以下"，两说不同。孙诒让此处暗据金榜说（孙诒让于《内司服》引录金说），以《追师》经文为根据，确定内命妇指世妇、女御，不包含三夫人、九嫔，因谓郑玄二注均不确。然"内命妇"之词义，本谓"内宫之嫔御"（孙疏语），《追师》之"内命妇"不包含三夫人、九嫔，何以知其余诸经亦必相同？郑玄认为一词所指范围因具体经文而异，拒绝脱离具体经文预先确定词义。"内命妇"似为礼学专门术语，但亦不例外，仍无固定所指范围。大丧三夫人与焉，而后使人治"内命妇"则不当有三夫人，故注所言不同，此非前后矛盾，亦非游移不定。孙诒让则认为一经之内，用词必有通例，《内宰》《肆师》《追师》皆见"内命妇"，所指范围不当不同。探索全经通例，实乃孙诒让研究之重点所在。是知郑玄与孙诒让之间，立论前提不同。

    《内宰》"岁终则会内人之稍食"，注："内人，主谓九御。"沈彤云："内人谓女酒、女笾之等，而上及女府、女史也。"江永云："此即典妇功之内人与典丝之内工，是宫中专治女功者。"孙诒让云："经言内人者凡六。通校诸文，盖内人所晐甚广，当上关女御，下兼女府史及女酒、女笾、内工等。凡内宰会其稍食，稽其功绪，及寺人掌其戒令禁令，典妇功授其事赍者，并通上下言之。凡内小臣正其礼事，吊临于外，寺人诏相之及内竖为之蹕者，则专指女御而言。若止属女府史以下，何得与祭祀、宾客、丧纪之礼事，且寺人为之诏相，内竖为之蹕乎。若阍人几其出入者，则又专指女府史以下而言。郑及沈、江各举一偏为释，相兼乃备也。"

按：此孙诒让知"内人"一词所指，因经文而不同，不得一概而论。可见孙诒让为学确实精细审慎，探索全经通例，经过细心验证，不轻易为概括之说。然孙诒让之解经立场毕竟与郑玄不同。首先，孙诒让之审度经文，皆论经文所言之事，如寺人诏相、内竖趺之属，与郑玄观察上下文之结构关系不同。郑玄探索经文本身，而孙诒让仅研究经文所言之事，此其不同。可以说郑玄研究经文，孙诒让研究制度，研究对象层次不同。另外，孙诒让因袭王引之等解经习惯，先在一部《周礼》之内探索词例，次及诸经或先秦群籍，以求一词之定义。如"内人"，先求此名所指一定之范围，求而不得，始言"所晐甚广"。一个词汇"所晐甚广"，在郑玄是探索经义之前提，在孙诒让是经过讨论之后，有时不得不接受的结果。

3. 献

《玉府》"凡王之献金玉、兵器、文织、良货贿之物，受而藏之"，注："谓百工为王所作，可以献遗诸侯。古者致物于人，尊之则曰献，通行曰馈。《春秋》曰'齐侯来献戎捷'，尊鲁也。"贾疏云："案下《内府职》'凡四方之币献之金玉'，彼是诸侯献王，入内府藏之，不得在此，故知金玉是献遗诸侯者也。……若王肃之义，取《家语》曰'吾闻之，君取于臣曰取，与于臣曰赐；臣取于君曰假，与于君谓之献'，以此难郑君。郑君弟子马昭之等难王肃：'《礼记》曰"尸饮五，君洗玉爵献卿"，况诸侯之中有二王之后，何得不云献也。'"

按：郑玄探下经《内府》"凡四方之币献之金玉"云云，为诸侯之献，与此经王之献，上下正相对，故不疑"王之献"为王献与诸侯。"献"字常用于自下奉上，今谓王献诸侯，故特为解释，说尊敬对方则上于下亦可称"献"，并引《春秋》为证。王肃拘泥"献"字词例，以"献"字自下奉上为讨论经义之前提，故非郑说。后儒多从王义，王引之更论《内府》"凡四方之币献之金玉"与此经事同，孙诒让谓"王之献"为臣民献之于王者。郑玄不预先固定词义，而据上下文调整词义，是其解经之重要特色。

4. 六宫

> 《内宰》"以阴礼教六宫"，注："郑司农云：六宫，后五前一，王之妃百二十人，后一人，夫人三人，嫔九人，世妇二十七人，女御八十一人。玄谓：六宫谓后也。教者不敢斥言之，谓之六宫。"孙诒让云："后郑意，下文别出九嫔，则此六宫不得通晐嫔御。其三夫人，班秩虽在九嫔之上，究不可与后并言。明此六宫当专属后，故不从先郑说也。"

按：此经下文云"以阴礼教九嫔"，是并列同型句。郑玄解经，凡遇同型并列句，例皆理解为尊卑等级排比。此经上下同句，下为"九嫔"，上云"六宫"，故知"六宫"必当据王后。孙诒让谓"六宫"不得通晐九嫔，仅就其事为说。上云甲，下云乙，则甲中必不含乙，是逻辑必然。郑玄读此经，则不仅如此，而更认为上下两句为尊卑等级关系，故知甲必高于乙。此实郑玄解经之原理，而孙诒让不赞同。

5. 诏、相、正

《内小臣》"诏后之礼事，相九嫔之礼事，正内人之礼事"，注："诏、相、正者，异尊卑也。"

按：此与《内宰》"以阴礼教六宫、九嫔"同，因是并列同型句，知其实同而有尊卑之差。

6. 典、法、则，国、府、鄙

《大宰》"掌建邦之六典，以佐王治邦国"，注："大曰邦，小曰国，邦之所居亦曰国。典，常也，经也，法也。王谓之礼经，常所秉以治天下也；邦国、官府谓之礼法，常所守以为法式也。"

又"以八法治官府"，注："百官所居曰府。"

又"以八则治都鄙"，注："都之所居曰鄙。则，亦法也。典、法、则，所用异，异其名也。"

按：此《大宰》六典、八法、八则，经文各列其目，经文字数不少，郑注倍之，孙疏更富，以中华书局版言，则先后亘十页，读者容易忽视对照。今省略其细目，仅存大目，乃知郑玄仔细对较三段经文，始为之注。通常言"邦国"皆指诸侯，而此特释云"邦之所居亦曰国"者，一因下经"官府""都鄙"与此"邦国"相应，故知下字皆"所居"。又谓"典""法""则"，实同而用异，故暴其名。当知郑玄解释词义，特重上下文之对应关系，不泥于常训、常义、通例等。此可见郑学"随文求义"之精密。

7. 道艺

《官正》"会其什伍而教之道艺"，注："郑司农云：道谓先王所以教道民者。艺谓礼乐射御书数。"孙疏云："贾疏云：'谓若《保氏》云"掌养国子以道而教之六艺"，道则《师氏》三德三行也。"艺谓礼乐射御书数"者，亦《保氏职》文也。'案：《少仪》'问道艺'后郑注云'道，二德二行也。艺，六艺。'贾据彼注义，故分道艺为二。凡经云德者，并指六德六行而言；云道者，并指六艺六仪而言。兼举之，则曰德行，曰道艺。此'教之道艺'，道即是艺，与德行无涉。上文云'纠其德行'，乃是六德六行耳。《大司乐》'凡有道有德者使教焉'，后郑注云'道，多才艺者；德，能躬行者'，是后郑亦分释甚明。《少仪》注盖偶有不审，不为典要。贾误会先郑之旨，强分为二，又引《保氏》'养国子以道'为证，不知保氏所教之道亦即艺仪，与师氏教德行异职也。"

《保氏》："养国子以道。乃教之六艺：一曰五礼，二曰六乐，三曰五射，四曰五驭，五曰六书，六曰九数。乃教之六仪：一曰祭祀之容，二曰宾客之容，三曰朝廷之容，四曰丧纪之容，五曰军旅之容，六曰车马之容。"注："养国子以道者，以师氏之德行审谕之，而后教之以艺仪也。"孙疏："案：郑以经先言养，后言教，故以养为审谕德行之事，非以道为德行也。实则养之与教，事本相成。经言道，即指艺仪等，对师氏所掌三德三行为德。《太平御览·工艺部》引马融注云'道，六艺'，最得其义，郑意亦当与马同，故《大司乐》注云'道，多才艺者；德，能躬行者'，分别道德甚析。贾疏谓此道即上三德三行，故郑'以师氏之德审谕之乃教之'，非经注义也。"

按：王引之据《乡大夫》"以考其德行，察其道艺"，知道艺与德行不同，又广引古典，论"道"即艺，非谓德行。孙诒让从王说，确认"道"之定义为艺仪，故以《大司乐》注为是，以《少仪》注为偶失审，又曲解《保氏》注义，全不考虑郑玄之用意。今谓郑学以"随文求义"为原则，绝不同于王引之等一定词义之解经方法。《大司乐》"凡有道有德者"，"道"与"德"并列，故以道为才艺，德为躬行；《宫正》"教之道艺"，《少仪》"问道艺"，则"道"与"艺"并列，故以道为德行，艺为六艺。一"道"也，对"德"则为才艺，对"艺"则为德行，此郑玄解经之必然，何"偶有不审"之有。《保氏》"养国子以道，乃教之六艺，乃教之六仪"，结构鲜明，"乃"为缓词，故郑注云"以师氏之德行审谕之，而后教之以艺仪"，是先"养国子以道"，然后"教之六艺，教之六仪"，则"道"非艺仪明矣，不容曲解谓"非以道为德行也"。至若《乡大夫》"以考其德行，察其道艺""考其德行道艺"，则"道艺"与"德行"相对，虽无郑注，必不得以"道"为德行可知矣。郑玄解经，皆审度上下文为之，与王引之等广泛搜集词例，用少数服从多数之概率推论法不同。孙诒让曲解注义，屈使郑玄支持王引之之结论，不得不谓粗暴。

8. 及执事

> 《大宰》"及执事，视涤濯"，注："执事，初为祭祀前祭日之夕。"江永云："及，与也，谓与诸执事官视涤濯也。《小宗伯》言'及执事'者三，与此文正相类。彼三处，郑皆以执事之官释之。此独云'执事，初为祭祀前祭日之夕'，非也。"

按：执事即有司，是常训、常义，故此经上文"帅执事"，郑注亦云"执事，宗伯、大卜之属"，不烦远引《小宗伯》。而此注独不同者，下经"及纳亨，赞王牲事；及祀之日，赞玉币爵之事"，"及"皆言时节。"及执事"在其上，不得独异，故郑注不得不以"执事"为动词。江永不接受"执事"独于此处解释为动词，故谓"及，与也"，孙诒让从之。平心观上下文，此"及"言时节，无可疑义；而"执事"即有司，是常训，亦无可疑。两无可疑，合之则不通，于是郑玄

谓此"执事"非有司之谓,江永则谓此"及"非谓时节。可
见郑玄重视上下文,认为经文上下文之结构不可移易,而字
词所指未尝有固定范围,不可泥于常训、常义。江永否定随
文求义,认为实词当有常义,不容随意变换解释,而助词轻
微,上下文结构空虚,下两句"及"固谓时节,犹不妨此句
"及"解释为"与"。可见两者思路正相反,此亦郑学与清学
之根本差异。后生者若不细心体察郑玄探索上下文结构之奥
义,则难免为清人误导,以为郑玄随意变换解释,颇不足
据。其实,郑学之灵活精妙,非清人所可知。

9. 诛

> 《大宰》"以八柄诏王驭群臣,……五曰生以驭其
> 福,……八曰诛以驭其过",注:"生犹养也。贤臣之老
> 者,王有以养之。成王封伯禽于鲁,曰'生以养周公,
> 死以为周公后'是也。诛,责让也,《曲礼》曰'齿路
> 马有诛'。"

按:《大宰》六典"六曰事典,以富邦国,以任百官,以生
万民",注"生犹养也",则此经"生"亦训"养",自不可
疑。《宰夫》"凡失财、用、物、辟名者,以官刑诏冢宰而诛
之;其足用、长财、善物者,赏之","诛"与"赏"对,则
"诛"为责让,又无疑义。郑玄犹恐世人误以"诛"为杀,
故特引《曲礼》为证,正如上文介绍《玉府》注引《春秋》
证"献"字词例。此经"生"与"诛"相对,郑玄解释为

养，为责让，上下正得对应。然宋人刘敞谓"生"为不杀，"诛"即诛杀，"过"读为"祸"，后人多从之，孙诒让亦然。此因八柄亦见《内史》，而彼云"五曰杀，六曰生"，故谓《大宰》之"诛"必当为杀。郑玄非不知《内史》作"杀"，而拒绝据《内史》"杀"字释此经"诛"字，又于《内史》无注。是知郑玄解经重上下文之结构关系，而忽视不同经间之小小出入。盖谓文字、词汇所指，本无一定之明确范围，故必须依赖语境，才能确定其内涵。据此认识，一方面当解释具体经文时，必须仔细斟酌上下文之结构关系，虚心探讨字词所指，不得泥于常义、常训；另一方面，不同经文间之对应关系，只得观其大概，不得据彼以论此，强合为一，因为语境已不同，不可直接拿来一并讨论。《大宰》之"诛"为责让，《内史》之"杀"即诛杀，两经不同，存而不论，无须调和，此亦可见郑学始终为经学，非典章制度之学。

10. 丧荒

《大宰》"以九式均节财用，……三曰丧荒之式"，注："荒，凶年也。"

《大府》："凡颁财，以式法授之。……山泽之赋，以待丧纪。"注："此九赋之财，给九式者。……丧纪即丧荒也。"

按：大府以大宰九赋之财分配给大宰九式之用，而其目有小异。《大宰》九式：祭祀、宾客、丧荒、羞服、工事、币帛、

刍秼、匪颁、好用。《大府》则谓：膳服、宾客、稍秼、匪
颁、工事、币帛、祭祀、丧纪、赐予。郑注《大府》云"膳
服即羞服也；稍秼即刍秼也；丧纪即丧荒也；赐予即好用
也"，意谓《大府》所言即《大宰》九式。金榜谓《大宰》
"丧荒"与《大府》"丧纪"当为一事，而凶荒事出非常，
不可预为节度，则《大宰》"丧荒"非，当从《大府》"丧
纪"为正。孙诒让从金说（孙书为疏体，不便明言经文之误，故引金
说删省"当以彼为正"数字）。金榜考虑九式所言之事，认为不当
包含凶荒。郑玄考虑之重点不在制度而在经文，且《大宰》
与《大府》语境不同，故随文求义，不深究两经之间小小差
异，置而不论。两经文字本不同，知其实大同即可，不必据
彼改此，统一文字。此与《大宰》八柄之"诛"，《内史》作
"杀"，郑注置而不论，同出一揆。

11. 王日一举

> 《膳夫》："王日一举，鼎十有二，物皆有俎。"
> 《玉藻》："天子日食少牢，朔月大牢；诸侯日食特
> 牲，朔月少牢。"

按：十二鼎当为大牢，与《玉藻》日食少牢不合。金鹗谓
《玉藻》降杀甚明，其制不可疑，则《膳夫》此经不当谓王
日食十二鼎，孙诒让从金说。然则《膳夫》当如何解？金鹗
谓经文次序恐怕颠倒，疑当作"鼎十有二，物皆有俎。王日
一举"。"鼎十有二，物皆有俎"与上经"羞用百有二十品，

珍用八物，酱用百有二十瓮"正可相属，"王日一举"与下经"以乐侑食，膳夫授祭，品尝食，王乃食"正可相属。然颠倒经文，未免太过牵强，故孙诒让不取，而谓"王日一举"与"鼎十有二"为二事，"鼎十有二"非谓王日食之常数。孙诒让为保证内容之合理，不惜割裂经文，分别取义，与郑玄处处联系上下文，抽绎经义，方法、态度皆正相反。郑玄不得不连读"王日一举，鼎十有二"，是王日食十二鼎，无可改移。故《郑志》云"《礼记》后人所集，据时而言"，即谓《玉藻》为后世法。《礼记》为后人所集，后儒皆所认同，而金鹗、孙诒让等必欲以《玉藻》之制解释《膳夫》之文，是重信制度、轻视经文之研究方法，与郑玄正相反。

12. 官百二十

> 《昏义》："古者天子后立六宫，三夫人、九嫔、二十七世妇、八十一御妻以听天下之内治，以明章妇顺，故天下内和而家理；天子立六官，三公、九卿、二十七大夫、八十一元士以听天下之外治，以明章天下之男教，故外和而国治。故曰天子听男教，后听女顺；天子理阳道，后治阴德；天子听外治，后听内职。教顺成俗，外内和顺，国家理治，此之谓盛德。"注："三夫人以下百二十人，周制也。三公以下百二十人，似夏时也。合而言之，取其相应，有象天数也。"

按：《明堂位》云"有虞氏官五十，夏后氏官百，殷二百，周三百"。《周礼》三百六十官，大体与"周三百"相合；
《王制》"天子三公、九卿、二十七大夫、八十一元士"凡
百二十，大体与"夏后氏官百"相当。《周礼》有九嫔，则
周天子六宫当即三夫人、九嫔、二十七世妇、八十一御妻之
数，又无可疑。故《昏义》注以三夫人以下百二十人为周
制，三公以下百二十人为夏制。因无正文，言"似"以示不
敢断定，与《明堂位》注云"《昏义》天子立六官凡百二十，
盖谓夏时"正同。金鹗云："《昏义》以天子立六官，三公、
九卿、二十七大夫、八十一元士，与后立六宫，三夫人、九
嫔、二十七世妇、八十一御妻，两相比拟，其同为周制可知
（按：此段金鹗攻郑说之谬，非真谓周制如此）。若以三公以下百二十
人为夏制，三夫人以下百二十人为周制，则比拟不伦矣。"
今按：郑玄以三夫人以下为周制，三公以下为夏制，不嫌比
拟不伦者，郑玄斟酌上下文，审度记人论述之旨，知此章主
旨在论阳道阴德、外内和顺之盛德，其言六宫、六官之数，
非所以述制度，而在论证男女内外相应之理，且明其数合天
数，故不嫌取周六宫之数与夏六官之数相对。此乃郑注末句
"合而言之，取其相应，有象天数也"之深意，前儒往往以
为烦冗琐议而忽视之。反观金鹗，自《昏义》原文中，单独
截取三夫人以下与三公以下之数，不仅全然不顾后半段"天
子听男教，后听女顺"云云，即在三夫人、三公一段中，亦
将"明章妇顺""外和而国治"等置之不论，可见其急于论
制度，忽视读经文，治学特色与郑玄正相反。张文虎评金氏
书谓"大都考据典章制度，以经文为主，不屑屑经注"，盖

得其实。金氏为典章制度之学，经文不过是研究材料，故为考上古制度之实，随意割裂经文，在所不惜。《膳夫》"王日一举"可疑顺序颠倒，此《昏义》单论其三九二十七之数，不顾经文之全体。郑学为真正经学，重视经文之完整性，仔细琢磨上下文之结构关系，虚心探索经文主旨，此乃郑学"随文求义"之法。两者本质截然不同，岂得以"汉学"一词目为一类。

（二）建构礼学理论

1. 大射、宾射、燕射

郑玄谓大射、宾射、燕射三射，所用侯不同，皆有详说。然郑说与先郑、贾逵、马融诸家不同，后人又多异说，而几无赞同郑玄者，可见郑说出于其创见，极具特色。今按郑玄立说之关键，实在其探索经文上卜结构关系之法。

《考工记·梓人》："梓人为侯。广与崇方，参分其广而鹄居一焉；上两个与其身三，下两个半之；上纲与下纲出舌寻，绢寸焉。张皮侯而栖鹄，则春以功；张五采之侯，则远国属；张兽侯，则王以息燕。"注："《射人职》曰'以射法治射仪，王以六耦射三侯，三获三容，乐以驺虞九节，五正'，下曰'若王大射，则以狸步张三侯'，明此五正之侯，非大射之侯明矣。"

郑玄见此记并列皮侯、五采侯、兽侯，"息燕"为燕射，"远国属"为宾射，则皮侯当为大射之侯。经文依次言大射、宾射、燕射之侯，正合尊卑重轻之序。贾疏云"贾、马以此'五采'与上'春以功'为一物"，然经文既然三侯并列，则郑玄不得不解为三等次序，正如上文笔者云"郑玄解经，遇同型并列句，例当上下等级排比为解"。此注郑玄又论《射人》，亦郑玄三侯说之关键。《射人》原文如下：

> 王以六耦射三侯，三获三容，乐以驺虞，九节五正；诸侯以四耦射二侯，二获二容，乐以狸首，七节三正；孤卿大夫以三耦射一侯，一获一容，乐以采蘋，五节二正；士以三耦射豻侯，一获一容，乐以采蘩，五节二正。若王大射，则以狸步张三侯。

郑玄见经言"若王大射"，知其上文所言非大射之法，如《梓人》注云。郑玄据此推论宾射之侯有正，而《梓人》独于皮侯云"栖鹄"，于是创造大射皮侯有鹄无正、宾射采侯有正无鹄之说，备受后儒非议。金榜、金鹗、朱大韶、孙诒让等，皆以《射人》"王以六耦射三侯，三获三容"云云为大射之法，故云"若王大射"之"若"非转语，以此讥郑玄。此可见经学与典章制度学之不同。郑学为经学，研究经文，故仔细琢磨经文之结构，据"若王大射"知上文所言非大射之事，进而与《梓人》等诸经反复推勘，论定"王以六耦射三侯，三获三容"云云为宾射之法。孙诒让等先考订制度，认定"王以六耦射三侯，三获三容"云云为大射之事，因而解释"若王大射"之"若"非转语，以此否定郑说。如何理解"若"字上下之文本结构，在郑玄为研究礼学理论体系之前提，而在孙诒让等人不过是研究典章制度之结果。上节介绍《保氏》"养国子以道，乃教之六艺"，郑玄以"乃"字为"而后"，故以"道"为德行，与六艺不同；而王引之考订"道"为六艺，非德行，孙诒让遵从王说，故称"养之与教，事本相成"，忽视"乃"字。王引之研究先秦词例，与金鹗等研究典章制度不同，而其非经学则无异。孙诒让推崇王引之、金鹗，则知其非经学之徒。

又，郑玄以乡射用五采布侯，与宾射同，而后儒多谓当用兽侯，与燕射同。究其不同之缘由，亦在理解经文结构之不同。《乡射记》云"凡侯，天子熊侯白质"云云，是兽侯。然《乡射记》下文乃云"乡侯，上个五寻"云云，故郑玄知"凡侯，天子熊侯白质"云云，非言乡射之侯，换言之，乡射所用非兽侯。这一逻辑，与据《射人》"若王大射"，知其上所言为宾射之制，如出一辙。郑玄往往从经文上下之结构，在经文文字表面所述内容之外，读取更重要的信息，是专门注意经文所言之事的学者永远想不到的。这是郑学亦即经学之重大特点，治郑学者不得不知。

2. 大祭、中祭、小祭

> 《酒正》"大祭三贰，中祭再贰，小祭壹贰"，注："郑司农云'大祭天地，中祭宗庙，小祭五祀'。玄谓大祭者，王服大裘、衮冕所祭也。中祭者，王服鷩冕、

氄冕所祭也。小祭者，王服希冕、玄冕所祭也。"

按：大中小祭，郑玄一以《司服》为说，亦郑玄独特之论。《司服》云："王之吉服，祀昊天上帝则服大裘而冕，祀五帝亦如之；享先王则衮冕；享先公、飨射则鷩冕；祀四望、山川则氄冕；祭社稷、五祀则希冕；祭群小祀则玄冕。"此经所言，何祭服何服而已，但经文依次为言，故郑知其间有尊卑等级次序，遂据此为大中小祭之标准。是郑玄于经文上下结构之间抽绎出祭祀等级，当知其义在字里行间，不在文字之中。

3. 旅上帝、禘

《掌次》"王大旅上帝，则张毡案，设皇邸"，注："大旅上帝，祭天于圜丘。"孙诒让云："依此注，则'上帝'指昊天而言；《大宗伯》及《典瑞》皆云'旅上帝'，注并云'上帝，五帝也'，二说不同。考《礼器》云'大旅具矣，不足以飨帝'，注云'大旅，祭五帝也；飨帝，祭天'。彼云'大旅不足以飨帝'，'飨帝'即圜丘之祭，'大旅'既次于飨帝，则此注以'大旅上帝'为祭天于圜丘者非也。然此职下文别出'祀五帝'，明'上帝'与五帝异，则以上帝为通晐五帝者亦非也。盖帝之与天，虽可互称，而此经则确有区别。通校全经，凡云'昊天'者，并指圜丘所祭之天；凡云'上帝'者，并指南郊所祭受命帝，二文绝不相通。"

按：郑玄以为字词所指，未尝固定，不过提示大致概念范围
而已，只有参考上下文始得确定，故每就具体经文语境做探
讨。因此郑玄不以同名异解为嫌，此非模棱两可，亦非游移
其说，而是郑玄望文求义之精义。此与孙诒让通校全经，确
定所指，据以解释具体经文的基本研究态度截然不同。再
者，郑玄望文求义，必求上下文之结构关系，若有同型句
并列，例以为尊卑上下之别。《掌次》下经云"朝日、祀五
帝，则张大次小次，设重帟重案"，故郑玄必知"上帝"尊
于"五帝"，此所以此经"上帝"必当为昊天上帝。孙诒让
固知下经有"五帝"，但不承认上下之间必有尊卑次序，不
愿读字里行间，而仅就文字内容讨论制度，故谓下文别有
"五帝"，则"上帝"不得为五帝。上节已见《内宰》"六
宫"，因其下有"九嫔"，故郑玄知"六宫"尊于九嫔，是为
王后；孙诒让不取上下文尊卑次序之说，仅谓既有"九嫔"，
则"六宫"不得泛称六宫嫔御，否则为重复。郑玄与孙诒让
解经方法之不同，与此一例。

　　赵匡批评郑玄"解此禘礼，辄有四种"，是郑玄礼学
理论之重点，后人议论纷纭，不从郑说者居多。郑玄认为
"禘"即大祭，故诸经所言"禘"，或为祭昊天，或为宗庙，
或为祀地，所指之事容有不同。然郑玄解释"禘"之所以多
歧，仍以上下尊卑之解经法为重要因素。《祭法》"有虞氏禘
黄帝而郊喾"，"禘"在"郊"上，即尊于郊，故必当为圜丘
祭昊天上帝。若如孙诒让，仅论是否重复，不取上下尊卑之
法，则此"禘"亦可解为宗庙祭先王。当知上下尊卑之法，

实乃郑玄建构礼学理论不可或缺之重要基础。

4. 二十七月

郑玄以三年之丧，二十五月大祥，二十七月禫，亦其独特理论，后儒往往不从其说。拙文《论郑王礼学异同》，以为郑说之关键在《杂记》。今按《杂记》原文如此：

> 期之丧，十一月而练，十三月而祥，十五月而禫。三年之丧，虽功衰不吊，自诸侯达诸士。如有服而将往哭之，则服其服而往。练则吊。

此经既言"虽功衰不吊"，而下云"练则吊"，似为矛盾；且先言期丧，后言三年之丧，不合上下尊卑次序之理。于是郑玄仔细琢磨，认为有错简，当调整如下：

> 三年之丧，虽功衰不吊，自诸侯达诸士；如有服而将往哭之，则服其服而往。期之丧，十一月而练，十三月而祥，十五月而禫；练则吊。

郑玄又注云："功衰，既练之服也。……期之丧云云，谓父在为母也。……父在为母功衰可以吊人者，以父在故轻于出也。"若如此说，上言三年之丧虽既练之后亦不吊人，下言齐衰之丧十一月之后可以吊人，上下正相对。然则，三年之丧之练、祥、禫，必当与齐衰之练、祥、禫相仿，于是知三年之丧，祥与禫之间亦当间月，不得祥之月即为禫可知。

或问郑玄如此调整经文顺序,与金鹗颠倒《膳夫》"王日一举"一句有何不同?答曰:郑玄先研究经文之结构,据此而讨论三年之丧二十七月之制度;金鹗先研究王日举少牢、月朔举大牢之制度,据此知《膳夫》经文内容不合制度,需要颠倒。换言之,郑玄讨论经文结构,为讨论礼学理论之前提;金鹗讨论经文结构,为讨论礼学理论之结果:此其不同。上文介绍《射人》"若王大射",郑玄据此知其上文非大射之法,而孙诒让等先认定其上文内容为大射之法,因而解释"若"非转语,正与此同。要之,郑学以虚心研究经文上下结构,据此上下结构推论经文字词之意义,因而建构礼学理论体系。是故笔者以"结构取义"为郑学第一原理,而其以《周礼》为纲之礼学理论体系化为第二原理。然此所谓"结构取义",细言之,则又包含研究经文上下结构关系,据此结构关系解释经文内容,解释字词不预设一定之常训、常义,而必须因上下语境斟酌定词义,同型句并列则例当理解为尊卑次序,等等诸义,如上文所见。

三、经学理论与经文解释

唐人对郑玄留下两个特色鲜明的评语:一曰"礼是郑学",一曰"随文求义"。俗儒陈澧等仅以"礼是郑学"为唐代郑学流行之证,其实《礼记正义》及唐人归崇敬等言"礼是郑学"之本意,即在强调《三礼》郑学的体系性(详参拙著《义疏学衰亡史论》第三章)。唐人赵匡批评郑玄,屡用"随文求

义""即文为说"等评语，如拙文《论郑王礼说异同》已介
绍。然则郑学既以庞大精密的理论体系著称，而又"随文求
义""即文为说"，体系性与随意性，岂非正相冲突？

当笔者撰写《论郑王礼说异同》时，因未见郑注《论
语》，不知郑玄"结构取义"之法，故只能在理论体系的层
面上讨论问题，指出郑玄的理论体系有细分概念的重要特
色，且以"随文求义"为其结果。后撰《论郑何注论语异
趣》，知郑玄解《论语》非常注重上下文间之关联，结合其
礼学理论之体系性，得出郑玄"指向结构性"的结论。今读
《天官》正义，知郑玄"结构取义"之法，则得以调整前说，
说明郑学之全体结构。

清人读经，往往走典章制度的路子，大都遵从"有文
字而后有训诂，有训诂而后有义理"的方法论，认为先知词
义，才知道文义，而且以讨论内容为目的。因此清人先确认
实词词义，据以调整对经文结构及虚词的解释，结果往往割
裂经文，随意曲解虚词。郑玄不认为一个词有固定所指，而
认为一个词只能提示大致范围，至于到底所指何义，必须依
赖上下文才能确定。因此郑玄先确认经文上下结构以及显示
经文结构的虚词，据以调整实词词义。郑玄在解释经文的层
面上，采用"结构取义"之法，用来保证经文的完整性。读
书必须读字里行间，只有语境才能产生意义，是上下文决
定词义，并非堆砌词义即可得句义。清人归纳分析词义之
法，将词语从经文语境中抽离开来，单独研究，这种方法适
合看报纸，不适合读经书。应该说郑玄对文本、词汇的理论

认识，比清人更深刻而复杂。郑学为经学，并非典章制度之学，亦非依赖概率的语言学，故以经书、经文为出发点，亦以理解经书、经文为终点。笔者愿以郑玄"结构取义"的解经方法，目为郑学第一原理。

然而，解释文本都需要一套理论体系为参照框架，所以郑玄在"结构取义"解释经文的基础上，建立庞大精密的经学理论体系。笔者愿以《周礼》为纲、调和《三礼》的理论体系化为郑学第二原理。过去学界讨论的重点即在此理论体系的层面，今且不详论。需要注意的是，具体经文的解释与经学理论的体系化之间，存在一种循环。不仅"结构取义"的解经为经学理论提供材料，经学理论也为解经提出限制或要求。换言之，属于具体经文层面的第一原理与属于经学理论层面的第二原理之间，存在循环互动的关系。包括分别属于两个层面的两个原理以及这两层面之间循环互动的全体，才是郑学的本质结构。

四、后话

最近偶然获得一本刊物（《北京大学中国古文献研究中心集刊》第十辑，北京大学出版社，2010年），见到徐刚学兄《论礼记孔子少孤章为信史》一文。徐兄所引《檀弓》原文如下：

> 孔子少孤，不知其墓，殡于五父之衢。人之见之者，皆以为葬也。其慎也，盖殡也。问于鄹曼父之母，

然后得合葬于防。

徐兄云："郑玄说'五父，衢名，盖郰曼父之邻'，一个'盖'字，表明了这是他的推测，他错误地把'五父'看成了'郰曼父'的邻居。"又云："这里的'五父之衢'，就是鲁国曲阜城外的一个著名的地方。郑玄说为'盖郰曼父之邻'，是不对的。"徐兄研究上古史，故其判断标准与经学、郑学截然不同。笔者不解上古史，而独好经学，尤好郑学。从经学、郑学的角度看，郑玄为何而云"盖郰曼父之邻"，才是问题。"合葬于防"下，郑玄更云"曼父之母与征在为邻，相善"，不知郑玄何以知之？因为郑玄绝不是凭空推测、胡乱解释的人，即便加一"盖"字，定当有他的理由。笔者于是猜想，在上下文之间可能有线索。立即放下刊物，翻看《礼记》，在徐兄所引《檀弓》原文之下，果然看到如下一段文字：

> 邻有丧，舂不相；里有殡，不巷歌。（郑注：皆所以助哀也。）

见此，颇有涣然冰释之感。郑玄必将此段与上段结合为解，故知"曼父之母与征在为邻，相善"，因而推论五父之衢"盖郰曼父之邻"。"邻有丧"云云已见《曲礼》，而《檀弓》重出，郑玄必定思考重出之意义，乃知此段当与"孔子少孤"为一章。记人重出此段，即谓郰曼父之母与征在为邻。

后人不知，孔颖达《正义》于"邻有丧"无说；余仁仲、十行注疏诸本，于"邻有丧"上标一圆圈，分为两章；孙希旦《集解》于"邻有丧"下仅言"说见《曲礼上》"，意谓完全重复，无须解释。若如此，则"邻有丧"实为可有可无之衍文，毫无意义。郑玄研究经文，虚心，细心，又尽心，想尽办法考虑经文上下之结构关系，追求让经文每一个字都充分发挥其意义，宁可深求穿凿，毋以轻心放过。因为文字、词汇是社会共有之材料，只有在其上下组织结构之间，才可见经文之奥义。若不探索上下文理，有何经学可言，有何经义可明？今经郑玄发明，曼父之母可知为征在之邻，"邻有丧"一段重获意义，一章内部有逻辑结构，整章经文增添了多一份生命力。读者不信笔者如此理解，请参看拙作《论郑何注论语异趣》。郑注《论语》中，非常怪异之解释层出不穷，皆郑玄读字里行间，探索上下组织之成果。综合观察，郑玄以"孔子少孤"与"邻有丧"为一章，不容置疑。

徐兄大作，笔者偶然得见，暗中猜测郑玄据上下文，幸而得其实，竟得郑玄本意。据此经验，笔者愈信自己对郑学之理解为不误。今后以郑玄解经之法读郑玄之注，应当能够继续发明郑注之奥旨，衷心希望能够如此。本文所述郑玄解经之法，失传已久。孙诒让集清代礼学之大成，至今学者奉为圭臬，其实是王引之、金鹗之流，不过是史学，不足以为经学。当今学界所谓经学史，所讲内容不为不丰富，哲学、政治思想、史学、考据学等多方面内容都有，而偏偏看不到经学本身。数年前撰《〈周礼正义〉的非经学性质》一文（见本书第十三篇），略知孙诒让不得谓经学，而未能明知何为经学。王引之研究上古词例，金鹗研究上古典章制度，只有利用经书，并非研究经书、经文本身，是皆经学之末流，唯独郑玄堪称经学正宗。经学尚待研究，郑注可读，不亦乐乎！

> 本文报告于 2012 年清华大学
> 召开的"礼学国际学术研讨会"，
> 发表在 2015 年华东师范大学出版社
> 出版的《古典学辑刊》第一集。

札记：汉魏二社一稷

《宋书》《晋书》均谓汉魏二社一稷，其说本臣瓒。

《汉书·郊祀志》："莽又言：'帝王建立社稷，百王不易。……圣汉兴，礼仪稍定，已有官社，未立官稷。'遂于官社后立官稷，以夏禹配食官社，后稷配食官稷。……徐州牧岁贡五色土各一斗。"注："臣瓒曰：'高帝除秦社稷，立汉社稷，《礼》所谓太社也。时又立官社，配以夏禹，所谓王社也。见《汉祀令》。而未立官稷，至此始立之。世祖中兴，不立官稷，相承至今也。'"

《宋书·礼志四》云："《礼》：'王为群姓立社曰

太社，王自为立社曰王社。'故国有二社，而稷亦有二也。汉、魏则有官社，无稷，故常二社一稷也。"

《晋书·礼志上》云："前汉但置官社而无官稷，王莽置官稷，后复省。故汉至魏但太社有稷，而官社无稷，故常二社一稷也。"

臣瓒以高祖立汉社稷当《祭法》之太社，配祭夏禹之官社当《祭法》之王社。按：高祖令民立汉社稷，而《祭法》之大社为天子所立，是"汉社稷"与《祭法》之大社不同。王莽时官社，徐州牧岁贡五色土，而书传皆云大社用五色土，是"官社"反似大社，岂可当王社。汉制本非据经书而设置，《汉旧仪》云"官大社"，《郊祀志》述王莽言"已有官社，未立官稷"，皆未尝以大社与官社为对。先有汉社稷，后有官社，何以知二者同时并存。然则臣瓒用《祭法》影射于汉制，始成二社之说。使臣瓒不援据《祭法》，二社之说无从而来。

《汉书·高帝纪》云："（二年）二月癸未，令民除秦社稷，立汉社稷。"

《续汉·祭祀志下》刘注引《独断》云："天子太社，封诸侯者取其土，苞以白茅，授之以立社其国，故谓之受茅土。"按：大社用五色土，亦见《周书·作雒篇》、《禹贡》郑注、《史记·三王世家》褚先生引《春秋大传》等。

《文献通考》卷八十二引《汉旧仪》云："官大社及大稷，一岁各再祠。"

孔晁说汉及魏初一社一稷，至景初中始有二社。孔说较臣瓒详细具体，盖得其实。

> 《续汉·祭祀志下》刘注引孔晁云："周祀一社一稷，汉及魏初亦一社一稷。至景初中，既立帝社二社，二社到于今是祀，而后诸儒论之，其文众矣。"按：诸版本皆重"二社"，《百衲本校勘记》云"此句不解"。《玉海》卷九十九引不重"二社"，殿本同。
>
> 《通典》卷四十五注云："博士孔晁议：'汉氏及魏初，皆立一社一稷。至景初之时，更立太社、太稷，又特立帝社云。《礼记·祭法》云"王为群姓立社曰大社"，言为群姓下及士庶，皆使立社，非自立也。今并立二社，一神二位，同时俱祭，于事为重，于礼为黩。宜省除一社，以从旧典。'"按：《通典》正文云："魏自汉后，但太社有稷，官社无稷，故常二社一稷也。至明帝景初中，立帝社。"常二社而更立帝社，则社当有三矣。此文上句为《晋志》文，下句为孔晁议，两说不同，合而用之，故自相矛盾。

当知"汉魏二社"乃用经书解释汉制之说，并非史实，勿以《宋书》《晋书》正史所言较孔晁一人之说为可信，斯可也。

学《抚本考异》记

    2013 年秋学期，笔者开课与研究生同学们阅读《抚本考异》，对照《唐石经》、越刊八行本、抚本、余仁仲本、岳本及《校勘记》等清人著作，逐条阅读，知顾千里读书之精，冠绝千古，乾嘉学人皆望尘莫及。可惜世人多不知此，往往以庸劣不堪之《校勘记》更便参考，以主观经学之段玉裁、卢文弨更足信赖，令人慨叹。此分校勘、郑学两类，评述顾千里之精义，期望今后学者皆知以《抚本考异》为读书门径。

一、校勘

    文献学之宗旨，在抵制合理化统一，保存历史原貌。校勘学之出发点，在怀疑白纸黑字。孰是孰非，标准不得不求诸"例"。诸本皆作甲字，独某本作乙字，则知乙字为讹。同一事也，他处他书皆作甲字，独此处此书作乙字，则知乙字为误。然若单纯运用少数服从多数之原则，则不同书、不同处、不同版本各具不同来源之异文、珍稀文献最难得之旧文，竟被俗书、俗本之通俗文字统一，以庸俗压制孤高，等于否定文献学之存在价值。故"例"之运用，必须经过析精剖微，切忌乱用含混之"例"。顾千里之精在此，其余学者之陋亦在此。《抚本考异》于《乡饮酒义》注"不敢专大惠"下云："凡书必博稽而后知其例，知其例而后是非无惑。否则随所见而悬揣之，正难免于因误立说也。"此说可谓《抚本考异》一书之宗旨，而此所谓"例"，颇涉细微，必须具体分析探讨始可知，绝非余嘉锡《古书通例》之类老生常谈之谓也。

（一）异者当存其异，不可强行统一。最忌自以为是，据他书、经义、体例等乱改

1. 各种古籍，成书、流传各不相同，不容据彼例此

"乐记"题下《抚本考异》云："凡此篇文与《荀子·乐论》《史记·乐书》及裴骃《集解》引郑注有出入者，皆不取以相乱。"具体如"五成而分周公左召公右"，《校勘记》云："《考文》云'古本"分"下有"陕"字'。孙志祖校云'按《史记·乐书》本、《家语·辨乐解》皆有"陕"字'。"《抚本考异》详辨古本之非，并云："可见此经自来用郑氏注者，并无'陕'字也。《史记·乐书》则有'陕'字，详彼之于此，文句违互甚多，难以同诸郑本。"又云："何容因他书多言'分陕'，遂欲辄增此经乎。"

《礼运》"五味、六和、十二食还相为质也，五色、六章、十二衣还相为质也"，《校勘记》云："《五经算术》下引作'五味六和十二食还相为滑'，戴震云：'按郑注……食

味、衣色二者语而有别，此《五经算术》所引在唐以前，应是古本。'"按：戴说见《五经算术考证》。《抚本考异》则云："此无误。各本尽然，唐石本损，正义自如此。或欲依《五经算术》引，改'质'为'滑'者，非。凡书以所引改本书，及以本书改所引，而其弊有不可胜言者。顾千里持此论，予以之为然。"按：顾千里为张敦仁代作《抚本考异》，故借用张敦仁口气。戴震、王念孙、王引之等，皆广泛搜集各种古籍文句类似者，互相引证。世人往往欲据其说，窜改古籍原貌，泯灭不同古籍各自不同之历史面貌，令人痛恨不已。顾千里言"其弊有不可胜言者"，确实如此。

《文王世子》"反养老幼于东序"，抚本、八行本及诸本皆如此，而《校勘记》引陈澔疑"幼"字为讹本窜入，又引《通典》卷六十七引无"幼"字为证。《抚本考异》则云："此无误，唐石本以下尽然。或欲去'幼'字者，非也。《郊特牲》云'春飨孤子，秋食耆老'，正义引熊氏云'春飨孤子亦飨耆老，秋食耆老亦食孤子'，通于彼经，可得此连言'幼'字之义。郑以彼既有明文，故此注略而不复及。《通典》引此注无'幼'字，脱去耳。凡书不可辙改，而经为甚。其例视诸此。"顾千里此说，无异于痛斥《校勘记》之陋，故段玉裁怒而撰文反论，见《经韵楼集》卷十一。然顾说固得其正，不足以为疑。今按《通典》卷六十七引此经，在"养老礼"，则其无"幼"字，容为杜佑所删。又，陈祥道《礼书》卷五十"养孤之礼"，亦引此经，是陈祥道亦谓此经有老亦有幼。

2. 他书引文本不足据，况所见俗本已失原貌，则绝不可参据

《礼运》"夏则居橧巢"，《岳本考证》云："《家语·问礼篇》'橧'作'橹'，《句解》亦'音鲁'。"《校勘记》引洪颐煊《九经古义补》（"九经古义补"，盖其未成稿暂拟题。此条后收录于《读书丛录》）云："按《太平御览》五十五引作'橹'，《家语·问礼篇》亦作'橹'。刘熙《释名》云'橹，露也，露上无屋覆也'。《左传》'楚子登巢车以望晋军'，杜注云'巢车，车上加橹'，孔氏《正义》引'《说文》云"轈，兵高车加巢以望敌也；橹，泽中守草楼也"，巢与橹，皆楼之别名'。今本作'橧'，传写之误。"《抚本考异》则云："山井鼎曰：'古本"橧"作"橹"，足利本同。谨按《家语·问礼篇》亦作"橹"，《句解》本"音鲁"。'今按：古、足利二本大误。……《家语》今汲古阁所刻出于宋板者仍作'橧'，但注'橧巢'二字，分解为两事，王肃以此与郑立异而已，初非改'橧'为'橹'也。即使必以《句解》为辞，而《家语》不能据以改郑所记之注，又明矣。山井鼎盖未识此。或又据《太平御览》引作'橹'，以为今作'橧'者传写之误，更非也。此经之作'橧'，决以孔、陆所读之郑注。苟云传写误，岂郑传写经已误耶？将孔、陆传写郑而误也？何《御览》独不得有传写误乎？斯不然矣。唐石本及各本皆作'橧'，亦并不误。"据《家语》改《礼记》郑注，荒唐已甚。洪颐煊等学者，不知文献文字如何流传，竟不知所引《家语》、成十六年《左传》疏及《太平御览》作"橹"者尽

属讹字（《句解》本失《家语》原貌甚远。段玉裁注《说文》"欐"字，固知《左传》疏作"橹"为讹字。影印宋本《太平御览》作"橧"不误）。《经义述闻》称"或曰"而引洪说，次引《考异》，王念孙以《考异》说为是，固宜矣。

他书版本绝不足据者，卫湜《集说》可谓显例。《月令》注"兵亦军之气"，"军"当为"毕"字之讹，《抚本考异》云："通志堂校刻卫湜《集说》，改作'金'字，大误。毛斧季、何屺瞻皆言《集说》妄改甚多，乃吴江顾伊人所为，洵然矣。近黄荛圃氏收得宋椠，惜未有津逮之者。"今按《校勘记》通篇引录卫湜《集说》文字，可谓勤矣，而大都与俗本注疏同。核查《再造善本》影印宋本，知宋本皆不误，其误乃因通志堂本据俗本注疏校改而然。通志堂本校者不知校勘，据俗本乱改旧文；《校勘记》编者不知版本，竟以通志堂本为卫湜所录，两者庸愚均不可救药。

3.《释文》所据经注文本与《正义》所据或石经、监本所传不同，不得相乱

南宋校刊经注本，往往有据《释文》窜乱旧文者。张淳校《仪礼》、余仁仲刻《礼记》，即其显例。《抚本考异》言此失之处甚多。如《大学》注"或为疐"下云："《释文》所出'作''为'二字，与各本多互异。张忠甫《仪礼识误》即欲画一之，颇失之泥。当各依其旧。"《少仪》注"谓编束萑苇"下云："十行修改，但知有《释文》，不知有《正义》，非也。"《乐记》注"殑裂也"下云："古本、足利本但知有《释文》，不知有《正义》，非矣。"校勘经注，《释文》最需

仔细分析，故其言如此。学者往往失于分辨，如《曲礼》注
"予一人嘉之"下，《抚本考异》详论经文作"余"，注文作
"予"，《释文》出"予一人"亦据注文，其说确不可移。而
卢文弨误据俗本讹字，以《释文》"予一人"据经文言，遂
窜乱《释文》顺序，尽失原貌，黄焯《汇校》亦盲从卢校，
庸劣不堪。又如《杂记上》"公馆复，私馆不复，公馆者公
宫与公所为也"，注"公所为，君所作离宫馆也"，《释文》
出"宫馆"，是据注文。而俗本注作"离宫别馆"，通志堂
本误以改《释文》作"公馆"，卢文弨又误谓《释文》据经
文"公馆"，遂窜乱《释文》顺序（说见曹元忠《宋椠残本礼记释
文跋》）。其荒唐庸劣皆如此。当知卢文弨等实不足以语校勘，
顾千里以"卢抱经重刻本所改多误"为《经典释文》近日三
厄之一（语见《思适斋书跋》），实不为过。

4. 孔疏所据，于《诗》疏、《礼》疏又有不同，不得相混

《诗》疏、《礼记》疏同为孔颖达等撰，而所据经文未
必皆同，亦不可据彼改此。如《月令》注"古者上公"条，
《抚本考异》云："山井鼎曰'古本作"古者上公以下"，足
利本同'。又，或说《诗·假乐》《云汉》二正义引此注，皆
有'以下'，疑此脱。今案：非也。……《诗》正义所引，
不妨异本。彼作古本、足利本者，徒见《诗》正义之说'以
下'者甚详，以为必当有，遂取之增入，而不察与此正义反
相乖违也。或说之误，暗与彼同。凡若此者，足以滋惑，故
聊出之。"按：所谓"或说"，见浦镗《正字》，而《校勘记》

引《正字》为说。浦镗等人只知《诗》疏所据当有"以下"二字，不知《礼记》疏所据当无之，故顾氏特辨其误。

5. 孔疏述经注，未必引原文

《儒行》注"充诎喜失节之貌"，《校勘记》云："监、毛本'喜'上有'欢'字，与正义合。"《抚本考异》云："案：此妄添也。《释文》'充诎'下载'充诎喜失节之貌'，并无'欢'字。《正义》所云'欢喜'，乃自以己意加'欢'字说之耳，并非复举注也。凡正义有复举经注如其文者，有自说义而增减以顺文势者，非可一例。读《正义》者，最当知此也。"按：顾氏此言，犹如教训编《校勘记》者。

6. 汉代今古文学，同一家所据经文未必皆同

《檀弓下》注"礼扬作腾"下，《抚本考异》云："《大射》注'古文媵皆作腾'，'古'当是'今'。汉石经《大射》作'媵'，蔡虽当是今义，但未必合于郑。凡汉人中，同习一家而经字互异者多矣，恐难以相决。"汉人习一家而经字每互异，是客观现象，而后人妄谓习一家者经文当同，如陈乔枞即据此分析《三家诗》。今日已知陈乔枞、王先谦等之《三家诗》，可谓虚构（参李霖《论陈乔枞与王先谦三家诗学之体系》，载《儒家典籍与思想研究》第二辑，北京大学出版社，2010年），《抚本考异》所言，确属事实。

7. 经文自古有异文，不得强求一是

《中庸》注"君子以顺德"，"顺"或作"慎"。《校勘记》引孙志祖校云："按《易·升卦》巽下坤上，'顺德'，坤德也，作'慎'则于卦义不切。《诗》'应侯顺德'，郑笺

亦引'《易》曰君子以顺德',可证康成本作'顺'矣。"《抚本考异》则云:"案《正义》复举是'慎'字,是其本作'慎'也。《释文》云'"慎德",如字,一本又作"顺"'。又按《易》释文云'"以顺德",如字,本又作"慎"'。是皆有两本也。"《下武诗》孔疏引定本亦作"慎德",则无论《易》《诗》《礼》,陆、孔所据已皆有异文。若如孙氏,忽视经注旧文,以卦义为断,则版本皆无需参考,不足与言文献学。

8. 郑注"读如""读为"等,亦不得立例判断

段玉裁撰《汉读考》,为郑注自立体例,重新定义"读为""读如"等训诂,竟欲一切以其例窜改旧文。《抚本考异》不取其例,专就实际文本求证,故于《中庸》注"素读如攻城攻其所傫之傫",云:"俗注疏本'如'作'为'。案:据下注'素读皆为傫',与此相承。改作'为'者是也。"

9.《说文》等字学书,不足以改经注文字

《说文》与经书互证,乃段玉裁一家之学,其在段氏为是,若据以改《礼记》郑注则非。如《曲礼下》注"众介北面锵焉",八行本及毛居正引监本皆作"锵",与抚本同,当是南宋监本旧貌,初无疑义。而毛居正谓铿锵字不得为行容止貌,故《抚本考异》云:"毛居正泥锵为铿锵字,未得假借之理。"《校勘记》引段玉裁说,又专以《说文》本字为说,不知《说文》不足以校勘经注传本。又如《檀弓下》注"礼扬作腾",《校勘记》引段玉裁云:"《说文》'侫,送也'。侫即媵字,腾非是。"段玉裁注《说文》"侫"字,说亦大同,要皆据《说文》本字为说。《抚本考异》举郑注《乡饮酒义》《燕义》，证《礼记》郑注传本即当作"作腾"。当知阮元、段玉裁等校书，或据经学、字学为说，或据偶见善本为取舍，随意为之，不思文献文字流传有其历史，不容以一己理论窜改。又如《礼器》注"谓枕木"，按《仪礼》郑注云"抗，御也，所以御止土者"，则其当作"抗"，初无疑义。《校勘记》云"依《说文》，正字当作抗"，段注《说文》云"若《既夕礼》'抗木横三缩二'，其字固可从木矣"。按：据《说文》论《仪礼》文字，乃段氏一家之学，《校勘记》校郑注文字，不引《仪礼》注而引《说文》，可谓无识。《抚本考异》云"《既夕》可证也"，五字足以针《校勘记》之失。郑玄有其用字体例，自与《说文》不同（郑注引《说文》，仅一两处而已），顾千里深知此理，故《大学》注"佛戾贤人所为"下，《抚本考异》云"郑以'佛'为正字"，又云"注多白用其正字"，又云"若于《说文》，则'佛'亦假借字"。岂容以《说文》正字窜改郑玄之正字。

小结：文献学与经学判为二途

《王制》注"晋侯梦黄熊入国"，正义作"熊"，《释文》作"能"，《左传·昭七年》亦然。《抚本考异》云"俗注疏本此文有改作'能'者，但知有《释文》，不知有《正义》"，说与上文3所述同。其实王劭、孔颖达皆有详说，论证此字当作"熊"并无疑义。段玉裁注《说文》"能，熊属"，乃云："《左传》《国语》皆云'晋侯梦黄能入于寝门'，韦注曰'能似熊'。凡《左传》《国语》'能'作'熊'者，皆浅人所改也。"按《国语》明道本作"熊",韦注曰"熊似罴"。公序本作"能",韦注曰"能似熊",而《补音》详录《左传释文》。是知公序本据《左传释文》改旧文,《国语》旧本当如明道本。段玉裁据《说文》为本,以《释文》为是,以《王制》注、《国语》旧文皆非,视王劭、孔颖达皆浅人。顾千里探求文本之历史真貌,于《国语》则知明道本存旧貌,公序本据《释文》校改而已,《王制》注旧文从孔颖达作"熊",自不可疑,不必据《释文》改字。段玉裁据理不饶人,浅人满天下,则文献皆不足据,版本不足观,不如自写经文,故其《毛诗故训传定本》,不曾参据任何版本,凭一己经学、字学校定文字,是其推论创造之理想文本,绝非历史文献之真实面貌。当知段氏经学、字学皆精深,是属理论建构,与文献学不同道。今人或引段玉裁所说,以论校勘学、文献学,则犹缘木求鱼,可谓惑之甚者矣。

(二)经注疏版本文字,自有其因革历史。文献学者之校勘,必须先辨析不同文字之来由,据以探讨文本之早期面貌

1. 宋本经文以《唐石经》为祖本,而《唐石经》往往有改凿之迹

《乐记》注"至于商郊牧野"下,《抚本考异》云:"《礼记》一经中,'于''於'互见,抚本与唐石本同,乃相承如此。而俗本多乱者,今不悉出。"《礼记》中或作"于",或作"於",并无规律,而抚本与《唐石经》一致,与后世俗本不同,可见《唐石经》至抚本之间一脉相承。

《抚本考异》详录《唐石经》初刻与改刻之不同文字，且往往分别推论初刻、改刻所据，是在探索宋本经文形成之过程。如《檀弓下》"夫人门右"下，《抚本考异》云："唐石本初刻'右'下有'北面'二字，后改同此。案：《正义》以为'礼本多将郑注"北面"为经文者，古旧本无，庾蔚亦谓非经文'，其言之详矣。此唐石本初刻及改刻之故也。"《校勘记》则以《唐石经》为一版本，并不重视，更不辨初刻、改刻之别。又段玉裁鄙视《唐石经》，曾谓"此固'名儒所不窥'者，不得因其有数字胜于俗本者，遂以燕石为结绿也"（《经韵楼集》卷十一《二名不偏讳辨》）。可见段玉裁、阮元等只知据经学、字学判断文字是非，不知探索文献源流、研究版本文字之沿革。

2. 抚本据宋朝监本翻刻，而版面已有挖改之迹

抚本与毛居正《六经正误》所据监本文字往往吻合，故段玉裁、《校勘记》皆竟以抚本为"宋监本"。《抚本考异》明辨其误，然亦每引《六经正误》，探其异同之所由。今按，抚本当据南宋初监本覆刻，殆无疑义。张敦仁据以覆刻之抚州本，为原版早印本，与近代为蒋氏传书堂所藏之递修本截然不同（递修本讹字甚多，王国维、赵万里皆有说），而顾千里留意此本已有挖改之迹。《抚本考异》于《射义》"故射者各射己之鹄"下云："凡抚改刻而知其所以然者，详言之。于其所不知，盖阙如也矣。"如《檀弓上》"饰棺墙置翣"下，《抚本考异》云："抚本初刻并无此九字，最是。修版时，误于他本，剟挤入之，故其添补痕迹，今犹宛然。"又如《曾子问》

"殷人既葬而致事"下,《抚本考异》云:"抚本此下有'周人卒哭而致事'七字。以行字计数,剜改添入也,初刻无之。"按:孙志祖《读书脞录》据《公羊》宣公元年注,以为当以有此七字为正,《校勘记》引段玉裁亦引《公羊》注为说,而《抚本考异》论定此经不当有此七字,并云《公羊》注"本非一家,难以为据"。段玉裁见《抚本考异》而怒,撰文非顾说,云"计其字数,去此七字则此行空二寸许,决不然也"(《经韵楼集》卷十一),不知抚本此处剜改三行而添入七字,非一行加七字。段玉裁又有言曰:"千里谓蜀大字、兴国本从毛氏之说改字。是东坡所重,毛、岳校经所据之北宋本乃在嘉定后也,其颠倒何如耶?"(《二名不偏讳说》,亦在《经韵楼集》卷十一)是仅凭《东坡志林》"蜀本大字书皆善本"之说,竟视岳氏《沿革例》所言"蜀大字本"为北宋本,荒唐可笑。盖版刻文字,乃历史实物,又属特殊技术,段玉裁仅知经学、字学之理论,则固不足与言也。

3. 通行十行本以南宋建刊十行本为祖本,南宋建刊十行本之经注与岳本同源

顾千里对校诸本,于俗本来源亦有确解。《抚本考异》序《附记》云:"南雍本世称十行本,盖原出宋季建附音本,而元明间所刻,正德以后递有修补,小异大同耳。李元阳本、万历监本、毛晋本,则以十行为之祖,而又转转相承。"当时学者多谓十行本为宋本,而顾氏独知其非。故于《檀弓下》注"专犹同也"下云"嘉靖本、十行本作'司',其出于建本与",又"使子贡问之"下云"嘉靖本、十行本皆作

'子路'，盖出于建本，而十行本之祖乃岳氏所谓建本有音释注疏也"。不仅如此，顾氏又知岳本与十行本经注同出一源，故于《曲礼上》注"为其失子道"下云"岳本、十行以来本'子'下衍'之'字"，《曲礼下》注"予一人嘉之"下云"岳本以来复改此注之'予'以就经"。按：今日有余仁仲本可以核查，则知余仁仲本乃为岳本、十行本之祖，十行本经注音皆仍余仁仲本，岳本以余仁仲本为本，稍有校改而已。《曲礼上》注"忧不在私好"下《抚本考异》云："十行以来本此下皆衍'惰不正之言'五字，嘉靖本亦然。因岳本取《正义》语附载之，遂误入郑注耳。"今按余仁仲本注已入此五字，故十行本因之，而岳本见其非注文，故其上标"○"以别于注。顾千里未得见余仁仲本，故其推测稍失其实。

小结：版本需察源流，亦需察版面文字变化之迹

顾千里长期从事校刊古籍，于其技术问题深有体会，故见宋元版本亦得洞悉其变化之迹。近代有影印余仁仲本，今更有足利、潘氏两本对照影印越刊八行本（见《影印南宋越刊八行本礼记正义》，北京大学出版社，2014年），皆顾千里未得一睹之重要版本。学习顾千里，观察版面，则知余仁仲本多有挖改之迹，对照足利、潘氏两本，则原版挖改及补版改字之迹，亦斑斑可见，皆往往可以推论未改前之旧文及所以改字之由（参北京大学出版社影印本《编后记》）。《校勘记》校勘无识，本不足观，仅以所引惠校宋本为参考价值所在。如今潘氏本已有影印本，且得与足利本对照，则惠校宋本亦不足贵，《校勘记》可以废矣。

（三）顾千里非神仙，偶有失误

此记《抚本考异》之偶失，备今后学此书者参考。

1.《月令》注"当祀者古以玉帛而已"，抚本、八行本及诸本皆同，独山井鼎引古本、足利本"古"作"告"，《抚本考异》云"未详其所出"，并谓字当作"直"，以孔疏为据。今按《仪礼经传通解》卷二十六宋版即作"告"，盖作"告"近是。顾千里所据孔疏，即十行本以下俗本。其文曰："不用杀其牺牲，其应祀之，特圭璧更易此牺牲，非但用圭璧更易，又用皮币以更之，故在圭璧、皮币之中，上下有也。"顾千里谓此疏"应祀之"解注"当祀者"，"特圭璧"解注"直以玉帛"。今按：此说不通。此疏"特"字，当从八行本作"時"，乃可解。其文曰："不用杀其牺牲。其应祀之时，圭璧更易此牺牲。非但用圭璧更易，又用皮币以更之。故在'圭璧''皮币'之中，上下有也。"末句谓此经"用圭璧更皮币"，"更"字在"圭璧"与"皮币"之间，既以圭璧更之，又以皮币更之。孔疏此解，套用礼学成式，其例如《士冠礼》"若杀则特豚，载合升"，郑注云"载合升者，明亨与载皆合左右胖"。若然，孔意此经谓用圭璧代牺牲，又用皮币代牺牲，是并用圭璧、皮币。则其注似不当云"直以玉帛"。

2.《月令》注"营室主武士"，《抚本考异》云："案《正义》曰'案《春秋元命包》云"营室星十六度，主军之粮'",可证其本作'事'。"今按:《开元占经》引《石氏赞》曰"营室主军粮以廪士",《五行大义》云"营室二星为主军粮以禀士卒",则孔疏引《元命包》似亦以证其"主武士"。作"武士"疑不误。

3.《内则》注"史孝厚者也",《抚本考异》云:"'孝'当作'惇',此抚本之误,各本不如此。"今按:抚本、八行本皆作"孝厚",不误。《四库考证》云"宋本'惇厚'作'孝厚',系避讳改",亦非。核北宋版《通典》卷六十七"养老"条引(中华书局校点本失校)及绍兴间刊《毛诗正义》之《大雅·行苇》疏引(浦镗《正字》欲改作"惇厚",大误),皆作"孝厚",可证避讳作"孝"纯属臆说,亦可证抚本、八行本皆不误。盖后人不知汉人用"孝"字之义例,故疑此注不当言"孝"。参考《玉藻》"若赐之食"注"君将食,臣先尝之,忠孝也",亦用"孝"字,则知此言"孝厚"实不足以为疑。

4.《少仪》"颖"下,《抚本考异》谓传校叶钞《释文》出于潭本,并云"叶钞出于潭本者,顾千里所定"。顾千里说,今可见于《思适斋题跋》。据《题跋》知,其谓叶钞出于潭本,乃据《六经正误》并《沿革例》而已。今按:叶钞《释文》之底本,据云毁于绛云楼,而其文字与今藏北京图书馆之宋版全本大同,颇疑出同版。北图藏本当为南宋监本,经元西湖书院递修者,当非潭本。《六经正误》《沿革例》所言潭本,疑与抚本类似,其《释文》或附每经之后。其实《六经正误》《沿革例》言及潭本《释文》文字,不过十几处，据以定叶钞出潭本，殊不足据。

二、郑学

顾千里之精熟郑学，清儒罕有其比。《抚本考异》精义迭出，此举其大端，以便学者参考。

（一）熟悉郑注体例

1. 郑注就经文为文，注文不必独立为文

《曲礼上》"堂下布武"，注："武谓每移足各自成迹，不相蹑。"抚本、八行本、余本以下诸本如此。毛居正云"'武'当改'布'"，岳本作"布武"二字，《校勘记》从岳本。《抚本考异》云："此注总解'布武'，亦不容单举'布'字，乃衍'武'字耳。不复出经文，注例前后如此者多矣。"

《曲礼下》"寿考曰卒，短折曰不禄"，注："禄谓有德行任为大夫士而不为者，老而死从大夫之称，少而死从士之称。"《抚本考异》亦谓此注"禄"字衍。按：此注总解"寿考曰卒，短折曰不禄"两句，固不容有"禄"字。

2. 郑玄望经为说，读者不可泥于常训

《檀弓上》注"墙柳衣也"，抚本、八行本及余本以下诸本皆如此，其"衣"字衍。孔疏于"饰棺墙置翣"注下，论郑注望经为义之体例云："前文注云'墙，柳'者，以经直云'周人墙置翣'，文无所对，故注直云'墙，柳'也。此文为下对'设披''设崇''设旐'之事，皆委曲备言，故

亦委曲解之，故注云'墙，柳衣'也。其实墙则柳也。杂记丧从外来，虽非葬节，以裳帷障棺亦与垣墙相似，故郑注'不毁墙'之下云'墙，裳帷也'。皆望经为义，故三注不同。"顾千里深谙此义，故如《檀弓下》"尔专之，宾为宾焉，主为主焉"，注"专犹同也"，毛居正云"'司'作'同'，误，建本作'司'"，《校勘记》引浦镗从毛说，《抚本考异》乃云："此说最误。"今按："专"可训"司"，不可训"同"，然此郑注非训"专"字，而解此经句义。郑意此经犹言"尔同之，宾为宾焉，主为主焉"，故孔疏云："尔当同此妇人与男子一处，若妇女之宾为宾位焉，与男子之宾同处；妇女之主为主位焉，与男子之主同处。"若改作"司"，则全不得文义也。

3. 顾氏善解郑注词例

《檀弓下》"敛手足形"，因孔疏云"敛其头首及足，形体不露"，又《檀弓上》"子游问丧具"章亦见"敛首足形"，故《校勘记》引卢文弨已知"手"当作"首"。《抚本考异》则云："今案：首也，足也，形也，是三事，故郑注彼经（按：谓"子游问丧具"章）以'体'解'形'。此经不注者，已具于彼也。'首'言上之所始，'足'言下之所终，'形'言中之所该，敛法备此三者，《士丧》可考。"按："子游问丧具"章郑注"形，体"，孔疏仅以为"形体不露"，则"首足"之与"体"，似属一事。经顾千里解释，乃知郑意首、足、体为三事，与《士丧礼》"商祝掩瑱设幎目，乃屦綦结于跗连絇，乃袭三称"合。若如孔疏，则郑注"形，体"无甚意义，可有可无。顾千里可谓善读书者。

《曾子问》"诸侯相诔非礼也"，注"礼当言诔于天子也"，抚本、八行本皆如此。孔疏云"大夫当请诔于君，则诸侯理当言诔于天子"，八行本、十行本、闽本皆如此，而监本始改"言"作"请"。《校勘记》校注，引浦镗《正字》云"'言'当'请'字误"，又云"案《正义》作'请'"。《抚本考异》则云："案：郑所谓'言诔'者，《曲礼》之'言谥'也。彼注及《正义》具有其事，故此《正义》云'则诸侯理当言诔于天子'，十行本《正义》未误也。俗本妄改'言'作'请'，而山井鼎乃曰'宋板"请"作"言"，正、嘉同，恐非'，此不解郑语之过也。或又因此并欲改注'言'字作'请'，则可谓不思甚矣。"顾千里言"不思甚矣"，即谓《校勘记》。俗儒不谙经注，见"言诔于天子"，仅据世俗常识，以为于天子不当用"言"，遂欲改"言诔"为"请诔"。不知虚心学经注旧文，直欲凭后世常识妄改文字，如此读书不如不读。顾千里独知《曲礼下》有"言谥曰类"，注云"言谥者，序其行及谥所宜"，故知郑注自当作"言诔"。

《礼运》注"民失其业则穷，穷斯盗"，抚本如此，而八行本作"穷斯滥"。《抚本考异》云："《坊记》云'约斯盗'，注云'约犹穷也'，此取彼文。"今按：《论语·卫灵公》云"子曰：君子固穷，小人穷斯滥矣"，《释文》引郑注"滥，窃也"。又《礼器》"管仲镂簋，朱纮，山节，藻棁，君子以为滥矣"，注云"滥，亦盗窃也"。则"穷斯滥"犹言

"穷斯盗",是作"滥"作"盗"均可通,不知郑氏原文如何也。然顾氏知《坊记》"约斯盗"可通于"穷斯盗",足见其精熟于郑注。

《乐记》"弦匏笙簧会守拊鼓",注:"会犹合也,皆也。言众皆待击鼓乃作。《周礼·太师职》曰'大祭祀帅瞽登歌,合奏击拊;下管播乐器,合奏鼓朄'。"抚本如此。《抚本考异》云:"此注中二'合'字,皆'令'字之误。郑《周礼》注云'击拊,瞽乃歌也','鼓朄,管乃作也',是'令奏'之义。而此注引彼经者,正以'令奏'证'会守'。上云'言众皆待击鼓乃作',谓待令奏乃作也。误为'合'字,失郑意矣。"今按《周礼校勘记》云"宋本《礼记注疏》二'合'字皆改作'令',非",又云"贾疏'令奏鼓朄'云'欲令奏乐器之时,亦先击朄导之也',当本作'合奏乐器'",是误信《礼记》讹字,反失《周礼》郑注之义,是不知读郑注者。顾千里谓此注"以'令奏'证'会守'",确不可移。

《丧大记》"君里棺用朱绿,用杂金鐕;大夫里棺用玄绿,用牛骨鐕;士不绿",孔疏以"朱绿""玄绿"为两色,"绿"即绿色,又云"定本经中'绿'字皆作'琢','琢'谓鐕琢朱缯,贴着于棺也",是为别解。《抚本考异》云:"若依定本则作'士不琢',苟士棺有里,不琢何以贴着?明不当作'琢'。定本涉注而误。又,郑下文注云'此"绿"或为"篓"',特言'此绿',所以别于上文三'绿'。则郑自作'绿'可知。"今按:郑注言"此某",皆区别之辞。如

《曲礼下》"执天子之器则上衡",注"此衡谓与心平",孔疏云:"凡言'衡'有二处,若'大夫衡视',则面为衡;此为天子执器则上衡,谓高心也。既有二处不同,故郑云'此衡与心平',明他衡者不与心平也。"郑注中,类此者甚多。顾千里谙熟郑注体例,故见下经"君大夫鬈爪实于绿中"注云"此'绿'或为'籆'",即知郑意在区别"鬈爪实于绿中"之"绿"与"君里棺用朱绿""大夫里棺用玄绿""士不绿"之"绿"不同。顾千里仅据下经注一"此"字,即知此经当作"绿",可谓善读郑注者。段玉裁则谓此经"绿"当即《说文》"裖"字,"裖,棺中缣里也"。此则欲以《说文》改《礼记》,乃段氏一家之学,与顾氏精读郑注、校定《礼记》郑注文本,道路截然不同。

(二)发明郑义

顾千里精熟《三礼》郑注,《抚本考异》往往见其神解。今特举其尤精绝者,与读者共赏。

1.《月令》注引"《司马职》曰'仲秋教治兵,如振旅之陈,辨旗物之用,王载大常,诸侯载旂,军吏载旗,师都载旜,乡遂载物,郊野载旐,百官载旟'是也",抚本、八行本皆如此。孔疏云:"案《司马职》云'王载大常,诸侯载旂,军吏载旗,师都载旜,乡遂载物,郊野载旐,百官载旟',注'军吏,诸帅也。师都,遂大夫也;乡遂,乡大夫也;或载旜,或载物,众属军吏,无所将也。郊谓乡遂之州长、县正以下也,野谓公邑大夫,载旐者,以其将羡卒也。百官，卿大夫也，载旃者，以其属卫王也。'案《周礼》云'乡遂'，今此注'师遂载物'者，转写误也。既以'师都'为遂大夫载旃，无容故违《周礼》云'乡遂载物'。"八行本、十行本皆如此。按：浦镗《正字》据孔疏云"今此注'师遂载物'"，以为注当作"师遂载物"，诸本作"乡遂载物"是后人据《周礼》校改，《校勘记》从浦镗说。若如其说，孔颖达所据《周礼》作"乡遂载物"，而《月令》注传本作"师遂载物"，故孔颖达以为"转写误"。然据此说，则孔疏末句"既以'师都'为遂大夫载旃，无容故违《周礼》云'乡遂载物'"，乃不可解。或谓末句"乡遂载物"亦当作"师遂载物"。然"师遂""乡遂"皆有"遂"字，孔疏"既以'师都'为遂大夫"，不足以决其当作"乡遂"。当知浦镗、《校勘记》之说，终不可通。《抚本考异》则云："今案《周礼》有二本，一本作'乡遂'，今贾疏者是也。一本作'乡家'，此《正义》所引是也。《正义》以此注作'遂'与其《周礼》作'家'不合，而'家'是'遂'非，故既引之后，又自说其意。十行以来本，此《正义》误依贾《周礼》尽改'乡家'为'乡遂'，又改其所称此注之'乡遂'为'师遂'，而不知《正义》所云专辨'家'与'遂'之是非，故有'既以"师都"为遂大夫'之言，初非'乡'字为有异同也。赖末后一处'乡遂'尚存《正义》之旧，可藉以寻其误，又推而合之唐石本，乃知《正义》所引《周礼》自作'乡家'，不得因以后但行贾本作'乡遂'求之也。特订正焉。或有竟谓《正义》本此注作'师遂'者，因误为说，岂其然乎。"今按:《大司马》诸本皆作"乡遂",《唐石经》初刻作"乡遂",改刻乃作"乡家",作"乡家"者仅此一见而已。贾疏作"乡遂",又明白不可疑（段玉裁、孙诒让皆以作"乡家"为是，并以贾说为非。然贾说自深得郑注之理，不容妄议其非），而顾千里仔细分析孔疏理路，知孔颖达所据《周礼》作"乡家"，孔疏"案《周礼》云'乡遂'，今此注'师遂载物'者"，亦当作"案《周礼》云'乡家'，今此注'乡遂载物'者"，说极精辟，令人叹服。

2.《杂记下》:"大功之末可以冠子，可以嫁子。父小功之末可以冠子，可以嫁子，可以取妇。己虽小功，既卒哭可以冠、取妻;下殇之小功则不可。"郑注:"父大功，卒哭而可以冠子、嫁子;小功，卒哭而可以取妇。己大功，卒哭而可以冠;小功，卒哭而可以取妻。"晋代以来，学者皆不得郑意，往往以为疑，如见《通典》卷五十六、《梁书·贺琛传》等。北宋张载乃自创新解云:"疑'大功之末'已下十二字为衍，宜直云'父大功之末'，云'父大功'则是己小功之末也，而己之子缌麻之末也，故可以冠取也。"（见卫湜《集说》及《经学理窟》）王引之《经义述闻》，不举张载之名而暗袭其说，大发议论。据张、王说，"父""子"均据己而言，"父大功之末"谓己父有大功，"可以冠子"谓可以冠己子，则此"子"于"父"为孙。其说本荒唐，而黄以周《昏礼通故》（第六十五条）从王说，朱彬《礼记训纂》亦详录其文，影响深广。其实"父"与"己"乃相对之词，《抚本考异》云"经文'冠子''取妇'据父言，'冠''取妻'据己言之，分别极明"，是也。得顾千里此一句，郑注即可解。按：郑玄见"大功之末"未言父或己，至次句"小功之末"乃见"父"，且与"己虽小功"为对，故知"大功之末"无论父己皆然。就己而言是冠、娶妻，由父言之为冠子、娶妇，其事一也。记于"大功之末"仅言冠子、嫁子，未言冠、娶妻者，省文而已。此《记》首句言，大功之末，为人父者可冠子、嫁子，己亦可冠；下两句言，小功之末，为人父者可冠子、嫁子、娶妇，己亦可冠、娶妻。郑解经义如此，而注文依父大功、小功，己大功、小功之次序述之。"父小功之末可以冠子"，谓为人父者遇小功之丧，其末可以冠子，"冠子"者此"父""冠子"也。此亦可见顾千里已得郑学精髓。

3.《祭义》注"四学谓周四郊之虞庠也"下，《抚本考异》引"顾千里《思适斋笔记》"五百余字，而云"今案顾说是也"云云。此乃顾千里自叙己见，因为张敦仁代撰《抚本考异》，故姑称《思适斋笔记》"而已，非有成书。此议一出，段玉裁大怒，互相写信诟骂，此学者所熟知。然后人评论，或仍不得郑意，不知顾说不可移，故今稍为辨析如下。按《王制》："有虞氏养国老于上庠，养庶老于下庠。夏后氏养国老于东序，养庶老于西序。殷人养国老于右学，养庶老于左学。周人养国老于东胶，养庶老于虞庠，虞庠在国之西郊。"注："皆学名也。异者，四代相变耳。或上西，或上东；或贵在国，或贵在郊。上庠、右学，大学也，在西郊。下庠、左学，小学也，在国中王宫之东。东序、东胶亦大学，在国中王宫之东。西序、虞庠亦小学也，西序在西郊，周立小学于西郊。"段玉裁说："《王制》'西郊'必'四郊'之误。倘郑本'西郊'，则依上文'下庠、左学，小学也'之例，云'西序、虞庠，小学也，在西郊'足矣，何必分别夏之西序、周之虞庠所在之不同乎？惟夏之西序在西郊，周之虞庠则四郊皆有之，故必分别言之耳。"高步瀛《段懋堂顾千里论学制书平议》(《师大月刊》三十二周年纪念专号，1934年) 谓段氏此说"颠扑不破，较所举崔、皇、杜诸证，尤为确凿"。今按：高说非是。段说似是而非，《王制》注仍当作"西郊"。何者？则郑玄注经，皆就经文为说，非所以自述制度。此经虞、夏、殷各两句，至周则照例言"周人养国老于东胶，养庶老于虞庠"之后，又特言"虞庠在国之西郊"。此所以郑注在"西序在西郊"之后，又特言"周立小学于西郊"之理。顾千里论《礼记》郑注皆当作"西郊"，周详允当，深得郑义，本无疑义。段玉裁之言，当视为段氏一家之学，若论郑学、郑义，则自以顾千里说为正。今高步瀛说已破，后之学者幸莫惑于段说。

4. 丧服，父在为母期，父卒则为母三年。然父卒未除丧而母卒，则当为母三年，抑当期也？《丧服》贾疏谓父服未除丧而母卒则期，除丧后母卒乃得三年，论证详辨，本无疑义。然后人往往以为父已不在而不得为母三年，于心不甘，故胡培翚《仪礼正义》详引徐乾学、姜兆锡、吴绂等非难贾疏之说，以为父卒即可为母三年。然人多势众不足以推翻事实，母子恩情不足以窜乱郑义，必须承认贾疏深得郑意，故张锡恭云："《服问》'三年之丧既练矣，有期之丧，既葬矣'，注以'三年'为为父，'期'为为母。父丧既练，犹称母丧为期丧，此父丧未除为母仍期之确证也。"可见胡氏《正义》在郑学之外自创礼说，与张锡恭之"郑氏学"截然不同。然张锡恭"郑氏学"，仍不免自立体例，暗违郑义之处。张锡恭《释服》（见《丧服郑氏学》卷十六）云："为母均为四升衰，父卒固然，父在亦然也。……惟《服问》注云'母既葬衰八升'。……此注下文云'齐衰既葬，衰或八升或九升'，使注原为'八升'，不应又云'或八升'矣。且齐衰受服有七升、八升、九升，复著'八升'而没其'七升'，安在其为'凡齐衰'也？以是知上注当为'七升'也。受服七升，始丧固四升矣。……嗟乎，为母齐衰，父卒三年，父在期年。三年与期之间，严父之谊既明矣。至于衰之升数，必使之同丁妻之杖期，是亦不可以已乎？贾氏之说所以不可从也。"今按：贾说父卒为母齐衰四升，既葬七升；父在为母齐衰五升，既葬八升。张锡恭以为，父在则期，严父之义已明，衰数不必因父在父卒而异，且若父在为母五升，则与为妻同，于心不甘，故谓父在为母亦四升，既葬七升。然"母既葬衰八升"，郑注《服问》有明文，故用《服问》孔疏说，以为"八升"当作"七升"。然《服问》注云："带其故葛带者，三年既练，期既葬，差相似也。为父既练衰七升，母既葬衰八升。凡齐衰既葬，衰或八升或九升。"若如孔颖达、张锡恭说，则郑注当云"母既葬衰亦七升"乃合文法。又，张锡恭以为，齐衰受服有七升、八升、九升三等，而此注言"凡齐衰既葬，或八升或九升"，不言七升为疑。张锡恭自我解释，乃谓因上文已言"母既葬衰七升"，故下言"凡齐衰既葬"可以省七升。岂有此理。今按：郑注"母既葬衰八升"，自不可疑，贾疏固得郑义之正。其"凡齐衰既葬，衰或八升或九升"不言七升者，因此经"三年之丧既练矣，有期之丧"，即已排除为母三年之丧，故郑注言齐衰专论期丧。按《抚本考异》于《服问》此条云："贾之所言，最为明晰。然则此注自是言父卒为母与父在为母同者。经文'有期之丧'内包此一种期，其衰八升，而经云'服其功衰'，则还服父七升衰也，故须言此以明之。其注下句所云'凡齐衰既葬，衰或八升或九升'者，又广言凡期也。寻检上下，此义实安。孔氏之意，当解父卒三年之内母卒，即申三年，故于此经及注，义多难通，遂以'八'为'七'之误，殊嫌专辄。今但宜从贾，不烦改字。"顾千里言"'凡齐衰既葬，衰或八升或九升'者，又广言凡期也"，恰似预为百年后之张锡恭解惑。盖乾嘉以来礼学家莫不标榜郑学，其实在探求符合人情之礼制，意在创立，非在学古。其沉潜《三礼》经注，体味注文语气，深知郑玄真意者，顾千里一人而已。

三、结语

《檀弓上》："孟献子之丧，司徒旅归四布，夫子曰'可也'。读赗，曾子曰'非古也，是再告也'。"按："司徒旅归四布"，山井鼎引"古本"作"司徒敬子使旅归四方布"，孙志祖以"古本"为是（见《读书脞录续编》），《校勘记》从孙说，故《抚本考异》详辨其非。其后郑珍撰专文讨论"古本"之非（见《巢经巢经说》），而其说大体不出《抚本考异》所论外，则郑珍盖未见《抚本考异》也。又此经注"曾子言非礼祖而读赗宾致命将行主人之史又读赗所以存录之"，《抚本考异》云："俗注疏本'非'作'丧'，误甚。"此注前人往往失解，故多讹误。如卫湜《集说》宋本已作"祖而读赗，宾致命，将行主人之史又读赗，所以存录之，曾子言非礼（末'礼'字字形稍异，或出挖补亦未可知）"，盖误会郑意，以为曾子谓读赗不合古礼（卫湜以"曾子言非礼"置末，乃《集说》体例使然，非有意焉）。俗注疏本因不解郑意，故窜改文字，作"曾子言，丧礼祖而读赗，宾致命，将行主人之吏又读赗，所以存录之"。《岳本考证》出"非礼"二字，云"殿本作'丧礼'，盖郑氏引《丧礼》之文，明本文'再告'之义耳"，误之甚者。今按此注可标点如下："曾子言非。礼，祖而读赗。宾致命，将行主人之史又读赗，所以存录之。"郑玄首言曾子说误；次言"祖而读赗"为礼之正，如见《仪礼》；次述读赗之义，在于存念铭记，与宾致命意义不同，无所谓"再告"。孙希旦《集解》引郑说"祖而读赗宾致命将行主人之史又读赗所以存录之"，删"礼"字，盖未得郑意。朱彬《训纂》则录郑注竟从俗本讹字，不顾其不成文义。今之学者，往往以孙氏《集解》、朱氏《训纂》为读《礼记》之门径，则不知何日始得郑注之真义。窃谓有志于学《礼记》郑玄注者，当以《抚本考异》为标准。尽一二月之力，逐条学习，当可体会读书之法，得益无穷。

本文应台湾中正大学陈韵教授之约而撰写成篇，发表在 2014 年《中正汉学研究》第 23 期。

礼记：其服皆朝服

《特牲礼记》云"特牲馈食，其服皆朝服玄冠，缁带缁韠"，郑注云："于祭服此也。'皆'者，谓宾及兄弟。筮日、筮尸、视濯亦玄端，至祭而朝服。……缁韠者，下大夫之臣。'夙兴主人服如初'，则固玄端。"贾疏云："《士冠礼》云'主人玄冠朝服，缁带素韠'，韠与裳同色。此朝服缁韠。大夫之臣朝服素韠，此缁韠，故云'下大夫之臣'。"按：贾疏复述郑注而已，未释郑玄何以"大夫之臣"对此《记》宾、兄弟。敖继公云："'皆'者，皆宾与兄弟及公有司私臣也。缁韠者，其别于大夫助祭之宾与。"按：郑云"大夫之臣"，是《特牲》与《少牢》相对为说。《少牢》未言宾、兄弟之服，而筮日之史、请期之宗人皆朝服，故称"大夫之臣"。然宾、兄弟与史、宗人不正相对，故敖改云"助祭之宾"，言"与"以示疑。任大椿（《弁服释例》卷六）误会贾疏，云："盖此经主人，大夫之臣也。宾及兄弟不敢同于大夫之臣，故降而缁韠。"按：果如此说，则郑玄言"下主人"即可，何必言"大夫之臣"。且《特牲》主人为诸侯之士，主人又玄端不朝服。任说荒谬，不足深论，而相比之下，愈见敖继公研究郑学之精深。盛世佐《集编》引敖说毕，又引郝氏云："朝服玄冠，玄端玄裳，缁带缁韠，即篇首'主人冠端玄'，自主人以下同也。"郝敬《仪礼节解》卷首云："古人礼服皆称朝服。自《周礼》五冕之说兴，郑康成极力附会，影响猜度，未必尽合古人之旧。"是知郝氏求经义之简明，排斥郑学，不遗余力。任大椿云"敖继公谓'皆'之一字，兼主人言之"，又云"继公谓'皆朝服'文统主人，盖未求'缁韠'二字之义耳"，则误以郝说当敖说。按：敖、郝两家，志趣正相反，何得相混。而后之学者凌廷堪（《礼经释例》卷十二）、黄以周（《衣服通故》第一〇二条）、孙诒让（《周礼正义》卷四十一）等皆沿任氏，误称敖说，竟不悟其失。唯胡培翚撰《仪礼正义》，因参照诸家《仪礼》注释，自见敖说不如此，遂改称"或以《记》'皆'字兼主人言之"，仅免于以讹传讹。当知清人直求经义，至若敖继公之精通郑学，郝敬之藐视郑学等，皆非所关心也。

如何理解晋代庙制争议

乔秀岩

包晓悦、张晓慧、郑宪三位学者最近撰文讨论晋代庙制。文章尚未定稿，笔者有幸先睹，知道他们综合梳理相关文献记载，也较全面地分析了近二十年来的研究成果，借此一文可以了解大致情况，并且看到他们提出自己的观点，受益匪浅。后来直接阅读相关文献记载，发现自己的感受与其他学者有较大差距。本文介绍鄙见，同时提出分析历代礼制的视角问题，至于历史背景及当代学者诸观点的详细情况，可待包、张、郑三位的文章正式发表，此不赘述。

笔者反思自己的感受与当代学者研究之间产生差距的缘由，大概可以归结为笔者未尝学历史。具体而言，当代史学家容易关注并且拘泥于如下问题：

（一）史书上常见的庙制相关概念。其中兄弟昭穆异同、太祖虚位等问题，似乎避不开。

（二）经学学派的消长。学者往往试图从郑玄学说、王肃学说对抗消长的角度理解问题。

（三）政治派系的思想倾向。学者往往试图在制度背后寻找相关集团、人物的政治倾向。

笔者阅读相关记载之后，认为（一）兄弟昭穆异同、太祖虚位等可以说是假问题，通观相关记载，当时人从来没有以这些问题为争论点。（二）经学学派对相关问题没有直接影响，而且当代史学家使用的经学史概念大都不过人云亦云，以讹传讹，经不起检验。《宋书》《晋书》之《礼志》叙述晋武帝时七庙之制，最后加一句评语云"其礼则据王肃说也"。《通典》卷四十七有同样内容，以"其礼据王肃说"为小字注。其实，这一表述经过了一种歪曲，西晋庙制离王肃学说相当远。或说晋武帝为王肃外孙，因此晋制皆遵王肃说。这种说法也不过是想当然的单纯概括，具体情况需要具体分析，故黄以周亦云"《宋书·礼志》言晋郊祀一如肃议，亦未考"（《郊礼通故》第四条）。至于（三）则笔者缺乏了解，不敢评论。但笔者相信，贺循与刁协等之间的争论，不需参照政治因素，也能理解清楚。

下面简述笔者对刁协与贺循之争论的理解。武帝时创设太庙，立七主：

征西 —— 豫章 —— 颍川 —— 京兆 —— 宣帝 ┬ 景帝
                                  └ 文帝

郑玄说天子五庙，太祖一、亲庙四，唯周有文、武祧庙乃为七庙。依王肃礼说，天子七庙，太祖一庙并三昭三穆六亲庙。今无太祖（太祖虚位），而不废景帝，故仍巧合"事七"之数。宗法，兄弟不相为后，文帝继宣帝，则景帝当改为旁系。武帝不能为景帝另立别庙，仍与先公、先帝并列。对此制度，容有两种不同的理解。

①《宋书》《晋书》《通典》等言"所以祠六代，与景帝为七庙"，是根据传统理论的理解。无太祖，六亲庙，本来应该六庙，但变礼加景帝，故七庙（"七庙"其实是太庙中有七室七主而已）。

② 另一种更单纯的理解是，认为依次排先公、先帝共七主，是"事七"。

随后，武帝祔庙，惠帝祔庙，都依次上迁而已，没有任何问题。只有到愍帝将要祔怀帝，问题才出现，因为怀帝是惠帝之弟。依宗法，怀帝替惠帝继武帝为后，惠帝不当在庙中。刁协因袭武帝祔庙、惠帝祔庙的先例，不考虑宗法，即依照上述②的理解，主张迁颍川，庙中列七帝之主。（经学家或谓宗法不及天子，天子无所谓大宗、小宗。本文仍用"宗法""大宗"等概念，从说明之便。）

```
京兆 ── 宣帝 ┬ 景帝
            └ 文帝 ── 武帝 ┬ 惠帝
                          └ 怀帝
```

贺循注意到照此做法，虽有七主，其实仅存五代，将来类似情况再发生，则皇帝只能祭三代祖、两代祖的情况也会发生，显然不合理。因此要回归到"事七"的本义，依宗法祭六代祖先。

```
颍川 ── 京兆 ── 宣帝 ──┬── (景帝)
                      └── 文帝 ── 武帝 ──┬── (惠帝)
                                        └── 怀帝
```

宣帝未就太祖位，六代本当祠六主。景帝、惠帝既非大宗所
在，本当另立别庙。依照传统宗法，自然得到如此结论。但
景帝祔庙已久，不可能排除在太庙之外，惠帝也不便贸然排
除，只好作为权宜之法，在原本只有七室的庙中特辟一间，
共存八主。这种思路，其实与上述①的理解相合。

　　贺循之法，以宗法定六代，若有先帝已非大宗所在
者（如景帝、惠帝之属），则仍存其主于庙中。元帝即位后，
华恒所议，即本贺循之法。因元帝继武帝为后，故豫章至
武帝为六代亲庙，又存景帝、惠帝、怀帝、愍帝曾为帝者
之主。

```
豫章─颍川─京兆─宣帝──┬── (景帝)
                      └── 文帝─武帝──┬── (惠帝)
                                    ├── (怀帝)
                                    └── ── (愍帝)
```

贺循曾议为景帝、惠帝另立庙，华恒不取其说。其实贺循已
知其说不可行，故谓当存八主。贺循时，七室而立八主，故
云当另辟一间。如今有十主，非辟一间之比，故华恒谓"以
容主为限"，其意仍与贺循一致。

　　刁协的议论不见史书记载，所以有些学者猜测刁协的
礼学思想，以为刁协主张兄弟异昭穆。其实，我们阅读《晋

书·贺循传》，仍然能够隐约看到刁协等的主张，因为贺循
是针对反对派的主张进行辩论的。《传》曰：

> 时宗庙始建，旧仪多阙，或以惠、怀二帝应各为
世，则颍川世数过七，宜在迭毁。事下太常。循议以
为：礼，兄弟不相为后，不得以承代为世。殷之盘庚
不序阳甲，汉之光武不继成帝，别立庙寝，使臣下祭
之，此前代之明典，而承继之著义也。惠帝无后，怀
帝承统，弟不后兄，则怀帝自上继世祖，不继惠帝，
当同殷之阳甲，汉之成帝。议者以圣德冲远，未便改
旧。诸如此礼，通所未论。是以惠帝尚在太庙，而
怀帝复入，数则盈八。盈八之理，由惠帝不出，非上
祖宜迁也。下世既升，上世乃迁，迁毁对代，不得相
通，未有下升一世而上毁二世者也。惠、怀二帝俱继
世祖，兄弟旁亲，同为一世，而上毁二为一世。今以
惠帝之崩已毁豫章，怀帝之入复毁颍川，如此则一
世再迁，祖位横折，求之古义，未见此例。惠帝宜
出，尚未轻论，况可轻毁一祖而无义例乎？颍川既无
可毁之理，则见神之数居然自八，此尽有由而然，非
谓数之常也。既有八神，则不得不于七室之外权安一
位也。至尊于惠、怀俱是兄弟，自上后世祖，不继二
帝，则二帝之神行应别出，不为庙中恒有八室也。又
武帝初成太庙时，正神止七，而杨元后之神亦权立一
室。永熙元年，告世祖谥于太庙八室，此是苟有八

神，不拘于七之旧例也。

此录贺循说，开头即言"礼，兄弟不相为后"，是贺循尝试用礼的原则来论证反对派主张的不合理，并非直接提出与对方正相冲突的主张。换言之，"礼，兄弟不相为后"是反对派也不得不承认的原则。与此相关，至少在魏晋南北朝时期，"兄弟异昭穆"意味着逻辑矛盾，是谁也不得不承认的不合理状况。既然如此，刁协他们的主张究竟是什么？我们要注意贺循说："是以惠帝尚在太庙，而怀帝复入，数则盈八。盈八之理，由惠帝不出，非上祖宜迁也。"在此忽然出现"盈八"，上无所承，应该包含在刁协等的主张之中。刁协他们认为，若不迁毁颍川，庙主盈八，不合"事七"之礼。贺循先解释所以出现"盈八"情况，是由于惠帝主仍在庙中的特殊情况，不能因此而毁颍川。既然无法排除惠帝主，"则见神之数居然自八，此尽有由而然，非谓数之常也"，"盈八"也无所谓，不应拘泥七八之数。最后贺循又补充说，武帝朝也曾有庙中设八室之先例，所以不必"拘于七之旧例"。至此可以明白，刁协他们就是主张大庙必须维持七主规格，故不可不迁毁颍川；贺循辩论"事七"的本质是要祭六代亲庙，不得拘泥"七"数。

《贺循传》接着录贺循的议论曰：

议者以景帝俱已在庙，则惠、怀一例。景帝盛德元功，王基之本，义著祖宗，百世不毁，故所以特在本庙，且亦世代尚近，数得相容，安神而已，无逼上祖。如王氏昭穆既满，终应别庙也。以今方之，既轻重义异，又七庙七世之亲，昭穆父子位也。若当兄弟旁满，辄毁上祖，则祖位空悬，世数不足，何取于三昭三穆与太祖之庙然后成七哉！今七庙之义，出于王氏。从祢以上至于高祖，亲庙四世，高祖以上复有五世六世无服之祖，故为三昭三穆并太祖而七也。故世祖郊定庙礼，京兆、颍川曾、高之亲，豫章五世，征西六世，以应此义。今至尊继统，亦宜有五六世之祖，豫章六世，颍川五世，俱不应毁。今既云豫章先毁，又当重毁颍川，此为庙中之亲惟从高祖已下，无复高祖以上二世之祖，于王氏之义，三昭三穆废阙其二，甚非宗庙之本所据承，又违世祖祭征西、豫章之意，于一王定礼所阙不少。

贺循说，所谓"事七"，就经学理论而言，只能是王肃"三昭三穆并太祖而七"的学说。王肃的理论，要求有六代亲庙主，并非单纯凑"七"数即可了事。武帝时大庙七室，无太祖而有景帝，其数"七"是巧合，与王肃说不同，但仍有六代亲庙主，从结果来看，尚未违背王肃学说的基本原则。贺循扯到王肃，只是为了说明庙制从理论上，要按世代来算。在此贺循并非说西晋庙制符合王肃之制，更没说西晋庙制是照王肃学说设计的。《宋书》《晋书》之《礼志》及《通典》十分草率、片面地撷取贺循此说，用"其礼据王肃说"一句作为武帝朝庙制的注解，等于歪曲了贺循的原意，致使后人不免误会。

依笔者浅见，刁协的主张不过因循西晋故事，用纯粹机械的方式保持七主常数而已。贺循批评刁协的主张从理论上不成立，反过来可以知道刁协的主张根本没有理论依据。这样看来，刁协与贺循之间的争论是一场坚持因袭旧例的礼官与有理论思考能力的学者之间进行的技术性争议，并不存在针锋相对的两种理论或两个立场，刁协只是主张用传统习惯，贺循只是要求理论上合理，如此而已。当今史学家讨论礼制，意欲在礼制主张的背后探索经学思想、政治立场等因素，以能够发明其政治史意义为高明。但假设当事人没有这方面考虑，拿古人上纲上线，有何意义？

南宋宁宗朝诸臣主张迁禧祖以正太祖东向之位，朱熹反对此举，批评他们"所谓东向，又那曾考得占时是如何？东向都不曾识，只从少时读书时，见奏议中有说甚东向，依稀听得"（见《语录》第一七〇卷）。唐宋时期的礼制议论，很容易看出其中多数言论都不过因袭前朝奏议，并没有直接参考经书或经学理论。礼官的主张因袭性很大，保护旧习往往是他们最重视的考虑因素，而经学理论、政治情况等因素则被忽视。又，朱熹主张改革宋朝庙制，曾经提出两套方案：一种纯粹照自己的经学理论重新构设，一种则在现行制度的基础上做微调。这是因为实际制度很难完全照着理论改变，必须遵从多年因袭的习惯，只能在众人都能接受的范围内，做最低限度的调整。贺循一方面主张要将景帝、惠帝等迁出大庙，另立庙室，同时认为一时做不到，所以主张七室八主，颇有同工异曲之妙。我们考虑礼制，不能低估礼官因袭的强烈惰性。

本文初稿撰于 2012 年，发表在 2015 年香港《能仁学报》第 13 期。收录本书前，删重补缺，改动较大。

札记：人偶不孤不参

郑玄注经有"人偶"一词，是动词，故或下带宾语，或上加"相"字。

《桧风·匪风》"谁能亨鱼，溉之釜鬵"，笺云："'谁能'者，言**人偶**能割亨者。"

《大射仪》"搢三挟一个，揖以耦，左还，上射于左"，注："'以'犹'与'也。言'以'者，耦之事成于此，意**相人耦**也。"

《聘礼》"公揖，入，每门每曲揖"，注："每门辄揖者，以**相人偶**为敬也。"

《公食大夫礼》"及庙门，公揖入，宾入，三揖"，郑注："每曲揖及当碑揖，**相人偶**。"

《中庸》"仁者人也，亲亲为大"，注："'人也'读如'**相人偶**'之'人'，以人意相存问之言。"

《乡党》"揖所与立"，注："**人偶**同位也。"

《里仁》"参乎"，郑注"呼曾子，人偶之辞"，是以孔子呼叫
曾参名讳为"人偶"之事，不妨认为"人偶"仍为动词。后
人论"人偶"者多，如臧琳谓"尊异亲爱之意"，段玉裁谓
"尔我亲密之词"，近业师户川芳郎先生又有专文研究（见《中
国经学》第一辑，广西师范大学出版社，2005年）。然诸家论"人偶"，
皆不知二人之"人偶"当与一人之"孤"、三人之"参"相
对，其义始可鲜明。《仪礼》注有"孤"字带宾语，当动词
解者，意谓不与亲切为礼。

> 《乡射礼》"饮不胜者"节"若大夫之耦不胜，则
> 亦执弛弓，特升饮酒"，注："尊者可以孤无能。"按：此
> 谓使不胜者独饮，位尊者无需陪同。
>
> 又"无算爵"节"卒受者兴，以旅在下者于西阶
> 下"，注："不使执觯者酌，以其将旅酬，不以己尊孤
> 人也。"按：此谓卒受者亲自递杯，不使人代劳。

"孤"之与"人偶"，正为反义词，可以互证。后人往往不知
"孤"之语义，故正德十六年（1521）陈凤梧校刊《仪礼》经
注本"尊者可以孤无能"下误衍"对"字，嘉靖五年（1526）
陈凤梧注疏本仍之〔嘉靖间东吴徐氏《三礼》原刊本不误而翻刻本（即
四部丛刊）据陈凤梧本衍"对"字。陈凤梧刊本及徐氏本之情形蒙廖明飞
先生告示〕，毛本"不以己尊孤人"妄改作"不以己尊于人"。
〔按：若如陈凤梧本"尊者可以孤无能对"，则当读"尊者可以孤，（逗）无
能对"，盖谓位尊者当单独孤立，不得与人并立；若如毛本作"不以己尊于

人"，则盖解为不以自尊之意。均非郑注原意。〕版本讹字，可证陈凤梧、毛晋等人皆不解"孤"字。《礼》注有"参"，亦动词，意谓第三人参与二人礼仪。

> 《士昏礼》"亲迎"节"宾降，出；妇从降，自西阶；主人不降送"，郑注："主人不降送，礼不参。"
> 《燕礼》"献宾"节"公升就席"，郑注："以其将与主人为礼，不参之也。"（《大射》略同）

礼仪必须两人亲切为之，若有第三人掺和其间，情意不得专诚，是为非礼。故《曲礼》云"毋往参焉"，郑玄正用其义。二人为仁（《元命苞》语），仁者人也（上引《中庸》语），即"相人偶"之意。眼前有别人而不与为礼，使其单独行事，是谓"孤"。故谓与"孤""参"相对，始可鲜明"人偶"之义。明乎此，如下引《礼器》注始得其解。

> 《礼器》"鲁人将有事于上帝，必先有事于頖宫"，注："有事于頖宫，告后稷也。告之者，将以配天，先仁也。"

鲁君祭天，其意主在上帝，后稷配食则不得专诚为礼，故先单独（一对一）致意于后稷。

《孝经孔传述议读本》编后记

叶纯芳、乔秀岩

一、林秀一先生与《孝经述议》

1949 年 6 月 14 日，林秀一先生向东京大学文学部教授会提交了《孝经述议复原研究》论文，申请学位。

林先生开始《孝经》的研究，在 1929 年。往后的六年，他遍访东京、京都、大阪、名古屋的图书馆及文库，以及《孝经》收藏家的藏书目录，不仅对日本所存《孝经》的情况有了通盘的了解，同时也结识了不少《孝经》研究家。并参考了各地图书馆藏书目录，编纂《日本孝经刊行目录》《日本孝经未刊本目录》。之后，也到中国搜访相关资料，为自己研究《孝经》，做了完备的准备工作。

1935 年，他从石滨纯太郎先生处，借得《孝经》郑注唐钞残本的过录本。此本为石滨先生赴巴黎国民图书馆，从馆藏伯希和敦煌石室遗书中发现并过录的。以敦煌本为基础，又从相关资料中，辑录郑注佚文，着手复原《孝经》郑注工作。这次的经验，对复原《述议》，助益甚大。同年 3 月，大阪府立图书馆举办已逝的内藤虎次郎先生旧藏善本书展，其中"仁治本"《孝经》孔传（按：或称"宝左盦本"，今藏杏雨书屋）在当时作为日本最早孔传钞本，最为可观，林先生为此专程到大阪。当天，石滨先生早已到会场，看到林先生，指着"仁治本"引用的《述议》对他说："林君，辑录这个会很有趣哟。"受到石滨先生不经意的提醒，林先生复原刘炫《孝经述议》的工作，就此展开。

1937 年，复原《述议》虽然完成，但搜访辑佚资料仍持续进行。直到 1941 年，他感觉到难以期待有更多资料时，结识了日本东北大学的武内义雄先生。这次相遇，对林先生往后的辑佚工作，有转折性的发展。翌年，林先生接到当时兼任国宝调查委员的武内先生的来信，告知在调查舟桥清贤氏家藏本时，发现《述议》原书残本。1944 年 1 月，武内先生甚至将《述议》残本照片一百二十四张送给他。期待已久的《述议》原书出现，复原工作势必需要重新检视。

首先，他将《述议》残本卷一、卷四与自己所辑相较，发现自己所辑录相应部分的《述议》佚文，悉数包含在《述议》原书残本中，且分量已经分别超过原本三分之二。这个结果，除了确定辑佚的内容都是《述议》，没有张冠李戴之虞；也说明以同样资料和方法辑佚的卷二、三、五，虽然已无原本可对照，但应该也达到原文三分之二的分量。其次，《述议》原本不载录经传文，而与《五经正义》单疏本形式相同，以"○○至○○ 议曰"表示，有必要按照《述议》卷四原本（卷一为《述议序》及"孔传《序》疏"）的体例调整自己的辑录本。1948 年，《复原研究》终告完成。1953 年 8 月，本书由"林先生学位论文出版纪念会"出版，东京文求堂书店销售。林先生《孝经述议》复原工作始末，可见林先生所撰"后记"。

　　在翻译林先生《复原研究》过程中，看到林先生前后花费二十年的时间，遍访各地搜集《孝经》资料，对郑注、孔传、《述议》、御注的形成流传以及在日本的流传，进行深入探讨，并发表多篇论文（可参见林先生著《孝经学论集》，明治书院，1976 年），1953 年《孝经述议复原研究》的出版，可说是他研究《孝经》的顶点，之后便甚少发表论文。究其原因，我们推想，当年刘炫看到《孝经》孔传，说出"惊心动魄"的感叹，林先生看到《述议》残本，何尝不是同样心情？多年的追求，一旦实现，只想要感受深沉的满足。《述议》是研究相关问题最根本的资料，只要整理好这份资料，很多问题都能迎刃而解。例如，他在 1938 年发表了《关于御注孝经序之疑惑》（汉译见《中国典籍与文化论丛》第十四辑），所做的推测，有了《述议》之后，问题都解决了，而林先生再也没有写一篇文章补充他的论述。《述议》具在，何必费辞？但因为不熟悉日本文献的大批学者，都未曾见过《述议》，也不太清楚林秀一先生的研究成果，所以才反复地猜测讨论。

　　今天我们可以讨论《孝经述议》，有赖林秀一先生花费二十年的时间到处访求，复原了刘炫的《孝经述议》。也因《孝经述议》的复原成功，才使我们注意到《孝经》孔传对中国经学史发展的重要影响。《复原研究》的出版，距今已六十二年。即使林先生不愿多作费辞，今日我们重新整理、翻译出版，对于《孝经述议》、《孝经》孔传的相关问题，仍请读者容许我们做以下补充说明。

二、《孝经述议》补充说明

（一）《孝经述议》残本的流传

《述议》残本原件，以及一批清家收藏的资料，最后都归入京都大学图书馆（索书号："1–66/ コ /13 貴"）。今天我们可以在京大图书馆的网页上，看到全彩书影（http://m.kulib.kyoto-u.ac.jp/webopac/RB00007930）。

由于数百年来一直秘藏在清原一家（舟桥属清原家之一支），外界不太了解传存的情况。我们目前也不了解相关情况，在此仅介绍偶然见到的一份资料，供学者参考。东京大学图书馆收藏一部《享保十一年午七月十六日舟桥样御文库书籍目录》（索书号：A00 / 6386），著录"书本《孝经述议》不足　壹册"，在"セの箪笥"中。又有"书本《孝经述语》一册"，"语"当为"议"之讹，不言所藏书柜。头注"书本"，与"唐本""板本"相对，则当谓钞本。

"舟桥样御文库"，当即后来武内义雄先生参与调查，今归京都大学图书馆的"清家文库"。京都大学图书馆的《孝经述议》残本卷一、卷四即林先生影印的底本，一卷一册，卷中并无缺页。这份《享保十一年目录》著录《孝经述议》二册，但其中一册"不足"，即有缺页。岂谓当时在今存卷一、卷四之外，又有一册残卷？我们不这么认为。按京大图书馆公布的图像，卷一有装订错乱，正文最后是第十三页，文字到"其实今文《孝经》谓民间"为止，后接第十九页，第一行是尾题"《孝经述议》卷第一"，显然无法衔接。林先生看到的时候已经如此，所以林先生在书中"第二部《孝经述议》原本"影印前有说明，已依顺序调整。我们推测，《孝经述议》残本在三百年前（享保十一年当雍正四年，1726）已经仅存二册，而且连装订失序的情况也和现在一样，所以才被误认为"不足"。

（二）《孝经述议》与刘炫的学术特色

乔秀岩《义疏学衰亡史论》曾经分析《五经正义》，讨论刘炫、刘焯之学术特色，认为他们有突出的现实、合理主义精神，并广泛参考文献资料，对南北朝经学进行彻底批判，学风为之一变。进而分析《孝经述议》，指出其学术风格与《五经正义》所呈现刘炫、刘焯之特色完全吻合，甚至有些引用资料的处理都高度一致，认为此二者可以互证。如《开宗明义章》开头一句"孔子闲居"，东晋以来诸儒留下各种各样大量说法，被颜之推批评说"何必'仲尼居'即须两纸疏义"。《孝经述议》罗列这些论述，一一攻破其逻辑矛盾，充分体现刘炫本色。又如《天子章》述议引述《周语》东周灵王太子晋之言，乃称幽王时史伯之言，是误以为《郑语》文，而《尚书·吕刑》题下孔疏误同，可以推论两段文字同出刘炫手笔。其余诸事此不重述，请参《义疏学衰亡史论》。

《孝经孔传述议读本》编后记

今校读《述议》，又见二三事例，可以作为探索《述议》与《书》《诗》正义之关系的线索，如：

> 《应感章》孔传"人神不扰"，《述议》云"《楚语》文也"。

按：《楚语》作"民神不杂"，旨趣大同，而用词不同。《尚书·吕刑》"绝地天通，罔有降格"，孔传云"民神不扰"，孔颖达疏亦云"《楚语》文也"。

> 《谏诤章》"争臣七人"，孔传"三公及七人，谓三公及前疑、后丞、左辅、右弼也"。《述议》以为"非经旨"，其意"七人"只是泛言，不得以为辅弼有七官。

按：《尚书·益稷》孔疏说同。

> 《谏诤章》述议"郑玄所谓'恭在貌而敬在心'"。

按：此处刘炫引郑玄，不言所出，实《礼记·少仪》注文。《尚书·无逸》孔疏亦言"郑玄云'恭在貌，敬在心'"，直称郑玄，不言出何经注。

> 《圣治章》述议引"《管子》'让生于有余，争生于不足'"。

按：此不见于今本《管子》。《论衡》三引"传曰'仓廪实知礼节，衣食足知荣辱，让生于有余，争生于不足'"，上二句见今本《管子·牧民篇》。今本《管子》缺《牧民解》，则《论衡》所引或出《牧民解》亦未可知。《尚书》孔疏、《左传》孔疏皆引"仓廪实"至"不足"四句，皆称"《管子》曰"（《左传》疏二见）。检"中国基本古籍库"，此外诸书绝不见"让生于有余"两句。

诸如此类，皆可旁证《孝经述议》确实是刘炫著作。

皇侃《论语义疏》及《礼记正义》常用《白虎通》而极少见引用《孔子家语》，《尚书》《毛诗》《左传》孔疏常引《孔子家语》而于《白虎通》颇示鄙视，故《义疏学衰亡史论》曾言"疑南朝未行《家语》而有《白虎通》《韩诗外传》等可以据用，无《家语》犹无碍"。今见《孝经述议》屡引《家语》，且及伪孔序，知刘炫所见与今日所见汲古阁本、四库本、玉海堂本等大体无异。不仅如此，考虑到刘炫、王劭等人对孔传《尚书》、杜注《左传》的喜好及对王肃、杜预的推崇（参下第四章第四节），则不妨推测经学义疏广引《家语》自刘炫始，尚非北朝传统。

《述议》也有一些文字，可见其来源之古老，如：

> 《天子章》述议引《曲礼》注云"众谓军师也"。

按：抚本、八行本如此，而余仁仲以下明清诸本均讹作

"君师"。林秀一先生校记云"《曲礼》注作'君'",盖未深考之言。

　　《诸侯章》述议引《召诰》孔传"能平九土"。

按：今本孔传均作"水土"，而日传古钞九条本、内野本、神宫本皆作"九土"。《礼记·祭法》云"九州"，则作"九土"不得谓无据，当为刘炫所据古本如此。

　　当知《述议》文字之可贵，殊不得以其日人明代钞本而轻忽之，更不得据今本而以为讹误。

三、《孝经》孔传补充说明

（一）《孝经》孔传的流传

　　《孝经》孔传在日本流传的情形，早在1936年，落合保先生出版《我国古钞古文孝经考异》，已经掌握了大致情况。"仁治本"有1939年影印本，林秀一先生为此影印本写了《解说》。林先生在广泛调查日传古钞本之后，认为"仁治本"最可靠，而且有影印本，便于学者核对，因此当整理《述议》时，即以"仁治本"为孔传的底本。不过之后有学者指出，"仁治本"的题识并非清原教隆手笔，因而认定"仁治本"也是一种转钞本而已。阿部隆一先生则认为，现存很多品质较高的钞本，都以仁治二年清原教隆手校本为祖本，其中，今藏京都大学图书馆的清家文库中的镰仓末期钞本（以下简称"舟桥本"），时间最早、最可靠，而文字内容与"仁治本"几乎完全一样。林先生在《复原研究》后记引用武内义雄先生的信，提到"有仁治本转抄本一卷，虽较宝左盒本为新，然首尾完具，令人欣喜"，即指此部。所云"宝左盒本"亦即"仁治本"，当时武内先生也相信"仁治本"题记为清原教隆手笔，所以误判时间先后。阿部先生乃以舟桥本为底本，将二十几种古钞本一一调查，记录所有异文，编成校勘记，即《古文孝经抄本的研究（资料篇）》，发表于《斯道文库论集》第六辑〔1968年。该文今有电子版，可从庆应大学图书馆（http://koara.lib.keio.ac.jp/xoonips/）或日本情报学研究所网页（http://ci.nii.ac.jp/naid/110000980561）免费下载全文PDF版〕。其中第四至第二十四页为引用诸本目录，第二十五至第一百二十六页为校记，这部分有直接的参考价值；第一百二十七至第一千〇六十页为训读录文并校记，可以作为了解日本古代翻译的参考。

近年来，京都大学图书馆在网络上陆续公布所藏善本全书影像，舟桥本也在其列，学者无论在何时何地，都可以免费核查全书彩色书影（http://m.kulib.kyoto-u.ac.jp/webopac/RB00007929）。我们编辑《读本》的孔传部分，即以舟桥本为底本。读者以此本为基础，配合利用阿部先生校记，所有重要的古钞本文字情况都能掌握，极其便利。

（二）《孝经》孔传的文本

太宰本、《佚存丛书》本，根据日传钞本校定文本。由于所据钞本有限，校定不得其法，故失误严重，使后人迷惑。今有阿部先生校记，可以掌握日传《孝经》孔传异文之全貌。可惜《孝经》孔传一直以钞本流传，不像其他经书以五代、北宋监本为祖本，所以变化幅度相当大，而且难以折中。若据私意折中，无异于制造另一新文本，不能期望恢复旧本原貌。因此今编《读本》，《孝经》孔传只能照录舟桥本，未尝校改。即使如此，仍有些情况需要说明。

1. 日传诸本与刘炫所见本之间的关系，林先生《解说》已有举例分析，今再举以下数例：

> 《诸侯章》"居上不骄，高而不危"，孔传"高者必以下为基，故居上位不骄"，《述议》云"'故居上位'，其文不足，但更无别本，不知所少何字耳"。

按：刘炫疑孔传有脱文，日传诸本均与刘炫所见相同。

> 《五刑章》孔传末句"能从法者臣民也"，刘炫云："准上句言'明君''忠臣'，则此当说良善之意。'臣'字似误，但不知所以改之耳。"

按：日传诸本均作"臣民"，与刘炫所见同。太宰本、《佚存丛书》本作"良民"，乃出臆改，实无依据。

2. 日传孔传文字与刘炫所见不合的情况，除林先生所举例外，又有如：

> 《开宗明义》"教之所繇生"，孔传"教化所从生也"。《述议》云"以'生'为'出'"。

按：此知刘炫所据孔传作"教化所从出"。据阿部先生校记，猿投本等诸本作"出"，与刘炫所言合。而舟桥本作"生"，旁注或本作"出"，仁治本同。据此，大致可以推测，日传孔传早期文本作"出"，后讹误作"生"。

又按：本《读本》所录正文，仍照舟桥本作"生"，此需请读者自为鉴别。这是日传本之讹误问题，参照阿部校记可以校正。然校定全文，正如以上理由，是不可能者，故本书不为校定。

> 《广至德章》"教以臣"，孔传"事尸者谓祭。之像者也。尸即所祭之象，故臣子致其尊严也"。《述议》云："古之祭者，必以人为神主，谓之为尸，故云'事君尸者谓祭'也。《郊特牲》云'尸神象'，故云'尸即所祭之象'也。"

按：刘炫所据无"之像者也"四字，于文理为顺。此四字当涉下而衍，而日传诸本均有此四字。故今仍存此四字，而标点于"之像者也"上下均加句号，以示不连读。

又，同章同段孔传"所从咨道训"，《述议》云"'训故'谓先王教训之故事也"，则刘炫所据孔传作"训故"，不作"道训"。日传诸本皆作"道训"，则不知何以有此差异。

《谏诤章》"虽无道，弗失其家"，孔传"诸侯君临百姓"，《述议》："《孟子》云'周之班爵禄也，大国百里'，传言周之班制，意取《孟子》之文。盖亦以为大国百里，故举'百里'为言耳。"

按：刘炫所据孔传作"百里"无疑，若作"百姓"，则与上"天子王有四海"、下"大夫禄食采邑"不合。然日传诸本皆作"百姓"，则其讹误较早。

综观诸例，凡日传孔传与《述议》不合之处，皆不过单纯讹误之比，反可确定其祖本当即刘炫所见，非别有来源。

3. 除了《述议》外，也有可以参考《管子》推论日传孔传讹字的情况：

《孝治章》"昔者明王"，孔传："卑者不待尊宠而亢，大臣不因左右而进，百官修道，各奉其职；有罚者主亢其罪，有赏者主知其功，亢知不悖，赏罚不差。有不弊道，故日明。"

按：此处三"亢"字不得解。实则此段均出《管子·明法解》(参本文附录《孔传管子对照表》)，则其当作"见"可知。盖形讹耳，而日传诸本均作"亢"。

《事君章》"故上下能相亲也"，孔传"是以有道之君，务正德以莅下，而下不言知能之术"。

按：此传出《管子·君臣上篇》（参《孔传管子对照表》），则知"下不言"之"下"为衍字。盖其初写"不"字讹作"下"，后补"不"字而未删"下"，以致如此。

（三）《孝经》孔传与《管子》

《孝经》为小经，本非学者用力研究之对象。加以《四库提要》疑出日人伪造，清人多以日传孔传为伪书，或称"伪中之伪"，故未有人深入研究。

在日本，情况正相反。历史上孔传之盛行，甚至超越御注。太宰本问世之后，也出现不少相关论著，其中有一部《古文孝经孔传参疏》，原为片山兼山（1730—1782）作为授课所用之标注，片山氏过世后，由弟子山中仿之所辑，于1789年刊行。此书探索孔传文句之历史意义，广泛搜罗古代文献，表列与孔传文句相同或相关之文字。所引以经书、诸子为主，旁及《史记》《汉书》《汉纪》《后汉书》《三国志》并裴注、《晋书》《文选》等，可谓广博。全书除于孔序"汉先帝发诏称其辞者，皆言'传曰'"下，论《汉书》《汉纪》仅《翟方进传》有其例，高、惠、文、景诏无引《孝经》称"传"之事外，余皆引录诸书原文而已，不下任何按语，颇为清净，便于参考，体例类似陈士珂《孔子家语疏证》。虽不免滥引与遗漏，但已得孔传来源之大概，实有大功。近年，早稻田大学图书馆陆续扫描馆藏线装书，将全彩书影上网公布，今《古文孝经孔传参疏》亦在其列，可免费下载 PDF 全彩图像（http://www.wul.waseda.ac.jp/kotenseki）。

林秀一先生长年专研《孝经》，参考过包括《参疏》在内的大量资料，对于孔传引用诸书的情况，说其出处可确定者：

> 《礼记》五十五，《管子》五十一，《周易》十六，《左传》十六，《尚书》十一，《论语》十一，《毛诗》四，《周礼》四，《国语》四，《孔子家语》四，《公羊传》三，《大戴礼》二，《老子》二（以下略）。

其中，《礼记》性质与《孝经》接近，尤其《丧亲章》所言多可与《礼记》参照，则其引《礼记》固属自然。需要特别注意的是《管子》。林先生云：

> 孔传作者所关心者，与其在礼制之解说，莫若论述实际政治之原理。孔传在表述儒家孝治主义、礼治主义之同时，大量引用与儒家最近之《管子》，以论说法治主义、功利主义，此为其他经典解释所罕见之特色，颇可属意（林秀一《关于孝经孔传之成立》，撰于 1948 年，今据 2012 年出版《中国典籍与文化论丛》第十四辑所载刁小龙、陆明波译文）。

乍看之下，孔传掺进《管子》内容，再奇怪也不过。其实，是很符合《孝经》本意的。细绎《孝经》，所传达的是对未来的强烈不安和迫切祈求。人们害怕灾难来临，恐惧丧失地位，性命难保，所以寻求消灾解难的方法，《孝经》就是要提供这种方法。这样看来，汉代以来或读《孝经》退贼，或诵《孝经》如佛经，或以《孝经》为随葬品，颇有宗教色彩，并不奇怪。

通常言《管子》，往往以为法家，强调法治。实则《管子》内容复杂，其中最值得关注的是《形势》的思路，即讨论人性、社会的自然。《管子》云"主苛而无厚则万民不附，父母暴而无恩则子妇不亲"，又云"薄施而厚责，君不能得之于臣，父不能得之于子"（并《形势解》）；反观《孝经》，也云"爱亲者弗敢恶于人，敬亲者弗敢慢于人"（《天子章》）。你骂人，对方也要骂你；你对别人好，别人也会对你好，这是人性自然。《荀子》《孟子》虽都有类似表述，而《管子》与《孝经》之间的共同点较为突出。

"明王"用"孝"来致太平，以"孝"免"祸"，这应该是《孝经》最核心的思想。《开宗明义章》开头就讲"先王有至德要道，以顺天下，民用和睦，上下无怨"，《孝治章》重述"明王"该如何做到"天下和平，灾害不生，祸乱不作"的方法。具体而言，是天子尊重小国之臣，所以得万国之欢心；诸侯尊重鳏寡，所以得百姓之欢心；卿大夫尊重臣妾，所以得人欢心。亦即尊重下面的人，这样下面的人也会支持你，自然可以避免祸乱。《诸侯章》说"能保其社稷"，《卿大夫章》说"能守其宗庙"，《士章》说"能保其禄位而守其祭祀"，都在反映对祸难的恐惧。《孝经》提供一套现实、可行的解决方法，此时祸难已经不是上天谴责，而是自己可控制的结果。

其他儒经较少谈及"明王",而《管子》书中却俯拾皆是。《管子》中的"明王""明主"与"乱主"相对;《管子》中,"祸"亦常见。《管子》说统治者若能明白事理,知道顺着民意施政,则民众无怨言,可以保持社会秩序。乱主不懂得这个道理,所以招致祸难,国破人亡。《孝经》的思路也一样,只是用"孝"来代替"顺"而已。读者翻阅《天子》《诸侯》《卿大夫》《孝治》《圣治》诸章,都会认为所述内容与今日的"孝"概念毫无关系,而这些恰恰是《管子》中反复强调的内容。又如《事君章》:

> 君子之事上也,进思尽忠,退思补过,将顺其美,匡救其恶,故上下能相亲也。

此以君臣上下关系之理想为"上下能相亲",似与儒家礼说严上下之分不同。岂因论"孝"故特言及"亲"也?实则不然。《管子》屡言"亲",如《君臣下篇》"民亲君可用也,民用则天下可致也",《形势解》"道行则君臣亲,父子安,诸生育,故明主之务,务在行道,不顾小物",又"莅民如父母,则民亲爱之,道之纯厚,遇之有实,虽不言曰吾亲民,而民亲矣",又"君臣亲,上下和,万民辑,故主有令则民行之,上有禁则民不犯",等等。

畏惧祸殃,要顺从天地人之自然理法,这种思想影响很深远,直至汉代都会看到很多类似的言论,所以未必认定

《孝经》直接接受《管子》影响。但至少应该承认,《孝经》
与《管子》的思想非常接近。从这个角度看,孔传使用《管
子》来解释《孝经》,也应该说有一定的合理性。

四、《孝经》孔传与《述议》的历史性

(一)《孝经》孔传的改造

对于孔传大量引用《管子》的问题,林先生曾有尖锐的
评论,在此先引录其两段文字(均见《关于孝经孔传之成立》一文):

> 此等经典之引用形式,则绝少引用整段原文,大
> 体不过摘出一两句,插入传文中而已。且其插入,多
> 属勉强,以致上下论旨不统一。尤其引用《管子》之
> 际,多在传文末尾特意附加长文,而其衔接颇为拙劣,
> 始终不免生硬之感。

> 此等(笔者按:此谓引用《管子》)冷酷解释之出现,恐
> 亦需考虑其背后之魏晋以来混乱时代思潮之影响,始
> 得理解。即魏晋以来战乱频仍、外夷入侵、权臣跋扈、
> 官纪紊乱等政治、社会混乱,致使人心产生显著之个
> 人主义、自由主义、虚无主义、享乐主义倾向;以孝
> 弟礼乐为中心之儒家道德思想,已不足以维系人心,
> 不得不确立以国家、人君为中心之强力权威。

孔传引用其他经典，如《礼记》《周易》《左传》，都属于正常用典，可以说是经学著作常见的叙述方式。唯独引《管子》部分，不仅具有独特的思想内容，还让人意外地大量引用，超出读者对儒家经典解释的理解范围。

从孔传编排的角度来看，我们特别在意林先生所说的每当引用《管子》之际，"多在传文末尾特意附加长文，而其衔接颇为拙劣，始终不免生硬之感"。读者参考本文附录《孔传管子对照表》，也会有同感。从这一点，我们稍加思索，即可推想现在的孔传并非出于一个作者浑然一体的作品。孔传中，凡是有不同于常见儒家思想的内容，无一例外都是引用《管子》，没有引用其他资料。《述议序》说有引用《吕氏春秋》《韩非子》的地方，其实都是《管子》，这是刘炫的障眼法（见下文）。所以，应该有某个人，手里拿着一部《管子》，对之前很普通的孔传进行改造，往孔传中掺进《管子》的内容。

如果这种假设可以成立，我们对孔传成书时间的推测也会不一样。

林秀一先生认为孔传"已受王肃学说之影响，尽管未必深刻"，故"今本孔传为魏晋以后，恐六朝之人，假托孔安国名之伪作"，并且认为"魏晋以来战争频仍、外夷入侵、权臣跋扈、官纪紊乱等政治、社会混乱"，是孔传之所以包含大量《管子》内容的社会背景。林先生讨论孔传的成书时，只当孔传是一部书，成于一个时间点，没有考虑自己已经注意到掺进《管子》的问题。林先生做此推论，是在

1948 年，当时《孝经述议》还未完全复原。后来林先生整理《孝经述议》，刘炫在序中明确说道：

> 江左晋穆帝永和十一年（355）及孝武泰元元年（376），再聚朝臣，讲《孝经》之义。有荀茂祖者，撰集其说，载安国于其篇首，篇内引孔传者凡五十余处，悉与今传符同。是荀昶得孔本矣。

于是陈鸿森先生替林先生做了一个补充性介绍，认为孔传成立在王肃之后、永和十一年之前（参《孝经孔传与王肃注考证》，见《文史》2010 年第四辑）。陈先生的讨论尽管以林先生的论述为基础，也同样忽略了林先生所指出孔传中掺入《管子》的现象，因而不仅将孔传成书时间仍然作为一个时间点，连分析孔传的具体内容也有所失误。

日传孔传，除了个别讹误夺衍，大致内容应该就是刘炫看到的本子。既然如此，按照林先生、陈先生的推论，孔传自东晋出现以来，大致内容与日传本一样。这种结论，很难令人信服。孔传引用《管子》部分，无论从思想内容上，还是语言衔接上，都十分突兀。隋代人说是刘炫伪造，唐司马贞也说是伪书，清人又以此书是"伪中之伪"，完全合情合理。试想郑注内容尚且平稳正常，都还引起南齐陆澄的怀疑，与王俭讨论真伪；如果东晋以来，孔传就这么怪异，不可能不引起南朝人的讨论。应该说，不管在什么时代，孔传这种注释，都不会被广泛接受。

《孝经孔传述议读本》编后记

此外，东晋以后，没有任何记载暗示有另外一种《孝经》孔传出现，则梁代国学所用的孔传，恐怕与东晋时期一脉相承，大体无异。刘炫说梁武帝《孝经讲义》所引《古文孝经》与今本不同：

> 及梁王萧衍作《孝经讲义》，每引《古文》"非先王之法服"，云《古文》作"圣王"；"此庶人之孝"，云《古文》亦作"盖"；"以事其先君"，云《古文》作"圣先公"；"虽得之君子不贵也"，云《古文》作"虽得志君子不道也"。此数者所云《古文》，皆与今经不同。（《孔氏传》述议，卷一）

或许是记录别本，或许是不带孔传的经文也未可知。总之，没有任何迹象表明梁代以前的孔传包含引用《管子》的内容。所以我们推测，东晋以来至南朝流传的孔传，应该是不包含引用《管子》的文本，它是一种平实简单的注释，虽然不如郑注谨慎，还不失为可以参考的解释。

那么，刘炫序说荀昶（茂祖）编的书，"凡五十余处悉与今传符同"，当如何理解？刘炫讲"凡五十余处"，非常具体，似乎不是信口开河，应该是事实。假设是事实，也并不影响我们的推测。我们认为东晋至梁代流传的是没有掺入《管子》内容的孔传；后来经过某个人掺入《管子》，就是刘炫看到的孔传，大致与日传本相同。后者在前者的基础上，增入《管子》的内容，所以荀昶所引五十余处，悉皆包含在刘炫看到的孔传当中，也很自然。

隋唐及清代，孔传遭人诟病，现在看来，问题就在掺入《管子》的部分。东晋的孔传不包含这些部分，所以梁代以前无人议论。开皇十四年（594），王孝逸在京城获得孔传，送给王劭，王劭又送给刘炫，使其注释。此时，已经是增补《管子》内容的第二代孔传。刘炫说东晋人引用的孔传与今本悉皆符合，只论旧的部分相同，巧妙地回避增补《管子》的部分，要让世人相信两者相同。刘炫这一番论述很成功，所以一直到林先生、陈先生都没有怀疑东晋的孔传与隋代的孔传不一样。

至于将《管子》掺入孔传中，改编成第二代孔传，究竟出于何时、何人？我们目前无法确定。但是，由何人提出、何时流传，却是非常地清楚——由王劭提出，隋文帝时期被一部分社会所接受、流行。

（二）隋文帝时期的《孝经》孔传

第二代《孝经》孔传出现在隋文帝时期，是一个十分有趣的现象。六朝至隋，总体的文化形势是儒、释、道鼎立，而隋文帝受到正式儒家教育的时间非常短暂，对儒家言行并不热衷，他是个虔诚的佛教徒，在思想理论发展上倾向强调佛教价值。历史上的隋文帝，是一个因太过快速与突然获得天子地位，而终其一生，抱着怕被推翻的恐惧，对周遭疑心重重的人。他治理国事，不分昼夜，严格要求家人在宫中生活简朴，他深深相信，如果他的家庭过于享受眼前的荣华富贵，上天会惩罚他们。Arthur F. Wright 认为（段昌国译《隋代思想意识的形成》，见《中国思想与制度论集》，台北联经出版事业公司，1976 年），文帝此种反智识性格，受到佛教很深的影响。他还举一个例子：文帝规避封禅泰山，就是惧怕自己尚有众多问题没有解决，此举不啻大胆僭越，很可能使上天震怒。

不过，基于政治的考量，文帝在登基不久时，是以儒家的社会价值推广于民间，借此促进社会上与知识分子的向心力。儒家理论，除了在北方有利于建立和平社会，也为文帝征服江南提供了冠冕堂皇的借口。当开皇八年（588），文帝准备南征，下诏列举南征的理由，我们在此诏书中看不到任何佛教、道教的因素。南征成功之后，政权逐渐稳定，文帝对儒家思想也失去兴趣，正如《隋书·儒林传》序发出"高祖暮年精华稍竭，不悦儒术，专尚刑名，执政之徒，咸非笃好"之叹，取而代之的是佛教与刑名思想。

文帝一朝，在治国政策上有两个影响重大的大臣：高颎与苏威。高颎倾向法家，为文帝的开国达到了法家政治所要求的富国强兵，杜佑《通典》甚至将他与管仲、商鞅相比拟。苏威倾向儒家，文帝曾对群臣说："苏威不值我，无以措其言；我不得苏威，何以行其道。杨素才辩无双，至若斟酌古今，助我宣化，非威之匹也。"而苏威与高颎同心协助文帝，"政刑大小，无不筹之，故革运数年，天下称治"。又政权稳定之初，"宪章踳驳，上令朝臣厘改旧法，为一代通典律令，格式多威所定，世以为能"（以上皆见《隋书·苏威传》），则以苏威为首制定《开皇律》，可见文帝对他的倚重。苏威曾经对文帝引述其先父苏绰之言："臣先人每戒臣云：唯读《孝经》一卷，足以立身治国，何用多为。"文帝深表赞同，没多久，即赐《孝经》给当初矫改遗诏，使文帝得以辅少主之名，而获兵权之实的郑译，令其熟读。（又据《隋书·何妥传》，何妥认为苏威信口胡说，奏曰："苏威所学，非止《孝经》。厥父若信有此言，威不从训，是其不孝；若无此言，面欺陛下，是其不诚。不诚不孝，何以事君？"）说明《孝经》在当时受到文帝重视，作为"立身治国"之用。

开皇十年（590），苏威子夔与国子博士何妥等人议乐事，论者惧苏威权势，十之八九附和苏夔。何妥心有不甘，谓"吾席间函丈四十余年，反为昨暮儿之所屈也"，因此上奏苏威一干人等共为朋党，又言："威以曲道任其从父弟彻、肃等罔冒为官，又国子学请荡阴人王孝逸为书学博士，威属卢恺以为其府参军。"文帝令蜀土秀、上柱国虞庆则等调查，结果"事皆验"。文帝以《宋书·谢晦传》中朋党事令苏威读，"威惶惧，免冠顿首，上曰：谢已晚矣"，于是免苏威官爵，"知名之士，坐威得罪者百余人"（以上皆见《隋书·苏威传》）。即使没过多久苏威复爵，但同样是开皇十年，为弥补苏威想强迫江南人民受儒家教诲所引起的暴动，文帝下诏重振南方佛教，苏威与儒家学说的影响在文帝朝开始逐渐消退。

开皇十四年，掺入《管子》内容的第二代孔传，由王孝逸于京师购得。刘炫《述议序》仅言"书学博士王孝逸于京市买得"，《唐会要》载刘知几《孝经注议》却云"秘书学士王孝逸，于京市陈人处置得一本"，不知刘知几有何依据。

亦不知此孔传为南人所造，抑或故意让陈人转售，以掩饰其
造于京师。王孝逸，《隋书》无传，这个名字仅在《苏威传》
中出现过。但在《中说》出现数次，其中有："夫子（文中子）
十五为人师焉，陈留王孝逸，先达之傲者也，然白首北面，
岂以年乎？"《隋书》说他是"荡阴人"，《北史》说"黎阳
人"，《中说》说"陈留人"，当即一人。

受到苏威连坐的王孝逸，在京师购得《孝经》孔传，
不禁让我们有些遐想：某人（不排除王孝逸本人）面对隋文帝逐
渐不重视儒学，感到忧心，期待文帝以儒治国。他在偶然的
机会中得到了第一代《孝经》孔传。《孝经》在当时既然作
为"立身治国"之用，为学者必读，为他创造了一个先机。
北方流行郑注，而孔传在梁末已亡佚，极少人看过。若孔传
重现于世，当然非常珍贵。但这远远不够吸引文帝的注意。
此人深知朝廷的思想潮流，同时也注意到《孝经》与《管
子》的思想有许多共同处，所以将《管子》书中许多避灾解
祸的言论掺入第一代孔传中，或许，此人想要告诉总是害怕
遭受报应的文帝，儒家经典也可以解释因果的问题。

王孝逸不知因何种理由，将这部孔传送给了与文帝关
系也非常密切的王劭。王劭著有《史论》，其学风好立新说，
颇与刘炫同趣（参《义疏学衰亡史论》第二章第二节）。博学强记的
王劭，应该马上就明白这部孔传半真半假，但对"好立新
说"的王劭而言，居然能够这样解释《孝经》，也算新奇，
他自己对解经不那么在行，或者也没兴趣，于是，把它送给
了刘炫，让刘炫来注释。刘炫用来讲于民间，更渐闻于朝

廷，最后还与郑注共同立于学官。即使儒者喧喧，嘲笑是刘炫所伪作，但也不见文帝就此收回成命，在当时确实造成一股流行。

今天我们无法得知王孝逸与王劭、王劭与刘炫之间对于《孝经》孔传有什么样的对话，世人都将作伪矛头指向刘炫，就我们看来，刘炫是三人之中最清白的。比较确定的是，这部掺入《管子》的第二代孔传，在隋文帝朝出现，绝非偶然。

（三）刘炫与《孝经》孔传的关系

当刘炫看到孔传，跟王劭应是相同的反应。他在《述议》中往往指出孔传之非，这一点，林秀一先生也有指出。然而，刘炫写作《述议》的宗旨是什么？他的标准在哪里？

我们认为，刘炫意识到这部孔传是有人掺入《管子》内容的，于是，他想要掩盖这一事实，将孔传包装成不违背儒家传统的新注释。刘炫序中解释孔传为何必须引用《管子》等杂乱的内容，也对孔传的繁冗进行详细的辩解，在在都说明刘炫充分意识到这些问题。他在序中提到：

> 管、晏雄霸之略，荀、孟儒雅之风；孙、吴权谲之方，申、韩督责之术；苟其萌动经意，源发圣心；莫不修其根本，导其流末。

其实孔传引用的只有《管子》，提到晏、荀、孟、孙、吴、申、韩，只是障眼法，目的在不要让读者发现孔传专门用《管子》。

在实际的注释当中，刘炫还煞费苦心，对孔传引用《管子》的部分，进行各种不同的处理。最常见的是装作没看到，不提孔传有所本。这是刘炫序所谓"引书止取要证，或略彼文"。他也只能这么做，否则，若像《孔传参疏》，一一将孔传出处注明，那么靠《管子》支撑的实情会暴露无遗了。也有些地方引用别的书，例如引《韩非子》等书中类似的内容，故意不说出自《管子》。详情请参《孔传管子对照表》。

刘炫序言"聊复采经摭传，断长补短；纳诸规矩，使就绳墨"，又言"拾其滞遗，补其弊漏；傅其羽翼，除其疥癣"。文体类似骈体，所以容易忽略理解内容，其实只能理解为刘炫在此宣布对孔传的短处进行调整。《述议》中或不提《管子》，或故意提别的书，也是一种方法。不仅引书，内容的解释也如此。孔传中凡有《管子》特色的内容，刘炫一般都不做进一步深入的解释。

除此之外，我们也怀疑刘炫可能直接改动过孔传。《事君章》孔传大段引用《管子》，其中忽然加入"谟明弼谐"四个字。正如林秀一先生所言，孔传编者大段掺入《管子》，非常生硬，而孔传其他不直接使用《管子》的语言，都特别简单平白。在这里忽然用《尚书》的句子，不像是孔传编者所为。再加上《述议》不言此大段文字出自《管子》，却特别强调这四个字出于《尚书·皋繇谟》，所以我们怀疑这四字是经由刘炫改换的。

还有一处是孔《序》。孔《序》最后讨论《广要道章》"敬其父则子悦"的解释，认为前儒的解释不合适。孔《序》说"君虽不君，臣不可以不臣；父虽不父，子不可以不子"。这是所谓"《春秋》之义"，也是后来儒家道德所强调的。可是这与《管子》的思想正相矛盾，孔传是用《管子》思想，所以《士章》孔传云"父母教而得理，则子妇孝"，可见"子妇孝"是有条件的，《父母生绩章》孔传说"薄施而厚责，君不能得之于臣，父不能得之于子"，这些很明显都是"父不父则子不子"的《管子》思想。"《春秋》之义"是一种理念，"父不父则子不子"是人性现实，两者层次不同，未必直接矛盾。但《管子》或孔传都没有提倡"《春秋》之义"的意思，所以孔《序》中强调"君虽不君，臣不可以不臣"，还是要认为是与孔传内容相矛盾的。因此怀疑孔《序》这一段，或许也是刘炫所加。

自己伪造与要掩盖别人伪造的事实，相信后者更要花费心思伤脑筋，刘炫这么努力想要掩盖孔传引用《管子》的事实，那些认定刘炫伪造孔传的人，真是太小看他了。

（四）唐玄宗的"文化大革命"

第二代孔传，因为经过嫁接，生命力不强，启人疑窦，只能昙花一现。唐代虽然并未失传，但传习者十分有限。后人因见司马贞与刘知几之间的争论，御注也兼采郑注、孔传，以为二者旗鼓相当，其实是一种假象。开元六年（718），玄宗诏云"自顷以来，独宗郑氏，孔氏遗旨，今则无闻"（《唐会要》，卷七十七）。敦煌出土《孝经》郑注有数种，孔传则未尝有。孔传能在日本盛行不衰，是在不同文化背景、历史环境下造成的，不能与中国的情况相提并论。

司马贞与刘知几，讨论《孝经》的同时也讨论了《老子》。刘知几要扶持《孝经》孔传和《老子》王弼注，司马贞要坚守《孝经》郑注和《老子》河上公注，最后《孝经》《老子》都由玄宗自己作注。刘知几、司马贞和玄宗，三者分别代表不同的学风，为我们考虑长时段经学史演变，提供了非常重要的视角。

司马贞坚守《孝经》郑注和《老子》河上公注，是因为这些都是传统最标准的注释。学者一般都偏向保守，所以墨守传统的学者形成学术界的主流，势力很大，尽管他们很少发明。刘知几是思想活跃的一个学者，颇有合理精神，而往往不为主流学界所容。玄宗并不是学者，但有能力指挥学者，改造文化。玄宗利用思想活跃的学者，让他们批评保守、墨守的学者，并且创造新文化，用来取代传统文化。

刘知几有《史通》，充分体现他独立思考的风格。《史通》多次提到王劭、刘炫，对他们的评价亦高，更有云：

> 昔刘炫仕隋，为蜀王侍读，尚书牛弘尝问之曰："君王遇子其礼如何？"曰："相期高于周、孔，见待下于奴仆。"弘不悟其言，请闻其义。炫曰："吾王每有所疑，必先见访，是相期高于周、孔。酒食左右皆

餍，而我余沥不沾，是见待下于奴仆也。"仆亦窃不自
揆，辄敢方于郡宗。何者？求史才则千里降追，语宦
途则十年不进。意者，得非相期高于班、马，见待下
于兵卒乎？（《忤时篇》）

刘知几怀才不遇，引刘炫为"郡宗"。刘知几在武则天时期，
还曾支持王元感的《尚书纠谬》《春秋振滞》《礼记绳愆》等
新著作。王元感的书在当时被祝钦明等"专守先儒章句"的
学者排斥，可以推想王元感颇有创新意识，并有一种合理精
神。帮玄宗作御注《孝经》，并为御注《孝经》作义疏的元
行冲，也是一个与刘、王有同样理想的学者，他曾奉玄宗旨
意，为魏征改编《礼记》的《类礼》作义疏，却不为同时其
他多数学者所容，于是撰文发泄，其文今见《唐书》。其中
引用了王劭的　段话：

魏晋浮华，古道夷替。泊王肃、杜预更开门户，
历载三百，士大夫耻为章句。唯草野生以专经自许，
不能究览异议，择从其善。徒欲父康成，兄子慎，宁
道孔圣误，讳闻郑服非。（《旧唐书·元行冲传》）

经学史上著名的"宁道孔圣误，讳闻郑服非"两句，就出此
处。这里可以看出一个脉络：王肃、杜预等人，否定汉代为
经学而经学的学风，创造一种现实合理主义的学风，为三百
年后刘炫、刘焯、王劭、颜之推等人所继承。与此相对的是

《孝经孔传述议读本》编后记

墨守郑玄、服虔旧说的专业学者，算是主流，所以势力很大。一百年后，王元感、刘知几、元行冲等人继承刘炫、刘焯、王劭、颜之推等人的精神，积极创新，仍然不容易被主流学界所接受。

玄宗为传统文化带来了铺天盖地的大变化，他蔑视学术，只有"古为今用"的想法。他看《尚书》不太顺，就让卫包改古文为今文。他见《礼记》杂乱无序，想要换为魏征的《类礼》，遭到张说阻止而另成《开元礼》。就结果来看，玄宗作《唐六典》以取代《周礼》，《开元礼》以取代《仪礼》。至于《礼记》，后又改写实用的《月令》，列为第一篇。于是《三礼》全废。《孝经》郑注、孔传都抛弃，重新作一个符合己意的御注。《史记》不管司马迁的编排结构，以自家祖宗老子为《列传》之首。《史记》在玄宗时期出现两种注释，一为《索隐》，一为《正义》。两者相较，学风差异也很明显。支持《孝经》郑注的司马贞，也就是《史记索隐》的作者，《索隐》确实是传统的学术，是仔细探索文献内在逻辑的研究，分析方法颇近于经学义疏。(《索隐》有引用王劭说，岂非不同学派？非也。所谓墨守传统与合理主义，只是学风偏向，并非形成对垒的学派概念。试想唐代前期的保守学者拥护《五经正义》，而《五经正义》已经吸收刘炫、刘焯的论说，其余可类推。)张守节的《正义》则有明显的实用主义，所以地理的叙述较详细，可以说代表开元时期的新学风。玄宗对礼制的改造也很大胆，丧服、庙制都经过他改造，不顾八百年来学者苦心调整的历史，完全不受经书、经学的限制，一切跟着感觉走。类书则认为《艺文类聚》太高级了，要编《初学记》。《老子》也作新注。李善注《文选》，玄宗认为是章句典故的死学问，不说意义，看不懂，所以换成五臣注。诸如此类，皆在说明玄宗破坏传统高级文化。如果以玄宗有《孝经》注，认为玄宗重视文化，重视经学，则大谬特错了。

《孝经》孔传原本很少有人学，郑注一直也被质疑，学术质量并不很高，基础本来比较薄弱，所以御注以政治力量强行推广后，郑注也很快被淘汰了。由于郑注、孔传失传，学者单独看御注，很难发现其中的问题。现在郑注、孔传重现人间，再回头看御注，发现御注竟随己意，从《孝经》中消除了一切包含学术或思想价值的内容。孔传中引用《管子》，要求人君、官长、父兄修身，善待人民、下属、子弟的内容，在御注中都被淡化；君不君则臣不臣，父不父则子不子的自然道理，御注更不见提及。御注只要求人民顺从，子弟听话，是宣传专制的愚民伦理，其中没有任何真知灼见。

汉代以前普遍重视，《孝经》《管子》也十分关心的灾殃问题，在御注中同样一笔带过，《孝平章》（御注在《庶人章》）"自天子至于庶人，孝无终始而患不及者，未之有也"，郑注、孔传均以"患"为灾殃，唯"无终始""未之有"之理解相反而已（郑注"善未有"，意谓其善至极。今人多不得其解，欲改"善"为"盖"，误甚。详参本书札记，本书第408页）。御注皆不取，而参用谢万等之说，以为"恒患不及"，变成尽孝之主观努力问题，尤其突出。谢万等晋人解经，皆随意发挥，可以欣赏其奇妙，不足以为经学正解，与郑注、孔传之作为标准注释，意义不同。可见御注不考虑学术性，唯己意是从。三注相较，不难想到，孔传预设的读者是统治阶级，郑注预设的读者是读书人，御注预设的读者是被统治者（关于御注《孝经》的用意，可参考陈壁生《明皇改经与〈孝经〉学的转折》，载《中国哲学史》2012 年第 2 期，又《从"政治"到"伦理"——明皇注经与〈孝经〉学的转折》，载《学术月刊》2013 年第 9 期）。御注的经学史意义在否定并淘汰郑注、孔传，这一点也与《论语集解》意在否定郑注《论语》相似（参本书第三篇《论郑何注论语异趣》）。郑注《论语》、孔传《孝经》，虽然看起来都很怪异，但都会发人深思，有各自独特的魅力。《论语集解》、《孝经》御注与此相反，经过统一规范之后，留下味同嚼蜡的官方文件。靠政治力量强制推广的文化残骸、封建教条的宣传材料，理应遭到唾弃。

经学史上，常以安史之乱作为中晚唐学人觉醒，经学走向"自名其学""凭私意决"之重要因素，其实，这只是一个外围的因素。经过玄宗的"文化大革命"，传统学术已经断绝，还有几个人会欣赏华丽难解的骈文？势必只能作古文；还有谁理解郑注义疏学之细密理论？于是有啖派经学新理论。一直以来，经学史对唐宋转变的解释都很别扭。现在应该以玄宗时期为一个起点来考虑，恐怕比较符合实际情况。这是我们通过整理《孝经》孔传获得的启发。

五、本书形成的因缘与经过

乔秀岩在撰写博士论文时，即深知林秀一先生《孝经述议复原研究》之重要价值，一直以来，希望能够重新出版，但不知如何解决著作权问题。原因在于《复原研究》虽然出版较早，林秀一先生于1980年去世，此书不能算作公共版权，著作权仍归林先生后人，人海茫茫，不知从何着手，出版此书，只能先暂时搁下。2013年底，我们偶然得知台湾万卷楼已经完成初步排版，准备出版庄兵先生所译之《孝经述议复原研究》，颇感震惊。询问之下，才知也并未解决著作权问题。无论如何，尽快找到林先生的后人，是刻不容缓的事。

2014年春，几经辗转，有幸得到名古屋大学吉田纯教授的热心帮助，吉田教授不仅找到林秀一先生的公子林孝雄先生，同时为我们转达希望重新出版的想法。林先生表示，若先君著作能对学术有所贡献，先君有灵也会感到欣慰，慷慨授权。

林先生原书，在1953年出版。受当时条件所限，残本卷一、卷四的影印图像品质较差，文字多不易辨识，若要重出，图版必须重新制作。京都大学图书馆虽然很早就将《述议》残本的全彩书影公布在他们的网页上，可惜分辨率较低，不适合影印。于是，我们委托人文科学研究所的梶浦晋先生，向京都大学图书馆提出申请，也得到京都大学图书馆的应允，借用胶卷复制，做成电子扫描档，获得相当清晰的图像。

林先生原书，是申请博士学位的论文，有必要强调其中的"研究"因素，因而全书大体分为三：一解说，二影印，三辑佚。详言之，"影印"部分，除有残本卷一、四的影印，之后还附林先生卷一、卷四的校勘记；"辑佚"部分，是林先生对卷二、三、五的辑佚，后附三卷的校勘记，并附此三卷辑佚的补遗。这种编排方式，对我们阅读、研究《孝经述议》，显然不太方便。考量以上因素，我们对影印、辑佚、校记的编排，进行了调整，不分影印、辑佚，将各卷依次排列，附上该卷的校记，最后附上三卷的补遗。如此，除了补遗之外，可以按《述议》的顺序阅览。

即使经过以上调整，此书还不太容易阅读，主要有两方面的因素。首先，是影印部分，由于底本为钞本，日本室町时期的抄写字体并不好看，辨识不便。更大的问题是，此书不附《孝经》孔传，而《孝经》孔传也没有单行本流行，没有孔传，《述议》无法理解。于是，我们决定重新编一个《读本》，仿越刊八行本注疏，先录一章经传，其下录《述议》，并加上标点。这个工作，得到苏州大学顾迁先生的帮忙，亲自录入并加标点，完成这一《读本》。后来乔秀岩与北京大学研究生同学们校读《读本》稿，冯茜、马清源、赵永磊、王孙涵之、袁晶靖、白石将人、王鸳嘉、刘会文诸位同学都提供了中肯的校改意见。庄兵先生见到《读本》试印本，也提供了宝贵的校改意见。最后叶纯芳核对底本，改定了本书校样。

长期以来，《孝经》孔传没有流传，比较容易利用的只有《知不足斋丛书》本、《佚存丛书》本以及《四库全书》本，没有单行本，更没有校点本。学术界看过《孝经》孔传的人也不多。此次，我们结合了孔传、《述议》，一次提供这两种重要而难得的文本，应该说对学界可以带来一些冲击，也期许更多人加入研究的行列。

两年前，我们翻译了平冈武夫的《村本文库藏王校本〈白氏长庆集〉——走向宋刊本》（译文见《版本目录学研究》第四辑，北京大学出版社，2013年），从唐钞本到宋刊本，到底是一个什么样的过程，由于文献资料太少，没有人能说明白。平冈先生从极微小的可信资料中，做了一次精彩的、合理的却又非常危险的推断，虽然我们深深被"平冈风格"所吸引，但私底下将之戏称为"学术的妄想"。这篇《编后语》，大概也类似这种情形。相信许多读者读后，会迷惑，会质疑，也会有人嗤之以鼻，呵呵。读书贵在自得，我们提供整理好的文本，《编后语》能够引起大家对《孝经》孔传与刘炫《述议》的兴趣，再好不过了。在此，仅以这篇小小的"学术的妄想"，向平冈先生致敬。

本文作为2015年叶山小书店出版部出版《孝经孔传述议读本》附录首次发表。2015年8月京都大学召开"经学史研究的回顾与展望——林庆彰先生荣退纪念研讨会"，该书作为纪念品赠送与会者。又，稍加修改，附录于2016年崇文书局出版《孝经述议复原研究》末尾。又，单独刊载于2015年广西师范大学出版社《中国经学》第十六辑，则因不附林秀一先生原书，故第一章多加介绍，末尾省略《对照表》。今收录于本书，第一章如《中国经学》所载，末尾亦省略《对照表》。

《孝经孔传述议读本》编后记

经疏与律疏

乔秀岩

一、义疏学与《律疏》

 南北朝经学义疏的讲述者或撰作者大多是专门学者，并不是公卿大夫，也不是朝臣官僚。南北朝后期史籍所见义疏学者，南则集中在建康一地，讲谈之美恶，贵族之间口耳相传，北则分散各地，设讲坛，聚徒弟，乡里间自成评价。因此，无论南北，义疏的学术内容与当时政治社会关联较少，形成纯学术性、为义疏而义疏的专门学术。学术独立发展的结果往往是畸形膨胀，乖戾于该学科的初衷。颜之推对当时义疏学者的批评最生动，也最有名。《颜氏家训·勉学篇》云："率多田野闲人……相与专固，无所堪能，问一言辄酬数百，责其指归，或无要会。"又云："俗间儒士，不涉群书，经纬之外，义疏而已。"到隋代，颜之推以及刘炫、刘焯等人对这种已经堕落为逻辑游戏的义疏学进行批评，刘炫、刘焯自己撰义疏，逐一驳斥前人义疏中的荒谬观点，《孝经述议》残卷最能说明这种情况。唐初孔颖达等继承颜之推、刘炫等的批评态度，彻底删除南北朝旧义疏中不近人情、近乎荒诞的内容，同时也不采用刘炫等过于偏激的反对意见，折中编成《五经正义》。总而言之，南北朝义疏学是特殊历史背景下的特殊学术形态，专以经注文字为研究对象，而以通理为宗旨。按照义疏学家的说法，"注者，注义于经下，若水之注物"（《仪礼》"郑氏注"疏），注与经文是不可分割的一体。而义疏的主要任务即在似有关联但又不相同、甚至互相矛盾的各处经注文之间，疏通逻辑，解释其间的关系。可以说义疏学有自己独特的学术方法，与其他时期的经学著作有本质上的区别。如果简单地认为义疏是对经并注的注解，未免太过肤浅，然而与《五经正义》一样由唐朝撰定而且几乎同时颁行的《律疏》却说："近代以来，兼经注而明之则谓之为义疏。"若如此说，则《史记索隐》《正义》兼《史记》并《集解》而明之者，亦属义疏之流。《史记索隐》《正义》时代稍晚，而且性质相差较远，但《律疏》与《五经正义》关系尤密切，研究《五经正义》的学术特点，不能不对《律疏》也做些探讨。

二、《律疏》的外在形式

刘俊文先生《敦煌吐鲁番唐代法制文书考释》（中华书局，1989年）收录六种唐钞《律疏》残卷，为我们了解《律疏》较原始的体裁提供方便。其中除伯3690稍有不同外，伯3593、河字十七号、73TAM532、斯6138及李氏旧藏本共五种，书写格式基本一致。今以河字十七号中卷二"除名"一条为例，说明情况。"……"表示省略。

诸犯十恶、故杀人、反逆缘坐，

议曰：……

注云：本应缘坐，老、疾免者亦同。

议曰：……

问曰：……

答曰：……

又云：狱成者，虽会赦，犹除名。注云：狱成，谓赃状露验，及尚书省断讫未奏者。

议曰：……

又云：即监临主守，于所监守内犯奸、盗、略人，若受财而枉法者，亦除名。注云：奸，谓犯良人。盗及枉法，谓赃一匹者。狱成会赦者，免所居官。

议曰：……

问曰：……

答曰：……

注云：会降者，同免官法。

议曰：……

又云：其杂犯死罪，即在禁身死，若免死别配及背死逃亡者，并除名；注云：皆谓本犯合死而狱成者。

议曰：……

又云：会降者，听从当、赎法。

议曰：……

问曰：……

答曰：……

又问：……

答曰：……

　　唐钞本与宋元以降刻本相较，可以指出三点形式上的
不同。首先，《律疏》将此条律文分为五段，逐段疏解。疏
解之前具录各段《律》文，唐钞本标引第二段以下《律》文
则冠以"又云"。刻本有固定的行格，律文顶格，疏文低格，
眉目清楚，不容混淆，故不用"又云"。而钞本没有一定之
规格，一行字数可多可少，若无标识，极易与上段疏文相
混。"又云"二字的有无或可谓钞本与刻本不同流传形式所
致。第二点不同是刻本有注文重出的现象。《律疏》对注文，
或与律文一并为疏解，或单独疏解注文。唐钞本于前者则
《律》文下直接写注文，加"注云"二字为识，后者则注文
与《律》文分开，单独标写，冠以"注云"二字。刻本对后
者重出注文，即除了单独标写注文之外，《律》文下也录注
文。直接写在《律》文下的注文，刻本用小字以区别，不用
"注云"二字。如此处理的结果，只要寻顶格部分看，可以
读到完整的《律》文与注文。反言之，唐钞本《律疏》虽然
具载所有《律》文及注文，但毕竟是义疏，以《律》原文的
独立存在为前提，若不先熟读整条《律》文及注，无法理解
《律疏》。例如此条第一段"诸犯十恶、故杀人、反逆缘坐"，
只言罪犯的种类，实际上是第二段"狱成者，虽会赦，犹除

名"的主语。《律疏》在第一段注"本应缘坐，老、疾免者亦同"的疏解中，就已经讨论"除名"的问题。当知《律疏》备引《律》文及注文，首要目的在于明确疏解对象的范围。如此看来，第一点差异也有更重要的意义。唐钞本标引《律》文称"又云"，则所录《律》文为《律疏》所引，并非独立在《律疏》之外。刻本顶格录《律》文，无"又云"字眼，则俨然不属《律疏》内部。第三点不同是刻本在"议曰"上加一个"疏"的标识。这就是说，凡在此"疏"字标识以下为《律疏》，以上为《律》文并注，非疏文。可以说编者欲使刻本带有注疏汇本的性质。总之，唐钞本标引的《律》文在《律疏》之内，刻本载录的《律》文在《律疏》之外，唐钞本的形式可以比拟于经疏的单疏本，刻本的形式可以比拟于经疏的注疏汇刻本。

三、《律疏》的疏解方法

《律疏》三十卷，而《律》本十二篇十二卷。《律疏》对十二篇的篇题都有疏解，包括该篇律法的因革源流、篇名的训释以及篇次的意义。说解篇次，由来已久。《易》有《序卦》，赵岐作《孟子篇叙》以言"七篇所以相次叙之意"。至南北朝义疏，则其说甚繁，《论语义疏》可为代表。《论语》篇次本无意义，而皇侃每为巧说，必言其理。刘炫极力反对巧说附会，但《孝经述议》仍为篇次之说。可以说这是经书疏解的一种习惯。《律》非经典，而是当朝编订施行的

法典，编者安排篇次自有用意。所以李悝著《法经》，"以为
王者之政，莫急于盗贼，故其律始于《盗贼》"，曹魏《新
律》序云"旧律《具律》在第六，罪条例既不在始，又不在
终，非篇章之义，故集罪例以为《刑名》，冠于律首"，张裴
注晋《律》亦云"律始于《刑名》者，所以定罪制也，终
于《诸侯》者，所以毕其政也"（引文均见《晋书·刑法志》）。《律
疏》于每篇篇首辄言篇次之旨，如《名例》云："命名即刑
应，比例即事表，故以《名例》为首篇。"《卫禁》云："敬
上防非，于事尤重，故次《名例》之下，居诸篇之首。"又
如《捕亡》云："此篇以上，质定刑名。若有逃亡，恐其滋
蔓，故须捕系，以置疏网，故次《杂律》之下。"《律疏》与
《律》同出唐廷，这些解释应该认为正得编《律》之本意。
但《律》十二篇并非每篇都有编次必然之理。所以如《户
婚》云："既论职司事讫，即户口、婚姻，故次《职制》之
下。"《厩库》云："户事既终，厩库为次，故在《户婚》之
下。"《律疏》只言篇次之事，不言其理。又如《诈伪》
云："斗讼之后，须防诈伪，故次《斗讼》之下。"虽言
"之后"，言"须"，其实亦无必然之理。总之，《律疏》说
解篇次是律学发展的自然结果，但也不必否认当时经学义
疏注释习惯的影响。皇侃《礼记疏》每为科段之说，不惜附
会巧说，必言先后章句编次之理。孔颖达编《礼记正义》即
以皇侃《礼记疏》为蓝本，而谨慎排除繁论空理之说。《律
疏》的说解，务求平实，言篇次而不涉玄虚，自然与孔颖达
等的态度一致。

经学义疏于每章疏解开首处说明该章经文的大旨。《律疏》除了十二篇篇首之外，每条疏文都没有综述一条宗旨的说明。可见《律疏》不将《律》当作经典，疏解重实在，不事文饰。读《律疏》者莫不先熟读《律》正文，《律》文所论何事，不言可知，不必多添文章，徒烦耳目。若有关于整条内容的补充讨论，《律疏》用问答的形式，放在末尾。如上引卷二"除名"一条，最后一组问答所提问题是："加役流以下五流，犯者除名、配流如法。未知会赦及降，若为处分？"这是因为《名例律》还有一条规定说"其加役流、反逆缘坐流、子孙犯过失流、不孝流及会赦犹流者，各不得减赎，除名、配流如法"，而此"除名"条没有提到这些五流罪人，所以提出问题，自行解释。这组问答的意义在于补救"除名"整条《律》文的简略，自然不是专就"会降者，听从当、赎法"一段文句而发的。

律学与经学的不同，在其现实性、实践性。律文"篇少则文荒，文荒则事寡，事寡则罪漏"（曹魏《新律》序，见《晋书·刑法志》），反之则"简书愈繁，官方愈伪，法令滋章，巧饰弥多"（杜预语，见《晋书·杜预传》）。于是杜预提出如下原则：

> 法者，盖绳墨之断例，非穷理尽性之书也。故文约而例直，听省而禁简。例直易见，禁简难犯。易见则人知所避，难犯则几于刑厝。刑之本在于简直，故必审名分。审名分者，必忍小理。古之刑书，铭之钟鼎，铸之金石，所以远塞异端，使无淫巧也。今所注

皆网罗法意，格之以名分。使用之者执名例以审趣舍，
伸绳墨之直，去析薪之理也。（奏《律注》语，见《晋书·杜
预传》）

曹魏《新律》意图整理庞杂混乱的汉律，也有"文约而例
通"（曹魏《新律》序）的想法，但未能成功。杜预参与编订的
晋《新律》才做到"蠲其苛秽，存其清约"（《晋书·刑法志》）。
杜预强调"例之直"，其实"例直"则理通，他反对的是不
顾名分大义、乖离人情现实的"小理"。这里不难看到杜预
治律的背景以及基本思想，与他治《春秋》的情况非常类
似。汉儒治《春秋》，苟有异文，辄立义例，其说庞杂而多
牵强。杜预著《释例》，排斥汉儒义例之虚诞，重新审定不
乖常情的凡例。《春秋经传集解序》云："或曰：《春秋》以
错文见义，若如所论，则经当有事同义异而无其义也。先
儒所传，皆不其然。答曰：《春秋》虽以一字为褒贬，然皆
须数句以成言，非如八卦之爻，可错综为六十四也。故当依
《传》以为断。"其言与奏《律注》语趣意正同，可以互证。
南北朝义疏追求通理，失于虚诞，繁而寡要，隋代刘炫、刘
焯批驳南北朝义疏，所用精神正与杜预相同，故《五经正
义》常见"无义例"之语。《律疏》亦有说明"事同文异而
无其义"的疏解，如《名例律》"老小及疾有犯"条《律疏》
（卷四）云："问曰：上条'赎'章称'犯流罪以下听赎'，此
条及'官当'条即言'收赎'。未知'听'之与'收'有何
差异？答曰：……此是随文设语，更无别例。"这种疏解的

目的在于不让读者疑惑，并且防止穿凿。

晋《律》颁行后经四百年，唐《律》内容未必优胜（参考章太炎《五朝法律索隐》，见《太炎文录初编》），但编例应该比较成熟，而且所用语言亦非古语，了解文义并不困难。因此《律疏》的重点不在疏释《律》之文义，而在说明运用《律》文时需要了解的问题，包括某一律条与其他相关律条之间的关系，界定所涉事物的范围等。也因此，《律疏》的疏解内容平实，论述简单明确，没有汉律的伸张"小理"，也没有南北朝经疏的玩弄逻辑。《律疏》说解不同律条之间的关系，上引卷二"除名"条最后一组问答就是其例。界定所涉事物的范围，则如"除名"条"即监临主守，于所监守内犯奸、盗、略人，若受财而枉法者，亦除名"下《律疏》云："律文但称'略人'，即不限将为良贱。"这是因为略人将为良贱，有不同的处罚，此"除名"条只言"略人"，所以说明此不分将为良贱，以防产生歧义。又如《名例律》"除名官当叙法"条"诸除名者，六载之后听叙，依出身法"，《律疏》（卷三）云："称六载听叙者，'年'之与'载'，异代别名。假有元年犯罪，至六年之后，七年正月始有叙法。其间虽有闰月，但据'载'言之，不以称'年'要以三百六十日为限。"（"要"或当为"菁"之讹，存疑。2013年补注：此当读"不以'称年者以三百六十日'为限"，"要"当作"者"，可无疑义。笔者下文明引"称年者以三百六十日"为《律》之正文，而此曾疑"要"或为"菁"之讹，可谓失之眉睫。）又"免所居官及官当者，期年之后，降先品一等叙"，《律疏》云："称'期'者，匝四时曰期，从敕出解官日，至来年满三百六十日也。称'年'者，以三百六十日；称'载'者，取其三载、六载之后，不计日月。"这里《律疏》先说明"年""载"不过异代别名，本无殊异，但《律》中有不同的用法，所以特别加以说明。其中"称'年'者，以三百六十日"一句，为《名例律》中《律》条正文（"称日年及众谋"条，见《律疏》卷六），此亦可见《律疏》疏解始终以《律》之正文为指归。

《律》之正文本非古语，然其中词语自有历史渊源，所以《律疏》偶有训诂释义之说。今观其训诂，与传统训诂截然不同，颇可注意。如《户婚律》"部内田畴荒芜"条《律疏》（卷十三）云："称'畴'者，言田之畴类。或云：'畴，地畔也。'"按："田畴荒芜"一句出《周语》，韦昭注云："谷地为田，麻地为畴。"《月令·季夏》"可以粪田畴"，孔疏引蔡邕亦云："谷田曰田，麻田曰畴。"这是"田畴"之定训，而《律疏》不依用。所以如此者，《律》言"田畴"泛指农田，不限谷田与麻田。《律疏》以为"田"字可依常义理解，就是农田，而更言"畴"者，当无别义，所以一则说"田之畴类"，又引或说"畴，地畔也"。其意实谓"畴"字无关重要，"田畴"即田。又如首篇标题"名例第一"，《律疏》云："第者，训居，训次，则次第之义，可得言矣。"按之经疏，"尧典第一"孔疏云："第训为次也。""关雎诂训传第一"孔疏云："《说文》云：'第，次也。'""天官冢宰第一"贾疏云："第，次也。""曲礼上第一"孔疏云："《小尔雅》云：'第，次也。'""经传集解隐公第一"孔疏云："《字书》云：'第，次也。'"所据有所不同，但莫不训次，是为定训。《律疏》独言"训居"，与经疏传统不合，亦不知何所因承。《名例律》"笞刑"条《律疏》（卷一）云："笞者，击也，又训为耻。言人有小愆，法须惩戒，故加捶挞以耻之。"笞训击为常训，训耻则未知何所因承。总之，《律疏》的训诂特点可谓是其现实实用主义的反映。

《律疏》虽然有现实实用主义特点，但也不完全忽视历史。每篇篇首的《律疏》，除了说明篇次之外，也介绍该篇的历史沿革。《律疏》对五刑、十恶等基本律条，也进行历史性说解。《律疏》（卷一）于"笞刑"条云"其所由来尚矣"，"杖刑"条云"源其滥觞，所从来远矣"，"徒刑"条云"盖始于周"，"流刑"条云"盖始于唐虞"，"死刑"条云"斩自轩辕，绞兴周代"。这些说解的用意似乎是通过说明历史渊源，加强五刑的权威性和合理性。另外，五刑各条的《律疏》多引用纬书、《家语》等，也有阴阳五行说，与其他部分印象迥异。这一方面自然会有加强权威性的意义，但另一方面还要考虑其中应有因袭。五刑由来既久，历代律学者为章句、注释，想必多所论说。《唐律》本《开皇律》，《开皇律》多采《北齐律》，而纬书、《家语》、阴阳五行说又皆盛行于北方。则《律疏》中这些内容盖多出于旧律注释。

综上所论，《律疏》疏解有明显的现实实用色彩，符合律学的实践性本质特点。与经学义疏相较，《律疏》以《律》正文为指归，疏解文句时常暗据《律》文，注意不同《律》条之间的关系等，类似于经学义疏。但在本质上，《律疏》

缺乏解释理论方面的特点，不像经学义疏那样追求逻辑完美，虽然称"疏"，从解释内容上与"章句"无异。这就难怪《律疏》说"兼经注而明之则谓之为义疏"，只做表面形式上的说明。

四、社会基础与哲学根据

上文曾言南北朝为经学义疏者大多是专门学者，当时有社会环境让他们为学术而学术，为义疏而义疏。刘炫、刘焯闭门读书，自学成才，所以能够尽情抨击畸形膨胀的旧义疏。大凡一种学术一旦开始独立发展，学术自成规矩，势必脱离原本，越走越远。汉代章句之末流，说"曰若稽古"三万言，南北朝义疏之末流，"仲尼居"即须两纸疏义，钱穆所谓"博士余影""先后同揆"（《两汉博士家法考》，见《两汉经学今古文平议》）者也。程朱经学本来简要，至明代不胜其繁，亦同此理。学说綦繁，乃学术发展的自然结果，繁说细论未尝不是学术本身所需求。而这种发展的前提，则是学术独立的社会环境。南北朝各自形成学术圈，有专门的学者群体，在其范围内共同默认的学术前提下，发展各有特色的义疏学，产生大量的专门理论。关键是，只有这种社会环境，才能产生专门高深的理论，而且这种深奥的理论，一旦离开所属环境，往往只能被视为繁而寡要的逻辑游戏。隋朝统一南北，义疏学失去旧有的社会环境，忽视学术前提而单独看旧义疏，只见牵强虚浮，不见其高深奥妙。于是刘炫、颜师古、孔颖达等人整理旧说，删旧说之玄虚，准之以常情，最后折中为《五经正义》。之后，唐代无专门研究义疏学的社会环境，无专门经学家，探研通理的旧义疏学就此衰灭。反观律学，正如瞿同祖所说："汉以后便鲜有专门研究法律的法学家，法典的拟订并不出于法律家的手笔。"〔《中国法律与中国社会》第六章第三节（重订本，中华书局，1981年）〕因此律学纵有"科网本密""言数益繁"（《晋书·刑法志》语）的趋势，却没有产生类似经学义疏的深奥理论。直至隋代，编订律典的宗旨即在"刑网简要，疏而不失"（《隋书·刑法志》评《开皇律》语），初无学术理论方面的问题。可以推想，编订《律疏》不在于阐释什么理论，而在于平实简明地解决具体问题。

《五经正义》与《律疏》几乎同时出现，而且都以简明为宗旨。然而简明没有理论标准，一以常情为依据。例如《诗·公刘序》孔疏云："《外传》称后稷勤周十五世而兴，《周本纪》亦以稷至文王为十五世。计虞及夏、殷、周有千二百岁，每世在位皆八十许年乃可充数耳。命之长短，古今一也。而使十五世君在位皆八十许载，子必将老始生，不近人情之甚。以理推之，实难据信。"是据人之常情而怀疑经典文字，与旧义疏学以经典文字为出发点，追求其间完美的逻辑解释，完全不同。《律疏》的疏文自称"议曰"，而不称"解曰"（《公羊》疏）、"释曰"（《周礼》《仪礼》疏、《谷梁》疏），正好说明《律疏》的重点不在解释文本。而其补充议述《律》义时，固以不乖常情为本。例如《名例律》"老小及疾有犯"条《律疏》云："其殴父母，虽小及疾可矜，敢殴者乃为恶逆。或愚痴而犯，或情恶故为，于律虽得勿论，准礼仍为不孝。"按：《四库提要》云"唐律一准乎礼"，瞿同祖论魏晋以来"以礼入法"的问题甚详。但"礼"的范围极为广泛，如《魏律》以"八议"入律，《晋律》以"五服"入律，《北周律》流刑分"卫服"二千五百里至"蕃服"四千五百里五等，皆原本《三礼》经文。而此"老小及疾有犯"条《律疏》言"准礼"，则非谓《三礼》经注，亦非礼教、礼仪，而是泛言道德规范而已。《唐律》因袭《隋律》，继承接受"八议""五服"入律，而不取五等流刑，因为四千五百里分五服不过是《周礼》的理想制度，并不现实。可见《唐律》与《律疏》在四百年来律学理论发展与经验积累的基础上，以常情常理为重要标准，整理出平常实在的律法体系。虽然如此，这里有一个哲学根据问题。在旧义疏的繁杂虚华面前，在律学著作的滋蔓倾向面前，删繁就简、整理折中是必要的，而且能够大快人心，但是简化整理工程完成以后，青山夷为平地，不免会出现理论的空虚、哲学的缺位。《五经正义》在排除异常，《律疏》也在强调平常。一方面，这或许代表社会的成熟，说明已经形成全国共同的道德标准。我们也可以联想这段时期启蒙、书仪一类著作的迅猛发展。但另一方面也不能否认，读《五经正义》《律疏》，感觉不到生机，令人郁闷。既无追求理想的眩惑魅力，又无探索理论的智力刺激。平常稳妥，现实普通，却找不到更深层的哲学根据，读者会感到莫名的不安。这种思想状况或许可以说是中唐以后经学、儒学新发展的背景。

五、后记

今人律学著作无不强调律之儒家化、律礼关系，然其说皆不出瞿同祖所论范围。最近出版祝总斌老师《材不材斋文集——祝总斌学术研究论文集》上下编（三秦出版社，2006年），上编《中国古代史研究》收录《略论晋律之"儒家化"》一文（2013年补注：此文亦见《材不材斋史学丛稿》，中华书局，2009年），分析"儒家化"的具体内容，探讨秦汉以来社会结构变化，说明魏晋律"儒家化"的历史意义，精辟透彻，令人耳目一新。深觉讨论思想潮流之历史演变，必须熟读史书，若仅就律学、经学等专门内容之一斑，谈论思想潮流，难免非妄即谬之失。

然中唐以后思想潮流，先提出"道"的理想概念，随后"道"的内涵逐渐丰富具体，然后开始探索其中之"理"，似乎符合思维发展的规律。唐代前期《五经正义》的成立及《文选》学的盛行，都意味着南北朝义疏学、文学已经失去继续发展的可能性，读《律疏》也感觉不到学术的脉搏。学术仍在，甚至在表面上整理完美，却已失去活力，犹如庞大的尸体，这是我个人浅薄的印象，因而想到中唐以后思想问题时，自然产生联想，如上文所论。

本文2005年报告于"中研院"中国文哲研究所召开的"隋唐五代经学国际研讨会"上，收录于该所2009年出版的《隋唐五代经学研讨会论文集》中。

闲聊啖、赵、陆《春秋》学

乔秀岩

2002年文哲所出版张稳蘋学姊编《啖助新春秋学派研究论集》，汇集中国大陆、中国台湾、日本有关论文共二十篇，包含张学姊两篇文章，较全面反映过去有关研究。此前，张学姊于2000年提交硕士论文《啖、赵、陆三家之〈春秋〉学研究》，除《研究论集》所收两篇文章为核心内容外，更详论啖派兴起之政治、学术两方面背景以及啖派对中晚唐至清代春秋学之影响。今读《啖、赵、陆三家之〈春秋〉学研究》，试述个人观感。

一、张学姊之经学思想

学姊论文之特点，在其站在传统经学研究立场。因其志在经学，故研究古人经学论著，必欲从中总结经验，汲取教训，以供今后研究经学之参考。综观书中评论古人经学之语，知张学姊之经学宗旨，简言之，以通过严谨考证，阐明经典原貌；具体研究方法，继承清代小学，又接受近代疑古派精神，是民国以来传统的学术方法。

〔如〕第四章第一节介绍继赵匡之后持左氏非丘明之学者，结论认为："附议赵匡而论者，多半难以提出颠扑不破的具体结论。显见在审慎怀疑的背后，更需仰赖严谨的考证，这也是我们在反驳前人的成说时，必须备足的学术伦理及担当。"

〔又如〕第四章第二节评述啖派论"无经之传"，指出《左传》叙事有"隔越取同"等形态，而云："啖助学派在取择《三传》的条件上，特别无法宏观看待《左传》此种特质。名为'要求缘经通义'，却让《春秋》经典的原貌，因为欠缺充足的史料佐读而变得更为模糊。"

〔又如〕第四章第二节讨论啖派校订《三传》经文，论云："这种《三传》经文的刊正工作，提供了古字古音研究的文献资料，成为有清一代从事文字音义等考据工作者的入门之钥。"按：学姊以庄公八年"治兵"陆淳云《公羊》作祠，非也，《周礼》有治兵礼"为例，谓陆淳未及指出"治""祠"古音同部为产生异文之原因。其实"治兵""祠兵"郑《驳异义》已有详论，习惯论点，无须言古音。然若今人论此异文，则固当言及古音，故学姊之论如此。

〔又如〕第五章第一节论《春秋》之政治思想，出注介绍顾颉刚"笔削实非出自孔子"说，而谓"因其所提论点多属旁证，未具确凿之定论条件，本文仍以

'孔子作《春秋》'作为引述及讨论之主题"。按：换言之，若近人论证确当可信，则讨论古人观点，当以合者为得，不合者为失，必须分析其所以得失之由。可见学姊明确站在现代学术立场，以其标准评论古代学术。当知台湾仍然有经学传统。

其经学史认识，即接受《四库提要》以来之汉宋转变论，而以啖派为转变之过渡关键。

〔按〕《绪论》云："大抵而言，汉魏盛唐之际，学者多将重心置于六经和诸子的研究上，着重文字音义的训诂和章句名物的稽考；朱子之后，《论》《孟》《学》《庸》等《四书》成为初学入门的重要经典，训解方式也从文献资料的外围研究，转向经典内部的义理探索。"按：长期以来，学者以啖派为宋学先驱，因为从经学角度观之，疑传弃传最可重视。至七八十年代以后，论者开始关注啖派之政治思想，乃始置诸唐代政治背景下论之。学姊兼顾两方面，故一面就《左传》作者等经学问题进行历史概述，一面论述中唐政治状况，以明啖派之背景。

二、啖派与义疏学之比较

欲论啖派之创新意义，必须与当时主流之学术进行对比。哲学、文学等情况，如今研究当较深入，但我们了解有限，学姊虽有专章介绍韩、柳古文思想等，泛论道统哲学之兴盛，但仍未能分析论证武则天至德宗一百多年之潮流变化。至于经学，武则天时王元感有新作，玄宗时论《类礼》《孝经》等，均不得其详，论者仅举《五经正义》为啖派之前提，并视之为待破除之枷锁。

〔按〕武则天至德宗时期之经学可以研究者，《孝经》（有孔、郑争论以及开元、天宝二注，元行冲疏亦可讨论）、《开元礼》、《周易集解》以及史书所载礼议。又按：日人文章多谓《五经正义》束缚学者思想，王元感、啖派等皆所以批判《五经正义》。凡此等议论，均无实据，想当然之说，不得信从。

啖派虽有批评义疏之说，但批评重点在记诵之学弃本逐末，不在《五经正义》本身，不得以啖派为对《五经正义》之反弹。

〔《春秋集传纂例·啖氏集传集注义》载啖子云〕因注迷经，因疏迷注，党于所习，其俗若此。

〔《通典》卷十七载赵匡《举选议》云〕疏以释经，盖筌蹄耳。明经读书，勤苦已甚，既口问义，又诵疏文，徒竭其精华，习不急之业，而当代礼法，无不面墙，及临人决事，取办胥吏之口而已。所谓所习非所用，所用非所习者也。故当官少称职之吏，其弊三也。

按：此论明经应试者不知读书本旨，未尝以为《五经正义》内容有问题。

其实，义疏学充满主观性，而且以"经典内部的义理探索"为主。啖派经学与义疏学，为学目标、方向全不相干。性质既不同，啖派经学与义疏学之间本无关系可言，更不得谓反弹。然观啖派批判《公》《谷》凡例之说，首先认定事实，事实定则其义亦定，除此以外则斥为穿凿妄说，据此批判《公》《谷》凡例，与刘炫批判先儒义例之法，本质上相同。

〔《春秋集传纂例》卷九《日月为例义》云〕啖子曰：《公》《谷》多以日月为例，或以书日为美，或以为恶。夫美恶在于事迹，见其文足以知其褒贬，日月之例复何为哉。假如书曰"春正月叛逆"，与言"甲子之日叛逆"，又何差异乎。故知皆穿凿妄说也。假如用之，则踳驳至甚，无一事得通，明非《春秋》之意审矣。

啖派解经技术与刘炫有共同点，至其解经思想则全然不同。刘炫对先儒义疏之具体观点——进行批驳，以致旧义疏几无完肤，但未尝建立新经学思想以取代旧义疏学，故其学仍在义疏学范畴内，此正所谓"蠹生于木而还食其木"者。刘炫解经，仍以讨论经注文句为范围，不涉及政治思想。

〔《大雅·召旻》疏〕奄者防守门阁，亲近人主。凡庸之君，暗于善恶，以其少小惯习，朝夕给使，顾访无猜惮之心，思狎有可悦之色，且其人久处宫掖，颇晓旧章，常近床第，探知主意。或乃色和貌厚，挟术

怀奸，或乃捷对敏才，饰巧乱实。于是邪正并行，情
貌相越，遂能迷罔视听，因惑愚主，谓其智足匡时，
忠能辅国，信而使之，亲而任之，国之灭亡，多由此
作。按：此论宦者之害，本《后汉书·宦者传论》。知刘炫熟悉文献而
于政事并无己见，如同刀笔胥吏。

三、啖派解经之基本方法

啖派认定《春秋》有褒贬，而会通《三传》，不拘一
传。不盲从《公》《谷》凡例，但亦否定《左》学者过分否
定义例之说。先认定事实，然后据以认定义例。认定事实需
要多据《左传》，认定义例需要根据政治思想。

〔《春秋集传纂例·啖氏集传集注义》载啖说云〕
先儒各守一传，不肯相通，互相弹射，仇雠不若。诡
辞迂说，附会本学，鳞杂米聚，难见易滞，益令后人
不识宗本。因注迷经，因疏迷注，党于所习，其俗若
此。《老氏》曰"大道甚夷，而人好径"，信矣。故知
《三传》分流，其源则同，择善而从，且过半矣，归乎
允当，亦何常师。

〔《春秋集传纂例·三传得失议》载啖说云〕《左氏
传》大略皆是左氏旧意，故比余传其功最高。博采诸家，
叙事尤备，能令百代之下，颇见本末，因以求意，经文

可知。又况论大义，得其本源，解三数条大义，亦以原
情为说，欲令后人推此以及余事。……〔又云〕夫《春
秋》之文，一字以为褒贬，诚则然矣。其中亦有文异而
义不异者，二传穿凿，悉以褒贬言之，是故繁碎甚于
《左氏》。……〔又云〕《左氏》言褒贬者，又不过十数条，
其余事同文异者亦无他解，旧解皆言从告及旧史之文。
若如此论，乃是夫子写鲁史尔，何名修《春秋》乎。

偶有经传不详，不足以确定事实，则不妨据政治思想及义例
推断事实。

〔如〕成公元年"秋，王师败绩于贸戎"，《左传》
云"叔服曰'背盟而欺大国，此必败'"，《公》《谷》
均持晋败王师之说。《辨疑》云："《公羊》曰：'孰败
之？盖晋败之。或曰，贸戎败之。曷为不言晋败之？
王者无敌，莫敢当也。'啖子曰：'若晋败王师，而改
曰贸戎，是掩恶也。如何惩劝乎。'"

啖派之政治思想，尊王，反战，反对家天下等，论者甚多，
今且不论。必须注意者，义疏学者多为专门学匠，本无此类
政治思想，即使其人有思想，又与义疏无关。至啖派，学
者与政，政治意识强烈，有此意识，而后有此经学。啖助
以《春秋》宗旨以夏为本，不全守周典礼。赵匡则谓《春
秋》宗旨在复兴周典，未必从夏。两人以《春秋》旨在救世

是同，论其救世策略则不一。是则啖派政治思想尚未成熟固化，其研究《春秋经》，亦所以思索政治策略。唯其关心在政治策略，故对传注之理论体系毫无兴趣。至宋人治《春秋》，往往用现成固定之政治思想，强使《春秋经》就范而已。《春秋正义》、啖派至宋，《春秋》学之演变发展，关键不在其解经本身，而在其政治思想以及政治思想与解经之关系。

〔《新唐书·儒学·啖助传赞》〕啖助在唐，名治《春秋》，摭讪三家，不本所承，自用名学，凭私臆决，尊之曰孔子意也，赵、陆从而唱之，遂显于时。呜呼，孔子没乃数千年，助所推著果其意乎？其未可必也。以未可必而必之则固，持一己之固而倡兹世则诬。诬与固，君子所不取，助果谓可乎。徒令后生穿凿诡辨，诟前人，舍成说而自为纷纷，助所阶已……

〔《十驾斋养新录》卷六云〕《唐书》欧阳修撰《本纪》《志》《表》，宋祁撰《列传》。予读《儒学传·啖助论》云云。此等议论，欧阳所不能道。欧阳之《诗童子问》正宋所讥"舍成说"而"诟前人"者也。其后王安石、郑樵辈出，以穿凿杜撰为经学，诋毁先儒，肆无忌惮，景文已先见及之矣。

〔《郡斋读书志》《春秋微旨》条云〕啖、赵以前学者，皆专门名家，苟有不通，宁言经误，其失也固陋。啖、赵以后学者，喜援经击传，其或不明，则凭私臆决，其失也穿凿。均之失圣人之旨，而穿凿之害为甚。

〔学姊于第六章第三节云〕《春秋》思想大多在乱世中受到特别的瞩目，而传统知识分子对乱世的深刻思索，往往回归于君主权力面的期待与反省，中唐啖助等人如此，两宋诸儒更是深化其发展。按：隋代亦乱世，刘炫自身惨死街头，然其治《春秋》，无政治思想可言，《春秋》疏与《诗》《书》疏并无本质差别。又按：如今有些人认为"传统知识分子"无不具备经世致用之关怀，这不过是投射自己主观愿望而已。若照此思维，则一代鸿儒刘炫都不配作为"传统知识分子"了。不要套用所谓"传统知识分子"概念，以偏概全，落入用愿望谈历史的陷阱。

四、张学姊结论

学姊论啖派，兼述其与后代《春秋》学之影响，结论认为啖派在学术史上之特点有如下三点：一、研究《春秋》而关切世局，二、认真考核取舍《三传》义例，三、启后世随意说经之端。

〔按〕就第一点，学姊认为其政治思想之要点有三：一、坚持君尊臣卑原则，反对诸侯强盛。二、强调《春秋》之惩恶彰善意义，以立忠、原情等为解读《春秋》之标准。三、主张王道仁政，反战，反加税。就第二点，学姊认为啖派取舍《三传》义例，态度认真严肃。啖派之前兼治《三传》者，大多以一传为主，参酌他传而已。至啖派始为重新立例。宋以后学者，则往往师心，不认真对比研究《三传》，此为第三点。

今谓：其第一点即啖派与义疏学之本质不同所在，亦即啖派之所以新。第二点其实是解经技术问题。笔者从义疏学观啖派，故只见其以政治思想断义例，已非纯学理讨论。学姊从宋代以后《春秋》学反观啖派，故知啖派审定义例尚属审慎严谨。然则，论述全面，尤其就啖派特点与宋至清人对照分析，当谓学姊此书之特长，别人论啖派皆不及此。

五、尧舜三王

朱刚先生以为：啖云《春秋》"原情为本"，即尚"忠"，亦即尧舜民本主义之道；"革礼之薄"即谓改革周公礼典。朱先生又云：唐代士族重礼，推崇周公；庶族推崇尧舜，重情不重礼。因此认为啖助代表庶族政治思想。

〔按〕朱刚先生有《唐宋四大家的道论与文学》一书，1997 年由东方出版社出版。过去流行以士族、庶族之对抗解释唐代历史，如今似已不甚通行。推崇周公与标榜尧舜，其间差异如何解释，似当进一步深入研究。至啖所谓"以诚断礼""原情为本"，其本意在解释《春秋》文例，谓《春秋》不以表面行为为善恶，而以其"诚""情"定论。故陆淳序《春秋微旨》云："宣尼之心，尧舜之心也；宣尼之道，三王之道也。故《春秋》之文通于《礼经》者，斯皆宪章周典，可得而知矣。其有事或反经而志协乎道，迹虽近义而意实蕴奸，或本正而末邪，或始非而终是，贤智莫能辨，彝训莫能及，则表之圣心，酌乎皇极，是生人已来未有臻斯理也，岂但拨乱反正，使乱臣贼子知惧而已乎。"此即"以诚断礼""原情为本"之说。"断礼"固非否定典礼（"以诚断礼"下原注："褒高子、仲孙之类是也。"其事见闵公元年、二年，谓齐侯使仲孙、高子来鲁，齐侯有窥鲁之心，而仲孙、高子止之，故《春秋》褒仲孙、高子。此岂否定典礼与），"情"亦非与礼冲突者。朱先生以"以诚断礼""原情为本"为排斥周礼、标榜尧舜之道之表述，岂其然乎。又，啖助谓《春秋》以"夏之忠道"为本，赵匡以《春秋》"不变周"，陆淳以孔子（即《春秋》）与尧舜同心，与三王同道。朱先生说庶族重情抑礼，崇尧舜抑周公，今按啖、赵、陆恐皆不如此。朱先生说啖要"变周"为庶族，则赵"不变周"岂非士族？朱先生又不言赵为何族。啖助谓变周从夏，不如从张学姊认为啖派痛恶藩镇割据，因而否定最后导致侯国争霸之周代封建制度。（虽然，啖论从夏之真意，只能推测，无法证明。）

刘宁学姊于 2005 年清华经学会上发表论文《啖、赵〈春秋〉学与三教说》，援引朱先生说，并谓啖助变周，赵匡

236

从周，所包含思想内涵比较复杂，非单纯士庶矛盾可以解释者。但刘学姊所论唐初至玄宗天宝时期之间，从周、变周思想之变化，不仅复杂而且微妙，各种资料所见思想差异，是否反映时代思潮，尚不易论定。刘学姊此文似非定稿，且期待其详细研究。

〔刘学姊云〕唐初以接续前代礼仪为基础的"尊周"，武则天时代以改制革新、建设新的礼乐文明为核心的"新周"论，玄宗朝以"质文相救，文质彬彬"为核心的"变周革新"论，以及回复周文之真精神的"周文复振"论，演绎了初盛唐政教演变的复杂格局。

按：刘学姊引用朱先生说，据张学姊编《啖助新春秋学研究论集》所载。朱先生书，本非专论啖派，因《研究论集》刊载有关论述，始为学者广泛关注。

六、文献问题

啖派著作传今者，《纂例》《微旨》《辨疑》三书，流传版本不佳，需要校订。

〔如〕新文丰《丛书集成新编》所收《学津讨原》本《春秋微旨》，卷上第一条"不书即位摄也""摄"讹"按"。又如《丛书集成》本《集传纂例》卷四《锡命例》引"赵子曰，不称天王，宠篡弑以渎三纲"，

学术史读书记

《丛书集成新编》所收《春秋微旨》庄公元年引称"啖氏云"。《春秋微旨》下又引"赵子云",则"啖氏云"当不误,疑《集传纂例》字误。

又,三书体例亦待分析。

〔如〕《春秋微旨》引录啖氏、赵氏说,每见"言云云""此言云云",当为陆氏申释之语。如庄公元年云"啖氏云:'不称天王,宠篡弑以渎三纲。'言不能法天正道,故去天字以贬也。"而张学姊、刘学姊引用时,不加分别,一概以为啖氏、赵氏语。窃疑非是。

〔又如〕《微旨》称"淳闻于师曰"者,其可以为啖说与?抑出淳己说而称师示谦者?考啖助曾云"但以通经为意,则前人之名与予何异",集注不题注者之名。则陆淳或亦不分说之出谁,但啖、赵、陆学说微异,不便混为一谈。

好学之士起而整理校订,解决文献问题,则后人之认识啖派,将更深刻明白。

2007年在北京大学历史学系开《经学史散论》课,每周印发讲义以"闲聊"为题。本文即其中一课讲义,供读者参考。今收入《学术史读书记》,文辞有所调整。

闲聊啖、赵、陆《春秋》学

朱熹、黄干及杨复祭礼学的形成

叶纯芳

一、前言

在宋代著名的礼学专书中，通论礼学者，如陈祥道《礼书》，将《三礼》内容依据主题分类论述。又有集解式著作出现，如卫湜《礼记集说》，根据《礼记》经文，罗列各家阐释。朱熹《仪礼经传通解》，则以《仪礼》为主，《周礼》《礼记》为辅，旁及其他经书有关礼仪记载，汇编成为一部规模宏大的礼学著作。这样的编排意识，除了表现朱熹以《仪礼》为经，《礼记》为传的想法，也透露出朱熹想要重建、完整《仪礼》的期望，并由《仪礼》统摄其他各部经书的礼学思想。

《仪礼经传通解》，正编由家、乡、学、邦国、王朝五礼组成；续编由丧、祭二礼组成。正续编顺序，朱熹依循汉代刘向《别录》"贱者为先""先吉后凶""凶尽则又行祭祀吉礼"的原则编排。这部书最终以今日我们所见面貌问世，是经过朱熹与弟子们多次反复讨论修订而成。[1]朱熹生前仅

1　参见白寿彝：《仪礼经传通解考证》，《白寿彝文集》（开封：河南大学出版社，2008年），页44—50。

完成前五礼，后二礼于临终前嘱托大弟子黄干续成。

起初实际担任《祭礼》编辑者，为吴伯丰（必大）与李宝之（如圭）二人。[1] 然朱熹对李如圭所编不尽满意，而吴必大虽深获朱熹赞赏，却因病早卒。最终连《祭礼》也只能委托给黄干完成。朱熹死后十多年间，黄干奔走王事，编纂礼书的工作断断续续进行。待《丧礼》编纂完成，将着手修定《祭礼》之际，又因病去世，仅留下草稿。门人不敢予以删改，只将篇次稍加编定，与《丧礼》共同付梓。今日我们所见通行本《续仪礼经传通解·祭礼》，即是此书。又经过十年，朱、黄二人的弟子杨复，以黄干所编《祭礼》为蓝本，重新编纂一部《祭礼》。此部虽曾跟随朱熹《仪礼经传通解》以及黄干《续通解·丧礼》刊刻成书，但印数极少，今仅见存于日本静嘉堂。

论者尝谓《通解》续编为弟子黄干所续，不应视为朱熹礼学的一部分；又《祭礼》为黄干诸弟子推举杨复编成，

---

1 朱熹有《答吕子约》，云："《礼书》已领，但《丧礼》合在《祭礼》之前乃是。只恐不欲改动本书卷帙，则且如此亦不妨也。但士、庶人祭礼都无一字，岂脱漏邪？若其本无，则亦太草草矣。乡人欲者甚多，便欲送书坊镂版，以有此疑，更俟一报，幸早示及也。"（载《晦庵集》，卷四十八）此信约写于1187年至1188年之间。白寿彝以为吕祖俭（子约）是最初辅助朱熹编纂《丧》《祭》二礼的人。戴君仁以为"此信所说《礼书》，恐不是《仪礼经传通解》，因乡人便欲刻版，不像《仪礼》书"。庆元元年（1195）左右，吕子约在贬所，无事可做，朱熹乃托他帮忙修礼，故有"王朝礼初欲自整顿，今无心力看得，已送子约，托其□定，仍令一面附疏。彼中更有《祭礼》，工夫想亦不多"（《晦庵续集》，卷一）等语。参见戴君仁：《朱子仪礼经传通解与修门人及修书年岁考》，《梅园论学集》（台北：台湾开明书店，1970年），页62—63。

去取未当，更不可视作完书。笔者以为这些评论都是因为不了解《通解》整部书编纂的过程所造成的误解。同时，不论是黄干还是杨复，在经学史的研究中，都是被忽略的人物。这样的忽略，却是造成学术结论偏颇的主因。今杨复《祭礼》虽已重新面世，一直存在我们心中的疑问与必须要解决的问题却没有得到答案。杨复重撰《祭礼》的目的为何，朱熹一门礼学如何形成，这些因为文献不足导致无法说明清楚的问题，正由于这部书的再现，我们得以窥探黄、杨《祭礼》之间的关系与差异，亦可讨论从朱熹、黄干到杨复祭礼学的形成。

在本文之前，我们将静嘉堂所藏杨复《祭礼》抄录整理出版 [1]，又将傅增湘与张钧衡旧藏宋刊元明递修的《仪礼经传通解》正续编影印出版 [2]，并已先后撰写二书的《导言》及《编后记》。从正编朱熹集合学生编辑至刊刻、黄干续修、杨复再修的整个过程，以及内容体例，都做了完整的说明及介绍。但对于朱子一门祭礼学的形成，由于体裁所限，无法深入讨论。故另撰写本文，以专论朱子与门人祭礼学的形成。除非必要，本文不与前两篇内容重复，特此说明。

1　杨复撰，叶纯芳、桥本秀美编：《杨复再修仪礼经传通解续卷祭礼》（台北："中研院"中国文哲研究所，2011 年）。
2　朱熹、黄干编撰，乔秀岩、叶纯芳特约编辑：《影印宋刻元明递修本〈仪礼经传通解〉正续编》（北京：北京大学出版社，2012 年）。

二、朱熹最初的《祭礼》构想

绍定四年（1231），杨复根据黄干《祭礼》稿本，重新撰作一部《祭礼》，仍题作"仪礼经传通解续卷祭礼"。宝祐元年（1253），王佖于南康重刻《仪礼经传通解》正续编，即因杨复所修《祭礼》内容精简，而抽换掉黄干的《祭礼》。[1]

据杨复《祭礼自序》，黄干有意让他帮忙纂辑《祭礼》，于是将《祭礼》稿本交付给他，并嘱咐他好好阅读：

> 及嘉定己卯（1219），《丧礼》始克成编。将修《祭礼》，即以其书稿本授复曰："子其读之。"盖欲复通知此书本末，有助纂辑也。复受书而退，启缄伏读，皆古今天下大典礼，其关系甚重，其条目甚详。其经传异同，注疏抵忤，上下数千百载间，是非淆乱，纷错甚众。自此朝披夕阅，不敢释卷。时在勉斋左右，随事咨问，抄识以待先生笔削。不幸先生即世，遂成千古之遗憾，日迈月征，今十余年。

杨复所见到的《祭礼》稿本，实际情况是各经之间的礼文"经传异同，注疏抵忤，上下数千百载间，是非淆乱，纷错甚众"。也就是说，作为《祭礼》编撰者的黄干，并没有疏

1　此间详情参见拙撰《〈杨复再修仪礼经传通解续卷祭礼〉导言》（本书第十二篇）;《影印宋刻元明递修本〈仪礼经传通解〉正续编编后记》(《文献学读书记》第十篇）二文。

通经传注疏之间的矛盾，让这些异同抵牾、淆乱纷错同时存在于一部书中。而各篇内容也仍待整顿，《勉斋先生黄文肃公年谱》云：

> 十三年庚辰（1220），夏，《仪礼经传通解续卷丧礼》书成，……杨信斋曰："《祭礼》亦已有书，……事序终始，其纲目尤为详备。"……又曰："先生又尝谓《祭礼》已有七八分，欲修定用力甚省。复请于先生曰：'他卷更无可议，惟《天神》一门更宜整正。'"先生然其言。〔《北京图书馆古籍珍本丛刊》影印元刻延祐二年（1315）重修本〕

对黄干来说，"欲修定用力甚省"，对杨复来说，却是"《天神》一门更宜整正"。黄干彼时虽同意杨复的看法，但恐怕力有未逮。从此，杨复"朝披夕阅，不敢释卷"。遇有问题，随事咨问，并将与黄干往来讨论的内容整理妥当，以待黄干笔削。最后因为黄干过世而来不及修订。这些朝批夕阅、认真抄识的心得与笔记，成为杨复重新纂辑《祭礼》的动力。

不过，最初担任《祭礼》编辑者，朱熹交给吴必大与李如圭二人。

在《晦庵集》与《续集》中，我们看到朱熹与弟子们对于编纂《礼书》的讨论过程，或是朱熹交付学生为编好的纲目附上注疏。有些意见成为我们今天所见《礼书》形式[1]、有些意见则被朱熹否定。[2] 对于《丧》《祭》二礼，朱熹虽不曾手定，却是依照他的构想完成的。[3]《祭礼》的篇目，朱熹"向来亦已略定"，委托给吴必大、李如圭二人之时，要求他们"须得旋寄旋看乃佳，盖看多恐不仔细，又免已成复改，费工夫也"。并举黄干编纂《丧礼》为例，"用工甚勤，但不合以王侯之礼杂于士礼之中，全然不成片段。又久不送来，至十分都了方寄到，故不免从头再整顿过一番，方略成文字"（《答吴伯丰》，《晦庵集》，卷五十二），希望二人引以为鉴。[4]

在《答吴伯丰》（《晦庵集》，卷五十二）与《答李宝之》（《晦庵集》，卷五十九）二书中，朱熹对二人编排《祭礼》架构、篇目有以下的指导（为方便参看比较，以下将两书信关于《祭礼》架构制成表格，❶ 代表《答吴伯丰》，❷ 代表《答李宝之》）：

1　《丧》《祭》二礼别作两门，居《邦国》《王朝》之后，亦甚稳当，前此疑于《家》《邦》更无安顿处也。（《答余正甫》，《晦庵集》，卷六十三）

2　所喻买书以备剪贴，恐亦不济事。盖尝试为之，大小高下既不齐等，不免又写一番，不如只就正本签记起止，直授笔吏写成之为快也。（《答余正甫》，《晦庵集》，卷六十三）

3　《晦庵集》卷四十六《答黄直卿》一书中，详细记载朱熹针对篇目与内容之编排，与黄干共同斟酌商量。

4　在与黄干书信中，朱熹亦强调这样的编书原则："所寄数卷，若前此旋次得之，即可子细看。今并寄来，又值事冗目痛，只看得一两卷子细。"（《答黄直卿》，《晦庵集》，卷四十六）

	❶		❷	黄干《祭礼》
庙制一	以《王制》《祭法》等篇为首,说庙制处,凡若此类者皆附之,自为一篇以补经文之阙。	祭法	唯《祭法》及《宗庙》两篇附诸篇后,不见祭祀纲领,恐须依向写去者移在诸篇之前,为《祭礼》之首。但旧作两篇太细碎,今可只通作《祭法》一篇,如此,则《王制》一段、《周礼》事鬼神示之日,及《祭法》本文皆可全载,不必拆开矣。《祭法》"禘郊祖宗"更考《国语》去取。又,郑注恐不可用。	特牲馈食礼
特牲二	依《冠》《昏》礼,附记及它书亲切可证者。	特牲		少牢馈食礼
少牢三	同上。	少牢		有司彻
有司四	同上。	有司		诸侯迁庙诸侯衅庙
祭义五	以本篇言士大夫之祭者为主,诸篇似此者皆附之。本篇中间有言天子、诸侯礼处,却移入《祭统》。	诸侯衅庙		祭法

续表

	❶		❷	黄干《祭礼》
九献六	以《大宗伯》篇首"掌先王"之目为主，而以《礼运》"礼之大成"一章附之。《周礼》及《礼记》中如此类者皆附其后，如《周礼·笾人》《醢人》《司尊彝》之属，正与《礼运》相表里。《礼运》篇已写去，在直卿处，可更考之，依此编定。如禘祫之义，则《**春秋纂例**》中"**赵伯循说**"亦当收载。	诸侯迁庙		天神
郊社七	以《大宗伯》"祀天神、祭地祇"之目为主，凡诸篇中言此类者皆附之。如《皇王大纪》[1]中论郊社处，亦当收入注疏后。	裸献	易名甚当，但前篇之例，依《仪礼》本文皆自下而上，故其序当如此。	地示

---

[1] 《皇王大纪》，八十卷，宋胡宏撰，是书成于绍兴辛酉绍定间，所述上起盘古，下迄周末，博采经传而附以论断。杨复再修之《祭礼》并未采用此书。

246

续表

❶		❷		黄干《祭礼》
祭统八	以本篇言诸侯、天子之禘者为主,凡诸篇言郊庙祀飨之义者,皆附其后。**篇内言士大夫之礼处,却移在《祭义》篇内。**	祭义内事	此如来示,合《祭义》《祭统》为之,通言上下祭先之义,故又加"内事"二字,以别后篇。	百神
		中溜	(逸礼)	宗庙
		郊社		因事之祭
		祭义外事	此为《中溜》《郊社》两篇之义,其蜡祭等说亦附此。	祭统
				祭物
				祭义
或别立《祭祀》一篇,凡统言祭礼,如《王制》篇内一段;《周礼》大宗伯祀天神、祭地祇、享人鬼之目;及今《礼记·祭法》篇(但除去篇目数句入《祭统》),凡似此类者,冠于《庙制》之前,不注。而逐篇本文再出者乃附注疏,如何?《王制》乃通有夏商之法,当为首。《周礼》次之,《礼记》"燔柴"以下又次之,此为总括祭祀之礼。而《庙制》以下各随事为篇,由贱以及贵,前数类皆然也。		此祭礼篇目也。其他大传、外传,向已附去者,可并为之,只此目中《祭义》内外二篇及《中溜》《郊社》二篇亦未编定,幸并留念也。禘郊祖宗之说,《公》、《谷》、《国语》、《家语》、**赵氏《春秋纂例》**中说、横渠礼说皆当考也。《祭法》《祭义》及《迁庙》附记三篇,今附还,可照前说重定为佳。《中溜》《郊社》二篇可并编定,其《祭义》内事外事两篇,并处诸篇之后亦佳。《祭法》内"郊之祭也"一章,当入外事篇,他皆放此。		

《仪礼》所存者，仅有士（《特牲馈食》）、大夫（《少牢馈食》）祭礼，故"不可更以王侯之礼杂于其中，须如前来所定门目，别作《庙制》《九献》及《郊社》诸篇"（《答黄直卿》,《晦庵续集》, 卷一 ），所以除了《仪礼》原来有关祭礼的篇目外，《庙制》《九献》《郊社》等王侯礼，是朱熹为《祭礼》设想的架构中，应取自他经而补充的内容。

"九献"在 ❶ 已列入《祭礼》的篇目里。李如圭后来改"九献"为"裸献"，得到朱熹"易名甚当"的赞赏。但之后杨复所编《祭礼》仍回改为"九献"。杨复谓"九献者"：

> 谓王及后裸各一，朝践各一，馈献各一，朝献王酳尸一，再献后酳尸一，此为八献。诸臣为宾酳尸一，并前八为九。是礼也，春祠夏禴、秋尝冬烝、追享朝享，莫不皆然。（《宗庙篇·中·宗庙四时祭礼》, 卷八, 页 465 ）

则"裸"为九献第一第二献，包含于九献之中。李如圭作"裸献"（"裸" 与 "献"），虽由字面即可理解其实质内涵，不若"九献"涵盖全体为佳。

❶ 的《庙制》、❷ 的《祭法》，二者虽然篇题不同，就其内容而言，实为一事。《祭法》《宗庙》依照朱熹原来的构想，应该置于《祭礼》之首篇，但李如圭似乎又擅自作主置于篇末，故朱熹再次提醒"须依向写去者移在诸篇之前，为《祭礼》之首"。

❷ 多了《诸侯衅庙》《诸侯迁庙》二篇，为《大戴礼

记》内容。通行本《祭礼》有此二篇，置于《有司彻》之下，说明黄干有认此二篇为诸侯祭礼经文的想法。但置于《有司彻》之后，是基于各礼"由贱以及贵"的原则，或是杨复所言"勉斋黄先生编纂《祭礼》，……正经则以《特牲馈食》《少牢馈食》《有司彻》为先，所以尊圣经也；而《大戴·迁庙》《衅庙》二篇附焉"（《祭礼后序》），非《仪礼》正经，所以附之于后，则不得而知。

❷ 有《中溜》一篇，在 ❶ 虽未有此篇，但朱熹之后又致书吴伯丰，表示：

> 熹前日奉书，说《祭礼》篇目。内《郊社》篇中，当附见**《逸礼·中溜》一条。此文散在《月令》注疏中，今已拆开，不见本文次序，然以"中溜"名篇，必是以此章为首。今亦当以此为首，而"户""灶""门""行"以次继之，**皆以注中所引为经，而疏为注。**其首章即以《逸礼·中溜》冠之，庶几后人见得古有此书，书有此篇，亦存羊之意也。疏中有其篇名，必是唐初其书尚在，今遂不复见，甚可叹也。**
>
> （《晦庵集》，卷五十二）

说明《中溜》放入《祭礼》之必要，后亦收入黄干《祭礼·地示》篇。杨复《祭礼》更将朱熹此段文字置于"逸礼中溜"下之说解（黑体字部分皆为杨复所录。《地示篇·五祀礼》卷六，页 355）。

❶以《庙制》、❷以《祭法》为篇首，虽然朱熹在❶中强调《礼记·王制》"通有夏商之法"，但王侯祭礼的经文已不见存于《仪礼》，从其他经书中所撷取出有关王侯祭礼的经文，必须安排在《仪礼》经文之后。即原来章次的编排，与"《仪礼》为经，而取《礼记》及诸经史杂书所载有及于礼者，皆以附于本经"（《乞修三礼札子》，《晦庵集》，卷十四）的前提有违，故在黄干《祭礼》，便将属于经的《特牲馈食》《少牢馈食》《有司彻》《诸侯衅庙》《诸侯迁庙》提于《祭礼》篇首。

❶之"祭义五"，以士、大夫之祭者为主；"祭统八"，以诸侯、天子之禘者为主，但二者仍有相混淆的现象。说明编纂初期，生徒们对天子诸侯、士大夫之祭礼的界限仍不熟练。

在❶或❷，朱熹对于《祭礼》诸多问题特别指出"禘祫"议题，并希望二人定要参考赵匡《春秋纂例》的看法。

朱熹对《祭礼》篇章的安排虽有自己的想法，但采取的是接纳开放的态度，分任其事的生徒不仅只是帮忙抄录条目。从二书信看，说明学生可以与他共同讨论，甚至是改动他的设想。即使如此，仍应以不违背朱熹对礼书编纂的整体构想为前提，所以太有自己想法的李如圭，最终恐怕无法胜任其事：

> 只是李宝之编集，又不能尽依此中写去条例，其甚者，如《祭法》《祭义》等篇，已送还令其重修，

《特牲》等篇亦有未入例处。(《答黄直卿》,《续集》,卷一)

同时,吴、李二人的编纂工作不仅已展开,还经过朱熹修改、退还重修的过程。

受到朱熹"最为可望"(《答黄子耕》,《晦庵集》,卷五十一)、"明敏过人"(卷六十一)、"在后生中最为警敏,肯着实用功"(《答蔡季通》,《续集》,卷二)诸多赞赏的吴伯丰,不幸早死,朱熹对此久久不能释怀,"每念吴伯丰,未尝不怆然也""以此追念伯丰,愈深伤""吴伯丰尤可惜,……不幸早死,亦是吾道之衰,念之未尝不惨然也"(《答黄直卿》,《续集》,卷一)。

总体而言,不论是❶或❷,对《祭礼》的理解仍处于片段的、不成系统的形式,较之黄干后来所编《祭礼》规模,可说有些紊乱。朱熹最终也将《祭礼》托付给黄干,而由其全权处理:

> 《仪礼》义疏已附得《冠义》一篇,今附去看。《家》《乡》《邦国》四类已付明州诸人依此编入,其《丧》《祭》礼可便依此抄节写入。……**《祭礼》亦草编得数纸**,不知所编如何?今并附去,可更斟酌。**如已别有规模,则亦不须用此也。**可早为之,趁今年秋冬前了却,从头点对。(《答黄直卿》,《续集》,卷一)

如今我们得见的通行本《仪礼经传通解续·祭礼》,应该是黄干在吴、李二人的基础上，进行修改、补充、调整而成的。

三、黄干对朱熹《祭礼》构想之具体化

朱熹《礼书》因党禁之祸，在险恶的环境下编纂得匆忙。但我们仍可在《仪礼经传目录》中大致了解此书编辑的一些体例。虽然他希望以《仪礼》为经、《周礼》《礼记》等其他经书为传的方式编排《礼书》，但《仪礼》留存下来的十七篇，除了《燕》《射》《聘》《公食》《觐礼》之外，大约都是士大夫的礼仪，其他有关天子诸侯礼仪，势必得要由这十七篇推衍或向其他经书撷取：

> 今《仪礼》多是士礼。天子、诸侯丧祭之礼皆不存其中。不过有些小朝聘、燕飨之礼。**自汉以来，凡天子之礼，皆是将士礼来增加为之。**（《朱子语类》，卷八十五）

即使十七篇大部分为士大夫礼仪，仍无法完全满足朱熹"家礼""乡礼""学礼"所需，故于《仪礼经传目录》各篇章说明，时见"古无此篇，今取某某等书之言创为此篇，以补经阙"之语，而这些篇目中"经"的内容，同样也只能向其他经书撷取。黄干在编纂《丧》《祭》二礼时，也遇到类似的问题：

今《仪礼》惟有《丧服》《士丧》《士虞》仅存，而王侯大夫之礼皆缺。……今因其篇目之仅存者，为之分章句，附传记，使条理明白而易考，后之言礼者有所据依，不至于弃经而任传，遗本而宗末……（杨复《丧服后序》）

又，《祭礼后序》云：

今见于《仪礼》者，惟《特牲》《少牢》《有司彻》三篇仅存。夫《特牲》，士礼也；《少牢》《有司彻》，大夫礼也。大夫以上并逸其文。若夫事天事地，国家之大典大法，皆湮没不传，而先王制作精微之意，不可得而复考，亦可叹矣。幸而有司之所执掌，圣贤之所问答，诸儒之所记录，犹散见于《周官》传记之书，尚可裒集以见其梗概，此补篇之所为作也。

说明了与《丧礼》相同的编纂困境。这些经书所阙失、由朱熹师徒所补编的部分，正可以体现出朱熹一门对礼学架构与内容的理解。

全书的编次，朱熹引贾公彦《仪礼注疏》疏语云：

《仪礼》之次，贱者为先，故以士冠为先。无大夫冠礼，诸侯冠次之，天子冠又次之。其昏礼亦士为先，大夫次之，诸侯次之，天子为后。诸侯乡饮酒为先，

天子乡饮酒次之。乡射、燕礼以下皆然。又以冠、昏、
士相见为先后者，以二十而冠，三十而娶，四十强而
仕。既有挚见乡大夫见国君之等，又为乡大夫、州长
行乡饮酒、乡射之事。以下先吉后凶，凶尽则又行祭
祀吉礼也。

则知《通解》依循刘向《别录》"贱贵吉凶"的原则，为整
部书编辑的顺序。黄干续编之《丧》《祭》二礼，篇帙浩繁，
倍于正编五礼。正编虽已有一定的体例，但《丧》《祭》二
礼的性质较其他礼仪为重要、特殊，故在二礼的编排上需要
做些调整。除了从上表可见黄干《祭礼》在篇次上已做过较
系统的调整外，他花费十数年的功夫陆续充实二礼的内容。

嘉泰二年（1202），黄干先后创书局于福州神光寺、仁王
寺，续修《礼书》。不过，往后的十多年，黄干皆"奔走王
事，作辍不常"，《礼书》的编修工作只能断断续续完成。直
到嘉定十一年（1218），他主管建宁府武夷山冲佑观，才能集
中精神在续编《礼书》的工作上。这期间，《丧礼》稿本基
本完成，只待精修为定本；《祭礼》稿本虽纂集多年，仍有
《祭法》一篇至晚年方脱稿。[1] 黄干曾向杨复表示《祭礼》"用

---

[1] 杨复《丧祭二礼目录后序》云："勉斋先生《祭礼》，自《天神》而下，纂
集多年，前《祭法》一篇，晚年始就。暨将修订，始出《特牲》《少牢》
《有司彻礼》，指授学者，俾分章句、附传注而未遂。后乃因先生指授之意
而成之。附传记一节，惟《特牲礼》本经自有《记》，中间已逐条附入；
他书可互相发明当附入者，未经先生折衷，不敢妄意增损。"

力甚久，规模已定"[1]，今日所见《仪礼经传通解续·祭礼》各篇、章、节、目之经注疏俱备，所引诸书俱全，只是鲜少有黄干的按语。

朱熹另一个学生杨复，在朱熹过世后，到了黄干门下，成为黄干编订二礼的得力助手。嘉定十三年（1220）夏天，《丧礼》修订完成，黄干让杨复做定本检查的工作，自己则紧接着修订《祭礼》，并与杨复"朝夕议论"（杨复《祭礼后序》）。十四年（1221），因病终于所居之正寝。黄干过世之后，陈宓曾写信给杨复，表示"《祭礼》更须入注疏，俟它日抄录，以广其传""《祭礼》闻已入先儒格言，次第成书，黄先生未遂之志，舍学录孰能当之"（《与杨信斋学录复书》，《复斋先生龙图陈文公集》，卷十三），期待杨复能够续成黄干的任务。不过杨复表示"他书可互相发明当附入者，未经先生折衷，不敢妄意增损"（《丧祭二礼目录后序》）、"先生既没，学者不敢妄意增损，谨录其稿而藏之"（《祭礼后序》），说明《祭礼》在黄干死后，仅以稿本面貌存世。陈宓所言"入注疏"之事，应该在黄干过世前已经完成；而"闻已入先儒格言"在今日所见黄干《祭礼》中虽有，然极为少见。

嘉定十六年（1223），张虑知南康，欲补刊黄干所续二礼。但张虑从陈宓处得到二礼后，发现《祭礼》"有门类而未分卷数，先后无辨"，无法付梓，于是同门相与商议，由

1　杨复《丧服后序》所引黄干之语云："先生尝为复言，《祭礼》用力甚久，规模已定，每取其书翻阅而推明之，间一二条方欲加意修定而未遂也。"

杨复"仿《丧礼》题曰'仪礼经传通解续卷几',以别其次第,且述其成书本末如此,以复张侯"(《丧祭二礼目录后序》),加上南康旧刻《仪礼经传通解》,朱熹此书终以完整面貌问世。由于二礼成于朱熹殁后,未经其手定,众生徒不敢以其与《通解》并列,为明续成其志、分别二书之意,自黄干开始,将此二礼称为"仪礼经传通解续卷"。

黄干过世后,《祭礼》还处于未定稿的阶段,他也来不及为二礼的编排体例作说明,今日所见,皆是杨复帮黄干为读者所作。所幸在《丧礼》卷一"期之丧达乎大夫"的黄干按语中,说明经文之后,附入传记的编排的体例:

> 其一,有诸书重出者但载其一。有大同小异者,削其同,载其异。有同异相杂,不可削者,并存之。
>
> 二,所载传记全文已见别篇,则全文并注疏皆已详载有于全文之下,节略重出者,即云"详见某篇",读者当于详见之处考之。
>
> 三,所附传记之文,有本经只一事而传记旁及数事者,虽与经文不相关,然亦须先载全文,后重出者只节其与本文相关者,仍注云详见某条。

此可以视为《丧》《祭》二礼的编纂体例。之后杨复所修的《祭礼》亦遵从之。

又,杨复《祭礼后序》云:

勉斋黄先生编纂《祭礼》，用先师朱文公《礼书》之通例，先正经而后补篇。正经则以《特牲馈食》《少牢馈食》《有司彻》为先，所以尊圣经也；而《大戴·迁庙》《衅庙》二篇附焉。**补篇则以《祭法》为先，所以明大分也**；而天地神祇、宗庙百神以及于时巡、迁国、立君、讨罪、会同、行役、类祃、雩禜、祈禳、衅衈之礼次之，而乐舞、器服、祭用无不备焉。夫礼莫重于祭，自天子宗庙而下，其仪文制度，各有精义而不可易；宗庙之祭，自天子诸侯下及于士庶人，其文理密察，各有常经而不可紊。

在朱熹构想的基础之上，黄干所编纂的《祭礼》，已有一完整的、具体的规划。明确以《仪礼》经文为主，置于篇首。以《诸侯迁庙》《衅庙》附于后，依循朱熹当初编排。其他经书对祭礼的叙述，皆置于补编。

《祭法》一篇，为统摄祭礼之大纲领，故杨复说"以《祭法》为先，所以明大分"，紧接在经文之后，作为补编第一篇。但此篇却是黄干"晚年始就"，最后才完成，笔者以为有其考量。既然是统摄祭礼之大纲领，内容不宜繁琐，以作为"明大分"之用。故须待各篇皆完成后，取各篇之要，编成大纲领，并于各经文下，择要或不再重出注疏文，而出注云"详见某某篇"。

朱熹的"郊社"，黄干又拆分为"天神""地祇""百神"，条目更清晰。祀天神、地祇之后，享先王，故次之以朱熹置于篇首的"宗庙"，这些属于朝廷正祭。正祭之外，又有"因事而祭"者，如：立君封国、巡守、天子出征、朝会、甸、梦祭、祈禳、天地大灾、六沴、雩、疾病、难、盟诅、衅等，则置于宗庙之后。其他与祭祀相关大大小小的仪节、事项，总归于"祭统"。祭祀所需之"祭物"，则次于"祭统"后。篇末则遵从正编《冠礼》后有《冠义》、《昏礼》后有《昏义》，以"祭义"为《祭礼》之终。

在内容上，虽仍属草稿，各篇、章、节、目之经注疏俱备，所引诸书俱全。黄干曾对杨复表示《祭礼》"用力甚久，规模已定"，又说"《祭礼》已有七分"，所言不假。又言："始余创二礼粗就，奉而质之先师，先师喜谓余曰：'君所立《丧》《祭》礼规模甚善，他日取吾所编《家》《乡》《邦国》《王朝》礼，其悉用此规模更定之。'"说明制定二礼的规模不仅受到朱熹的认可，朱熹甚至认为比自己所定规模更完善。黄干又言"每取其书翻阅而推明之，间一二条方欲加意修定而未遂"（杨复《丧服后序》），基本认定《祭礼》相当接近完成的阶段。

虽然后人对续编颇有微言 [1]，但黄干所编《祭礼》对朱熹一门祭礼学的形成，意义重大。未定稿的《祭礼》，实际上已完成黄干对先师所托付的任务，即使被视作资料汇编性质，但凡与祭礼相关之经文，按照所制定的规模分门别类，

---

[1]　江永《礼书纲目序》即云："黄氏之书，《丧礼》固详密，亦间有漏落，《祭礼》未及精专修改，较《丧礼》疏密不伦。"

并附录注疏，实现朱熹"可为圣朝制作之助"的愿望，将朱熹对"祭礼"的认识从构想到具体化，成为完整可征的一套祭礼文献。不仅如此，它更提供给杨复一个再撰《祭礼》的平面蓝图，促成杨复将《祭礼》立体化、有机化。

四、杨复对黄干《祭礼》之立体化

杨复以黄干《祭礼》为蓝本，再加以补充调整，重新编纂的《祭礼》，对各篇次序与内容的安排做了详细说明：

> 《仪礼》正经，惟《特牲馈食》《少牢馈食》二篇仅存，后之言礼者必稽焉，故以冠于《祭礼》之首篇。此后皆搜辑《周礼》《礼记》诸书，分为经、传，以补其阙。夫祀天神，祭地示，享先王，礼之大经也，故综之以《通礼》。礼莫重于祀天，故首之以《天神》，天子事天明，事地察，故次之以《地示》。《大宗伯》吉礼十有二，而"享先王"在祀天神、祭地示之后，故次之以《宗庙》。有天下者祭百神，故次之以《百神》。有正祭之礼，有因祭之礼，"天子将出，类乎上帝，宜乎社，造乎祢"，若是之类，皆因事而祭，故次之以《因祭》。天子亲耕以共粢盛，王后亲蚕以为祭服，牲杀器皿、礼乐不备，不敢以祭，故次之以《祭物》。礼有专一事而言者，如天神、地示以下是也，有统论凡祭祀之礼者，如祭名、祝号之类是也，故次之

以《祭统》。而礼之行也，又有变礼，有杀礼，有失礼，故并见于是篇之终焉。(《祭礼自序》)

既以《仪礼》为中心，杨复对《祭礼》经文的认定只有《特牲馈食》《少牢馈食》二篇。黄干于此二篇之后置《大戴礼记》之《诸侯迁庙》《衅庙》之文，杨复则将此二篇纳入《宗庙篇》中。《通礼》一篇性质与黄干《祭礼》"祭法"相当而更名之曰"通礼"者，以"通论天神、地示、人鬼之礼"(页167)。杨复保守地说"稍加更定"，实则从外在形式的编次到内容的编排，都做了非常大的改订。

我们只要将黄干与杨复再修的《天神篇》加以比对，就能理解杨复提出"《天神》一门更宜整正"的建议非虚言。以下以"祀昊天上帝礼"为例。

黄干首列《周礼》经文中各相关官职之工作，有：大宗伯，依礼举行禋祀祀昊天上帝；大祝执明水火而号祝；司服、司裘供王祀天之服；典瑞、玉人供祀天之玉。次列《礼记》之《曲礼》《郊特牲》《祭法》《礼器》《王制》经文，以明祀天所用牲；又次《周礼》大祝、鼓人、大司乐各官所职掌，以明祭天之神号与乐；次神仕，以图画天神形象位次；次大宰，以其掌百官之誓戒与其具修。前期十日，帅执事而卜日，遂戒。及执事，视涤濯。及纳亨，赞王牲事。及祀之日，赞玉币爵之事；次大宗伯，以明其帅执事进行卜日、视涤濯、莅玉鬯、省牲镬、奉玉齍、诏大号之事。若王有故，则大宗伯代行祭事。祭天的祝告辞，经文所无，故"传"则

附以《大戴礼记·公符篇》"辞：皇皇上天，照临下土。集
地之灵，降甘风雨。庶物群生，各得其所。靡今靡古，维予
一人。某敬拜皇天之祐"，以补充祭祀时之祝辞。

　　杨复则以为"纲领既紊则条目不可得而理"[1]，故于《天
神篇·祀昊天上帝礼》之始，首先提出《周礼·大宗伯》
"以禋祀祀昊天上帝"、《礼记·曲礼》"天子祭天地"、《周
礼·大司乐》"冬至圜丘"、《礼记·祭法》"禘郊祖宗"、《礼
记·大传》"礼不王不禘"五条条目，以此五章作为统摄祭
祀礼的大纲领。纲领既定，各经书相关的条目即可列入纲领
细项中。为呈现杨复对黄干"祀昊天上帝之礼"的调整补
充，以下不厌其繁，录"祀昊天上帝礼"始终之序的经文，
以观杨复对祭天礼的理解。

祭天类别——禋祀（《大宗伯》"以禋祀祀昊天上帝"）；
祭天当天所使用的各种物件：
礼天之玉——"礼天之玉、币"（《大宗伯》"以苍璧礼天，牲币放其
器之色"）；
祭天之牲及牲之条件——"祀天之牲"（《礼器》"祭天特牲"；《王
制》"祭天地之牛角茧"；《国语·周语》"郊事则有全烝"；《地官·牧人》"阳
祀用骍牲毛之"；《郊特牲》"郊血""帝牛不吉以为稷牛""帝牛必在涤三月，
稷牛唯具"）；

---

[1]　杨复：《祀昊天上帝礼》，《天神篇·上》，《杨复再修仪礼经传通解续卷祭
　　礼》，页174。

祭天之酒食——"祀天之酒、齐、粢盛"（《酒正》"辨五齐，曰泛齐、醴齐、盎齐、缇齐、沈齐""辨三酒，曰事酒、昔酒、清酒""大祭三贰";《幂人》"祭祀以疏布巾幂八尊";《礼器》"大羹不和。牺尊，疏布鼏，樿杓";《鬯人》"掌共秬鬯而饰之";《表记》"天子亲耕，粢盛秬鬯以事上帝"）;

祭天之器物——"祀天之器"（《郊特牲》"蒲越、稿鞂""器用陶、匏";《大雅·生民》"卬盛于豆，于豆于登，其香始升，上帝居歆，胡臭亶时";《易·鼎卦》"鼎，圣人亨以享上帝"）;

祭天之玉——"祀天之玉"（《典瑞》"四圭有邸以祀天"）;[1]

主祭者——王——的配备："王服"（《司服》"王祀昊天上帝，则服大裘而冕";《郊特牲》"戴冕璪十有二旒"）、"王车旗"（《春官·巾车》"玉路，钖，樊、缨十有再就，建大常十有二斿，以祀";《大驭》"掌驭玉路以祀。及犯軷，王自左驭，驭下祝，登受辔，犯軷，遂驱之";《郊特牲》"乘素车，旗十有二旒，龙章而设日月"）;

祭天之音乐——"祭天之乐"（《大司乐》"大合乐。分乐，乃奏黄钟，歌大吕，舞云门，以祀天神""凡六乐者，六变而致象物及天神""凡乐，圜钟为宫，黄钟为角，大蔟为徵，姑洗为羽。雷鼓、雷鼗，孤竹之管，云和之琴瑟，云门之舞。冬日至，于地上之圜丘奏之。若乐六变，则天神皆降，可得而

---

1 《大宗伯》曰"苍璧礼天"，《典瑞》又曰"四圭有邸以祀天"，两玉不同而皆曰"祀天"，不知何者为是。故此处杨复引《江都集礼》徐乾议曰："是有两天可知。"又徐邈曰："璧以礼神，圭以自执。故曰'植璧秉圭'，非圜丘与郊各有所施。"据以明徐邈之言足以破注疏二天之说。又引《（宋）国朝会要》云："'以苍璧礼天''四圭有邸以祀天'，盖苍璧以象体，四圭有邸以象用，故于苍璧言'礼'，于四圭有邸言'祀'。说者谓礼神在求神之初，祀神在荐献之时，盖一祭而两用也。"此说又与徐邈不同，故杨复两存之（页187）。

礼矣";《鼓人》"以雷鼓鼓神祀")。

助成祭祀者——各官所职掌——祭祀之前，有一系列的准备工作以帮助仪式的顺利进行：

前期十日的准备工作——誓戒、卜日——各官所职掌（负责工作者计有大宰、大史、大宗伯、齐右、司服、膳夫、玉府、郁人等）；

祭之前日的准备工作——视、察——各官所职掌（负责工作者计有大宰、大宗伯、小宗伯、大司乐等）；

祭之日的准备工作与祭礼的进行——各官所职掌（负责工作者计有鸡人、巾车、典路、小宗伯、大祝、大宰、大宗伯等）（按：各职掌下皆有相应之经文，今省略）。

以上，为祀昊天上帝礼始终之序。

其次，特立"报天主日"一节，以明祭天配祀之对象，"莫尊于天，莫重于郊祀，精一以享，惟恐诚意之不至，岂容混以百神之祀"（页205），以破历来郊祀上帝则百神从祀之说。又立"尊祖配天"一节于其后，以为"'有虞氏郊喾，夏后氏郊鲧，殷人郊冥，周人郊稷'，四代帝王尊祖配天之礼见于经传，昭然明甚"（页207），然郑玄却谓周人禘祭天以喾配，郊祭天以稷配，为淆乱礼名实之始，恐后之习礼者误信郑言，故以此节辨证之。

其次，则为祝辞与乐章（《大祝》"辨六号，一曰神号。……凡大禋祀，执明水火而号祝"；《大戴礼·公符篇》"皇皇上天，照临下土，集地之灵，降甘风雨。庶物群生，各得其所，靡今靡古。维予一人某，敬拜皇天之祐。维某年某月上日"；《周颂·思文》"思文后稷，克配彼天。立我烝民，莫匪尔极。贻我来牟，帝命率育。无此疆尔界，陈常于时夏"）。最后由大祝"既祭令彻"，整个祭天之礼至此结束。

传文部分，则引《礼记》之《郊特牲》《中庸》《礼运》《礼器》《祭义》，《周易》之《益卦·六二》，《家语》之文，以说明祭天之礼义。杨复《义例》言"《礼书》（按：指《仪礼经传通解》）通例，凡说礼之义者，归于后篇。然祭礼纲条宏阔，记博事丛，若以祭义尽归于后篇，则前后断隔，难相参照。读礼之文不知有其义，读礼之义不知有其文。……今亦随类分之，凡传记论郊之义者附于郊……"（页7）即指此。

杨复对经文的串联，使祭祀过程相当立体，俨然可以实际操作，不再只是一条条分离的经文。反观黄干原来的排列方式，则支离不成系统，只能理解为将相关经文分条镶入"祀昊天上帝礼"的框架里。而杨复所列举的"祀天之酒、齐、粢盛""祀天之器"等内容，黄干大部分都放在《祭物》篇。其他内容则分散在《祭统》《郊祀》《地示》《百神》篇。可知杨复从各经经文中条分缕析出祭天仪式的整个过程，是经过其缜密的思考。我们相信这与杨复另一部著作《仪礼图》有着密切的关系。《仪礼图序》云：

> 复曩从先师朱文公读《仪礼》，求其辞而不可得，则拟为图以象之，图成而义显。凡位之先后秩序，物之轻重权衡，礼之恭逊文明，仁之忠厚恳至，义之时措从宜，智之文理密察，精粗本末，昭然可见。……复今所图者，则高堂生十七篇之书也。厘为家、乡、邦国、王

朝、丧、祭礼，则因先师《经传通解》之义例也。

此图撰成于杨复《祭礼》之前四年（1228），《仪礼》所有的
仪节，在杨复心中已成为立体图像。当他在整理《祭礼》
时，这些立体的图像油然而生，再诉诸文字，对应至各经条
文，自然可以作为实际操作的"礼仪使用手册"。

杨复为黄干《祭礼》所写的《后序》又云：

> （黄干）尝有言曰："惟《天神》一门为郑氏谶纬
> 之说所汩，其言最为不经。"

宋人对郑玄以谶纬解经的做法不以为然，黄干、杨复皆同。
两人立场虽一致，但处理郑注贾疏的方式则全然不同。如
《天官》"司裘掌为大裘，以共王祀天之服"（页188），贾疏
引《孝经纬·钩命决》："案《孝经纬·钩命决》云：'祭地
之礼与天同牲，玉皆不同。言同者，唯据衣服。'"黄干此段
全引，杨复则删之。对于黄干反对谶纬解经，却又保留的做
法，根据杨复《祭礼后序》云：

> （黄干）尝有言曰："今存其说于书者，非取之也，
> 存之于书，使天下后世知其谬，乃所以废之也。"

据此，我们可以认为《孝经纬》的内容，是经过黄干刻意处
理而保留下来的痕迹，并非是由学生抄附注疏，等待黄干删

削的部分。不过，因黄干才刚开始整理《祭礼》就因病过世，假设此处是黄干来不及加上按语说明，而杨复《祭礼》至今仍不为世人所知，黄干想让"天下后世知其谬"的本意被湮没，那么读者推测黄干认同郑玄以谶纬解经，应该是能够被接受的说法罢。

《天神篇·祀昊天上帝礼》一开始的按语中即言明：

> 郑康成注《仪礼》《周礼》《礼记》三书，通训诂，考制度，辨名数，词简而旨明，得多而失少，使天下后世犹得以识先王制度之遗者，皆郑氏之功也。惟天神、地示祭礼及天子、诸侯宗庙祭礼，郑注乃杂之以纬书之伪，参之以臆决之私，则其失又有甚焉。……然郑氏注，附经而行者也；诸儒之说，则离经而旁出它记者也。学者开卷，但知有郑注，而不知有诸儒之说，此郑氏之注所以先入人心而为主也。（页173）

杨复肯定郑玄注解三礼考辨名物制度之功、使后世得以识先王制度之遗的同时，也指出郑玄学说对后世影响如此巨大的原因，在于郑注总是跟随着经文行世，即使历代已有许多学者对郑玄的注解加以纠正，但是"离经而旁出它记者"，没有"学者开卷，但知有郑注"的优势。对此，杨复自有一套处理郑注"杂之以纬书之伪""参之以臆决之私"的方法。虽然跟随着朱熹、黄干经文之后附郑注的体例，但不同于黄干的做法，他对郑玄谶纬之说，主观上希望一一删除干净，

266

如"以禋祀祀昊天上帝"（页173）郑注引纬书，杨复全删；又如杨复以为"六天之说"始自郑玄附会纬书而来，故征引程颐、朱熹的说法以纠正郑注；又如《春官·大宗伯》经文"以苍璧礼天"，杨复引郑注解释"礼天"之"礼"：

> 礼，谓始告神时，荐于神坐。《书》曰"周公植璧秉圭"是也。（页180）

实际上，此句经文的郑注是引纬书《春秋纬·运斗枢》，杨复全不取。而改引用上句经文"以礼天地四方"的注语作为此句注语。

又，历代争讼不已的禘祫之议，黄干曾对杨复表示"惟赵伯循之言为尤精当"（《祭礼后序》）。黄干《祭礼》于"大夫士有大事，省于其君，干祫及其高祖"（《祭法》，卷二十一）条下引用赵匡语解释"礼不王不禘"；"子曰禘自既灌而往者吾不欲观之矣"（《宗庙》，卷二十五）条下引用赵匡语解释"鲁郊非礼"。但自己并未对此问题下按语做分析。而杨复再修《祭礼》却用了近三千字，除说明自汉以来，禘祫相混的情形，又引用诸儒主张，分析郑玄、王肃之说，最后也表达了自己对禘祫礼的看法（页586—592）。他的主张，得到马端临的支持，故在编写《文献通考》之时，全部采用杨复《祭礼》的说法，他在《自序》中说：

> 至于禘祫之节、宗祧之数、礼经之明文无所稽据，

学术史读书记

> 而注家之聚讼莫适折衷，其丛杂抵牾，与郊祀之说无
> 以异也。近世三山信斋杨氏得考亭、勉斋之遗文奥义，
> 著为《祭礼》一书，词义正大，考订精核，足为千载
> 不刊之典。

当然，拿杨复花了十年的工夫修订的《祭礼》与黄干的《祭礼》未定稿做比较，是一件没有意义的事。只是从以上所举的几个例子，除了说明杨复为什么一定要重修《祭礼》的原因，同时可以看出杨复在形式上让黄干《祭礼》的编排更加立体，在内容上让问题的讨论更加集中。更重要的，杨复《祭礼》所包含的一百三十条左右的按语，可以视为朱熹一门，甚至是宋人的礼学观，在经学史上无疑是珍贵的材料。

五、杨复对朱熹祭礼理论的立体化

杨复花费了十年的工夫，从众多纷乱的条目中，理出一条祭礼学的思路。这条礼学的思路，蕴含着他想为朱熹健全祭礼思想的企图。杨复在《自序》说：

> 文公平日笃志《礼书》，于《祭礼》虽未属笔，而讨论考核为尤详。……诸儒未能究见本末，迁就依违，莫之厘正，悉经先师折衷而论始定，故引而归之于各条之下。

朱熹、黄干及杨复祭礼学的形成

服膺朱熹学说，这里清楚表明了杨复的基本立场。我
们可以看到书中所立篇目，若依照朱熹原本《礼书》的体
例，必将诸儒主张置于夹注中。杨复却让朱熹讨论礼制的
文章，于经注疏之外，独立成篇，丝毫不加以剪裁，如
《地示》篇的《朱子州县社稷坛说》，《宗庙》篇的《朱子
论古今庙制》。又如《祫祭礼》的《朱子周大祫图》《朱子
周时祫图》等。可以说，杨复从《文集》《语类》中掇拾朱
熹祭礼相关言论、论文，将朱熹的祭礼学逐步地建构起来。
凡是遇到"历世聚讼大公案"，需要说明、考证、分析、加
按语之处，如郊祀、明堂、北郊、古今庙制、四时禘祫诸
问题，最后皆折中于先师，以朱熹所论为依归。今日我们
看朱熹所论或有武断，但这并非杨复考虑的方向，他只想
为朱熹建构起他的祭礼理论。

如前文朱熹写给吴伯丰的信中所言，以为当附《逸
礼·中溜》一篇："以'中溜'名篇，必是以此章为
首。""今亦当以此为首，而户、灶、门、行以次继之，……。
其首章即以《逸礼·中溜》冠之。"黄干此段经文收入《祭
礼·地示》篇中，但仍按照《礼记·月令》"春祀户，祭
先脾""夏祀灶，祭先肺""中央祀中溜，祭先心""秋祀
门，祭先肝""冬祀行，祭先肾"的顺序排列。而杨复《祭
礼·五祀礼》设有《逸礼·中溜》一章，则以"中央土，其
祀中溜，祭先心"为章首（页355）。这么细微的地方都注意
到，说明他对朱熹只字片语都谨慎看待。

宋儒深受赵匡等人《春秋》尊王思想的影响，故朱熹

在与吴伯丰、李宝之讨论《祭礼》禘祫之议时，皆与二人强调要参考、收录赵匡《春秋纂例》的说法。如前所言，虽然黄干也曾对杨复强调赵匡之言尤为精当，但也仅录两小段文字以说解经文（见前文）。杨复却非常重视朱熹的意见，故他的《祭礼》透露出此种观点，也不足为奇，[1]并且小心处理每一条违背此观点的注疏。他在《天神篇·祀昊天上帝礼》之后，另独立《鲁郊》一篇，凡引用《春秋》经传，赵伯循《春秋纂例》有说解处则引赵说，赵说无则斟酌引录汉唐注疏。

于《祀昊天上帝礼》后紧接《鲁郊》，如此郑重其事，是为了正学者之视听，绝非认同鲁郊之正当性。此篇最后，杨复引《礼运》云："孔子曰：'我观周道，幽厉伤之，吾舍鲁何适矣。鲁之郊、禘，非礼也，周公其衰矣。'"郑注曰："非，犹失也。鲁之郊牛口伤，鼷鼠食其角，又有四卜郊不从，是周公之道衰矣。言子孙不能奉行兴之。"将"非礼"的解释引导读者至"子孙未能奉行兴之"而失礼。杨复引用林之奇语，直指郑玄避重就轻："先儒之说，不过罪其屡卜与其养牲不谨尔，不知圣人书郊，乃恶其非礼之大者。"（页230—231）以为要讨论孔子对鲁禘郊的看法，首先"当断鲁郊之当否"，以正鲁不应有郊。

又，《祀昊天上帝礼》传文引《礼记·郊特牲》"王被衮以象天"，郑注云："谓有日月星辰之章，此鲁礼也。《周

---

1 《〈杨复再修仪礼经传通解续卷祭礼〉导言》已有举例说明。

礼》'王祀昊天上帝，则服大裘而冕，祀五帝亦如之'。鲁侯之服，自衮冕而下也。"杨复则痛批郑玄："鲁可称'王'乎！鲁之郊、禘非礼也，圣人尝叹之矣，况可以称'王'乎！"（页217）

杨复处理注疏，除了《三礼》经文条目依照朱熹、黄干的编辑体例引郑注之外，其他诸经，如《诗经》，注解不用郑笺，而用朱熹《诗集传》解说；引《论语》《中庸》，注解用朱熹《四书章句》；引《尚书》，注解用蔡沈《书集传》[1]。要以朱熹的经说代替汉唐旧注疏，是非常明显的意图。

不仅如此，杨复所引通人说法，皆与朱熹有直接或间接的关系，他在《义例》中说明，《祭礼》所引古今诸儒之说，如司马光、程颐，皆为朱熹所推崇者；如陈祥道，"先师常称其《礼书》该博者"；李如圭，"尝问祭礼者"；陈孔硕，"尝问释奠仪者"；黄度，"先师同时之贤，有往复书见于《文集》者"。即使朱熹"于祭礼虽未属笔"，不论在形式上或内容上，朱熹的祭礼学说都通过杨复一字一句地建立了起来。

凡此，说明杨复希望借着自己的双手，来帮助朱熹弥补成不能编纂《祭礼》的遗憾。朱熹的祭礼思想，随着杨复的大量引用，充斥在整部书中。朱熹编纂《礼书》的初衷，是梳理经书文献，目的在"使士知实学"，并且在"异时可

1　蔡沈《书经集传》，为朱熹晚年令蔡沈所作。《书经集传序》云："先生盖尝是正，手泽尚新。……《集传》本先生所命，故凡引用师说，不复识别。"可知此书亦本朱熹说解。

为圣朝制作之助"(《乞修三礼札子》,《晦庵集》,卷十四)。我们甚至可以在《王朝礼》中看到朱熹拿唐本、《吕氏春秋》、《淮南子》来与《月令》篇做文字校勘的工作,与我们印象中对宋儒擅长以理说经的方式大相径庭。这部书被定位为礼学资料汇编性质的书籍,历来学者对其评价并不高。不过,因为杨复对师说特殊的处理方法,与对《祭礼》篇章内容的编排方式,使此书产生了变化,他将平面资料汇编性质的《通解》,往前推进一大步,成为一部立体的、理论性坚强的礼书。

六、结语

元代熊禾曾称朱熹想将"《通典》及诸史志、会要、开元、天宝、政和礼斟酌损益,以为百王不易之大法"(《刊仪礼经传通解》,《勿轩集》),这个说法与实际《仪礼经传通解》正编的内容并不符合。但在《续编》中确实是如此。为说解礼仪施行的情况,杨复录有历代诏令奏议的内容,让礼学理论与历代礼制可以合而为一,是朱熹在编纂《礼书》时所不曾想到的。这是除了朱熹,杨复对另外一位老师黄干的学习与继承——表现在对历代诏令奏议的引用与分析上。黄干在编纂《丧礼》时已有相同的处理方法。不过,考虑到《丧》《祭》二礼的特殊性,与朝廷礼制自然会产生比较密切的关联。

杨复再修的《祭礼》,与朱熹所构想的"祭礼"、黄干所编撰的《祭礼》,不仅在形式上有所改变,在内容上也更加深化。即从朱熹到杨复的祭礼,是从"构想"到"具体

化"再到"立体化"的过程。我们应将杨复再修的《祭礼》，
与朱熹《通解》、黄干《续通解》视为一个整体。杨复在按
语中总是申述朱熹的看法，似乎没有个人的意见，笔者以为
是杨复极力控制突显个人的色彩，因为他明白《仪礼经传通
解》对朱熹的重要性，他的任务不过是完善先师未完成的工
作。又，朱、黄两位先生其时皆已殁，杨复所编内容无法让
两位先生过目删补，那么，尽量避免出现自己主观的看法，
而忠实呈现第一作者——朱熹的主张，应该是最符合《通
解》编纂的体例了。即使如此，我们仍能从杨复对经文的编
排，注、疏的捡择中，体会杨复对祭礼的全盘理解。同时，
他又注意与黄干《丧礼》之间的联结，如《宗庙隆杀之制》，
"主"条："措之庙，立之主，曰帝。"（页424）杨复于此下注
"详见《丧礼·丧大记》'作主'条"，即黄干《丧礼》的内
容，根据性质的不同，此略彼详，说明《祭礼》与《通解》
《续通解》作为一部书的整体性。

　　《仪礼经传通解》正续编的编成，正如同宋代是经学史
上新经学时期一般，朱氏师徒让"新仪礼"诞生：《仪礼》
《周礼》《礼记》三礼的内容经过朱熹以及弟子们的融合，代
表的是朱熹一门对传统礼经与当代礼制的理解。杨复的两位
礼学老师，朱熹厚实了理论的基础，黄干除了提供《祭礼》
蓝图，又示范了实际礼制在礼经上展现的方法，于是成就杨
复此部理论与实务兼备的《祭礼》。这是在宋代特殊的经学
环境下所产生的亦经亦史的著作，它的影响虽直达清代礼
学，但要么像《文献通考》割裂了《祭礼》全书以符合史学

著作，要么像《五礼通考》成为通礼著作。纯粹地从经学的角度出发，以经书作为理论主体，以礼制作为案例说明，杨复《祭礼》之后，再也无法产生这样的作品了。虽然，《祭礼》的编纂工作不断遇到波折，但弟子们始终遵循着朱熹的构想前进，而杨复的《祭礼》，不仅仅是他自己对《祭礼》的体会，也可说是朱熹祭礼学之延续。

本文原刊登于《文史》2013年第四辑。

札记：王肃六宗说

六宗见《虞书》而不知何物，众说纷纭。刘歆、孔光、王莽说，以六宗为日、月、雷、风、山、泽，亦即《易》卦六子之尊气。《今尚书》说，以为六宗在天地四方之中。郑玄据《大宗伯》，谓六宗皆天神，即星、辰、司中、司命、风师、雨师。

《尧典》云："正月上日，受终于文祖。在璇玑玉衡，以齐七政。肆类于上帝，禋于六宗，望于山川，遍于群神。"

《汉书·郊祀志下》："莽又奏言：'欧阳、大小夏侯三家说六宗，皆曰"上不及天，下不及墬，旁不及四方，在六者之间，助阴阳变化"，实一而名六，名实不相应。日、月、雷、风、山、泽，《易》卦六子之尊气，所谓六宗也。'"按：刘歆、孔光说与王莽同，见《大宗伯》疏引《礼论》等。郑说可参《大宗伯》疏引郑《驳异义》。又按：《五经异义》以下，《续汉·祭祀志中》刘注、何承天《礼论》、《大宗伯》疏、《舜典》正义等皆析述众家异说，至《五经异义疏证》最为详博。

王肃据《祭法》，谓六宗四时也，寒暑也，日也，月也，星也，水旱也。

王肃注《尧典》云："所宗者六，皆洁祀之。埋少牢于泰昭，祭时也。相近于坎坛，祭寒暑也。王宫，祭日也。夜明，祭月也。幽宗，祭星也。雩宗，祭水旱也。禋于六宗，此之谓矣。"按：此注出辑佚，参详《尚书后案》等考订及敦煌本《舜典释文》（伯3315号）。"埋少牢"至"祭水旱也"，《祭法》文。

《祭法》疏云："案《圣证论》，王肃六宗之说，用《家语》之文，以此四时也、寒暑也、日也、月也、星也、水旱也为六宗。"

《大宗伯》疏引《礼论》云："魏明帝时，诏令王肃议六宗，取《家语》宰我问六宗，孔子曰：'所宗者六：埋少牢于大昭，祭时；相近于坎坛，祭寒暑；王宫，祭日；夜明，祭月；幽禜，祭星；雩禜，祭水旱。'孔安国注《尚书》与此同。"按：《家语》说不见今本，而见《孔丛子》。刘昭注《续汉·祭祀志》即引《孔丛子》。

然《晋书》谓王肃为《易》六子说，与诸书所引王说不同。陈寿祺以为《晋志》采肃说不详。

《晋书·礼志上》云："王莽以《易》六子，遂立六宗祠。魏明帝时疑其事，以问王肃，亦以为《易》六子，故不废。"按：陈寿祺说见《五经异义疏证》。

皮锡瑞引据《北堂书钞》《山堂考索》等，论王肃有两说，《晋书》不误。

皮锡瑞《圣证论补评》引《北堂书钞》卷九十"魏明帝问王肃'六宗竟几'，对曰'《坎》为水，《离》

为火，《震》为雷，《巽》为风，《艮》为山，《兑》为
泽，《乾》《坤》六子也'"，云此"与《晋书·礼志》
合，足征《晋书》不误"。

今按：皮氏所引《北堂书钞》乃陈禹谟本。今据孔广陶刻本
推测，则魏明帝或广问六宗旧说，故肃答列举众说，《易》
之六子，特其中一说，《北堂书钞》摘录以明"《乾》《坤》
六子"而已。又，皮氏引《山堂考索》亦属牵强。然则，陈
寿祺《晋志》采肃说不详之说，近得其实。孔广陶本与陈禹
谟本差异甚大，光绪以前学者所用多陈禹谟本。版本不同，
则结论亦异。

　　孔广陶刻本《北堂书钞》卷九十"《乾》《坤》六
子"注云："《圣证论》云：魏明帝诏王肃：'六宗之
神，意有几乎？'对曰：'《坎》为水，《离》为火，
《震》为雷，《巽》为风，《艮》为山，《兑》为泽，先
师所说曰六宗，此《乾》《坤》六子也。'"按：孔广陶刊
《北堂书钞》在光绪十四年（1888），皮氏自序《圣证论补评》在光绪
二十三年（1897），刊行在二十五年（1899），疑皮氏未见孔广陶刻本。
又按：皮氏又引《山堂考索》引《三礼义宗》，论《三礼义宗》所引马
昭难刘、孔《易》六子说，亦可为王肃同刘、孔说之旁证。今谓《三礼
义宗》下文引王肃说，即四时、寒暑、日、月、星、水旱说。上引刘、
孔《易》六子说未言及王肃，下文引王肃即为四时、寒暑说，则《三礼
义宗》未尝以王肃有《易》六子说可知。

朱熹《仪礼经传通解》对《礼记》经、传的界定

叶纯芳

一、前言

朱熹对于礼学，着重实践的功能，他虽然认为"大抵说制度之书，惟《周礼》《仪礼》可信"[1]，但《周礼》的制度多无法施行：

> 礼学多不可考，盖为其书不全，考来考去，考得更没下梢，故学礼者多迂阔，一缘读书不广，兼亦无书可读。如《周礼》"仲春教振旅，如战之陈"，只此一句，其间有多少事？其陈是如何安排？皆无处可考究。其他礼制皆然，大抵存于今者，只是个题目在尔。[2]

且当朱熹弟子问学《周礼》，他说：

> 不敢教人学。非是不可学，亦非是不当学，只为

1 郑明等点校：《朱子语类》(《朱子全书》，第十七册，上海古籍出版社、安徽教育出版社，2002 年)，卷八十六，页 2912。
2 《朱子语类》，卷八十四，页 2876。

> 学有先后，先须理会自家身心合做底，学《周礼》却
> 是后一截事。而今且把来说看，还有一句干涉吾人身
> 心上事否？[1]

《仪礼》虽亦非全书，然所述礼仪及仪节的进行，一举一动，犹可依循，也都干涉"自家身心上事"，是朱熹更重视《仪礼》的原因。

《仪礼》为古经，是礼之根本；《礼记》是汉人裒集讲说以解释《仪礼》，为其枝叶。不论《晦庵集》或《朱子语类》中，朱熹都明白表达了这个想法。这个想法，落实到《仪礼经传通解》（以下简称《通解》）中，"经"指的是《仪礼》，"传"指的是《礼记》《周礼》等其他经书，是大家都确知的体例。在此前提下，他将《仪礼》的《冠礼》《昏礼》《乡饮酒礼》《乡射礼》《燕礼》《聘礼》分别以《礼记》的《冠义》《昏义》《乡饮酒义》《射义》《燕义》《聘义》作为主从关系配附，但《仪礼》佚失颇多，所存多为士礼，能将二礼整整齐齐相配合的情况毕竟有限，而朱熹心目中的礼书蓝图，不仅仅着眼于士礼，而是涵盖家、乡、学、邦国、王朝各个层面的礼仪。《仪礼》经文的不敷使用，迫使朱熹不得不退而求其次——转向其他各经的内容以弥补《仪礼》经文的不足。其中，被他视为"枝叶"的《礼记》，使用最多、拆分最散，又《礼记》内容忽而为经、忽而为传，违背朱熹自己

1　《朱子语类》，卷八十六，页2911。

所说"《礼记》为传"的大方向。究竟他如何区别经、传的内容？界定《礼记》经、传的标准为何？[1] 是研究朱熹礼学最根本也最重要的问题。

二、《仪礼经传通解》的经、记、辞、传

先秦典籍中的"记"与"传"，都是相对于"经"而言。《仪礼》部分篇末附有"记"，《仪礼疏》云：

> 凡言"记"者，皆是记经不备，兼记经外远古之言。[2]

皮锡瑞《经学通论》云：

> 汉所谓《礼》，即今十七篇之《仪礼》，而汉不名"仪礼"。专主经言，则曰"礼经"；合记而言，则曰"礼记"。许慎、卢植所称"礼记"，皆即《仪礼》与篇中之"记"，非今四十九篇之《礼记》也。其后"礼记"之名，为四十九篇之《记》所夺，乃以十七篇之

---

1 孙致文《朱熹〈仪礼经传通解〉研究》中亦有专节讨论《通解》对经、传、记的编次。该书原为作者博士论文（2003 年），2015 年由台北大安书局出版。

2 郑玄注，贾公彦疏，阮元等校：《仪礼注疏附校勘记》（台北：艺文印书馆，1989 年据清嘉庆二十年江西南昌府学刊本影印），页33。

"礼经"别称《仪礼》。[1]（《论汉初无三礼之名仪礼在汉时但称礼经今注疏本仪礼大题非郑君自名其学》）

又《丧服》一篇不仅经文下有传文，记文下亦有传文。则记文、传文，皆记经文所不备，同时，传文也承担解释记文的工作。

朱熹对《仪礼》经文的处理，首先分章，各章之下，罗列与经文相关之记、辞、传。最初，他回答余正甫有关编纂礼书的方式时，希望对《仪礼》经、记、传做以下的处理：

> 今所定例，传、记之附注者低一字，它书低二字，《礼记》则以篇名别之。记之可附经者，则附于经；不可附者，则自仍旧以补经文之缺。[2]

这里所说的"记之可附经者"，指的是《仪礼》各篇末之"记"文。虽然引用他书最后都混入记、传中，没有做"低二字"的处理，但经文顶格，传、记附注低一格，正如今日我们所见到此书的体例。分层次的编排方式，对阅读《仪礼》有莫大的帮助。同时，说明"记文""传文"对朱熹来说，性质相同，都是为理解经文而作。《仪礼》记文不足以

1　皮锡瑞：《经学通论》（北京：中华书局，1995 年），卷三，页 1。
2　戴扬本、曾抗美点校：《晦庵先生朱文公文集》（《朱子全书》，第三十二册），卷六十三，页 3075。

说明者，则以《礼记》内容补之，如《士昏礼》"妇见"一章，第一节记文为《仪礼》记文，第二节记文"妇见舅姑兄弟姑姊妹，皆立于堂下西面北上是见已"，则取自于《礼记·杂记》。

记、传文之外，又有"辞"。"辞"为礼仪进行时，各个动作者说话的内容。朱熹从《仪礼》记文中分别出来，置于每一节礼仪记文后，如《士昏礼》"问名"一节：

> ○记，问名，主人受雁，还，西面对宾，受命乃降。
>
> ○辞，问名，曰："某既受命，将加诸卜，敢请女为谁氏？"对曰："吾子有命，且以备数而择之，某不敢辞。"

"辞"字为朱熹所加，"辞"字下的文字皆为动作者说话的内容。不仅经、记、辞层次分明，一目了然，且具有礼仪的实践价值，动作、说话，可依此进行。这是朱熹实用礼学的表现。

若大致分别，《通解》对经、记、辞、传的选择有以下处理方式：

（一）《仪礼》《礼记》可相配附者，分上下篇，上篇为经，下篇为传。如《士冠礼第一》（《家礼一》之上），以《仪礼》为经，《冠义第二》（《家礼一》之下），以《礼记》为传。《朱子语类》所言：

朱熹《仪礼经传通解》对《礼记》经、传的界定

《礼记》乃秦汉上下诸儒解释《仪礼》之书。又有他说附益于其间，今欲定作一书，先以《仪礼》篇目置于前，而附《礼记》于后，如《射礼》则附以《射义》，似此类已得二十余篇。（卷八十四）

（二）《仪礼》无文，以《礼记》各篇作为经文，其他各书作为传文者，单独成篇；各篇之中，又分经、传。如《内则第五》（《家礼三》），以《礼记·内则》为经文主体，《曲礼》《左传》《国语》《孔子家语》等为传。《朱子语类》所言：

若其余，《曲礼》《少仪》又自作一项。（同上）

《礼记》之《曲礼》《少仪》分别为《通解·学礼》的第三、第四篇。其余如《投壶》归入《乡礼》；《学记》《大学》《中庸》归入《学礼》；《月令》《乐记》《王制》则归入《王朝礼》中。

（三）《仪礼》无文，鸠合《礼记》各篇相关内容为经文。如《五宗第七》（《家礼五》），则取自《礼记》之《丧服小记》《大传》《曾子问》《内则》《文王世子》《檀弓》《曲礼》各篇内容。或为经文，或为传文。又取《白虎通义》《孔子家语》《孔丛子》等书补充传文。

（四）《仪礼》无文，鸠合各经相关内容为经文。如《学制第十六》（《学礼一》之上），取自《礼记》之《王制》《学记》《明堂位》《文王世子》、《周礼》之《师氏》《大司乐》、《尚书大传》、《孟子·滕文公》、《国语·齐语》等为经文；作为《学制》之下篇，《学义第十七》(《学礼一》之下)，取《礼记》之《乐记》《礼器》、《尚书》、《左传》、《国语》等传文。

（五）《仪礼》《礼记》无文，以某经或某书作为经文主体，以他书作为传文者，单独成篇；各篇之中，又分经、传。如《弟子职第十八》，则为《管子·弟子职》之全篇。

《礼记》的内容，几乎遍布《通解》全书，可以说，《礼记》是朱熹编纂《通解》最重要的资料来源。那么，就朱熹而言，什么样的内容可以作为经文，什么样的内容只能作为传文，想要了解朱熹，就必须将《通解》引用《礼记》的情况做一全面的调查。

三、《仪礼经传通解》对《礼记》经、传的界定

《礼记》四十九篇，除去能与《仪礼》各篇两两相配的六篇以及有关《丧礼》《祭礼》的内容之外[1]，《通解》[2]收录了《礼记》[3]以下各篇（以下所标皆为《礼记注疏》之页码，以此视《通解》

1　我们主张黄干《丧礼》与杨复《祭礼》，是贯彻朱熹的礼学思想编纂而成的。不过，在这里我们主要讨论朱熹如何处理、取舍《礼记》经文与传文的具体问题，只能以朱熹手定的《通解》正编作为讨论对象。

2　本文《仪礼经传通解》使用《影印宋刊元明递修本仪礼经传通解正续编》（北京：北京大学出版社，2012年）。

3　本文《礼记》使用《礼记注疏附校勘记》（台北：艺文印书馆，1989年据清嘉庆二十年江西南昌府学刊本影印）。

对《礼记》内容前后顺序的调整）：

（一）《内则》

《通解》作"内则第五"（《家礼三》），《仪礼经传目录》云：

> 此《小戴》第十二篇，盖古经也。郑氏以为记男
> 女居室、事父母舅姑之法，以闺门之内礼仪可则，故
> 曰"内则"。今按此必古者学校教民之书，宜以次于
> 《昏礼》，故**取以补经**而附以传记之说云。

此篇，朱熹以为"盖古经也"。不过，即使认定是"经"，他
也做了一些更动。首先，将《内则》分为九章，再依照各章
的主旨与顺序分别插入相应的内容（以下所叙依照《礼记》内容的
顺序）：

1. 事亲事长

【经】自"后王命冢宰"始，至"必复请其故，赐而后与
之"，为第一章。但删去"男不言内，女不言外"至"男子
由右，女子由左"。

【记】❿《曲礼上》"凡为人子之礼"至"祭祀不为尸"；❶《玉
藻》"父命呼，唯而不诺"至"走而不趋"；❷续上《曲礼
上》"祭祀不为尸"，接"听于无声"至"不有私财"；❸《檀
弓》"未仕者不敢税人，如税人，则以父兄之命"；❹《玉藻》
"亲在，行礼于人称父。人或赐之，则称父拜之"；❺《曲礼
上》"父子不同席"；❻《曲礼上》"父母有疾"至"疾止复

故"；❼《玉藻》"亲老，出不易方"至"口泽之气存焉尔"；❽续上《曲礼上》"不有私财"，接"为人子者父母存"至"冠衣不纯采"；❾《内则》**"曾子曰：孝子之养老也"**至**"而况于人乎"**；❿《祭义》"曾子曰：孝有三，大孝尊亲"至"不羞其亲可谓孝矣"。

〖按〗如上文所言，朱熹以为《内则》是古经文，但却将《内则》"曾子曰"整段内容移入记文中，表示朱熹对于可入经文者，唯圣人孔子之言，故将"曾子曰"从经文中剔除。《朱子语类》亦云：

> 《曲礼》必须别有一书协韵，如《弟子职》之类。如今篇首"若思""定辞""民哉"，及"上堂声必扬""入户必下"，皆是韵。今上下二篇却是后人补凑而成，不是全篇做底。"若夫"等处，文意都不接。《内则》却是全篇做底，但"曾子曰"一段不是。（卷八十七）

2. 饮食

【经】自"饭，黍稷稻粱"始，至"实诸酰以柔之"，为第二章。但删去"羹食，自诸侯以下"至"士于坫一"。

【传】无传。

〖按〗《内则》主要记"闺门之内礼仪"，朱熹删去的一段文，为诸侯至庶人之羹食，与闺门之内礼仪无关。

3. 男女之别

【经】自"为宫室辨外内"至"女不出",并将"事亲事长"一章所删去之"男不言内,女不言外"至"男子由右,女子由左"接续于其后。又补《曲礼上》"男女不杂坐,不同椸枷"至"弗与同器而食",为第三章。

【传】取自《孔子家语》《国语·鲁语》。

〖按〗朱熹依照自己对礼仪的设想,将《内则》的内容加以调整,并不依照《礼记》原文。又,对《礼记》不同篇但内容相仿者,亦有所取择,如此章,《内则》"女不出"之后,也有"男女不同椸枷"一句,然《曲礼》所述更加详尽,故朱熹取《曲礼》文而舍《内则》。

4. 夫妇之别

【经】自"礼始于谨夫妇"后接"不敢县于夫之楎椸"至"少事长,贱事贵咸如之",为第四章。

【传】取自《春秋左氏传》。

5. 御妻妾

【经】自"夫妻之礼,唯及七十"始,至"妻不在,妾御莫敢当夕",为第五章。

【传】取自《荀子》《春秋左氏传》。

6. 胎教

【经】补《列女传》,自"妊子者,寝不侧坐"始,至"则令瞽诵诗道正事",为第六章。

【传】朱熹以己意略述《列女传》之义。

〖按〗"胎教"一章,《内则》无文。朱熹所述《列女

传》一段，《大戴礼记》亦有此文。何以舍《大戴》而取
《列女传》，无法得知。

7. 生子

【经】❶自"妻将生子"始，至"女子设帨于门右"_{(页}
534）；❶"三日，始负子，男射女否"。《通解》于"三日"
下加"接子"二字。❷接续前文"大夫少牢，士特豕，庶
人特豕，其非冢子则皆降一等"_(页534)。✚略过"国君世子
生"至"大夫之妾使食子"一段、"冢子则大牢""国君世
子大牢"二句_(皆在页534)。❸"异为孺子室于宫中"至"他
人无事不往"_(页535)；但将后文"大夫之子有食母"至"士
之妻自养其子"_(页537)两句插入"他人无事不往"之前。
❹"凡接子择日"_(页534)一句、"三月之末"至"夫入，食
如养礼"_(页535—536)一段；✚略过"世子生，则君沐浴朝
服"至"礼帅初，无辞"_(页536)；❺"凡名子，不以日月，
不以国，不以隐疾"至"遂入御"_(页537)；✚略过"公庶子
生"至"则使有司名之"_(页537)；❻"庶人无侧室者"至
"礼如子见父，无辞"_(页537)；✚略过"食子者三年而出，
见于公宫则劬"_(页537)句；❼"由命士以上"至"必循其首"
_(页538)。以上为第七章。

【传】无传。

〖按〗此章朱熹在经文排列顺序上，对《礼记·内则》
做了较大的改动。凡略过_(前有✚符号者)之内容，皆非"闺门
之内礼仪"，故朱熹不录。其中"凡名子，不以日月，不以
国，不以隐疾"，《通解》作"凡名子，不以国，不以日月，

不以隐疾，不以山川"，朱熹自注云："此一节文不足，今取
《曲礼》移入。"此一句两见于《礼记》之《曲礼》《内则》，
《曲礼》详而《内则》略，故朱熹舍《内则》文，移入《曲
礼》文。

8. 教子

【经】此章前补《曲礼》"幼子常视毋诳"一句。后接《内则》，
自"子能食食"始，至"凡女拜尚右手"止，为第八章。

【记】《少仪》"妇人吉事，虽有君赐，肃拜；为尸坐，则不
手拜，肃拜；为丧主，则不手拜"。

〔按〕经文只言"女拜尚右手"，但如何"拜"未加以
说明，故取《少仪》文作为记，以补充说明妇人拜之法。

9. 冠笄嫁娶

【经】以《曲礼上》"男女异长。男子二十冠而字……女子
许嫁，笄而字"（页39）、"男女非有行媒不相知名"（页37）至
"寡妇之子，非有见焉，弗与为友"二段文以补《内则》之
缺，为第九章。

【传】无传。

以上各段文字被《通解》略过者，除"羹食，自诸侯
以下"至"士于坫一"一段，不再出现于《通解》其他篇
目中，余如"国君世子生"至"大夫之妾使食子"一段、
"冢子则大牢"、"国君世子大牢"、"世子生，则君沐浴朝
服"、"公庶子生"至"则使有司名之"一段、"食子者三年
而出，见于公宫则劬"等，皆移入《内治第六》。"内治"，
朱熹云：

古无此篇，今取小戴《昏义》《哀公问》《文王世子》《内则》篇，及《周礼》、《大戴礼》、《春秋》内外传、《孟子》、《书大传》、《新序》、《列女传》、《前汉书》、《贾谊新书》、《孔丛子》之言"人君内治之法"者，**创为此记**，以补经阙。

《通解》之《内则》与《内治》，虽内容颇有重复，前者为"闺门之内礼仪"，后者则为"人君内治之法"，为朱熹分为两篇之意，亦符合"由贱以及贵"之原则。

（二）《学记》《大学》《中庸》

《通解》作"学记第二十七"（《学礼十》）、"大学第二十八"（《学礼十一》）、"中庸第二十九"（《学礼十二》），《仪礼经传目录》云：

〔《学记》〕《小戴》第十八篇，言古者学校教人传道授业之次序，与其得失兴废之所由。盖兼大小学而言之。旧注多失其指。今考横渠张氏之说，并附己意以补其注云。

〔《大学》〕《小戴》第四十二篇，专言古者大学教人之次第。河南程氏以为**孔氏之遗书者**也。秦汉以来，儒者既失其传，故其旧文舛错为甚，而训说亦多不能得其微意。今推本程氏，既绪正之，仍别为之章句读者，宜尽心焉，则圣贤之学可渐而进矣。

〔《中庸》〕《小戴》第三十一篇，程氏以为**孔门传授心法**，而其书成于子思，而其言大抵与《大学》相发明。故熹闻之先君子，常以为《大学》者，此篇之户庭；而此篇，则《大学》之阃奥也。然道既失传，说者类皆不能得其微指，今亦本程氏，别为章句，读者孰复而深味之，则圣贤传付之密旨庶乎其有以自得之矣。

则《通解·学记》全录《礼记·学记》文，亦保留郑注，所不同者，若孔疏之疏解不惬其意，则以张载、朱熹自己的说法代替孔疏。

《大学》与《中庸》，程颐以为是孔子之遗书及孔门传授之心法，朱熹自《礼记》抽出，与《论语》《孟子》合为《四子书》，并为之作章句集注。又将《大学》分为经一章，传十章，以为经是"孔子之言而曾子述之"，传则是"曾子之意而门人记之"（《通解》，页401）；《中庸》虽不分经传，分为三十三章，以为"此篇乃孔门传授心法，子思恐其久而差也，故笔之于书以授孟子"（《通解》，页411）。《通解》所收此两篇，实即以其所撰之《大学章句》《中庸章句》替换郑注孔疏。

《通解·大学》将《礼记·大学》第一段作为经，经以下内容分为传十章，编排的顺序不同，朱熹认为旧本有错简，故为之"别为序次"。[1] 以下依照《礼记》的顺序排列，

1　学者多以为古本《大学》有错简，两宋以来讨论者颇多，分别提出自己的《大学》改本也不少，可参考李纪祥：《两宋以来大学改本之研究》（台北：学生书局，1988年）。

看《通解》的调整：

【经】

"大学之道"至"未之有也"，《通解》以此段为经文。

【传】（**⓪—⑩** 为《礼记·大学》的顺序）

⓪"此谓知本，此谓知之至也"，《通解》传之五章。朱熹云：

> 右，传之五章，盖释格物致知之义，而今亡矣。间尝窃取程子之意以补之曰："所谓'致知在格物'者，言欲致吾之知，在即物而穷其理也。盖人心之灵，莫不有知，而天下之物，莫不有理。惟于理有未穷，故其知有不尽也。是以《大学》始教，必使学者即凡天下之物，莫不因其已知之理而益穷之，以求至乎其极，至于用力之久，而一旦豁然贯通焉，则众物之表里精粗无不到，而吾心之全体大用无不明矣。此谓物格，此谓知之至也。"（《通解》，页403）

❶"所谓诚其意者"至"故君子必诚其意"，《通解》传之六章。

❷"诗云，瞻彼淇澳"至"此以没世不忘也"，《通解》传之三章之二；

❸康诰曰克明德"至"皆自明也"，《通解》传之一章。

❹"汤之盘铭曰"至"君子无所不用其极"，《通解》传之二章。

❺"诗云，邦畿千里"至"交止于信"，《通解》传之三章

之一。

❻ "子曰，听讼"至"此谓知本"，《通解》传之四章。

❼ "所谓修身在正其心者"至"此谓修身在正其心"，《通解》传之七章。

❽ "所谓齐其家"至"不可以齐其家"，《通解》传之八章。

❾ "所谓治国"至"此谓治国在齐其家"，《通解》传之九章。

❿ "所谓平天下"至"以义为利也"止，《通解》传之十章。

《通解》的经文，实则为《大学》一篇之通论纲领，学者所谓"三纲八目"。传文自《礼记·大学》"此为知本"以下，一一解释此三纲八目之意义。

第五章之阙文，朱熹取程子意补之，低一格处理，未直接置于传文中。与《通解》他篇处理方式稍不同，如《士相见义第十》，朱熹说"古无此篇，有刘敞补亡"（页8），将刘敞所补直接置于传文中。推其因，对宋人来说，《礼记》最可贵者，莫若《大学》《中庸》两篇，为孔子之遗书及孔门传授之心法。《大学》旧本虽有错简，只能更动其顺序，而不可改其文，故补阙文终究也只是后人的推测，不可以真正的经文视之，破坏原有的结构。《士相见义》则本无此篇，故不存在破坏经文的疑虑。

从《大学》《中庸》两篇，可以明确朱熹取为经的标准，一是孔子所言，一是可确定为孔子所传授者。

（三）《曲礼》《少仪》

《通解》虽保留《礼记》的《曲礼》与《少仪》之篇

名，但处理方式与《学记》《大学》《中庸》等篇不同，在内容上做了极大的改动。《礼记正义》引郑玄《目录》云：

> "名曰曲礼者，以其篇记五礼之事：祭祀之说，吉礼也；丧荒去国之说，凶礼也；致贡朝会之说，宾礼也；兵车旌鸿之说，军礼也；事长敬老、执赘纳女之说，嘉礼也。此于《别录》属制度。"案郑此说，则此《曲礼篇》中有含**五礼之义**。……此篇既含五礼，故其篇名为"曲礼"。"曲礼"之与"仪礼"，其事是一。**以其屈曲行事，则曰"曲礼"；见于威仪，则曰"仪礼"**。

含有"五礼之义"，故曰"曲礼"，"曲礼"实与"仪礼"性质相同，故《经典释文》云：

> "曲礼"者，是《仪礼》之旧名，委曲说礼之事。

《仪礼经传目录》云：

> 此《小戴记》之第一篇，言委曲礼仪之事，所谓"曲礼三千"者也。其可随事而见者，已包在经礼三百篇之内矣；**此篇乃其杂碎首尾，出入诸篇，不可随事而见者，故合而记之，自为一篇**。而又多为韵语，使受者得以讽于口而存诸心，**盖《曲礼》之记也**。戴氏编礼时已亡逸，故特因其首章之幸存者，而杂取诸书

> 所引，与它记之相似者以补续之。然其文亦多错乱，
> 不甚伦贯，今颇厘而析之。

收录在《曲礼》的内容庞杂琐碎，无法"随事而见"，所以将这些内容"合而记之"，作为独立的一篇。朱熹这段话补充了郑玄"五礼"的解释，又进一步明确提出：从《曲礼》首章有"曲礼曰"，可知"曲礼"原有经文、有记文。小戴编礼时，《曲礼》经文已经亡佚。而今存《礼记》所收录的，实则为"曲礼记"，在开篇的"曲礼曰"下，朱熹自注："记引正经之词。"又《答赵恭父》：

> 《仪礼疏》云"《仪礼》亦名'曲礼'"，又《礼器注》云"《曲礼》谓今礼也，礼篇多亡，本数未闻"。**某谓郑氏所谓"今礼"，即指《仪礼》而言，然则可补**《仪礼》之阙，似无疑矣。(《晦庵集》，卷五十九)

《礼记·曲礼》共分五卷，内容涉及各种礼节，《通解》将之分为"通言""容节""居处齐洁之事""步趋奉持之容""言语之礼""饮食之礼""问遗之礼""在车之容""仆御之礼""从宜""杂记"十一章。我们以第一章"通言"（以《礼记·曲礼》卷一为范围）为例，此章是《通解》将同一篇的《礼记》内容，区分为经文、传文，并重新排列的典型。

【经】(**❶—❾**为《通解》，后面括号内号码为《礼记·曲礼》的顺序编号)

❿《曲礼》曰：毋不敬，俨若思，安定辞，安民哉。（1）（《曲礼》卷一）

❶ 敖不可长，欲不可从，志不可满，乐不可极。（2）

❷ 贤者狎而敬之，畏而爱之，爱而知其恶，憎而知其善。积而能善，安安而能迁。临财毋苟得，临难毋苟免，很毋求胜，分毋求多。（3—1）

❸ 修身践言，谓之善行，行修言道，礼之质也。（5—2）

❹ 礼不妄说人，不辞费。礼不逾节，不侵侮，不好狎。（5—1）

❺ 礼闻取于人，不闻取人。礼闻来学，不闻往教。（5—3）

❻ 礼尚往来，往而不来，非礼也；来而不往，亦非礼也。（7—1）

❼ 疑事毋质，直而勿有。（3—2）

❽ 取《少仪》文作《曲礼》经文："不疑在躬，不度民械，不愿于大家，不訾重器。""不窥密，不旁狎，不道旧故，不戏色。""毋拔来，毋报往，毋渎神，毋循枉，毋测未至，毋訾衣服成器，毋身质言语。"

❾ 博闻强识而让，敦善行而不怠，谓之君子。君子不尽人之欢，不竭人之忠，以全交也。(《曲礼》卷三)

【传】

❿ 夫礼者，所以定亲疏，决嫌疑，别同异，明是非也。（5—1）

❶ 道德仁义，非礼不成；教训正俗，非礼不备；分争辩讼，非礼不决；君臣上下，父子兄弟，非礼不定；宦学事师，非礼不亲；班朝治军，莅官行法，非礼威严不行；祷祠祭祀，供给鬼神，非礼不诚不庄。是以君子恭敬撙节退让以明礼。

朱熹《仪礼经传通解》对《礼记》经、传的界定

296

（6—1）

❷鹦鹉能言，不离飞鸟；猩猩能言，不离禽兽，今人而无礼，虽能言，不亦禽兽之心乎。夫唯禽兽无礼，故父子聚麀。是故圣人作，为礼以教人，使人以有礼，知自别于禽兽。（6—2）

❸人有礼则安，无礼则危。故曰：礼者，不可不学也。（7—2）

❹夫礼者，自卑而尊人，虽负贩者，必有尊也，而况富贵乎。富贵而知好礼，则不骄不淫；贫贱而知好礼，则志不慑。（7—3）

〖按〗《通解》对《曲礼》的经、传的区别，大约有这样的趋势：格言式的语词作为经文，如："疑事毋质，直而勿有"；说解式的、比喻式的语词作为传文，如以鹦鹉、猩猩、人皆能言，但最大的差别在于人知礼、有礼。不过，我们也不能不承认，这样的分法并非绝对，经文的❾与传文的❶，似乎界线较为不明。

《礼记正义》引郑玄《目录》云：

> 名曰"少仪"者，以其记相见及荐羞之小威仪。少犹小也。

朱熹则不以为然：

> 此《小戴记》之第十七篇，**言少者事长之节**。注疏以为细小威仪，非也。今厘其杂乱，而别取它篇及

诸书以补之。

以"少者事长"作为本篇主旨，故非此类内容都得一一剔除。《通解·少仪》分"差等""品节""洒扫应对进退""侍食"四章经文，无记文、传文：

1. "差等"未收《礼记·少仪》文。主要由《曲礼》《檀弓》内容所构成，为第一章。
2. "品节"，录"小子走而不趋，举爵则坐祭立饮"_{（页636）}，及"尊长于己逾等"至"不擢马"_{（页628—629）}，为第二章。
3. "洒扫应对进退"，录"泛埽曰埽，埽席前曰拚，拚席不以鬣，执箕膺揲"_{（页628）}；"洗、盥、执食饮者，勿气；有问焉，则辟咡而对"_{（页638）}；"侍坐于君子，君子欠伸，运笏、泽剑首、还屦，问日之蚤莫，虽请退可也"_{（页629）}。并将此段上句"请见不请退"_{（页629）}插入"侍坐于君子"之后；"排阖，说屦于户内者，一人而已矣，有尊长在，则否"_{（页627）}，为第三章。
4. "侍食"收"燕侍食于君子"至"辞焉则止"_{（页635）}，为第四章。

　　《通解·少仪》所保留《礼记·少仪》原文，不到十分之一，大部分内容都移至《曲礼》，其他则依据内容的属性，分别移入《士相见礼》《丧礼》《臣礼》《内则》《王朝礼》《乡饮酒礼》中。亦有内容不伦或不知该纳入何篇，而不被

《通解》全书所采用的，如下：

> "君将适他，臣如致金玉货贝于君，则曰致马资于有司，敌者曰赠从者"。
>
> "臣为君丧，纳货贝于君，则曰纳甸于有司"。
>
> "不贰问。问卜筮曰：义与？志与？义则可问，志则否"。
>
> "武车不式，介者不拜"。
>
> "贰车者，诸侯七乘，上大夫五乘，下大夫三乘"。
>
> "有贰车者之乘马、服车不齿"。
>
> "观君子之衣服、服剑、乘马弗贾"。
>
> "牛与羊鱼之腥，聂而切之为脍，麋鹿为菹，野豕为轩，皆聂而不切。麇为辟鸡，兔为宛脾，皆聂而切之。切葱若薤实之，醯以柔之"。
>
> "衣服在躬，而不知其名为罔"。

亦有与《曲礼》文字相出入，《通解》混而为一者：

《少仪》作"执玉、执龟策不趋，堂上不趋，城上不趋"，《曲礼》作"堂上不趋，执玉不趋"，《通解·曲礼》作"堂上不趋，城上不趋，执玉不趋，执龟策不趋"，而注为《曲礼》文。

从《少仪》一篇处理的情形而论，朱熹不仅否定郑玄、孔颖达等人的看法，对《少仪》内容也重新编排，这是在宋代以前的经学家所无法想象的事情。

（四）《投壶》

《礼记正义》云：

> 案郑《目录》云："名曰投壶者，以其记主人与客
> 燕饮讲论才艺之礼。此于《别录》属吉礼，亦实《曲
> 礼》之正篇，是投壶与射为类，此于五礼皆属嘉礼也。
> 或云宜属宾礼。

《晦庵集·答赵恭父》云：

> 某比在侍侧，见余正甫云**《奔丧》《投壶》两篇**
> **可补《仪礼》之阙**，心甚喜之。近见《礼记》释文引
> 郑氏篇目注，独此二篇注云"实《曲礼》之正篇也"，
> 余皆否，某窃详，谓之正篇，则非先儒杂记之文。（卷
> 五十九）

有了郑玄"实《曲礼》之正篇也"这句话，朱熹对《投壶》
的处理也更有把握，共分为"请投""就筵""请宾""作
乐""请投视筭""卒投饮不胜者""三投庆多马"七章，自
"投壶之礼"至"正爵既行，请彻马"为各章之经文，自
"筭多少视其坐"至最后为各章之记文，其间亦以《大戴礼
记·投壶》补充为记文。

在此篇，《通解》以前半篇叙述投壶礼仪节的内容作
为经文，这部分的内容类似《仪礼》经文，以说明筭、筹、

壶、矢等形制，以及鲁薛击鼓之节等内容作为传文，这部分内容类似《仪礼》的记文。

《通解·王朝礼》，旧题作"仪礼集传集注"，是朱熹草定而未来得及删改者，朱在《识语》云：

> 其曰"集传集注"者，此书之旧名也，凡十四卷，
> 为《王朝礼》，而《卜筮》篇亦缺。余则先君所草定，
> 而未暇删改者也。今皆不敢有所增益，悉从其稿。[1]

这部分有《礼记》的《月令》《乐记》与《王制》。虽说是草定未删改，然经、记、传文的排列已大致底定，需要删改的恐怕也只是顺序稍事调整或抽换不适当的传文，如《孔丛子》，朱熹不只一次表达对《孔丛子》的怀疑[2]，但是《通解·王制》却收录了许多段《孔丛子》的内容。这是我们阅读《通解·王朝礼》时需要注意的。

1　桥本秀美编撰：《丧、祭礼编刊年表》，载《杨复再修仪礼经传通解续卷祭礼》，页 55。
2　《朱子语类》多处有类似此意者："《家语》中说话犹得，《孔丛子》分明是后来文字，弱甚，天下多少是伪书，开眼看得透，自无多书可读。"（卷八十四）"《孔丛子》说话多类东汉人文，其气软弱，又全不似西汉人文。兼西汉初若有此等话，何故不略见于贾谊、董仲舒所述，恰限到东汉方突出来，皆不可晓。"《孔丛子》撰许多说话极是陋，只看他撰造说陈涉，那得许多说话，正史都无之，他却说道自好陈涉，不能从之，看他文卑弱，说到后面都无合杀。"（卷一二五）"《家语》虽记得不纯，却是当时书；《孔丛子》是后来白撰出。"《孔丛子》鄙陋之甚，理既无足取，而词亦不足观。"（卷一三七）

（五）《月令》

根据《通解》全书的通例，《月令》（《王朝礼三》之下）作为《夏小正》（《王朝礼三》之上）的下篇，说明朱熹将《夏小正》视为经文，《月令》视为传文。

《通解》全录《礼记·月令》文[1]，也全录郑注。不过，有一处与全书体例不类者，朱熹以《淮南子·时则训》《吕氏春秋》及唐本与《礼记·月令》校勘，并将校勘的结果附在郑注之后。

《月令》一篇，宋人多以为摘自《吕氏春秋》，《淮南子·时则训》也有类似的内容。宋郑樵《六经奥论·礼记总辨》云：

> 《礼记》一书，《曲礼》论撰于曲台而不及五礼之大本；《王制》著述于博士而尽失先王之大意；《月令》摘于《吕览》而录秦世之官；……《玉藻》一篇颠倒错乱且不可以句读；《内则》载养老三十余语，其文全与《乐记》同。……今《礼记》之《月令》，私本皆用郑注，监本《月令》乃唐明皇删定，李林甫所注。端拱中，李至判国子监，尝请复古文本，以朝廷祭祀仪制等多本唐注，故至今不能改。

1　仲春、季春、仲夏、季夏、仲秋、季秋、仲冬、季冬皆重复孟春、孟夏、孟秋、孟冬之"其日某，其帝某，其神某，其虫某，其音某""其数某，其味某，其臭某，其祀某，祭先某"；"乘某路，驾某，载某旗，衣某衣，服某玉，食某与某，其器某"，《通解》皆删去重复处。

朱熹《仪礼经传通解》对《礼记》经、传的界定

302

宋杨亿《谈苑》之《更改〈礼记·月令篇〉次序》云：

> 《礼记·月令篇》，旧第四，郑玄注，孔颖达作疏，
> 皆依此篇。自开元中，李林甫受诏，学者重加增损，
> 多所改易旧文，升其篇居第一，**至今用之**。李至任秘
> 书监日，因召对，言其事。至道末，遂下馆阁议，胡
> 旦草议状，取郑、李二家对驳之，凡数百言，攻林甫
> 之失。兼云："贡举三礼，所试用孔疏，而文注乃用林
> 甫，甚相矛盾，请复用郑注为是。"宰相吕端不能决，
> 报罢之。后至参政，亦不能厘整其事。

清臧琳《经义杂记》云：

> 案《唐书·艺文志》："御刊定《礼记·月令》一
> 卷，集贤院学士李林甫……等注解，自第五易为第
> 一。"开成石经《礼记·月令》用明皇刊定本为第一，
> 以《曲礼》为第二。朱子《仪礼经传通解》载《礼
> 记·月令》，亦以《唐月令》附注。据郑渔仲语，知宋
> 时国子监《礼记》尚用唐改本，惟私家用郑注本耳。
> 未审何时改复。(卷二十七)

《唐月令》由《礼记·月令》所改编，于唐、北宋皆曾施行。
则朱熹取唐本作为对校本，亦出自实用之考量。

（六）《乐记》

《朱子语类》云：

> 学礼先看《仪礼》，《仪礼》是全书，其他皆是讲说。如《周礼》《王制》是制度之书；《大学》《中庸》是说理之书；《儒行》《乐记》非圣人之书，乃战国贤士为之。

因朱熹认为《乐记》为战国时人所作，"非圣人之书"，故《通解》中的《乐记》，也是作为《王朝礼》四的下卷、《乐制》的传而存在。

（七）《王制》

王制之甲——分土（❶—❿ 表《礼记·王制》本篇或《礼记》他篇内容；◎—◉ 表引用他书）

第一章：【经】◎《尚书·禹贡》。【传】《左传》。

第二章：【经】❶《王制》"王者之制禄爵"至"天子之元士视附庸"（页212—213）；❶"凡四海之内九州"至"以为间田"（页215—217）；❷"凡九州，千七百七十三国，天子之元士、诸侯之附庸，不与"（页217）；❸"天子百里之内以共官"至"分天下以为左右，曰二伯"（页219）；❹"天子使其大夫为三监，监于方伯之国，国三人"（页221）；❺"天子之县内诸侯，禄也。外诸侯，嗣也"（页221）；❻"千里之内曰甸，千里之外曰采，曰流"（页220）；❼"方千里者"至"归之间田"（页

朱熹《仪礼经传通解》对《礼记》经、传的界定

268）；❽"天子之县内方千里者"至"方十里者九十六"（页269）；❾"诸侯世子世国"至"不世爵禄"（页269）；❿"中国戎夷，五方之民"至"北方曰译"（页247—248）；◎《周礼·大司徒》《职方氏》。【传】《国语·周语》《孔丛子》《左传》《公羊传》《韩诗外传》。

王制之乙——制国

第一章：【经】◎《周礼·大司徒》《量人》《匠人》。【传】《大戴礼》《礼记·明堂位》《周礼·内宰》。

第二章：【经】◎《周礼·宰师》《大司徒》《遂人》《小司徒》《匠人》；◑《王制》"方一里者，为田九百亩"至"为田九万亿亩"（页267）；❶"自恒山至于南河"至"其余六十亿亩"（页267—268）；❷"古者以周尺八尺"至"二寸二分"；❸"司空执度度地"至"兴事任力"（页247）；❹"凡居民材"至"不易其宜"（页247）；❺"凡居民量地以制邑"至"然后兴学"（页248—249）；❻"古者公田藉而不税"至"夫圭田无征"（页246）；❼"田里不粥，墓地不请"（页247）、"用民之力，岁不过三日"（页247）、"其用之也，任老者之事，食壮者之食"（页247）。【传】《孔子家语》《孟子》《公羊传》《国语·齐语》《左传》。

王制之丙——王礼

【经】◑《礼记·经解》"天子者与天地参"至"而无其器则不成"（页845—846）；◎朱熹自组句"是以天子之礼有五门，

曰皋门，曰雉门，曰库门，曰应门，曰路门；三朝曰外朝，
曰治朝，曰内朝"，注解用《周礼·秋官·朝士注》。①以
下经文皆取自《周礼》各职官。②《尚书大传》、《尚书·立
政》、《史记》(成王桐叶封弟一段)、《孝经》、《周礼·冢宰》、
《荀子·王霸》。【传】无传。

王制之丁——王事

【经】◎《尚书·舜典》；⓿《王制》"诸侯之于天子也，比
年一小聘，三年一大聘，五年一朝"(页225)；❶"天子巡守，
问百年者就见之"至"归假于祖祢，用特"(页226)；❷"天
子将出，类乎上帝"至"造乎祢"(页235)；❸"天子无事"
至"以尊于天子"(页235)；①《尚书·周官》《周礼·大行
人》，以下皆取自《周礼》各职官、《孟子·告子》、《淮南
子·齐俗训》；❹《礼记·祭义》"昔者天子为藉千亩"至
"敬之至也"；②《周礼·内宰》《国语·周语》；❺《礼记·祭
义》"古者天子诸侯必有公桑蚕室"至"以祀先王先公敬之
至也"；《礼记·祭统》"是故天子亲耕于南郊"至"此祭之
道也"；③《国语·鲁语》《周礼·太宰》，以下皆取自《周
礼》各职官；❻《王制》"大史典礼，执简记，奉讳恶"至
"制国用"(页262)；④《贾谊·新书》《国语·楚语》《谷梁
传》《荀子·大略》；❼《礼记·曲礼》"岁凶，年谷不登"
至"士饮酒不乐"；⑤《谷梁传》《周礼·膳夫》《司服》；
❽《礼记·玉藻》"至于八月不雨君不举"、"年不顺成"至
"不得造车马"、"年不顺成，天子素服，乘素车，食无乐"；

⑥《说苑》《孔子家语》《左传》；⑨《礼记·檀弓下》"岁旱穆公召县子而问然"至"不亦可乎"；⑦《左传》；⑩《礼记·檀弓下》"军有忧，则素服哭于库门之外，赴车不载橐韔""有焚其先人之室，则三日哭，故曰新宫火亦三日哭"；《礼记·檀弓上》"国亡大县邑，公卿大夫士皆厌冠，哭于大庙三日，君不举。或曰君举而哭于后土。孔子恶野哭者"；⑧《孔子家语》。【传】无传。

以上各章是《通解·王制》收录《礼记·王制》内容较多者。"王事"以下，又分"设官"、"建侯"、"名器"上下、"师田"、"刑辟"。原来的《礼记·王制》内容已被拆散，根据属性分列于各篇之下，在"设官"之后，《王制》的内容逐渐减少，掺杂许多其他古籍内容。

《礼记·王制》全篇，仅有"天子赐诸侯乐，则以柷将之；赐伯子男乐，则以鼗将之"（页235）一段，作为《通解》"王制之已——建侯"的传文，补充说明天子赐诸侯之器、服、车、弓矢及乐等各项规定。其余内容作为《通解·王制》之经文，或他篇之经文，或删而不用。如上文所言，朱熹以为《周礼》《王制》是制度之书，视为经文，理所当然。

此外，《通解》"设官"在"唐虞建官"一章，收录《王制》"天子三公、九卿、二十七大夫、八十一元士"一段文，却在"天子三公"前擅自加入"夏商之制"四字作为经文。郑玄于此段经文注："此夏制也。《明堂位》曰：夏后氏之官百，举成数也。"《正义》云：

以《周礼》其官三百六十，此官百二十，故云夏
制。……《王制》之文，郑皆以为殷法，此独云"夏制"
者，以《明堂》殷官二百与此百二十数不相当，故不
得云殷制也，记者故杂记而言之，或举夏，或举殷也。
（页220）

本来夏商制度谁也说不清，朱熹笼统含糊地说是"夏商之
制"，郑玄在解释经文的处理上寻求绝对的合理性，是较朱
熹要来得细致的。

四、《礼记》对朱熹的意义

虽说在《通解》中，记、传无别，不过我们仍然可以
稍作区分：若《通解》标注"记"，通常所收的内容是《仪
礼》各篇后所附的记文以及《礼记》的内容；若标注"传"，
则又可分为两种情形，一种是以《仪礼》为经，《礼记》为
传，一种是以某书为经，经书或其他子、史、集为传。

朱熹在编纂《通解》的同时，对《礼记》做了很大程
度的删改、合并、调整顺序的工作，大如整段的移除，细如
一句一字的调整，例如对《内则》篇中凡不属于闺门礼节之
事，而属人君内治之法，全部移至《内治》；又如对《曲礼》
《少仪》的调整，从笔者所标示原本《礼记》页数的前后倒
置情况，可以明白朱熹这项工作并不容易；又如在《内则》
第八章"教子"的第一节补入《曲礼》"幼子常视毋诳"一

句，可见朱熹对《礼记》全书内容的了若指掌，才能做出如此细腻的调整。

《通解》的编纂分工，"条理经传，写成定本"[1]由朱熹自己负责，其他弟子，则负责在拟好的经传之下"附注疏"。此前，笔者以为"附注疏"的工作在编纂礼书中是一项大工程，最为繁琐，朱熹只须检查删节，写成定本即可。经由本文的讨论，我们必须承认，"条理经传"的难度，是大大超越了"附注疏"的工作。我们不能不怀疑，编纂《通解》之前，朱熹已有一个礼仪的规模与蓝图，所有的仪节过程，都在他心里不断地构建，所有的经、记、传文，也都由他精心设计安排。他曾说：

> 若欲观礼，须将《礼记》节出，切于日用常行者看，节出《玉藻》《内则》《曲礼》《少仪》看。（《朱子语类》，卷八十七）

朱熹在《通解》所做的工作，就是"节出"，他让《礼记》的内容发挥了最充分的效用。当然，朱熹也会碰到难题，《礼记》从来就是一部驳杂混乱的经书，遇到不知该如何归类的窘境，或在他设想之外的小仪节，他只能舍弃不录。如果说，郑玄的注是将原有的《礼记》文本做完美合理的系统

1　郑元肃录，陈义和编：《勉斋先生黄文肃公年谱》，《勉斋黄文肃公文集》〔北京：书目文献出版社，"北京图书馆古籍珍本丛刊"第九十册，1989年据元刻延祐二年（1315）重修本影印〕。

诠释，朱熹就是用重新排比、组合、分类的方式来达到他对《礼记》的理解，虽说《通解》是以《仪礼》为主，但通过《通解》对《礼记》的处理方式，更能理会出朱熹的礼学思想与架构。《通解》全录郑注，表面上是推崇郑玄的解释，但我们也知道郑玄注礼的体系化，正如孔颖达所说"礼是郑学"，不容随意拆分，而朱熹的做法，却在我们毫无察觉的情况下，瓦解了郑玄的礼学世界。

上文中，我们试着将《礼记》从《通解》中摘出，可以了解朱熹区分《礼记》经、传文的大致方向。对朱熹而言，《大学》《中庸》因为是孔子遗书及孔门传授心法，是毫无疑问的经文，对此两篇，他只认为有错简，虽然自撰一段经文欲补阙文，也不敢贸然就插入阙文所在处以补经文之阙。同样的想法表现在《内则》篇，即是将《内则》"曾子曰"整段内容移入记文中，可入经文者，唯圣人孔子之言。这种谨慎的态度，相对于处理《礼记》其他各篇的内容，形成很大的落差，或擅改、或剔除、或割裂、或前后倒置、或插入其他非《礼记》的内容，将《礼记》视为他编纂《通解》的资料库，而非"经书"，不禁令人怀疑朱熹此举对经书的适当性。朱熹似乎已为此埋下伏笔：

> 或曰："经文不可轻改。"曰："改经文固启学者不敬之心，然旧有一人，专攻郑康成解《礼记》不合改其文。如'蛾子时术之'，亦不改，只作'蚕蛾子'云，如蚕种之生，循环不息。是何义也？且如《大学》

云'举而不能先，命也'，若不改，成甚义理？"（《朱子语类》，卷八十七）

宋代开始，汉唐注疏不为学者所重，连带波及对经书的质疑。从疑改传文到疑改经文，北宋学者已经开了先例，流风所及，宋元人对此理直气壮，故对朱熹的做法也无多大的异议，元代熊朋来《经说》就曾表示："要知朱文公《仪礼经传通解》所不采者，皆不堪命题也。"（《大小戴礼记》，卷六）这是对朱熹的作为给予极大的肯定。清皮锡瑞也为朱熹缓颊：

> 近人惩于宋儒之割裂圣经，痛诋吴澄，并疑《通解》之杂合经传。平心而论，《礼记》非圣人手定，与《易》《书》《诗》《春秋》不同。且《礼经》十七篇已有附记，《礼记》文多不次，初学苦其难通，《曲礼》一篇，即其明证。若加分别部居，自可事半功倍。据《隋志》，《礼记》三十卷，魏孙炎注，则其书唐初尚存，炎学出郑门，必有依据。魏征因之，更加整比，若书尚在，当远胜于《经传通解》《礼记纂言》，而大有益于初学矣。（《经学通论》）

当然，并非所有人都能接受这样的看法，郑樵《礼记总辨》云：

> 吁！去一旧事，复一古法，尚重于依违而不决，

况《礼记》之全书乎。大抵四十九篇之书，虽杂出于诸儒传记而不能悉得圣人之旨，然其文繁，其义博，……未可以其言非尽出于夫子，而轻议之也。（《六经奥论》，卷五）

清人沈可培亦言：

> 问："朱子《仪礼经传通解》以《仪礼》为主，而取《周官》《礼记》及他经传记之吉礼者，以类相从。其门人黄氏干、干之门人杨氏复，又遵例续成《丧》《祭》二礼。后之言礼者，可为定本欤？"答曰："朱子此书亦思便于学者省览耳。其实三礼当分治而得其会通，方见该洽。所有《礼记》诸篇，不尽为发明《仪礼》而设，况《仪礼》每篇之后各自有记，以补正经所未及，唯《士相见礼》《大射礼》《少牢馈食礼》《有司彻》四篇不言记，有记者，十三篇。若以《戴记》附入，是记而又记也。即如《士昏》一礼，记语之同者多矣。……则《仪礼》每篇之后既有记，何用再附记乎？况大小戴固多格言，而舛讹亦不免，唯《仪礼》尚为原书，先儒谓其文物彬彬，乃周公制作之仅存者，若一附《礼记》，是又杂以汉儒纂掇之文矣，不如分治为得也。"（《泳源问答》，卷四）

朱熹之前，学者对经书内容的疑惑，大多为文抒发一己之论,《通解》的编纂,是彻彻底底地将对经书的疑惑付诸改造的工作。笔者以为,《通解》不仅仅只是朱熹所说"可为圣朝制作之助"[1],更重要的,朱熹从实践的角度出发,作为实用礼学的理论,必须有可行性。供圣朝制礼之用的说法只是表面,太过谦虚,重新创造一套礼学理论,才是他的真正目的。而《礼记》,正是朱熹这项大事业的幕后功臣。从汉唐以来所建立的礼学系统,到朱熹,已经全部瓦解。那些称《通解》是资料汇编的历代学者,实在小看了朱熹的能耐。我们在欣赏郑玄所建立的完美礼学体系之余,也佩服朱熹的过人之智。他在晚年曾多次迫切表达希望此书完成的心愿,甚至曾对李季章表示,若《礼书》编成,"便可块然兀坐以毕余生,不复有世间念矣"[2]。

若从《朱子语类·礼类》或《晦庵集》中择取朱熹与弟子友朋们对礼学的讨论,所能看到的只是朱熹的一个粗疏想法,一个大致轮廓,都只是片段呈现朱熹的礼学思想。唯有从《仪礼经传通解》对经文的编排、只有通过对《通解》的分析,我们才能看到朱熹真正的礼学样貌。

本文 2014 年刊登于《哲学门》
第十五卷第一册(总第二十九辑)。

1　朱熹:《乞修三礼札子》,《影印宋刊元明递修本仪礼经传通解正续编》,《仪礼经传目录》附,页 15。

2　《答李季章》,《晦庵集》,卷二十九。

《杨复再修仪礼经传通解续卷祭礼》导言

叶纯芳

一、前言

过去的朱子研究，偏重于理学哲学理论，礼学又走上所谓"汉学"一途，朱子礼学恰好处于不宋不汉的中间领域，导致乏人问津的窘境。虽然近来礼学研究逐渐兴盛，朱子研究的范围也扩展至礼学[1]，并肯定《仪礼经传通解》的礼学地位，如白寿彝、戴君仁两先生将重点放在考证参与编纂《仪礼经传通解》的友朋、门人上；上山春平先生讨论朱子在编纂《仪礼经传通解》前后礼学思想的转变等等。但他们讨论的主要根据是朱子的《文集》与《语录》，除了有关篇目结构的讨论之外，几乎完全看不到对《仪礼经传通解》具

---

[1] 论述全面且较具影响力的早期研究成果，在中国大陆有白寿彝先生的《仪礼经传通解考证》(《北平研究院院务汇报》，第七卷第 4 期，1936 年)；在中国台湾有戴君仁先生的《朱子仪礼经传通解与修门人及修书年岁考》《书朱子仪礼经传通解后》(《梅园论学集》，台北：开明书店，1970 年)；在日本有上山春平先生的《朱子之礼学——仪礼经传通解研究序说》〔《人文学报》(京都大学人文科学研究所)，第 41 号，1976 年〕与户川芳郎先生的《和刻本仪礼经传通解解题》(《和刻本仪礼经传通解》，东京：汲古书院，1980 年)。

体内容的分析，尽管他们众口一词地认为《仪礼经传通解》
是朱熹最重要的礼学著作。究其原因，除了学术界向来缺乏
分析像《仪礼经传通解》这种经学著作的有效方法，文献本
身的问题无疑也形成一个很大的障碍。周予同先生论朱熹
经学，即认为《仪礼经传通解》是朱熹未完之作（《丧礼》《祭
礼》未完），又为通礼性质，"实不足以窥见朱子对于《礼经》
之见解"（《周予同经学史论著选集》增订本，《朱熹》，第四章《朱熹之经
学·礼经学》）。试想，我们难道只能根据《文集》《语录》这些
不成系统的言论，来讨论其编纂过程以及朱熹的礼学，却舍
弃有完整体系的主要专著不论？笔者认为，我们应该想办法
克服研究方法与文献两方面的问题，直接切入到《仪礼经传
通解》的内容，体味朱熹及弟子投入大量心血编纂此书的具体
思想，不能永远围绕着《仪礼经传通解》的外围，空谈概念。[1]

朱子的礼学，由《仪礼经传通解》构筑而成，这是无
可置疑的。以往，学者以续编《丧》《祭》二礼非朱熹所作
为由，不纳入朱熹的礼学系统中讨论。[2] 事实上，未完成的

---

[1] 近来的学者已有此意识，认为朱子的礼学还是应该回归到《仪礼经传通
　解》的文本上探讨，如有张经科先生《仪礼经传通解之家礼研究》（"国
　立"政治大学中国文学研究所硕士论文，1988年，董金裕指导），逐章分
　析《仪礼经传通解》中《家礼》的内容；孙致文先生《朱熹仪礼经传通解
　研究》（"国立中央"大学中国文学研究所博士论文，2003年，岑溢成指
　导），从文献学、经学诠释学等角度分析《仪礼经传通解》，并说明此书的
　现实意义与学术史上的意义。其他朱子礼学相关研究，请参考林庆彰先生
　编《经学研究论著目录》与《朱子学研究书目》（1900—1991）。
[2] 如孙先生《朱熹仪礼经传通解研究》称："《仪礼经传通解》续丧礼、祭礼
　部分，因为都未经朱子审定，因此不列入本研究讨论范围。"

《丧》《祭》二礼，由他亲手将此重任交给门人黄干完成，并曾多次与黄干讨论二礼的规模架构。虽然黄干仅完成《丧礼》，《祭礼》未脱稿即殁，但继之有朱学的服膺者、黄干的弟子杨复为二先师续完。因此，二礼虽非直接成于朱熹之手，但其礼学思想绝对与朱熹息息相关。学者又谓，丧、祭二礼是朱子门人为求《经传通解》之全，堆砌资料而成的资料集，故元代前期有胡庭芳云"《三礼》惟有《通解》，缺而未备者尚多，至门人勉斋黄氏、信斋杨氏粗完《丧》《祭》二书，而授受损益精意，竟无能续之者"（《送胡庭芳后序》，熊禾《勿轩集》，卷一），元代后期有朱隐老说"《仪礼经传》朱子以命勉斋黄干，干以属信斋杨复，记录虽详而去取未当"（《朱隐老传》，林弼《登州集》，卷廿一），都以为芜杂不足取。这些评论或许适合于杨复编次的黄干稿本《祭礼》，而绝不适合于杨复再修之《祭礼》。

在看到杨复再修的祭礼之后，我们可以认为朱熹定本《经传通解》（《家》《乡》《学》《邦国礼》）、朱熹稿本《集传集注》（《王朝礼》）、黄干《丧礼》、黄干稿本《祭礼》及杨复《祭礼》五个部分结合起来，足以形成一套完整的礼书，以此视为朱熹师门礼学之圭臬，并不为过。虽然的确有如前人所批评，前面四部分理论结构性较为薄弱，然今得杨复《祭礼》，犹如添加一根支柱，五部分作为整体，即使不免修补、重叠之迹，仍显得宏伟而稳重。将此杨复《祭礼》公布于世，相信足以改变世人对《经传通解》旧有的印象，进而能够促使学界深入研究朱熹一门的礼学，同时也可以获得分析礼学著作的新视角。当然，就《祭礼》的具体内容而言，本书的价值也非常突出，因为明清朝廷有关礼制的重要讨论，往往以本书为理论基础，只不过当时没有人直接参考这本书，都是通过《文献通考》间接地利用这本书而已。杨复这部书的学术价值是多方面的，远非笔者能用简短数语可以概括，因此迫不及待地想呈现给读者。

以下，为行文方便与避免混淆，黄干《仪礼经传通解续·祭礼》，简称黄干《祭礼》；杨复重新编纂的《仪礼经传通解续卷祭礼》，简称杨复《祭礼》，以示区别。

二、两部不同的《仪礼经传通解续祭礼》

《仪礼经传通解》是朱熹晚年所修定的一部礼学文献资料汇编性质的书籍。在此之前，他曾经因为王安石"变乱旧制，废罢《仪礼》，而独存《礼记》之科，弃经任传，遗本宗末"感到不满，撰《乞修三礼札子》，期待朝廷能够重修《三礼》，终因"札不果上"，于是晚年回乡，集门下众人的力量编成此书。嘉定十年丁丑（1217）八月，时任职南康军的朱熹儿子朱在刊行《仪礼经传通解》三十七卷，其中前二十三卷（《家礼》五卷、《乡礼》三卷、《学礼》十一卷、《邦国礼》四卷）为朱熹所定本，题称《仪礼经传通解》；后十四卷（《王朝礼》）为稿本，题称旧名《仪礼集传集注》，而《丧》《祭》二礼阙如。

《丧》《祭》二礼，朱熹生前曾托之于弟子兼女婿的黄干完成。[1]庆元六年庚申（1200），朱熹病殁，前一日仍致书与黄干诀别（《与黄直卿书》），并叮嘱其编成"礼书"（按：朱熹所谓"礼书"，指《仪礼经传通解》，下文皆同）。朱熹选择黄干助其完成《丧》《祭》二礼，亦有迹可寻，《勉斋先生黄文肃公年谱》庆元二年丙辰（1196）即云：

> 文公虽以《丧》《祭》二礼分畀先生，其实全帙自《冠》《昏》《家》《乡》《邦国》《王朝》等类，皆与先生平章之。文公尝与先生书，云所喻编礼次第甚善。

可见在编撰《经传通解》上，黄干深得朱熹的倚重信赖。嘉定十三年庚辰（1220）夏，黄干修订《丧礼》十五卷成，将修《祭礼》，却因"素苦痞气"，十四年辛巳（1221）三月，终于所居之正寝。

（一）两部《祭礼》的形成与流传

1. 黄干《祭礼》

未完成的《祭礼》，朱熹对篇目内容早有构想，原本的计划是《丧礼》由黄干编纂，《祭礼》由吴伯丰、李如圭编纂。在与吴伯丰的书信中，即有"《祭礼》向来亦已略定篇目"之语，并附上与李如圭商讨的篇目顺序，指示各篇收录

1　《答黄直卿七》中，朱熹针对《丧礼》内容与黄干斟酌篇目和内容之编排，见《晦庵集》，卷四十六。

318

的材料（见《晦庵集》，卷五十二、五十九）。后来吴伯丰过世，李如圭所编不合朱子意，最末，二礼全都交给了黄干。

从篇目来看，黄干《祭礼》基本上是遵照朱熹的意思而稍事增删修改，可知朱熹在世时，《祭礼》的规模已大致确定。虽然黄干遵照朱熹的嘱咐且态度极为认真，但由于"中间奔走王事，作辍不常"，导致二礼迟迟未能定稿。直到嘉定十一年（1218）十一月，"差主管建宁府武夷山冲佑观，置局于寓舍之书室及城东张氏南园"，才得以重修《仪礼经传续卷》（《勉斋先生黄文肃公文年谱》）。

嘉定十三年夏，《丧礼》成书，黄干接着打算要修订《祭礼》的稿本。《年谱》引杨复云：

> 《祭礼》亦已有书，本经则《特牲》《少牢》《有司彻》，《大戴》则《衅庙》。所补者，则自天神、地祇、百神、宗庙以至因事而祭者，如建国、迁都、巡守、师田、行役、祈禳及祭服、祭器，事序终始，其纲目尤为详备。先生尝言："某于《祭礼》，用力甚久，规模已定。"

但最后因病未及完成。黄干曾将此书稿授予杨复，曰"子其读之"。杨复追忆并推测黄干之意，是"盖欲通知此书本末，有助纂辑也"，说明他生前曾想邀杨复共任此责。目前可见的《四库全书》本《仪礼经传通解续·祭礼》的作者题为杨复，实际上内容是由黄干编纂的，只是"有门类而未分卷

数，先后无辨"(杨复《丧祭二礼目录后序》)，于是杨复代黄干做
稿本的编次工作。

嘉定十六年癸未（1223），张虙于南康补刊《丧》《祭》
二礼，共二十九卷。其中《丧礼》十五卷，黄干撰；《丧服
图式》一卷，杨复补撰；《祭礼》十三卷，黄干撰稿本、杨
复分订卷次。黄干这部《祭礼》，就是目前通行本的《仪礼
经传通解续·祭礼》部分。杨复帮助编辑黄干《祭礼》的具
体情况，在其所撰《丧祭二礼目录后序》《祭礼（黄干祭礼）后
序》《祭礼（杨复祭礼）自序》等文中有基本的说明。又，《续
修四库全书》收录黄干弟子陈宓的文集，帮助我们了解张虙
刊刻黄干二礼的更多细节。

元元统三年乙亥（1335）六月，江浙等处儒学提举余谦
等"刊补"黄干《丧礼》《祭礼》，当即用张虙所刊书版归国
子监者（所藏版片元代归西湖书院），修补印行。明、清所用，皆
为此本；朝鲜、日本翻刻本，亦据此本。（关于黄干《丧礼》《祭
礼》的详细情况，请参看笔者另外为影印傅增湘旧藏宋刊元明递修本《仪礼经
传通解》撰写的出版说明。）

2. 杨复《祭礼》

杨复，字志仁，福州人。生年不详，据淳祐六年（1246）
十一月《中书省札》"信斋杨先生复隐德不耀，殁已拾年"，
则卒年约当在理宗嘉熙元年（1237）前后。明朱衡《道南源委
录》有《杨信斋事略》：

　　公名复，号信斋，福州长溪人。从文公游，后卒

业黄干之门。真德秀知福州，创贵德堂于郡学以居之。
著《祭礼图》十四卷，《仪礼图解》十七卷，又有《家
礼杂说附注》二卷。（卷七）

杨复一生，并不像朱熹、黄干都曾在朝为官，只是一
个纯粹的读书人。仅在死后，因门人郑逢辰将其所编撰之
《祭礼》上呈朝廷，被理宗特赠"文林郎"。为了方便理解杨
复其人，我们姑且引用《道南源委录》汇录其师友对杨复的
评语：

> 杨志仁有过于密之病，陈德本有过于疏之病。
>
> 昨寓三山，与杨志仁反复所修《礼书》，具有本
> 末。若未即死，尚几有以遂此志也。（以上，《文公语录》）
>
> 志仁最能思索，尽可讲学。
>
> 见示《仁说》，考索极精，传示朋友无不叹服，但
> 恨不得相与款语，各究所蕴耳。
>
> 志仁、谦之，孜孜不怠。
>
> 朋友寂寥，未有一人真能窥见涯涘，如志仁天资
> 劲特，识见通敏，窃有望焉。（以上，《黄勉斋文集》）
>
> 志仁问学精深，服膺拳拳。（《陈宓文集》）

从老师与同门的描述，可以大略知道杨复是个极爱读书、识
见通敏、治学严谨的人，甚至到了让朱熹有"过密之病"的
评价。他常与朱、黄讨论《礼书》，并受到黄干极高的评价

与同门师兄弟陈宓的欣赏。

如上所言,嘉定十三年(1220),黄干将修《祭礼》,即以其书稿授予杨复,有意让杨复通知此书本末,以助其纂辑《祭礼》。《仪礼经传通解续序》云:

> 复受书(黄干《祭礼》稿本)而退,启缄伏读,皆古今天下大典礼,其关系甚重,其条目甚详。其经传异同,注疏抵忤,上下数千百载间,是非淆乱,纷错甚众。

自此以后,杨复"朝披夕阅,不敢释卷",想等待机会让黄干笔削。未料黄干第二年就因病过世,"遂成千古之遗憾"。

嘉定十六年(1223),张虑补刊《丧礼》《祭礼》,杨复被同门推举,为黄干《祭礼》编次。不过正如杨复所言,其中许多前后矛盾,应修改、删补、加按语的条目,都在黄干死后成了遗憾。杨复因此兴起了重新修订《祭礼》的想法,据郑逢辰《申尚书省状》转述杨复语"盖积十余年而始成书",于绍定四年(1231)完书。

书成之后,一直是手钞本的状态,在此期间,杨复《祭礼》也曾引起周围学者的高度注意,如真德秀即称此书为"千载不刊之典"。比起真德秀这句话更有具体意义,而且影响更深远的是卫湜曾将杨复《祭礼》的部分内容收入其巨著《礼记集说》中。按:卫湜于宝庆二年(1226)撰成《集说》,绍定四年亦即杨复撰成《祭礼》的那一年刻梓印行。之后九年的时间,卫湜继续增订《集说》,孜孜不倦,"倘佯于书林艺圃，披阅旧帙，搜访新闻，遇有可采，随笔添入"
（《礼记集说后序》），至嘉熙三年（1239）重新刊刻增订新版，此
时杨复已去世两三年。今本卫湜《集说》，于卷首"集说名
氏"列"秦溪杨氏复，《仪礼经传通解续·祭礼》十二卷"
（按：应为十四卷），书中引用多条杨复的议论，当即在绍定四年
至嘉熙三年之间，卫湜"搜访新闻"所得。

淳祐六年（1246），杨复的门人郑逢辰连同《仪礼图》，
各缮写一部奉进，理宗下诏"付太常寺收管，以备参稽礼
典"，这已经又过了十多年的时间。而方大琮写给郑逢辰的
一封信，似乎透露郑逢辰在上书之后不久，曾经单独刊刻过
此书：

> 某伏蒙委贶书籍四种，内杨信斋《祭礼》，则户部
> 向尝上之送官，今又进之乙览，遂备《仪礼通解》全
> 书。以书楼延致考订十余年而后成，又缮写送进锓梓
> 十余年而后传，不孤信斋之勤劳，户部之力也。非特
> 为信斋也，勉斋之目可暝，考亭之志始遂。西山尝称
> 其为千年不刊之典，信然。某曩得南康《祭》槁，今
> 与此可以合观。

"今又进之乙览"，当指郑逢辰淳祐六年缮写奉进《祭礼》
之事；《祭礼》绍定四年撰成，至淳祐六年奉进，亦符合
"十余年而后传"之语。不过真相如何，仍有待更多的资料
来证明。

而后，宝祐元年（1253），时任江南东路提点刑狱公事的王佖因嘉定年间的《仪礼经传通解》《通解续》书版被国子监取去，提议在南康重刊《仪礼经传通解》全书，《祭礼》则改用杨复所撰：

> 嘉定间，嗣子侍郎公在方刻之南康郡学，后来勉斋黄公续成《丧》《祭》二礼，亦并刻焉，而书监竟取之以去。曾几何年，字画漫漶，几不可读，识者病之，盖惧此书之无传也。佖乘轺东江，因叩本司发下之券尚存，遂即筹度命工重刻。爰首咨于堂长饶伯舆甫，窃契所怀，议以允协，且辍餐供余锾以助。遂嘱其事于教官丁君抑，而任其雠校于洞学之善士，邦侯傃轩赵公希悦亦佐其费，复斡旋本司所有以添给之。志意既同，始克有成。乃就置其板于书院，庶几藏之名山，或免湮坠。其经之营之，亦甚艰矣。然朱子所成三礼止二十余秩，而勉斋所续则又倍之。厥后信斋杨君始删其《祭礼》之繁复，稍为明净。今《丧礼》则用勉斋所纂，《祭礼》则用信斋所修。……宝祐癸丑冬日南至，后学金华王佖端拜敬书。

虽然我们只能从《爱日精庐藏书志》看到张金吾据元钞本移录的王佖、丁抑、谢章三人的跋语，但记载详细，是唯一可以说明杨复《祭礼》成为刻本的证据。

入元后，《祭礼》可能有覆刻本，内容也被当时的学者引用，如：陈师凯《书蔡氏传旁通》，此书的"引用书目"即有"杨信斋祭礼通解"，是与"仪礼经传通解"分列的。书中引用《祭礼》内容共三条，且全出自杨书的"祭服"。又如：方回的《桐江集》中，亦出现此书的部分内容：

> 由《祭礼》而详文公之言之意。郊祀天地，当南北分祭，而合祭非也；庙制当大祖之向左右分昭穆，而同庙议室以西为上非也。（《读朱文公仪礼经传跋》）

这些微乎其微的元人引文，都是极为珍贵的研究资料。其中特别值得注意的，是《文献通考》。《通考》中有关"祭礼"的部分，马端临摒弃前人之说，全面采用杨复整理的理论体系。这是至目前为止，我们所看到保存杨复《祭礼》最多的古代文献。不过，马氏依据《文献通考》的编排体例，将此书全部打散割裂，安置于不同类别下，欲窥此书之全貌，实属不易。

明代虽未见有引用杨复《祭礼》者，但观各种书志所言，并未与黄干《祭礼》混为一谈。

元代以后至清，《祭礼》的内容全都仰赖《文献通考》才得以继续流传下来。凡是引用杨复语者，几乎皆转引自《文献通考》，如清秦蕙田的《五礼通考》、黄以周的《礼书通故》。而江永《礼书纲目序》有"黄氏之书，《丧礼》固详密，亦间有漏落，《祭礼》未及精专修改，较《丧礼》疏密不伦。信斋杨氏有《祭礼通解》，议论详赡，而编类亦有未精者"云云，或见过杨复此书。

今观静嘉堂藏本杨复《祭礼》，在元代经过补版，有的版面磨损严重，可见在元代印数不少。不过嘉定刻本入国子监，经余谦等修补，一直到明代国子监仍然边修边印，印数极多，非杨复《祭礼》可比。以至明正德刘瑞抽取经文刻本、清初梁氏重编刻本、清初吕氏刻本、四库全书钞本等，《祭礼》部分用的都是黄干的本子，杨复的本子遂被遗忘。

（二）两部《祭礼》的混淆

由于黄干《祭礼》也曾经过杨复的编订，黄干原稿与杨复再修，两部截然不同的《祭礼》，最后被不少学者混淆。先看明代以前有关此书的记载，如《郡斋读书附志》云：

> 《仪礼经传通解续纂祭礼》十四卷，右朱文公编集，而丧、祭二礼未就，属之勉斋先生。勉斋既成《丧礼》，而《祭礼》未就，又属之杨信斋。信斋据二先生槁本，参以旧闻，定为十四卷，为门八十一。（卷五上，宋赵希弁）

如《内阁藏书目录》的记载：

> 《仪礼经传通解续》，宋淳祐间，信斋杨复著。……凡十四卷，八十一门。是《祭礼》一书至此始大成也。
>
> （卷二，经部，明张萱）

326

又如明曾棨对编次的记载：

> 以《特牲馈食》《少牢馈食》为经，冠之《祭礼》之首，辑《周礼》《礼记》诸书，分为经传，以补其阙。综之以"通礼"，首之以"天神"，次之以"地祇"，次之以"宗庙"，次之以"百神"，次之以"因祭"，次之以"祭物"，次之以"祭统"，有变礼、有杀礼、有失礼，并见之篇终。（《经义考》所引，卷一三二，《仪礼》三）

这三条记载都针对杨复《祭礼》而言，与黄干《祭礼》的情况完全不同。

然而《四库》馆臣不知《祭礼》有二，仅据黄干《祭礼》讨论问题，因此出现一系列错误论断。如《四库全书》考证对《经义考》的考证，即以上引曾棨说为误：

> 曾棨曰："次之以'宗庙'，次之以'百神'，又次之以'祭物'，次之以'祭统'。"案：《续仪礼经传通解》篇次，'百神'在'宗庙'上，'祭统'在'祭物'上。所引曾棨说误。

翁方纲《经义考补正》所引丁杰说与考证同。上所言"《续仪礼经传通解》篇次"，是根据黄干《祭礼》，而曾棨所云，乃据杨复《祭礼》，篇次本来不同。丁杰仅知其一不知其二，遂以不误为误。

《四库全书》收录黄干的《丧礼》《祭礼》，而《提要》将杨复《祭礼》与黄干《祭礼》混为一谈：

> 其后杨复重修《祭礼》，郑逢辰进之于朝。复序干之书云"《丧礼》十五卷前已缮写，《丧服图式》今别为一卷，附于正帙之外"，前称"《丧服图式》《祭礼》遗稿尚有未及订定之遗憾"，则别卷之意固在此。又自序其书云："及张侯虑续刊《丧礼》，又取《祭礼》稿本，并刊而存之。窃不自揆，遂据稿本，参以所闻，稍加更定，以续成其书，凡十四卷。"

"郑逢辰进之于朝""窃不自揆……续成其书"，皆谓杨复《祭礼》，非黄干《祭礼》。然黄干《祭礼》十三卷，与杨复自序称十四卷显然抵牾，于是《提要》提出弥缝之说：

> 今自卷十六至卷二十九，皆复所重修。

其实卷十六是杨复补撰《丧服图式》，在黄干《丧礼》十五卷"正帙之外"，与《祭礼》更无关联。今《提要》意欲将《丧服图式》一卷并黄干《祭礼》十三卷，以合杨复《祭礼》十四卷之数，不得不谓牵强。

至于内容的差异，陆心源云：

> 以吕留良刻本校之，脱落屚错，妄删妄增，竟无

一合。以卷二《少牢馈食礼》一篇言之，……大约无一
条不增改，无一叶无爲错。吕留良谬妄至此，明季国
初，竟负重名一时，时文鬼附之如云，致蹈灭门之祸，
殆有以也。(《皕宋楼藏书志》，卷七)

其实，陆心源拿杨复《祭礼》校吕氏所刊黄干《祭礼》[1]，"竟
无一合"乃事理自然。陆心源后来也发现了自己的错误，在
光绪十八年（1892）刊的《仪顾堂续跋》中做了以下的说明：

> 张虑所刊，乃信斋受于勉斋之稿本，即《四库》
> 所收、吕氏所重刊者。此则信斋以稿本修定者，与张
> 刊本不同。故以吕刊互勘，或增或删，或改或易，竟
> 无一条全同也。张刊之板，明中叶尚存南监，惟缺页
> 断烂甚多。此本则流传极少，朱竹垞《经义考》卷
> 一百三十二《续仪礼经传通解》下不载逢辰序，又不
> 载《进表》《中书省札》《理宗赠敕》，则亦未见此本矣。
> 惟赵希弁《读书附志》、张萱《内阁书目》所箸录，其
> 言与此本合，所见当即此本也。(《仪顾堂续跋》，卷二)

1　吕氏宝诰堂所刊之《仪礼经传通解》，封面有木记称"御儿吕氏宝诰堂／
重刻白鹿洞原本"，而其中所收《祭礼》为黄干《祭礼》，并且具有元统间
余谦等重编《丧礼》《祭礼》通订目录。然嘉定刻本后归国子监，余谦等
在西湖书院进行修补，后其版当在明代国子监，何得称"白鹿洞原本"？
此可疑之处一也；又，静嘉堂文库所藏杨复《祭礼》有"南阳讲习堂"之
刻印，"南阳讲习堂"即吕留良之所，说明吕氏亦曾拥有此书，但吕氏宝
诰堂刊《仪礼经传通解》时，未使用杨复此本。此可疑之处二也。

从《皕宋楼藏书志》"妄删妄增，竟无一合"到《仪顾堂续跋》"或增或删，或改或易，竟无一条全同"，陆氏才恍然明白《祭礼》有两种版本，是杨复的全面改写，不是吕氏的"谬妄"。吕氏平白被陆心源责难，《仪顾堂续跋》竟也无一语说明。因此，《简明目录标注》移录黄绍箕批语，直接抄录《皕宋楼藏书志》的错误论述。只有胡玉缙先生《四库提要补正》，并录《皕宋楼藏书志》与《仪顾堂续跋》，做了准确的判断："《跋》语是，《志》盖未定之说。"

后来日人阿部吉雄在 1936 年撰《东方文化学院东京研究所经部礼类善本述略》[1]，其中一节专论《仪礼经传通解》，全面厘清事件始末，他说：

> 《仪礼经传通解》及《续》之编纂非出一人之手。特需注意者，《续·祭礼》部分因著者之异，后世之刻本乃有二系统存焉。即黄干之《祭礼》外，另有杨复之《祭礼》，二书之内容组织全异。前人或于此未能了然，遂至误解丛生。

并为吕氏宝诰堂刊本所蒙受多年的不白之冤做了澄清：

> 此乃以黄干之《祭礼》与杨复之《祭礼》对校之

1　原刊于《东方学报》(东京)，1936 年 2 月。今由刁小龙先生翻译，刊于《中国文哲研究通讯》，第二十卷第 2 期，2010 年。

结果。然其误不在吕氏刊本，而在校者自己。

从以上所引书志来看，推测两部《祭礼》是从清代开始被混为一谈。《经义考》将杨复《仪礼经传通解续序》部分的内容、宋赵希弁语（见上文）误置于"黄氏干续仪礼经传通解"条下，而"仪礼经传通解续十四卷"条下，仅录明张萱语（见上文），应为淆乱二《祭礼》之始；《四库全书》之误，如上所述，而影响最巨。又如道光时，陈金鉴辑宋黄度《周礼说》，曾根据《文献通考》辑杨复《祭礼》引黄度《周礼说》的内容，陈氏按语云："案此条《通考》兼引信斋杨氏《续经传通解》，今本《通解》脱。"实则非今本《通解》脱，而是陈氏所见为通行本的黄干《祭礼》。

此外，杨复《祭礼》不论在版式或内容编排上都与《仪礼经传通解》几乎相同，书成后仍名为《仪礼经传通解续卷祭礼》，在无法看到此书的前提下，要读者联想到是不同的两部《祭礼》，其实相当困难。当宝祐元年（1253）重刊《经传通解》时，选用的是杨复所撰的《祭礼》，原本是说明两部《祭礼》完全不同的最好时机，但主其事者王佖，自己恐怕连《经传通解》的内容都没看过，王佖《序》说：

> 朱子退居燕间，姑自粹录，分吉、凶、军、宾、嘉五礼，而条目灿然。仅成三礼而犹有未脱稿者。

朱熹《经传通解》的五礼，分为《家礼》《乡礼》《学礼》

《邦国礼》与《王朝礼》，加上未完成的《丧》《祭》二礼，
共有七礼；而王俣误以为五礼是吉、凶、军、宾、嘉，又仅
知《丧》《祭》二礼未成，故言"仅成三礼"。其中又有一段
暧昧不明的话：

> 厥后信斋杨君始删其《祭礼》之繁复，稍为明净。
> 今《丧礼》则用勉斋所纂，《祭礼》则用信斋所修。(以
> 上引王俣《序》据《爱日精庐藏书志》，卷四)

让后人误会黄干未完成的《祭礼》经过杨复修订，因此选用
杨复修订的黄干《祭礼》作为此次刊刻之依据。实际上，宝
祐重刊所用的《祭礼》，与黄干《祭礼》无关。若王俣当初
愿意多说一句类似"杨君重撰《祭礼》"的话，后人也不会
误解至此。

通观历代书志著录，目前最令人感到疑惑的是张金吾
《爱日精庐藏书志》所著录"《仪礼经传通解续》二十九卷影
写元刊本"：

> 宋黄干撰，卷十六至末则杨复所重修也。此本从
> 元元统补刊本影写。

其后收有王俣、丁抑、谢章等三人序。此三序内容，应为宝
祐年重刊时所有，但《经传通解》诸版本(包括静嘉堂本杨复祭
礼)皆不具此，仅见于张金吾所藏"影写元刊本"中。按张

金吾的描述，此钞本所自当是后归国子监的嘉定旧版，却有王佖等三序，不知其来历如何。

又，上海古籍、安徽教育版《朱子全书》引录王、丁、谢三序，皆据天一阁藏明钞本，据云仅存二册。检《中国古籍善本书目》，此本存卷一、卷二及续卷六至卷八。不知其续卷六至卷八是否杨复所撰《祭礼》。

三、静嘉堂文库所藏杨复再修《仪礼经传通解续·祭礼》

（一）版本概况

静嘉堂文库所藏此本，原是明代项元汴（号墨林子）天籁阁的旧藏，后辗转到了陆心源的皕宋楼。民国初年，陆氏子孙因各方因素，不能守父业，皕宋楼所藏全部的宋元版书当时以十二万元卖给了日本三菱集团负责人之一的岩崎弥之助，岩崎氏并将此批宋元版收藏在他所创设的静嘉堂文库中。这段历史，众所周知，不多赘述。杨复《祭礼》，也就跟着一起到了日本。

陆心源《仪顾堂续跋》说此本是宋淳祐刊本，仅以卷首附录郑逢辰上表、敕等公文有淳祐六年（1246）、七年（1247）等时间，径以为刊年，别无根据。《静嘉堂文库宋元版图录·解题篇》著录为：

《仪礼经传通解续·祭礼》一四卷卷首目一卷（有缺）

宋　杨复撰　　元刊明初印本　一五册

其下按语云：

> 此书的字样版式与宋嘉定刊本、元代元统三年修补的《仪礼经传通解》相似；出现在《祭礼》的刻工姓名，同时也出现在元修的《仪礼经传通解》中。

又谓：

> 本版避宋讳之处甚多，自当出于宋版，只是无法确定是宋版元修，还是元代覆宋版。几乎每叶都有刻工名，都是元代刻工，连版面漫漶、刊雕时间应该离刷印时较久的版片，上面能看到的刻工名还是元代刻工。因无其他传本可对比，姑且依据刻工名，著录为元刊本。

《图录》的上述说明，基本上都遵从阿部隆一《日本国见在宋元版本志经部》的说法。在没有看到其他传本的情况下，笔者认为《图录》的判断是妥当的。

需要强调的是，无论是版式特点、刻字风格，此本与嘉定年间朱在、张虑所刻《仪礼经传通解正续编》一模一样，而且此本所见刻工又都见于嘉定刻《仪礼经传通解》的元代补版，这两种书的外在特点完全一致，这就无怪乎《旧京书影》误将此版著录为嘉定版（《祭礼》用黄干本）。可是，分析刻工的结果显示，此本书页大都可认定为元代刻版，似乎不存在宋代刻版，只能认为此本非元覆宋版，即宋版元修。至于此本所出宋版之种类，则有可能是淳祐间郑逢辰的单行刻本（如陆心源所云），也有可能是宝祐间王侕的《经传通解正续》合刻本。当然，也不能否定有第三种宋刻本的可能性。

《图录》又云："此本（按：静嘉堂藏杨复《祭礼》）标题'续卷第几'，卷次自一起，未与《丧礼》通数卷次，明此本为《祭礼》单行本。"然双鉴楼旧藏宋版《仪礼经传通解续》（嘉定旧版元明递修本）卷首《目录》前有两行识语云"《丧》《祭》二礼元本未有目录，/ 今集为一卷，庶易检阅耳"（日刊本同），当是元代元统年间，余谦等人修补旧版时所为。嘉定十六年（1223）南康始刊《丧礼》《祭礼》时，稿本《祭礼》未分卷，杨复受托分订为十三卷，杨复《祭礼自序》亦云"及张侯虑续刊《丧礼》，又取《祭礼》稿本并刊而存之"，盖嘉定十六年南康始刊本，《丧》《祭》二礼分别为卷次，未将《丧》《祭》统订卷次，现存传本每卷首行题"续卷第一"至"续卷第二十九"者，出元统修补时。果真如此，当宝祐重刊时，《祭礼》改用杨复书，《丧礼》《祭礼》撰者不同，更无须通数卷次。因此，卷次是否通数，并不能作为是否单行本的证据。所以上文提出此本或其底本的宋版种类有三种可能性，都不能排除。

此书目次题名为"仪礼经传通解续卷祭礼目录"，书内每卷首行的题名为"仪礼经传通解续卷第几"，每半页七行，行十五字，注文双行，行十五字。有"天籁阁""项墨林鉴赏""墨林秘玩""昌""南阳讲习堂""归安陆树声叔桐父印""臣陆树声"等印记。

每卷皆有阙页，卷十四仅至"祭礼七十五"止，"卜筮"至"变礼"（祭礼七十六至八十一）皆亡佚。漫漶、补版的情况亦不少，补版不一定仍以行十五字为原则，有时十六字，亦有行十七字。所幸《祭礼》中最重要的《天神》《地示》《宗庙》等篇都大致完好。

因为历时久远，避免不了重新装帧而导致页数错置的情况；又因为错置，而将页数描摹成装帧者以为的页数，我们只能在抄录、整理的过程中，根据前后文的衔接，一一还原其位置。

这本书第一册为序、目。不同于一般常见古籍的编排，此版本从第一卷开始的版心处，数上方有一个汉字作为标识，每卷的汉字都不同，将各卷依序排列（见下页）。

虽有阙字，但仍叮以得出一首五言绝句：

> 日月光天德，山河壮帝居；太平无以报，愿上东封书。

这首诗出自《南史·陈本纪》，是陈后主叔宝被俘虏后，在从侍隋文帝出巡时所写的，被后人解读为陈后主谄媚隋文帝所作的告白，《文苑英华》题名为《入隋侍宴应诏》（按："东封书"亦有作"登封书"者，此本恰好阙十三卷下的标识，仍依《南史》所记

卷数	一	二	三四	五	六	七上	七下	八上	八中	八下	九	十	十一上	十一下	十二上	十二下	十三上	十三下	十四上	十四下
页数	52页	84页	65页	70页	88页	55页	51页	49页	48页	阙	47页	78页	56页	58页	64页	42页	49页	52页	44页	阙
标识	日	月	光	/	德	山	河	壮	帝	/	大	平	无	以	/	愿	/	/	封	/
现册次	2	3	4	5	6	7	8	8	9		10	11	12	12	13	13	14	14	15	

※ "/" 代表版心处无字，"阙" 代表此卷阙。

作 "东")。历代五言绝句多如牛毛,何以独钟意此诗作为标识顺序之用,原因不明。此诗二十字,正与郑逢辰上书云"缮写为二十帙"相符,不知当初是否即据此分册?这些标识是宋代初刻时即有,还是元代覆刻时才有?则无法骤下定论。不过,据宋朱翌《猗觉寮杂记》所言:

> "日月光天德"云云,陈后主国亡入隋,从隋文东封,登芒山所献诗也。天下教儿童者,以此题学书纸。
>
> (卷上)

宋曹士冕撰《法帖谱系》又云:

> 世传潘氏析《居法帖石》分而为二,其后绛州公库乃得其一,于是补刻余帖,是名"东库本"。……且逐卷逐段各分字号以"日月光天德,山河壮帝居,太平何以报,愿上登封书"为别,此又异于旧帖也。(卷下)

大约自北宋开始,此诗便常用来作为标识顺序之用了。因为本书目录、正文皆有缺页,有了这首诗,在整理的时候,更能清楚地了解整部书的残阙情况。静嘉堂目前的分册,其实也不与"日月"二十字的分法相矛盾,只是目前的第八册、十二册、十三册、十四册,原来应该分别作为二册,后来被合订为一本。又,在有标识字的卷中,亦见无此标识字之页数,都可作为讨论是否为补版之参考依据。

（二）内容与价值

书共十四卷，八十一门。杨复基本依照朱熹《经传通解》与黄干《通解续》的做法，"正经在前，补编在后"。正经，指卷一《仪礼》经上《特牲馈食礼》、卷二《仪礼》经下《少牢馈食礼》（《有司彻》附）；补编，则指卷三《通礼篇》以下至最末卷，搜辑《周礼》《礼记》诸书与祭礼有关条文者，分为经、传两部分，并按照朱熹《经传通解·冠礼》后有《冠义》，《昏礼》后有《昏义》的做法，随类分之，不过考虑到"《祭礼》纲条宏阔，记博事丛，若以《祭义》尽归于后篇，则前后断隔，难相参照，读礼之文不知有其义，读礼之义不知有其文"，因此，做了些微的调整："凡传记论郊之义者附于《郊》，论社之义者附于《社》，论蜡之义者附于《蜡》……"（《仪礼经传通解祭礼义例》）也就是说，由于《祭礼》的条目较为繁琐，若按照《经传通解·冠礼》全文结束后才有《冠义》的做法（黄干《祭礼》最后一卷亦为《祭义》），则礼文与礼义无法贯通，于是杨复在不违背《通解》体例的前提下，于补编每卷细分为多条子目，如《天神篇》，又分为《祀昊天上帝礼》《明堂礼》《正月祈谷礼》《孟夏大雩礼》《祀五帝礼》《祀五人帝五人神礼》《祀日月星辰礼》《祀司中司命飙师雨师礼》等，凡传记中有言及各礼之义者，皆分属于各礼下。使条目清晰，同时也能贯通文义。

虽然杨复很保守地在《序》中说："窃不自揆，遂据稿本，参以所闻，稍加更定，以续成其书。"实际上从编次到内容，与黄干的《祭礼》相较，出入颇大。不过，杨复即使是重写《祭礼》，还是必须承认他是在黄干《祭礼》的基础上撰成此书，而非自己创作的。理解这个前提，我们看看关于两部《祭礼》编次的不同，列表如下（见后 340—344 页表）。

杨复在《仪礼经传通解祭礼义例》当中，特别说明《少牢馈食礼》与《有司彻》合为一卷的理由，是本之于郑玄："《郑目录》云'《有司彻》，《少牢》之下篇也'，故并而合之，以为一篇。"从此处与各卷经文下皆先录郑注来看，可以说明杨复在解经的基本立场上与朱熹《通解》同尊郑注。

除"正经"之外，在"补编"内容的安排上，则根据礼之重要先后为次（参见杨复《仪礼经传通解续序》）。其中相当引人注意的是"正经"之后、只有五页的卷三——《通礼篇》。虽名之为"通礼"，实际上性质与我们认知的"通礼"定义不太相同。它有"义界"的作用，说明杨复认知的祭礼规模；亦有"正名"的作用，说明祭礼的内涵；又有"提纲挈领"的作用。《通礼》一篇，集中表述杨复对祭礼的基本立场，可以说是整部《祭礼》的开宗明义篇。

在经注疏与史材料的取舍上，杨复并非简单地移录与堆砌，以《三礼疏》来说，大部分的贾疏、孔疏都经过他细心的剪裁与编纂。《通礼篇》云：

> 愚案：通礼一篇，通论天神、地示、人鬼之礼也。
> 然先王制礼，抑又有深意存焉。《周官·大宗伯》以礼
> 佐王者凡十有二条，而以"禋祀祀昊天上帝"为先。
> 盖礼莫重于祀天，冬日至，祀昊天上帝于地上之圜丘，

朱熹祭礼构想	祭礼一	祭礼二	祭礼三	祭礼四	祭礼五	祭礼六
	祭法	特牲	少牢	有司	诸侯祔庙	诸侯迁庙
黄干祭礼	祭礼一	祭礼二	祭礼三	祭礼四	祭礼五	祭礼六
	特牲馈食礼	**少牢馈食礼**	**有司彻**	**诸侯迁庙** **诸侯祔庙**	**祭法**	**天神** 昊天天神之祀 五帝上帝之祀 郊祀 配帝及帝臣 日月星辰 祀司中司命飙师雨师
	卷一	卷二	卷三	卷四	卷五	卷六

※ 传本经元代修版，与《丧礼》通数卷次。今以《祭礼》单独订卷，当即杨
复分卷之旧。

祭礼七	祭礼八	祭礼九	祭礼十	祭礼十一		
祼献	祭义内事	中溜	郊社	祭义外事		
祭礼七	祭礼八	祭礼九	祭礼十	祭礼十一	祭礼十二	祭礼十三
地示 地示之祭 社稷 立祀 四望 山川	**百神** 迎气 四方 祊 四类 司民司禄 先帝 先圣先师 有德有功 高禖 藉田 祈麦祈年 蜡 百物 祭时祭寒暑 司寒 侯 先火先卜 卜筮 牲马 禁醋	**宗庙** 庙制 守藏 祭主 时日 斋戒 具修 祭服 陈设 初献 余献 乐舞 因祭策命 尸酢 致爵 献酬赐俎 馂 彻 祊 荐薪 告朔	**因事之祭** 立君封国 巡守 天子出征 朝会 甸 梦祭 祈禳 天地大灾 六沴 雩 疾病 难 盟诅 衅	**祭统** 祭礼总要 祭名 神位 尸 巫祝 时日卜筮 择士 戒具 齐 禁令 呼旦为期 省视 出路 临祭 容貌 尸出受祭 献数 祝号 受爵 顶卜 彻 送尸 致福 守瘗 不与祭 废祭	**祭物** 祭用总要 祭服 祭器 乐舞 酒齐尊彝 牺牲 庶羞 粢盛 薪茅 杀礼 失礼	**祭义**
卷七	卷八	卷九	卷十	卷十一	卷十二	卷十三

342

杨　　复　　祭　　礼		
卷一	**仪礼经上** 特牲馈食礼	祭礼一
卷二	**仪礼经下** 少牢馈食礼　有司彻	祭礼二
卷三	**通礼篇**	祭礼三
卷四	**天神篇上** 祀昊天上帝礼	祭礼四
卷五	**天神篇下** 明堂礼 正月祈谷礼 孟夏大雩礼 祀五帝礼 祀五人帝五人神礼 祀日月星辰礼 祀司中司命飌师雨师礼	祭礼五 祭礼六 祭礼七 祭礼八 祭礼九 祭礼十
卷六	**地示篇** 祭后土地示礼 祭社稷礼 五祀礼 祀四望礼　山川附 祭四方礼	祭礼十一 祭礼十二 祭礼十三 祭礼十四 祭礼十五
卷七	**宗庙篇上** 宗庙隆杀之制 诸侯迁庙、诸侯衅庙、宗庙 制度、主、尸、宗庙守藏、 宗庙主祭、朱子论古今庙制、 司马温公论士大夫庙制	祭礼十六
卷八	**宗庙篇中** 宗庙四时祭礼 祫祭礼 禘祭礼	祭礼十七 祭礼十八 祭礼十九

续表

	杨 复 祭 礼	
卷九	**宗庙篇下**	
	禘郊祖宗礼	祭礼二十
	荐新 大夫士庶人祭礼附	祭礼二一
	告朔	祭礼二二
	忌日	祭礼二三
	祭殇与无后者	祭礼二四
卷十	**百神篇**	
	六宗	祭礼二五
	迎暑迎寒 司寒附	祭礼二六
	司民司禄	祭礼二七
	方明	祭礼二八
	释奠释菜	祭礼二九
	有功烈于民	祭礼三十
	功臣	祭礼三一
	因国无主后者	祭礼三二
	高禖	祭礼三三
	耤田	祭礼三四
	祈年	祭礼三五
	蜡	祭礼三六
	群小祀	祭礼三七
	禓	祭礼三八
	先火先卜	祭礼三九
	马牲	祭礼四十
	禜酺	祭礼四一
卷十一	**因祭篇**	
	立君 建都附	祭礼四二
	封国 锡命附	祭礼四三
	巡守	祭礼四四
	征伐	祭礼四五
	会同	祭礼四六
	聘	祭礼四七
	甸	祭礼四八
	旅	祭礼四九
	祈禳	祭礼五十

344

杨 复 祭 礼		
卷十一	旱而雩	祭礼五一
	疾而祷	祭礼五二
	难	祭礼五三
	衅	祭礼五四
	盟	祭礼五五
卷十二	**祭物篇上**	
	祭用	祭礼五六
	祭服	祭礼五七
	齐服 车食玉附	祭礼五八
	祭玉	祭礼五九
	祭器	祭礼六十
	几筵	祭礼六一
	车旗	祭礼六二
卷十三	**祭物篇下**	
	乐	祭礼六三
	五齐三酒	祭礼六四
	郁鬯 秬鬯附	祭礼六五
	牺牲	祭礼六六
	笾豆 庶羞附	祭礼六七
	簠盛	祭礼六八
	薪茅	祭礼六九
卷十四	**祭统篇**	
	祭名 祝号附	祭礼七十
	神位 守瘗附	祭礼七一
	尸礼	祭礼七二
	献礼	祭礼七三
	礼职	祭礼七四
	宗祝 史巫附	祭礼七五
	卜筮	祭礼七六
	择士与祭	祭礼七七
	誓戒 禁令附	祭礼七八
	容仪 诏相附	祭礼七九
	脤膰	祭礼八十
	变礼 杀礼 失礼附	祭礼八一

> 惟王得行之也。礼经又兼言"天子祭天、地"者，盖
> 王者事天明事地察，尊天亲地，敬无不同。夏日至，
> 祀皇地祇于泽中之方丘，亦惟王得行之也。自是而下，
> 诸侯得祭社稷而不得祭天地，大夫得祭五祀而不得特
> 立社稷，凡此皆所以明天下之大分，立天下之大经也。
> 宗庙以下皆放此。（卷三）

礼莫重于祀天，而不论是祀昊天上帝，或祀皇地祇，"惟王
得行之"。体现他尊王的基本立场。

且看他如何在细节的处理上都贯彻这种态度，如《天
神篇·明堂礼》引《礼记·明堂位》云：

> "天子负斧依，南乡而立。"郑注："负之言背也。
> 斧依为斧文屏风，于户牖之间，于前立焉。"（卷五）

杨复引用《三礼》经文，几乎全录郑注，但在此处，他对郑
注进行了重大删节。郑注原文是：

> 天子，周公也。负之言偝也，斧依为斧文屏风，
> 于户牖之间，周公于前立焉。

两相对校，可见杨复删掉两"周公"，意指周公非天子。对
杨复来说，周公以摄政的身分居天子之位，于"惟王得行
之"不合，所以特加按语，明言"此说舛谬，故削去之"。

至若在《天神篇·祀昊天上帝礼》引《孝经》"周公郊祀后稷以配天"注："周公行郊天之祭。"（卷四）玄宗注原作"周公摄政，因行郊天之祭"，杨复径删"摄政因"三字，无任何说明，显然也出于否定摄政的原则性考虑。

在编纂的态度与资料的搜集上，除以黄干《祭礼》作为蓝本，可能还从黄干处借得相关礼书与朱熹的语录、文集等资料。又据郑逢辰《申尚书省状》引杨复语云："研精覃思，搜经摭传，凡日湖所藏之书，翻阅殆遍。盖积十余年而始成书。"按朱熹弟子闽县郑昭先，号日湖，为杨复弟子郑逢辰之父。杨复所言"日湖"或即此人。大致可推知杨复自己的藏书并不多，需借助同门、朋友家中所藏书。

这本书之可贵，对藏书家来说，或许是因为世上仅存此本，不过对研究宋代礼学、朱子学派礼学思想的学者来说，全书约一百三十条的杨复按语，才是本书最大的价值所在。这些按语，有释义、释名物；有纠谬、断是非。其中亦不乏近三千字对"禘袷礼"的看法，这也是与黄干《祭礼》仅录经注疏文最大的不同之处。

其次，杨复《祭礼》所引用古今诸儒之说（参见《仪礼经传通解祭礼义例》），其中"曰'黄氏'，则山阴黄度，先师同时之贤"者，黄度的《周礼说》已亡佚，今可见者，为清陈金鉴根据《文献通考》等书所辑之《宋黄宣献公周礼说》（《文献通考》所录者，亦引自杨复《祭礼》），两相比对，有杨复《祭礼》有而陈辑本所无者；而"曰'陈氏'，则门人三山陈孔硕，尝问释奠仪"者，则有数条均已不见于今存古籍中。又引用隋唐时期潘徽的《江都集礼》，此书今已亡佚，但由陈宓写给杨复的信云："昨所传《江都礼》，今附陈戊拜纳，此间无他本可校，万一得暇，因乞是正，以惠学者，亦一幸也。"（《与信斋杨学录复书》，陈宓《复斋先生龙图陈公文集》）可说明杨复《祭礼》所录，非转引自他书，而是直接参考《江都集礼》原书。又如李如圭《仪礼集释》，虽然有辑自《永乐大典》的《四库》本，世人多以为已得其全，但本书所引往往出《四库》本之外，可以补正者不少。可说此书不论在礼学思想上或文献价值上，都有极大的贡献。

以上，是静嘉堂文库所藏本的大致情况。

目前，我们亟于知道的是杨复《祭礼》是否还有别本存世？是否真如阿部吉雄所言，此本是"天下孤本"？在抄得杨复《祭礼》后，我们也尝试在日本和中国的北京、台湾等地图书馆，以及已出版的汉籍善本书目上寻找此书其他本的可能性，很可惜尚未发现。即使如此，情况不如我们想象的绝望。阿部隆一早已注意《旧京书影》所收书影是杨复再修的十四卷本《祭礼》，并且与静嘉堂本进行对比，认定所用版片不同，是不同时期印本。我们后来在《宋元书式》中也找到一张书影，按内容可以确定是杨复《祭礼》，行格安排与静嘉堂本相同。

《旧京书影》《宋元书式》都是在 1907 年皕宋楼将宋元版书卖给了静嘉堂文库之后编纂的（参见《旧京书影／北平图书馆善本书目》之《出版说明》，北京：人民文学出版社，2011 年；长泽规矩也编著，梅宪华、郭宝林译：《中国版本目录学书籍解题》，北京：书目文献出版社，1990年），可以确定这两幅书影与静嘉堂所藏的并非同一本书。那么，书影中的《祭礼》是一部还是两部？现在在哪里？由于中国台湾与日本所藏之中国古籍大致上都已著录出版，我们推测比较有可能出现的地方应该在中国大陆，或许隐匿在某个图书馆所藏的《经传通解》之后，或许仍为私人藏书。无论如何，我们衷心希望借此次出版的机会，能抛砖引玉，找到《祭礼》的其他本，补足此本残阙、漫漶之处。这是我们这次整理出版杨复《仪礼经传通解续卷祭礼》的另一个重要目的。

四、从杨复《祭礼》勾勒出一条礼学脉络

《周礼·春官·大宗伯》将礼仪分为吉、凶、宾、军、嘉五礼。吉礼，是向天神、地祇、人鬼祈求，保佑人们诸事如意安康，故称之吉礼，亦即是祭祀之礼。《礼记·祭统》云："礼有五经，莫重于祭。"《左传·成公十三年》有云："国之大事，在祀与戎。"说明较之于其他礼仪，祭礼显得尤其重要。虽然朱子说："礼，时为大。有圣人者作，必将因今之礼而裁酌其中，取其简易易晓而可行，必不至复取古人繁缛之礼，而施之于今也。古礼如此零碎繁冗，今岂可行？亦且得随时裁损尔。"（《朱子语类》，卷八十四）但我们从历代文献中却发现祭礼越来越纷杂繁琐，学者的解说也益见分歧。

汉代以来，祭礼习俗与经学之间一直存在纠缠不清的

复杂关系。祭祀本诸人心，时地不同，祭祀也相异。而且经书的形成晚于祭祀的发生，因此不同经书中散见的记载之间，经常出现互相矛盾的内容。如何解释这些矛盾，便是经学家必须解决的理论问题。

历代经学家都曾提出各种理论体系，对后世产生或大或小的影响，但学者歧见始终未能达到统一。其中郑玄、王肃的理论体系，成为后世学者无可回避的议论前提，而朱熹礼学对元、明、清三代的影响，不在郑、王之下，无疑是最重要、最值得重视的。但理论仅仅是问题的一半，还有一半是现实的祭礼习俗问题。无论在汉代还是在宋代，现实的祭礼习俗与经学理论之间都存在巨大差异。如何调和其间差异才算理想，各种因素之间如何平衡为最现实可行，都是非常复杂的问题，容有无数种不同的答案。分析不同朝代不同学者、朝臣提出的不同答案，探讨他们不同的思考习惯，是祭礼研究的关键所在。

（一）朱熹礼学的形态

由前文的分析，说明我们不仅可将《祭礼》视为杨复的礼学思想，同时也可视作朱熹一派礼学思想的根据。身为朱熹的弟子，杨复在主观上期望能全面反映朱熹的祭礼理论。

朱熹之礼学，钱穆《朱子新学案》[1] 已经有精要的综述。

1　下引朱熹《文集》及《语录》，均见《朱子新学案》，不另说明。

简言之，自从王安石罢废《仪礼》之后，士人仅知有《礼记》，不知有《仪礼》。而诵读《礼记》，只为了应付考试。朱熹认为，《三礼》学是实用之学，可成为朝廷制礼的依据，然而当时的实情却是朝廷每有大议，博士诸生仅凭听闻所得加以臆测而无所本，所有仪节之所以立者盲昧无所知。因此朱熹想编修礼书以供"圣朝制作之助"（《乞修三礼札子》）的念头在中年时期已开始萌发。

朱熹晚年，在《答李季章书》（庆元四年，1198）中说明《礼书》的概况：

> 大要以《仪礼》为本，分章附疏，而以《小戴》诸义各缀其后。其见于它篇或它书可相发明者，或附于经，或附于义。又其外如《弟子职》《保傅传》之属，又自别为篇，以附其类。……今其大体已具者，盖十七八矣。因读此书，乃知汉儒之学有补于世教者不小。如国君承祖父之重，在经虽无明文，而康成与其门人答问盖已及之，具于贾疏，其义甚备，若已预知后世当有此事者。

所言"国君承祖父之重"的例子，是朱熹切身的体验。绍熙五年（1194）孝宗去世，宁宗即位，朱熹撰札子议宁宗当服斩衰三年。当时"无文字可检，又无朋友可问"，"时无明白证验"，"归来稽考，始见此说（按：贾疏所载《郑志》说），方得无疑"（《乞讨论丧服札子》后附《书奏稿后》）。

故《仪礼经传通解》，以《仪礼》为主，辅以《礼记》等经典文句，附录注疏之说可补经传者，旨在为讨论当世礼制时提供全面可靠的经典依据。既非以此书为可施今世的礼典，又非汇编历代礼制、礼议之大全。因此，熊禾在元初称朱熹还想将"《通典》及诸史志、《会要》、《开元》、《天宝》、《政和礼》斟酌损益，以为百王不易之大法"（《刊仪礼经传通解》，《勿轩集》），未必得朱熹本意。

朱熹另撰有一部《家礼》，是一部生活实践礼仪的著作。要讨论朱子的礼学，应通过《家礼》与《仪礼经传通解》。但历来的讨论者，往往将这两部书分别看待，甚至因为两部书的性质迥异，而对《家礼》产生质疑。其实，朱熹对生活实践礼仪的看法，相当灵活。如与上引《答李季章书》同年的《语录》中有人问"用僧道火化"，朱熹答曰："其他都是皮毛外事，若决如此做，从之也无妨，惟火化则不可。"虽然重要原则不能让步，但细节问题不妨随俗。在朝议礼，必须在现有礼制文化的基础上提出自己的意见；在地方做官或做士绅，只能想办法改善士绅以及庶民的礼俗。于是，作为经学理论根据的《仪礼经传通解》，与作为实践礼俗方案的《家礼》，不得不各自独立成编。经传原文，汉人注说，唐、宋人的经说，历朝的议礼以及当代朝廷的争议、当世民间的礼俗，还有朱熹自己的礼文化理念等，诸多不同方面的因素互相矛盾，在朱熹心中自然会有统一理解的系统。但当他诉诸文字，著书立说，还是无法形成一体。

352

（二）杨复以经学理论统驭礼制问题

当杨复从黄干手中接下《祭礼》稿本时，直觉《祭礼》的内容"皆古今天下大典礼""关系甚重""条目甚详"，但细读之后才发现"注疏抵牾""是非淆乱""纷错甚众"，突显出历代礼学的矛盾，此时的杨复，开始有了重新撰写《祭礼》的想法。

重新编写的《祭礼》，虽然在体例上、内容编排上都承袭《经传通解》的精神，但面对历代材料的取舍却有很大的不同，对"历世聚讼而未能决者"，如明堂、南郊、北郊、古今庙制、四时禘祫等问题，都做了深入的探讨与检择处理，并做出自己的判断，"使畔散不属者悉入于伦理，庞杂不精者咸归于至当"（《申尚书省状》，郑逢辰引杨复语），形成自己一套祭礼理论体系。宋人对郑玄解经多所批评，他却持肯定的态度："郑康成注《仪礼》《周礼》《礼记》三书，通训诂，考制度，辨名数，词简而旨明，得多而失少，使天下后世犹得以识先王制度之遗者，皆郑氏之功也。"（《祀昊天上帝礼》）并付诸行动，全录郑注。不过在几个涉及祭礼最核心的理论问题上，他对郑注也进行了彻底的批判。如对郑玄以谶纬解天神、地示祭礼的批评；又如郑玄的禘祫理论一出，对历代的学者影响甚巨，信服者甚众，杨复却以洋洋洒洒近三千言（卷八中，帝41—48），对郑玄《禘祫志》做纠谬的工作。元人赵汸云"向来尝感杨信斋讥郑玄读《祭法》不熟，……罔乎后世而傲视古人如此"（《答徐大年书》，《东山存稿》，卷三），今人钱玄则表示杨复评断郑玄"以无为有，驾虚为实"，是"确切而锐利"的评价（《三礼通论·制度编》。杨复所论，乃钱书转引自黄以周《礼书通故》）。且不论杨复立论是否妥当，更值得注意的是，杨复首先在《通礼篇》确定祭礼整体理论，然后根据这套理论去编辑卷四以下的具体内容。上文已见他在卷四、卷五的引文中删除有关周公摄政的字词，是一个浅显的例子。理论原则贯通全编，至于引文的细节都要受理论原则控制，进行删节调整，这是朱熹《经传通解》、黄干《通解续》未曾出现的情况。

杨复又广纳宋人经说，除朱熹以外，又有程颐、孙奭、司马光、陈祥道、李如圭、陈孔硕、黄度等人，充分呈现出宋人对历代聚讼的古今仪法制度问题的看法，并且根据自己事先树立的理论原则评论是非。最特殊的是他在说解礼仪时，引用前朝或当朝诏令奏议的内容，而评断态度一仍前所述。唯有通过朝臣在朝廷中对经书与礼制的讨论过程，才能证明礼仪真正的实行情况，而不再只是纸上谈兵。杨复从礼学理论的角度对各种礼议进行评断，使朝廷议礼与经学家的学说并列，纳入到同一个礼学理论的框架内，可以说是经学统摄礼制的特例，亦是编纂礼书一个重要的里程碑。

（三）隐藏已久的一条礼学脉络

礼学介于经学与历史、理论与实践之间，包含多方面复杂的内容，而宋、元、明、清四朝的每一位学者选择的重点与视角都不同。以往，我们不知道有杨复的《祭礼》，因此对朱熹的礼学似懂非懂；以往，我们不知道《文献通考》深藏着有关朱熹一门的礼学理论，因此总以为清代礼学家跨过明、元，仅仅是远绍朱熹的礼书编纂方式而已。现在因为杨复《祭礼》的重新发现，我们能够在朱熹、黄干、马端临之间，再加上杨复，进行对照。在他们之间，除了直接的承袭因素之外，更突显出各自不同的鲜明特质。我们因此对朱熹、黄干、马端临也能得到新的认识，进而勾勒出一条隐藏已久的礼学脉络。

在杨复《祭礼》之前，如唐《开元礼》者，虽通事舍人王岩曾奏请删去《礼记》旧文而益以今事，学士张说以"《礼记》乃不刊之书，去圣久远，不可改易"为由作罢，最后是以折中唐《贞观礼》《显庆礼》，分吉、宾、嘉、军、凶五礼，而为《开元礼》(《新唐书·礼乐志》，卷十一)，经学迷失而成礼制仪典。自此往下，《太常因革礼》《政和五礼新仪》《大金集礼》等皆一朝仪典，同属一类，在本质上与经学不同。

又如唐《通典》者，虽"采《五经》群史，每事以类相从，举其终始，历代沿革废置及当时群士论议得失，靡不条载，附之于事"(《通典序》，李翰)，乍看之下似乎与杨复的做法没有差别，实际上正好相反。《通典》是史书，杂糅各种资料，编成一部制度史，每一类制度按时代编排材料，《周礼》《仪礼》只当作周代的历史记载，与其他各代资料并列，经书无独立地位，勉强可以说是经寓于史。

朱熹开始纂修《经传通解》，重点在经学资料的梳理，而酌录少数历代议论，又另撰《家礼》。《家礼》是书仪之流，本不属经学，继司马光、二程之后，至朱熹始多经学理论之考虑。但经学与礼议、经学与礼俗，语境不同，各有不同的考虑，始终未能浑然一体。

杨复为《经传通解》补撰《祭礼》，立足明确的经学理论，网罗汇聚经传资料，连历代礼制、奏议也在同一经学理论的平台上讨论是非，是史寓于经。杨复另撰《仪礼图》、《家礼》注，努力使《家礼》尽量接近《仪礼》。《仪礼图》、《家礼》注与《祭礼》三部著作，形成一个共同的体系，互相之间有重叠而无矛盾。朱熹所关心的经学、礼议、礼俗等不同方向，可以说在杨复的调和下达到了一种统一。

在杨复《祭礼》之后，出现了一部对传播朱熹一派礼学非常重要的著作——《文献通考》。杨复的礼学理论被慧眼独具的马端临认同，因此《文献通考》有关"祭礼"的部分，即全面采用杨复整理的理论体系，他在《自序》中说：

> 盖古者郊与明堂之祀，祭天而已。秦汉始有五帝、太一之祠，而以古者郊祀明堂之礼礼之，盖出于方士不经之说。而郑注《礼经》，二祭曰天、曰帝，或以为灵威仰，或以为耀灵宝，袭方士纬书之荒诞而不知其非。夫礼，莫先于祭；祭，莫重于天。而天之名义且乖异如此，则其他节目注释虽复博赡，不知其果

得《礼经》之意否乎？……至于禘祫之节、宗祧之数、《礼经》之明文无所稽据，而注家之聚讼莫适折衷，其丛杂抵牾，与郊祀之说无以异也。近世三山信斋杨氏得考亭、勉斋之遗文奥义，著为《祭礼》一书，词义正大，考订精核，足为千载不刊之典。然其所述一本经文，不复以注疏之说捓补，故经之所不及者，则阔略不接续。杜氏《通典》之书有《祭礼》，则参用经注之文，两存王、郑之说，虽通畅易晓，而不如杨氏之纯正。今并录其说。

《文献通考》是一部关于研究上古至南宋嘉定末年各朝代典章制度的史书，从元至清，文人士子必读，其影响甚巨。虽然马端临以史书的体裁要收录杨复《祭礼》的内容，造成他编撰上的困扰，但他终究对"千载不刊之典"无法舍弃，只好割裂杨复全书，依据类别，而分置各个仪典之下；而且在每个仪典之下，先录经传注疏以及杨复等人的理论叙述，后列历代礼制以及礼议、奏议等资料。马端临分开经学与历史，先经学，后历史，尽管出于史学家对朱熹一门经学的尊崇，实际上也意味着经学与历史的再度脱节，承认历朝的礼议不适合用经学理论的框架来判定是非。从这个意义上来说，杨复《祭礼》将经学理论的地位提升到空前绝后的高度，一切事宜都要用经学理论来审定是非，具有突出的典型意义。

　　明清两代的礼学家们几乎都是通过《文献通考》来理

解杨复、亦即朱熹的祭礼理论；或者如秦蕙田的《五礼通考》、黄以周的《礼书通故》，都间接地从《文献通考》中引用杨复《祭礼》的观点作为自己解经的根据。换句话说，朱熹一派完整的礼学思想，除了《经传通解》外，是通过《文献通考》对后代礼学家产生潜移默化的巨大影响。可是，在看不到杨复《祭礼》原书的前提下，没人能想象杨复《祭礼》与《文献通考》之间存在编纂体式的根本性差别，两者指向的方向几乎完全相反。

现在我们看到杨复《祭礼》的内容，才看到杨复《祭礼》将朱熹一门的祭礼理论思想发挥到极致，也了解到马端临以史学家的眼光对杨复《祭礼》进行彻底改造，具有重要的创新意义。礼学包含经传、经学理论、礼议、礼俗等复杂因素，每一学者重点不同，形成不同的编纂体式。从这一角度来看，《开元礼》、《通典》、朱熹《通解》、杨复《祭礼》、《文献通考》这五部著作的体式特点，都格外鲜明，可以说这五部具有典型意义。再往后看，秦蕙田《五礼通考》采用的就是《文献通考》的体式，是马端临的嫡系。至于黄以周《礼书通故》则是经学理论的疑难考辨集，自然不得与《五礼通考》等同归一类。

总之，这部书的整理出版，解决了朱子礼学文献缺乏的问题，是澄清朱熹礼学思想来龙去脉最重要的一部宋代文献，定会使朱熹礼学的研究推进到从未有过的深度。朱熹曾说"杨志仁有过于密之病"，言下之意，觉得杨复治学过于谨慎小心。如今看来，若非杨复之"过密"，就不会有《祭礼》这部思想严谨周虑的著作，朱熹的礼学思想也无法重现于世人面前。而杨复《祭礼》在礼学史上的重要性，更自不待言了。笔者识见有限，相信读者们细细品味此书，将有数不尽、论不完的发现。

本文 2010 年发表在《版本目录学研究》第二辑，2011年作为"中研院"中国文哲研究所出版的校点本之导言。

札记：王者覆四方

《宋书·礼志四》、《晋书·礼志上》、《通典》卷四十五同引傅咸云："《禹贡》'惟土五色'，景侯解曰'王者取五色土为太社封，（逗）四方诸侯各割其方色，（逗）王者覆四方也'。"今检中华书局点校本，三书均作"王者取五色土为太社，（逗）封四方诸侯，（逗）各割其方色土者覆四方也"。《宋书》版本皆作"王者覆四方"不误，而点校本出校记，改作"土者"，大误。按：《禹贡》郑注云："土五色者，所以为大社之封。"伪孔传云："王者封五色土为社。建诸侯，则各割其方色土与之，使立社，焘以黄土，苴以白茅。茅取其洁，黄取王者覆四方。"对校二注，则中华本之误，显然可知。点校者不谙郑、孔说而读王说，欲不失误也难。

《周礼正义》的非经学性质

乔秀岩

业师王文锦先生点校《周礼正义》,《前言》里特意向读者推荐洪诚先生《读周礼正义》一文。洪先生文见 1963 年杭州大学语言文学研究室编刊《孙诒让研究》一书。该书又载沈文倬先生《孙诒让周礼学管窥》及沈镜如先生《孙诒让政治思想述评》等,都有助于我们加深对《周礼正义》的认识。该书出版后经过四十年,历史学、考古学的发展以及出土文献的出现,丰富了我们对先秦史的认识,而经书的"原意"越来越模糊,甚至令人不得不放弃经书"原意"的假设。如今,经书不过是几经改编的一堆文献史料,经学的概念本身只有在经学史的语境里才能成立。我们也只能用经学史的眼光去看待过去的经说。

洪先生与陆宗达先生同为黄门高足,在充分吸收前人研究的基础上,能有所发明,尤其注意各种语言现象,他的著作观点新颖,论证精审。王师曾受教于陆先生,十分尊重清代至现代前辈学者的经说,他推崇洪先生文,亦属自然。读洪先生文,我们叹服洪先生钻研经学的精深造诣,对孙氏的成就感到仰之弥高。但洪先生文内容为他自己的研究心得,并非对《周礼正义》的全面评价,我们读此文也很难了解《周礼正义》究竟是如何的一部著作。沈文倬先生为当今礼学大家，不拘经学范畴，有直探先秦历史真相之势，方向与洪先生稍异。所以沈先生评论《周礼正义》有"仅仅做了清代周礼学的总结工作，而没有新的开创""仅仅只依据旧注来进行，被清代朴学家的考据方法所限制"等语。可见沈先生的治学方法已经与"清代朴学家的考据方法"截然不同，沈先生应该说是一位历史学家。

作为学术史的论说，沈先生的论述用自己的学术标准去评论孙诒让的学术，简单明了。洪先生何尝不如此，虽然洪先生的标准相对更接近孙诒让，但洪先生自然也不是经学家。按自己的学术标准来评论历代的研究，是过去论述学术史最常见的方法。用这种方法论述的学术史，形成单线发展的轨迹，说得复杂些是螺旋式发展，因为它以现在作为假设的发展终点。不必否认，这种学术史有利于发展现在的学术：一方面可以说明当今学术标准的历史必然性，另一方面也能从过去成功的以及失败的事例中汲取教训。然而，《周礼正义》毕竟是一部经学著作，我们在用训诂学、文献学、历史学等当代学科的学术标准评论《周礼正义》的同时，也应该考虑用孙诒让当时以及比他稍早时期经学的学术标准去评论它。

孙诒让治《周礼》积几十年时间，先后思想未必一致，《周礼正义》规模巨大，也不一定有始终一贯的宗旨。虽然如此，我们也不能不注意光绪二十五年（1899）孙氏写下的《序》，因为孙氏在此明确说明自己治《周礼》的用意所在。

孙氏说《周礼》包含先王"政教之闳意妙旨",而此"政教之闳意妙旨"古今不异,中西相通,知此而修政教,可以致富强。沈镜如先生《孙诒让政治思想述评》一文已经屡引《周礼正义序》,用来说明孙氏的政治思想。孙诒让的另一部著作《周礼政要》似乎就是根据这种政治思想来编写的。但问题是,这种政治思想与《周礼正义》的内容之间到底有关系没有?吴廷燮给《续修四库提要》写的《周礼正义》提要说:"历来诸儒重在治经,而是书则欲通之于治国。"如果说《周礼正义》非治经之书,恐怕没有人认同。吴氏说"是书欲通之于治国",只据《序》立论,没有举出书中内容作为证据。《周礼正义》的读者恐怕都不会觉得"是书欲通之于治国"。难道可以说《序》自是《序》,与内容未必相干?

《周礼正义》作为一部经学著作有什么特点?洪先生指出孙疏之善有如下数端:一、无宗派之见。一、博稽约取,义利精纯。一、析义精微平实。一、以实物证经。一、依据详明,不攘人之善。一、全书组织严密。这几点孙氏做得十分出色,成绩卓然,洪先生论之甚详。不过,单就这几方面的优长,还很难看出孙氏在学术方法上的特点。因为清末民国以来的学者大部分都会承认经学著作的理想应该如此,换言之这几点是放之四海而皆准的学术标准。《周礼正义·略例》有几处批评前人著作的体例,如批评"胡培翚《仪礼正义》、阮福《孝经义疏补》、陈立《公羊传义疏》并全录阮《记》";又如批评"胡氏《仪礼正义》间袭贾释,郝懿行《尔雅义疏》亦多沿邵义"。其实这些前人著作的缺憾也是大家公认的，孙氏与前人之间只有优劣程度的差异，很难说有本质上的不同。"欲通之于治国"的《周礼正义》在学术方法上难道没有自己的特点？

　　洪先生指出的六点中，前面三点，即"无宗派之见""博稽约取，义利精纯"与"析义精微平实"，似乎可以再深入探讨。洪先生在《训诂学》中也有如下论述："新旧注疏中以孙仲容《周礼正义》文字最为简练。《周礼正义》卷三十三《大宗伯》禘祫与时祭大典，孙氏总结旧说共九千四百七十字，其中论二十一家说禘祫之是非仅两千八百一十九字；卷五十《司巫》说雩祭用一千一百五十一字，刘宝楠《论语正义·先进》说明《古论》舞雩一事竟用三千三百八十一字，两疏繁简精粗，悬殊至此。"《论语正义》往往大段引录先儒成说，议论多涉枝节，不得要领。洪先生不仅说"繁简"，也说到"精粗"，不是没有理由的。但像禘祫之说，经学史上聚讼之府，孙氏分析与郑玄不同义者二十一家，一一说明各家要旨，总共才两千八百一十九字，并用"以上诸说，歧迕杂出，无所折衷"这样一句话来总结，的确简练。这种简练之笔，到处可见。随手举例如卷一《天官序》"惟王建国"注"周公居摄而作六典之职"，涉及到武王崩、周公摄政等年份问题，古文、今文，郑玄、伪孔，异说纷杂，也是经学史上一宗公案。对此，孙氏大段引用《明堂位》孔疏，随后加以极简要的分析和结论。孔疏对郑、孔异同有详细具体的说明，所以孙氏引此一段来代替自己的分析介绍，不像《论语正义》引用近儒议论，愈说愈繁。通过这些例子，可见孙氏不仅"无宗派之见"，更无意于参与经学史上的各种争论。孙氏对历代经学家的各种学说固然十分熟悉，所以列举各家说法颇详备，而且分析概括得非常透彻，做到"博稽约取""析义精微"。但是《周礼正义》整理旧说，只罗列各家要旨，辨别是非而已，并没有详细讨论各家的长短，所以才能够如此"简练"。因此可以想到，《周礼正义》的宗旨在阐明"周代法制"、"周制汉诂"（《略例》）、"古义古制"（《序》），而讨论历代各家经说并非孙氏重点所在。大概因为孙氏有这样一个明确方向，所以才能够摆脱历来经学家的窠臼，将经学史上纷繁难治的问题分析整理得清清楚楚。以探明"古义古制"为宗旨，客观地分析整理历代经说，始终保持旁观者的清醒，不让自己裹挟到那些经学争论当中去。这或许是孙氏与其他诸多经学家不同的特点。

黄以周《礼书通故》可与《周礼正义》媲美，学者多谓两书都是集清代礼学之大成的巨构。这种评价恐怕不错，《周礼正义》也经常引用黄以周的观点。可是，这两部书给读者的感觉迥乎有别。简言之，《周礼正义》精审，《礼书通故》深奥。这里面自然也有外在的因素，即体例的不同给我们带来不同的感觉。《周礼正义》是疏体，顺着经注文进行说解，而《礼书通故》体例仿效《白虎通》，每一条讨论独立的经学问题，无上下文可参考。又，《周礼正义·略例》说"举证古书，咸楬篇目，以示审确"，也和《礼书通故》完全相反。《礼书通故》每条标引郑玄、孔颖达诸儒说，一概不注明何书何篇；论说中引用前儒议论，其中引古书，每删篇名。如王念孙引《贾子·道术篇》，《礼书通故》引用王说，则删掉"道术篇"三字。孙氏反之，如惠士奇引《荀子》，没说哪一篇，《周礼正义》引用惠说，则补上"王霸"二字等。孙氏补篇名偶尔也有错误，如金鹗引僖公八年《谷梁疏》文，单称"谷梁疏"，《周礼正义》引用王说，补作"《谷梁》僖三年疏"，"八"误"三"。可以说，孙氏也没有做到百分之百的"审确"。但重要的是孙、黄两氏基本态度的不同。黄氏认为，研究经学者自会知道这些说法见何书何篇，何必一一写出来，"尘秽简牍"（《周礼正义·略例》语）；孙氏则认为必须一一写出来，便于检核，才能取信于广大读者，这才是"审确"之道。应该看到孙氏的书已经不再局限在经学家的圈子里面了。

《礼书通故》与《周礼正义》的不同绝不仅仅在上述外在形式方面，他们的经说本身也有明显的异趣。如《郊特牲》"社祭土而主阴气也，君南乡于北墉下，答阴之义"，南面而称"答阴"，其义可疑，历代学者各有解说。《礼书通故》以群神祀位皆南面，社主亦当南面，认为君"答阴"自当北面。于是说《记》文宜"君南"连读，"乡于北墉下"连读。黄氏以自己的经学理论体系为根据，不惜歪曲语法，任意改移句读，不免令人讶异。其实《礼书通故》一书中，这种巧说并不少见。如《周礼·膳夫》"王日一举，鼎十有二，物皆有俎"，似是三牲具备的大牢，而《玉藻》说"天子日少牢，朔月大牢"，则相为矛盾。金鹗解释说，言"举"

不一定是大牢，少牢、特牲都可以说"举"，所以《周礼》
与《玉藻》不矛盾。但"鼎十有二，物皆有俎"仍像是大
牢，所以怀疑《周礼》本来作"鼎十有二，物皆有俎，王日
一举"，今本误倒。《礼书通故》则以为《周礼》之"日"即
旬，是十日，与《礼记》之"日"指一日不同，故牲数不
同，并不矛盾。依其说，经文文字不需改动，但以"日少
牢"为一日，"日一举"为十日，虽说他有他的根据，毕竟
是惊俗骇众之论。《周礼正义》引用金氏"举"不必大牢之
说，不录其今本误倒之说，更不提及黄说。总而言之，《周
礼正义》着实做到"析义平实"，绝不羼杂黄氏那样的牵强
巧说。

　　假设历代经学家都像孙氏那样追求"析义平实"，经学
的历史该老早结束，不会延续两千年这么久。反过来说，过
去的经学家从来没有彻底施行"析义平实"的标准，至少未
能一如孙氏。同样是集清代礼学大成的《礼书通故》仍然包
含那么多乖违常情的观点，究竟何为？笔者认为过去的经学
始终没有脱离某种主观性，每一个经学家都按照自己的思想
去解释经书，从来没有试图纯粹客观地探讨经书的原始意
义。这中间的主观因素，自然因时因人而异。以黄以周为
例，他首先相信经书的经典意义，相信各种经书之间不会存
在无法解释的矛盾。并且他在吸收前人丰富的经学研究成果
的基础上，已经形成自己的一套经学理论体系。他读经书，
总要拿自己的理论体系来相印证。如果有不符合，不是理论
有问题，就是对经书的理解有问题。理论有问题，自当调整

理论，但如果理论无法再调整的话，只有改变对经书的理解了。他的经学研究实际上是这样不断完善理论体系的思想行为，《礼书通故》呈现给我们的也是他经过长年研究调整完善的经学理论体系。何止黄氏，过去大部分经学家其实都可以如此观。例如段玉裁，后人对他的评论总少不了"武断"两个字，其实那些"武断"的背后都有他的理论体系存在。段玉裁拿理论体系与传统文本衡量，往往选择让后者屈从前者。只是后人不懂得欣赏他的理论体系，所以这些地方只能认为是缺点。然而孙诒让就和他们不同，对这种理论体系丝毫没有兴趣，《周礼正义》对待前儒的经说，只看具体观点的合不合理，态度非常客观、清醒。笔者认为经学的历史到孙诒让已告终结，或者说经学从此蜕化。

孙氏也不是没有主观片面的观点。正如很多人指出，他相信《周礼》为周公之书〔2013年补注：孙氏对《周礼》作者问题的看法并不单纯，可参叶纯芳《孙诒让〈周礼〉学研究》第七章（东吴大学博士论文，2006年）〕。《周礼正义》说："此经建立六典，洪纤毕贯，精意妙旨，弥纶天地，其为西周政典，焯然无疑。"上四句与下二句之间，显然没有逻辑上的因果关系。他也说"《毛诗传》及《司马法》与此经同者最多，其它文制契合经传者尤众，难以悉数"等，是他有自己的根据和判断，并不是盲目信从传说。但也不能否定在这一问题上，他的判断并不够详审。笔者认为这是一个特殊问题，应该结合《周礼正义序》以及他的政治思想来看。他认为中国要富强，必须在政教两方面进行改革，而此时要参考的是《周礼》，并不是西方的思想，因为百王不易的大道理，中西、古今没有差别。他在帝国主义的肆虐面前，主张保华攘夷，《周礼》作为民族经典，自然不会去怀疑其价值的。（孙氏思想曾经过由"周经汉注，无益时需"到"汇外于中，以一尊而容异"的转变，以及"中华儒者，犹复绅佩而谈诗书，雍容而讲礼让"等激昂文字，参详沈镜如先生文。）

以上，笔者简述自己对《周礼正义》极其肤浅的印象。《周礼正义》是历代研究《周礼》的最高成就，今后恐怕也不会出现超越它的著作。不过，说高说低，标准尺度何在？比如《礼书通故》与《周礼正义》这两部著作，我们无法拿一个标准去衡量其间的高低，因为两书性质不同。《礼书通故》是传统经学的杰作，我们读它，必须注意黄以周精心构造的经学理论体系。孙诒让自己并没有刻意构造自己的经学理论体系，但也没有完全脱离过去经学学说的传统，《周礼正义》的成就在于客观地整理总结历代《周礼》学说。所以《周礼正义》与过去的经学著作有本质上的不同，同时仍然没有完全脱离传统经学的范畴。这种学术特点，与他接近民族资本改良派的政治面貌非常相称。

本文报告于2005年杭州召开的"纪念《周礼正义》出版百年暨陆宗达先生百年诞辰学术研讨会"，发表在2007年百花洲文艺出版社出版的《孙诒让研究论文集》中。

孙诒让《周礼正义》郑非经旨、贾非郑意辨

叶纯芳

一、前言

作为晚清最后一部以乾嘉学者治经方法完成的清人新疏《周礼正义》，作者孙诒让以其深厚的经学与小学基础，不偏爱郑玄或王肃，纯粹以实事求是的方法，来判定二人对礼学上争讼已久的问题，做了持平的处理。又纠正郑玄注、贾公彦疏的诸多错误，受到后人的肯定，成为文史哲学者案上必备用书。

在编纂孙氏"《周礼正义》提要索引"期间，笔者将孙疏的内容做主题的分类，陆续整理了祭礼、丧礼的相关条目。虽然这些条目与孙氏全书相较，恐怕只是九牛一毛，但大致能够掌握孙氏对问题的看法与处理的态度。在此过程中，每每见孙氏对郑玄与贾公彦的纠谬而感到疑惑。如果郑玄的解释出现如此令人难以理解的谬误，贾公彦何以能心平气和地跟随着、回护着郑玄的解释？

唐孔颖达提出"礼是郑学"，今人池田秀三《郑学的特

学术史读书记

质》[1] 提出郑学礼学体系性的看法，刁小龙《郑玄礼学及其时代》[2] 指出郑玄"以《周礼》为纲，调合《三礼》"、乔秀岩《郑学第一原理》提出郑玄"结构取义"的解经方法。乔秀岩认为，"强调学说体系性，即可为郑学保证判断标准之独立性，不必再受当代学术标准的干扰"。[3] 又说明孔颖达"礼是郑学"的涵义，是"郑说之外，虽有别解，且别解或义非全不可通者，然疏家必欲申郑说而不取别解"[4]。经由这些学者的论证，除了确定郑玄解经的体系性，也说明贾公彦、孔颖达"疏不破注"的重要性。于是，在这个基础上，我们可以开始去探讨，孙诒让的这部新疏，是否有自己一套解经的体系？他又是用什么方法来判断郑、贾的错误？是本文所作之由。

二、郑玄与孙诒让对《周礼》经文的理解

（一）昊天、上帝、五帝

清人读书解经，有一套循序渐进的步骤，戴震曰："经之至者道也，所以明道者其词也；所以成词者，未有能外小

1　池田秀三：《鄭學の特質》，收入渡边义浩编《兩漢における易と三禮》（东京：汲古书院，2006 年），页 287—312。

2　刁小龙：《郑玄礼学及其时代》，清华大学历史系博士论文，2008 年。

3　乔秀岩：《郑学第一原理》，载《北京读经说记》（台北：万卷楼图书股份有限公司，2013 年）。见本书页 105。

4　陈壁琳（乔秀岩笔名）：《礼是郑学》，载《经学研究论丛》第六辑（台北：学生书局，1999 年），页 113—118。

学文字者也。由文字以通乎语言，由语言以通乎古圣贤之心志。"[1] 王念孙曰："训诂声音明而小学明，小学明而经学明。"[2] 孙氏承袭乾嘉学者的方法，治《周礼》亦如是，先为字词定义，并以此义通解全经，仅以《天官》而言，即有数十条的凡例，如：[3]

> 经例言"建"者，并谓修立其政法之书，颁而行之。（页 58—59）
>
> 经例凡言"诏"者，并以言语诏告相左助之谓。（页 73）
>
> 此经凡言"郊"，有包六乡在内者，如大宰言四郊之赋；不别出六乡，犹之甸包六遂，经止言邦甸之赋也。有别郊于乡之外者，如《小司徒》大比六乡四郊之吏，《遗人》有乡里之委积，又有郊里之委积，郊与乡并举，则专指乡外之余地言之。（页 97）
>
> 凡经言"匪颁"者，以群臣之禄为最大。（页 103）
>
> 经例，常赐谓之"颁"，非常赐谓之"赐"。（页 103）
>
> 此经之"师儒"，即《大司徒》本俗六之联师儒，皆通乎上下之辞。"师"则泛指四民之有德行材艺，足

1　戴震：《古经解钩沈序》，《戴震全书》（合肥：黄山书社，1997 年），第六册，页 378。

2　王念孙：《说文解字注序》，《说文解字注》（台北：天工书局，1992 年），页 1。

3　本文所使用《周礼正义》，为王文锦、陈玉霞两位先生所点校之《周礼正义》（北京：中华书局，2000 年），为兼顾行文略有改动。不另出注。

以教人者而言。（页112）

此经凡"都""家"对文者，并以公卿采地为都，以《载师》大都为公之采地，小都为卿之采地，二者同称都也。家则并专据大夫采邑，以《载师》家邑为大夫之采地。（页132）

凡此经通例，有天，有上帝，有五帝。天即昊天，祀北辰；上帝为受命帝，在周则祀苍帝；五帝为五色之帝。（页135）

凡经云"群吏"者，其义有四：一、通指百官府关内外卿大夫士言之。二、专指士大夫言之。三、专指士以下小吏言之。四、专指乡遂公邑等有地治之吏言之。（页155）

经凡言"执事"，并谓诸官非其专掌，以连事通职，转相赞助而执持其事者。（页143）

此经凡云"有司"者，并据专主其事之官。其本非专主而联事通职以共其礼者，则谓之"执事"。（页208）

凡"次"多在路门外、应门内近治朝之处，"舍"则当在应门之外皋门之内，与次不同处也。（页214）

凡经云"德"者，并指六德六行而言；云"道"者，并指六艺六仪而言。兼举之则曰德行，曰道艺。（页223）

此经凡云"役"者有二：一、当官之属给正长之役，如瞽蒙役大师，缝人役本职之女御是也；一、异

> 官以连事通职相役，如甸师役外内饔，酒人役世妇，罪隶役百官府，蛮隶役校人，闽隶役掌畜等是也。（页296）

即使在所归纳的凡例中，也会出现多重意义者，如"群吏""役"等；也有两词意义相仿，但要有所区别者，如"有司""执事"，不过这些毕竟是经文中的少数，且已将解释的空间限制在最小的范围。这些凡例作为解经的前提，为孙氏提供了便利，也为后人阅读此书省去许多理解上的困难。

在《周礼》中，孙氏对"天""上帝"的定义，以为："天"即昊天，祀北辰；"上帝"为受命帝，在周则祀苍帝；"五帝"为五色之帝。凡经文中遇到天、上帝、五帝，孙氏皆如是解。而郑玄解经不设定前提，对"天""上帝"的解释是变动的，根据不同的上下文做解释，如前文乔秀岩所言，郑玄有"结构取义"的倾向。如：《春官·大宗伯》"以禋祀祀昊天上帝"，此处"昊天上帝"郑玄作"天皇大帝"解；又"国有大故，则旅上帝及四望"，上帝作"五帝"解；《春官·大司乐》"乃奏黄钟，歌大吕，舞云门，以祀天神"，天神作"五帝及日月星辰"解；又"若乐六变，则天神皆降"，天神作"北辰"解；《春官·典瑞》"四圭有邸以祀天，旅上帝"，天作"昊天"解，上帝作"五帝"解；《掌次》"大旅上帝"，上帝又作"昊天"解。郑氏解禘祫亦同，故赵匡说郑玄解"禘"礼，却有"祭天""宗庙之祭""祠""夏殷时祭名"四种含义，"即文为说""随文求义"，"殊可怪也"。对于讲求词例的孙氏而言，自然和赵匡相同，无法接受郑玄的解释。而赵匡所说的"即文为说""随文求义"，正可说明郑玄解经的方法与特色，也可说明郑玄与孙氏对经文态度的不同。

（二）冕服

《夏官·弁师》云：

> 掌王之五冕，皆玄冕，朱里，延纽。五采缫十有二就，皆五采玉十有二。

郑玄注云："冕服有六，而言五冕者，大裘之冕盖无旒，不联数也。"弁师所掌以有旒之冕为职，故此处不联数大裘之冕。

孙氏承袭宋陈祥道、陆佃、王昭禹、郑锷，清戴震、金榜、孙希旦、张惠言之说，以《礼记·玉藻》"天子玉藻十有二旒"、《郊特牲》"王被衮以象天，戴冕藻十有二旒"、《礼器》"天子冕藻十有二旒"为据；又经文云"皆玄冕"，此"皆"字"统下五采缫十有二就为文"，以此为五冕之通制。则郑玄与孙氏对冕服的歧异在于：

1. 郑玄以为六服不同冕（《司服》注虽言"六服同冕，首饰尊也"，贾疏云"六服服虽不同，首同用冕，以首为一身之尊，故少变，同用冕耳。冕名虽同，其旒数则亦有异"），孙氏以为一冕冠六服。

2. 大裘冕，郑玄以为冕无旒，与衮冕为二；孙氏以大裘与衮为一，故虽言六服，实则仅五。

郑知六服不同冕者，则据后经文云"五采缫十有二，**就皆五采玉十有二**"。缫，合五采丝而为绳。就，成也，备也。绳之每一匝贯五采玉，共十二玉。十二旒，每一旒十二玉。郑玄又云："缫不言'皆'，有不皆者。此为衮衣之冕十二旒。"此句经文专就衮冕而言。则缫有十二（衮冕）、九（鷩冕）、七（毳冕）、五（希冕）、三（玄冕）旒之分。玉言"皆"，每旒皆十二玉。"不皆"，指缫不皆，非玉不皆。则五冕，其差在旒数上。

自宋黄度以后至清学者，不接受郑玄之说，以为此段经文之"就"字应上属，作"五采缫十有二就，**皆五采玉十有二**"，王之冕无不十二旒。孙氏据以为说："经既无九七递减之文，又不云十二旒属何冕，则王五冕并十二旒可知。"以此段经文为五冕之通制。

就郑玄的理解，《弁师》经文"掌王之五冕"，自然认为"冕"共有五，且随着衮鷩毳希玄冕作用之不同，而有不同旒数之冕。郑玄解经虽不归纳凡例，但有等差取向，而此等差，也是根据《周礼》"公之服，自衮冕而下如王之服；侯伯之服，自鷩冕而下如公之服；子男之服，自毳冕而下如侯伯之服；孤之服，自希冕而下如子男之服；卿大夫之服，自玄冕而下如孤之服"而来。即《周礼》主要记载王礼，天子、诸侯、大夫、士，根据爵命之不同，而有等差。天子本身所着服、所乘车等，也依据不同的场合而有隆杀。故经文虽无九七递减之文，而仍作此解。又，若"一冕冠六服"，则弁师所职，或仅掌一冕，或掌相同之五冕，无论前者或后者，于经文似皆不通。

至若孙氏等学者所据以为证的《郊特牲》，郑玄以为是鲁礼；《礼器》，郑玄以为是夏、殷礼。而周礼，王祀昊天上帝应服大裘冕。说明郑玄与孙氏对《周礼》经文的理解不同，对《郊特牲》的定义不同，解释自然会有所差别。

又，《夏官·节服氏》云：

> 掌祭祀朝觐衮冕六人维王之大常；诸侯则四人，其服亦如之。郊祀裘冕二人执戈，送逆尸从车。

郑玄注云"服衮冕者，**从王服也**""裘冕者，**亦从尸服也**"。贾疏于《叙官》云："郑云'世为王节所衣服'者，以其着服与王为节而称氏，故知官有世功，则曰官族。"又《节服氏》疏云："以其节服氏者，世能节士之衣服，明节服所服与王同，故云从王服也。"则郑、贾将此句经文句读为"掌祭祀朝觐，衮冕六人，维王之大常""郊祀，裘冕二人，执戈，送逆尸从车"。

孙氏以为"此当读衮冕句，郑、贾读误"（"郊祀裘冕"亦同）。清人以为，此官爵"下士"，士之助祭当服爵弁玄端。王之下士虽得服玄冕，然不得服衮冕。惠士奇云："官以节服为名，则王之车服旗常皆其职掌。"曾钊云："掌王之服衮冕与释服之节。"孙氏更引金鹗之论以驳郑、贾之误云：

若以衮冕连下六人读之，而谓节服氏自服衮冕，无论下士不当有此服，亦岂有身服衮冕而维大常以奔走于道路者乎？龙衮为天子之服，下士即得服冕，断无有服龙衮之理也。（《周礼正义》，卷五十九，页2490—2491）

郑玄的解释怪异，清人所言固是。然郑玄何以作此解？似乎非其所在意。笔者以为，节服氏之职掌，仅此段经文所述，别无他事，若如清人所言，则此职所掌则与司服"掌王之吉凶衣服，辨其名物与其用事"，或与司常"掌九旗之物名，各有属，以待国事"重叠。故郑玄的解释虽然不合常理，贾公彦亦未作反驳。从此例，可以说明郑玄解《周礼》经文，在于经文的协调，不在乎是否合理。而是否合理，正是清人所关注的。

（三）九旗

《春官·司常》云：

司常，掌九旗之物名，各有属，以待国事。日月为常，交龙为旂，通帛为旜，杂帛为物，熊虎为旗，鸟隼为旟，龟蛇为旐，全羽为旞，析羽为旌。及国之大阅，赞司马颁旗物：王建大常，诸侯建旂，孤卿建旜，大夫士建物，师都建旗，州里建旟，县鄙建旐，道车载旞，斿车载旌。

经文明言九旗，郑玄解经，自以九旗释之。然《夏官·大司马》又云：

> 中秋，教治兵，如振旅之陈。辨旗物之用，王载大常，诸侯载旂，军吏载旗，师都载旟，乡家载物，郊野载旐，百官载旆，各书其事与其号焉。其他皆如振旅。

除"王载大常""诸侯载旂"之外，其余明显与《司常》文无法吻合。孙氏因此根据金榜《礼笺·九旗》之说，进而发展出"五正旗四通制"的理论：五正旗依序为日月为常，交龙为旂，熊虎为旗，鸟隼为旟，龟蛇为旐；四通制为通帛为旟，杂帛为物，全羽为旞，析羽为旌。四通制为配合五正旗所掌者而有所不同。

郑玄以周之正色为大赤，故九旗之帛皆用绛；孙氏则依方色而旗色有所不同：黄龙曰常、青龙曰旂、白虎曰旗、赤鸟曰旟、玄蛇曰旐。

至于《司常》与《大司马》经文无法吻合者，郑玄以"凡颁旗物以出军之旗则如秋，以尊卑之常则如冬，司常左司马时也。大阅备军礼，而旌旗不如出军之时，空辟实"调和二职之差。孙氏据金榜"四时之田，春辨鼓铎，夏辨号名，秋辨旗物，至大阅备焉。鼓铎号名辨于春夏者无变也，不当独于旗物空避实。《司常》云'大阅赞司马颁旗物'，其所颁固即治兵之旗物也"为说，以为：

盖此经与《大司马》治兵旗物本同，唯以旜物旞旌错文互见，郑遂疑其不同，而强为之说，义实不可通，皆由不知九旗之中正旗实止有五，旜物旞旌为五旗之通制，故削趾适屦，抵牾百出，汉唐礼家，沿袭莫悟。

孙氏既言"与《大司马》治兵旗物本同，唯以旜物旞旌错文互见"，只能对各旗所掌的对象想出一套解释的办法（见右表）。

将师都、州里、县鄙、军吏、郊野、乡家、百官重新定义之后，把《司常》之"孤卿建旜，大夫士建物，州里建旟"，与《大司马》"百官载旟"作为一组而论；把《司常》之"师都建旗"与《大司马》"军吏载旗，师都载旜，乡家载物"作为一组而论。并配合四通制、爵、命数，而推论出各（包含不命之士）所掌旗以及旗上之斿数。

要之，郑玄根据《司常》《大司马》经文所述，调和解释；孙氏则推衍出超越经文之外的完美旗制。孙氏常批评郑玄的解释"非经义"，例如上文冕服以"经文无九七递减之文"来反驳郑玄对冕服的溢释。然而此处，孙氏则从旗色开始至掌旗对象为止，也都做了超出经文的推论。

（四）礼天之玉、祭天之玉与"六宗"

《周礼》一书中无"六宗"之名。《春官·大宗伯》有云：

以禋祀祀昊天上帝，以实柴祀日月星辰，以槱燎

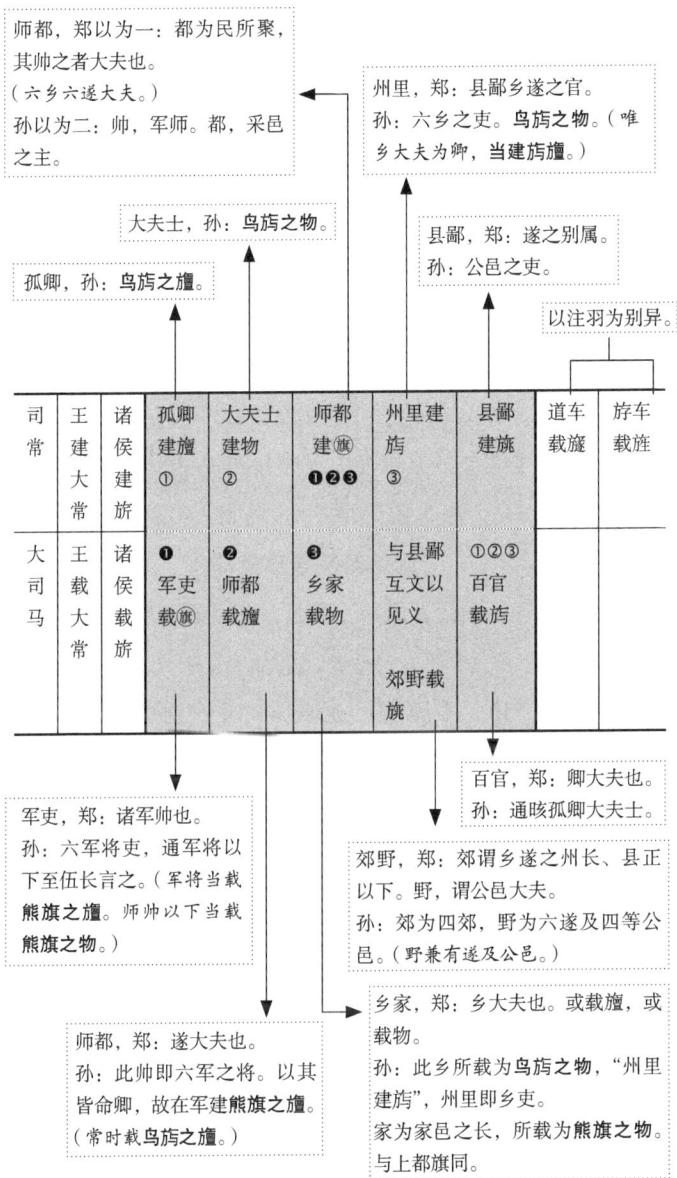

师都，郑以为一：都为民所聚，其帅之者大夫也。
（六乡六遂大夫。）
孙以为二：帅，军师。都，采邑之主。

州里，郑：县鄙乡遂之官。
孙：六乡之吏。**鸟旟之物**。（唯乡大夫为卿，**当建旟旝**。）

大夫士，孙：**鸟旟之物**。

县鄙，郑：遂之别属。
孙：公邑之吏。

孤卿，孙：**鸟旟之旝**。

以注羽为别异。

司常	王建大常	诸侯建旗	孤卿建旝①	大夫士建物②	师都建旟❶❷❸	州里建旟③	县鄙建旗	道车载旞	斿车载旌
大司马	王载大常	诸侯载旗	❶军吏载旗	❷师都载旝	❸乡家载物	与县鄙互文以见义 郊野载旗	①②③百官载旟		

军吏，郑：诸军帅也。
孙：六军将吏，通军将以下至伍长言之。（军将当载**熊旗之旝**。师帅以下当载**熊旗之物**。）

师都，郑：遂大夫也。
孙：此帅即六军之将。以其皆命卿，故在军建**熊旗之旝**。（常时载**鸟旟之物**。）

乡家，郑：乡大夫也。或载旝，或载物。
孙：此乡所载为**鸟旟之物**，"州里建旟"，州里即乡吏。
家为家邑之长，所载为**熊旗之物**。与上都旗同。

百官，郑：卿大夫也。
孙：通晐孤卿大夫士。

郊野，郑：郊谓乡遂之州长、县正以下。野，谓公邑大夫。
孙：郊为四郊，野为六遂及四等公邑。（野兼有遂及公邑。）

孙诒让《周礼正义》郑非经旨、贾非郑意辨

祀司中、司命、飌师、雨师。

贾疏云："此经星辰与司中、司命、风师、雨师，郑君以为六宗。"贾氏知郑此解者，引郑玄《驳五经异义》云：

> 玄之闻也，《书》曰："肆类于上帝，禋于六宗，望于山川，遍于群神。"此四物之类也，禋也，望也，遍也，所祭之神各异。六宗言禋，山川言望，则**六宗无山川**明矣。《周礼·大宗伯》曰'以禋祀祀昊天上帝，以实柴祀日月星辰，以槱燎祀司中、司命、风师、雨师'，此所祭，**皆天神**也。《礼记·郊特牲》曰……《祭义》曰……。**则郊祭并祭日月**可知。其余**星也，辰也，司中，司命，风师，雨师，此之谓六宗亦自明**矣。

六宗之名，出于《尚书·尧典》。汉人对六宗内涵有各种不同的说法，郑玄从《尚书》此段经文，先认定"类""禋""望""遍"为四种祭法，一种神不可能又禋祭又望祭，故以排除法的方式，得出此结论。虽有杜佑《通典》评论郑玄"六宗"的飌师、雨师非星质，不应归于六宗之内。然无论哪一经，都没有界定"六宗"是否一定都是星质。郑玄以《周礼》经文为考量，故未考虑飌师、雨师是否为星质。

孙氏则云：

讨核四礼，知周本无六宗之祭，而后文以玉作六器，以礼天地四方，实即古六宗之遗典，亦即《礼经》所谓"方明"，诸家聚讼，并未得其义。（《春官·大宗伯》，卷三十三，页1313—1314）

孙氏此说源于《大宗伯》与《典瑞》出现"礼天之玉"与"祀天之玉"差别的争论。《大宗伯》云：

以苍璧**礼天**，以黄琮礼地，以青圭礼东方，以赤璋礼南方，以白琥礼西方，以玄璜礼北方。皆有牲币，各放其器之色。

《典瑞》云：

四圭有邸以**祀天**，旅上帝。两圭有邸以祀地，旅四望。

祭天该以苍璧或四圭有邸？郑玄以为要先分辨祭祀的对象。《大宗伯》注云："此礼天以冬至，谓天皇大帝，在北极者也。"《典瑞》注云："祀天，**夏正郊天**也。上帝，五帝，所郊亦犹五帝，殊言天者，尊异之也。"郑玄所论，以《大宗伯》为四时迎气及总禬明堂之正祭，祭五方天神，但此中不见夏正郊所感帝，故于《典瑞》言"夏正郊天"。"礼天""祀天"之玉同为"祭"之义，所异者为祭祀之对象。

南朝崔灵恩《三礼义宗》将《大宗伯》《典瑞》之"礼天""祀天"分释,以为:"凡祭天神有二玉,礼神者,讫事却收;祀神者,与牲俱燎。"礼神之玉、祀神之玉作用不同。孙氏根据崔氏所言,以《典瑞》之四圭有邸为祭天之玉:

> 郑以《大宗伯》与此同为初祭礼神之玉,若如其说,则当通举十器,不宜别出六器。且此四器不论尊卑,皆用圭璋,又皆有邸,与《大宗伯》六器绝不类,则其用不同可知。郑说殊不足据。凡言祀天地诸神圭玉,与燔瘗之玉异(《典瑞》之四器属祭毕藏之)。(《春官·大宗伯》,卷三十五,页 1390;卷三十九,页 1584)

《典瑞》之"四圭有邸"为祭天之玉,那么,《大宗伯》的六玉该如何处理?孙氏云:

> 《觐礼》云:"方明者,木也,方四尺。设六色:东方青,南方赤,西方白,北方黑,上玄,下黄。设六玉:上圭,下璧,南方璋,西方琥,北方璜,东方圭。"敖继公谓**此六器即礼方明之玉**。(卷三十五,页 1391)

孙氏将《仪礼·觐礼》方明六色六玉与《大宗伯》六玉结合为释。又以为商周方明之神,即虞夏六宗之遗典。《觐礼》以方明为盟神,故孙云:

推校礼意，盖大会同会合群神以诏盟誓，其神众多，不可尽设其主位，故为方明通举六方之神，合而告礼之。**以其神之尊贵言之，则云六宗，以其神之著明言之，则云方明，其义一也**。其礼无所专主，本与二郊四时之特祀及明堂大祫之祭不同。且因事告礼，当有牲币，而无迎尸献酬之节，与祭礼隆杀亦迥异，故不谓之祭，而谓之礼。（页1392）

是孙氏"六宗"即"方明"之证。如此亦解决了《大宗伯》《典瑞》祭天地用玉不同之矛盾。孙氏所据论之敖继公、金榜，仅言《大宗伯》六器为祀方明所用，并未言"六宗"即"方明"。

不过，这看似孙氏的发明，实则惠士奇《礼说·司盟·北面诏明神》早有此言：

盟礼已亡，先儒无说，《觐礼》加方明于坛上，则会盟之礼犹存其略焉。**方明者，六宗也**。其神卑于上帝，尊于山川；其主方四尺，木为之，号曰"方明"。设六色，上玄下黄，东青南赤，西白北黑。设六玉，上圭下璧，南璋西琥，北璜东圭。六色以象之，六玉以礼之，尊而宗之，故曰"六宗"。（《清经解》，卷二二五，页93—94）

孙氏文中只引用了敖继公、金榜的说法，而将惠士奇与其他学者并列，云："惠士奇、秦蕙田、盛世佐、凌廷堪、孙希旦、庄有可说并同。"巧妙避开提出这个想法的惠氏，让读者产生错觉。

此处，孙氏将《大宗伯》《典瑞》之"礼天""祀天"分释，结合《仪礼·觐礼》，进而推衍出方明即六宗的说法，而郑玄考量的是如何弥缝《大宗伯》与《典瑞》经文上的冲突。

（五）大祭、中祭、小祭

《大宗伯》云：

> 以肆献祼享先王，以馈食享先王，以祠春享先王，以禴夏享先王，以尝秋享先王，以烝冬享先王。

郑注："宗庙之祭，有此六享。肆献祼、馈食在四时之上，则是祫也，禘也。"贾疏云："从禋祀以下至此吉礼十二。"[1]

孙氏引用吴绂的说法：

> 肆献祼者，享先王之隆礼；馈食者，享先王之杀礼。以二者统冒于上，而以四时之祭分承于下。肆、献、祼、馈食不专一祭，随所值而当之者也。(《春官·大

---

1 吉礼十二：天神三，禋祀祀昊天上帝，实柴祀日月星辰，槱燎祀司中司命飌师雨师；地祇三，血祭祭社稷五祀五岳，狸沉祭山林川泽，疈辜祭四方百物；宗庙六：肆献祼、馈食、祠春、禴夏、尝秋、烝冬享先王。各类之中，郑玄又分大中小祭祀。

宗伯》，卷三十三，页 1331）

又言：

> 凡禘祫及时祭，皆兼有肆献裸、馈食诸节，故
> 《司尊彝》说祠、禴、尝、烝及间祀、追享、朝享，皆
> 有裸彝，明二裸九献礼无不备。郑、贾以肆献裸、馈
> 食分属禘祫，殆非经义。（同上，页 1331）

上文有云，郑玄解经有尊卑等差之别，宗庙之祭亦是，故将宗庙六享分为祫祭、禘祭、四时祭。由大至小。吴绂、孙氏的说法没有错，不过若依照他们所释，肆献裸为隆礼，没有问题；馈食为杀礼，孙氏列举了荐薪、祈祷、告祭等，此类小祭祀较之四时祭礼为小，失去了郑玄大、中、小祭，贾公彦所说"吉礼十二"的系统。郑、贾之所以如此解释，在于天神的禋祀、实柴、槱燎，地祇的血祭、狸沉、疈辜都是祭名，唯独享宗庙非以祭名，而以祭祀的仪节为叙，故以"祫也，禘也"释之。证据在于郑注下文：

> 祭必先灌，乃后荐腥荐孰。**于祫逆言之者，与下共文，明六享俱然。**祫言肆献裸，禘言馈食者，著有黍稷，互相备也。

郑玄的解释非常奇怪，很难理解，不像郑玄解经的风格。贾

疏云：

> 如向所说，具先灌讫，王始迎牲，次腥其俎；腥
> 其俎讫，乃熷；熷祭讫，始迎尸入室，乃有黍稷，是其
> 顺也。今此经先言肆，肆是馈献节；次言献，献是朝践
> 节；后言灌，灌是最在先之事，是于祫逆言之也。言
> "与下共文，明六享俱然"者，**既从下向上为文，即于下
> 五享与上祫祭，皆有灌献肆三事矣**。故云"六享俱然"。

即使如此解释很奇怪，郑玄都要如此做的原因，除了要迁就
他的大、中、小祭的等差观之外，笔者以为别无他解。

对于《周礼》大、中、小祭的分法，孙氏虽能够理解，
但仍觉得并非完全恰当：

> 大次小三等之祀，经无明文，二郑依《大宗伯》
> 略为差次。……以经考之，《司服》祭服，《大司乐》乐
> 舞，或别有取义，不定以尊卑为差次，故不必强为傅
> 合。……窃谓经凡言祭祀，惟《酒正》及《肆师》分
> 三等，余职皆止分大小二等，疑次祀亦并入大祀。其
> 差次难以详定。若然，《肆师》以玉帛牲币之有无为三
> 等祀之差，亦约略区别，不能尽以此推决也。(《春官·肆
> 师》，卷三十七，页 1466—1467)

若强为之分，最明显的差异则出现在下图的"社稷"，《司

服》"社稷"经文在小祭,《大宗伯》"社稷"经文在大祭,
《肆师》"立次祀",郑注却言:"次祀又有社稷。"惠士奇为
之弥缝:"《司服》毳冕祭山川,希冕祭社稷,此社在山川下
者,王社也。《大宗伯》血祭祭社稷,狸沈祭山川,此社在
山川上者,大社也。"〔《礼说·春官一·(大宗伯)掌天神人鬼地示之
礼》,《清经解》,卷二一九,页58〕

孙氏追求制度的合理性,郑玄追求经文上下文的协调,
也可从此例得见(见下页表)。

三、贾公彦与孙诒让对《周礼》经注的理解

孙氏对贾公彦疏的纠谬,更甚于郑注。

(一)血祭

《春官·大宗伯》云:"以血祭祭社稷、五祀、五岳,
以狸沈祭山林川泽,以疈辜祭四方百物。"郑注云:"不言祭
地,此皆地祇,祭地可知也。"此段经文须与上文祭天同参
看:"以禋祀祀昊天上帝,以实柴祀日月星辰,以槱燎祀司
中、司命、飌师、雨师。"郑玄释经,据乔秀岩所言,"经文
依次为言,郑知其间有尊卑等级次序"[1]。此处祭天、祭地即
如此。

祭天最重者为"禋祀祀昊天上帝",相应于祭地,则以

1　乔秀岩:《郑学第一原理》,《北京读经说记》,页244。亦见本书页105。

《周礼》大、中、小祭

	大祭			中祭			小祭		
	经文	郑司农	郑玄	经文	郑司农	郑玄	经文	郑司农	郑玄
酒正	大祭三贰。	大祭,天地。	王服大裘衮冕所祭。	中祭再贰。	中祭,宗庙。	王服鷩冕毳冕所祭。	小祭壹贰。	小祭,五祀。	王服希冕玄冕所祭。
肆师	立大祀,用玉帛牲牷。	大祀,天地。	大祀又有宗庙。[1]	立次祀,用牲币。	次祀,日月星辰。	次祀又有社稷五岳。	立小祀,用牲。	小祀,司命已下。	小祀又有司中、风师、雨师、山川百物。
司服	祀昊天上帝,则服大裘而冕,祀五帝亦如之。享先公则飨冕。			享先公飨射则鷩冕,祀四望山川则毳冕。			祭社稷五祀则希冕,祭群小祀则玄冕。		

1　贾公彦:"不言宗庙次小祀者,但宗庙次祀,即先公是也。不言之者,已具于《酒正》。又不言宗庙小祀者,其神不明。"

续表

	大祭			中祭			小祭		
	经文	郑司农	郑玄	经文	郑司农	郑玄	经文	郑司农	郑玄
大宗伯	以禋祀祀昊天上帝。			以实柴祀日月星辰。		祀五帝亦用实柴之礼云。	以槱燎祀司中、司命、飌师、雨师。		
	以血祭祭社稷、五祀、五岳。			以狸沈祭山林川泽。			以疈辜祭四方百物。		
	以肆献祼享先王。		肆献祼，祫也。	以馈食享先王。		馈食，祸也。	以祠春、礿夏、尝秋、烝冬享先王。		
大司乐	乃奏黄钟，歌大吕，舞云门，以祀天神。		天神，谓五帝及日月星辰也。	乃奏姑洗，歌南吕，舞大韶，以祀四望。					

续表

	大祭			中祭			小祭		
	经文	郑司农	郑玄	经文	郑司农	郑玄	经文	郑司农	郑玄
大司乐	乃奏大蔟，歌应钟，舞咸池，以祭地示。			乃奏蕤宾，歌函钟，舞大夏，以祭山川。					
	乃奏夷则，歌小吕，舞大濩，以享先妣。		先妣，姜嫄也。						
	乃奏无射，歌夹钟，舞大武，以享先祖。		先祖，谓先王，先公。[1]						

1　贾疏："郑据《司服》而言。但《司服》以先公先王服异，故别言；此则知先王先公乐同，故合说。以其俱是先祖故也。"

续表

	大祭			中祭			小祭		
	经文	郑司农	郑玄	经文	郑司农	郑玄	经文	郑司农	郑玄
礼器	郑血大牷腥，三献，一献孰。		郑，祭天也，大飨，袷祭先王也。			三献，祭社稷五祀。			一献，群小祀也。
	七献神。		谓祭先公。	三献文。 五献祭。		谓祭社稷五祀。 谓祭四望山川。	一献质。		谓群小祀也。
金罍	天神：天、日、月、五帝、星、辰、司中、司命、风师、雨师，五神（六宗）为大祀。地示：地、社稷、五岳、五神（五祀）、四镇、四渎、海与四望、山川为大祀。人鬼：宗庙为大祀。		祭天、大飨、先王（六宗）为大祀。	天神：司民、司禄为中祀。地示：丘陵、坟衍、原隰为中祀。人鬼：高禖为中祀。			地示：户、灶、中溜、门、井（五祀）、四方百物之神为小祀。人鬼：先圣、先师、先老、先啬、先炊、泰厉为小祀。（《求古录礼说·祭祀等差说》）		

血祭祭大地方泽为最重，但经文血祭仅言"社稷、五祀、五岳"，未言大地方泽。然经文虽未言，大地方泽以血祭，则无须说明，自然如此。

孙氏引贾疏解郑注云："社稷亦土神，故举社以表地示。《鼓人职》亦云'灵鼓鼓社祭'，亦举社以表地，此其类也。若大地方泽，当用瘗埋，与昊天禋相对。"其下又引金鹗说曰：

> 血祭自社稷始，不言祭地者，祭地与社稷同用血祭也。**贾疏谓大地方泽当用瘗埋，与昊天禋祀对，不知瘗埋可与燔柴对，不可与禋祀对**，其说似是而非。《郊特牲》云"社所以神地之道"，故方丘亦通称社。鼓人"以灵鼓鼓社祭"，《大司乐》"奏大蔟，歌应钟，舞咸池，以祭地示"。此社兼地，地亦兼社，地与社稷同乐。《典瑞》云"两圭有邸以祀地，旅四望"，四望即五岳，次于社稷，而与地同圭，则社稷亦与地同圭可知，而地与社稷同血祭，从可知矣。

孙氏以金氏为据，判定贾非：

> 金说是也。贾疏谓经举社以表地，说本不误。然又谓祭地当用瘗埋，以对祭天之禋祀，则似瘗埋尤重于血祭。果尔，则经备举地示祭法，安得独遗其最重之礼乎？盖由不知瘗埋即狸沈之狸，乃祭地血祭后之

节，非其最重者也。贾又谓"此血祭下仍有貍沈与疈
辜二祀，三祀具得与上天神三者相对，故阙大地"，亦
非郑旨，今并不取。（卷三十三，页 1316）

然贾疏的"似是而非"非如金、孙所言，贾疏云：

> 此经虽见三祀，唯有次、小祀而已。以其方泽与
> 昊天相对，此经方泽不见者，此血祭下仍有貍沈与疈
> 辜二祀，三祀具得与上天神三者相对，故阙大地也。
> 且社稷亦土神，故举社以表地示。《鼓人职》亦云"灵
> 鼓鼓社祭"，亦举社以表地，此其类也。**若大地方泽，**
> **当用瘞埋，与昊天禋相对**，故郑云不言祭地，此皆地
> 祇祭地可知也。

贾氏所言"唯有次、小祀"，说并不误。前文言祭地需与祭
天相参看，指经文未言大地方泽，祭天最大者为昊天上帝，
即如祭地最大者为大地方泽，不必说亦知有也。相对于大地
方泽，社稷、五祀、五岳自然为次祀，山林川泽、四方百物
自然为小祀。

　　金鹗认为贾氏的错误在于大地方泽应用血祭，贾氏却
说"若大地方泽，当用瘞埋，与昊天禋祀相对"。此处，应
是金鹗误会贾氏。贾公彦所说的"当用瘞埋"，非祭礼的
"貍沈"，而是祭地当以瘞埋为通法。祭天以烟，祭地当以
血，何以祭地以瘞埋为通法？《周礼》除祭地以血祭外，《春

官·天府》又有"衈宝镇即宝器",《说文·爨部》云:"衈,血祭也。"《孟子·梁惠王篇》赵注云:"新铸钟,杀牲,以血涂其衈郤,因以祭之曰衈。"为避免与"衈"之血祭相混淆,贾氏故作此释。

金鹗产生误会,在于后文"与昊天禋祀对"。郑注云:"禋之言烟。"单疏钞本"与昊天禋相对","禋"作"烟"。贾疏用"禋(或烟)"不用"禋祀",祭天所重为"取烟",即如祭地所重为"瘞埋"这样的动作。"祀"字恐金鹗误加。孙氏又因袭金鹗所说,没有仔细理解贾公彦之意。

(二)明堂卜日

又如《天官·大宰》:"祀五帝,则掌百官之誓戒,与其具修。"郑注云:"祀五帝,谓四郊及明堂。"又其下经文云:"前期十日,帅执事而卜日,遂戒。"郑注未对"卜日"做解释。配合上下句经文来看,郑注的暧昧,产生了贾、孔疏以为"卜日"仅指四郊,孙疏以为除了四郊,还包含明堂的歧异。

贾疏以为郑注的"四郊及明堂",是"广解祀五帝之处,其实此处无明堂";孔疏亦以为"广解五帝所在,其实祀明堂不卜也"。故祀五帝的"帅执事而卜日",仅指"四郊",不含"明堂"。孙氏以为贾、孔皆不达郑旨,其云:

> 明堂之祭亦卜日。郑以此祀五帝内有明堂,则下文卜日内亦含明堂可知。贾疏不知而误为之说云:"案

下《曲礼》云'大飨不问卜'，郑云：'祭五帝于明堂，
莫适卜也。'彼明堂不卜，此下经云'帅执事而卜日'，
则此祀五帝，不合有明堂。郑云'及明堂'者，广解
祀五帝之处，其实此处无明堂。"【案】**贾说非经注义
也**。《曲礼》"大飨不问卜"，谓不卜应祀与不耳，此即
常祀不卜之义，非谓不卜日也。大飨虽有定月，《曲
礼》孔疏引崔灵恩说，谓亦用辛日，则上中下旬不定，
岂有不卜日之理？《表记》疏亦谓"此注广解五帝所
在，其实礼（孔疏作'祀'）明堂不卜"，**误与贾同**。而
《曲礼》疏又云："此大飨总祭五帝，其神非一。若卜
其牲日，五帝总卜而已，不得每帝问卜。若其一一问
卜，神有多种，恐吉凶不同，故郑云'莫适卜'，总一
卜而已。"【案】二疏义异，其为不达郑旨则一也。(《天
官·大宰》，卷四，页 140)

孙氏以上下经文连续，郑注没有特别说明"卜日"不含明
堂，自然明堂之祭亦卜日。

　　贾疏之所以认为不包含明堂，关键在《礼记·曲礼》
"大飨不问卜"，既然《曲礼》的明堂不卜，《周礼》此处明
堂祀五帝也应该不卜，二经才不会产生解释上的冲突。又
《表记》"大事有时日，小事无时日，有筮"，郑注云："有事
于大神，有常时常日也；有事于小神，无常时常日。有筮，
临有事，筮之。"既然常祀有常时常日，故贾疏以为"帅执
事卜日"不合有明堂，是可以理解的。贾疏与孙疏的歧异，

也出于孙氏对"大祫不问卜"的解释。孙氏以为明堂大祫是常祀,礼常祀不卜,故应解作"不问应祀不应祀",而非谓"不卜日"。以此来反驳贾疏,以为贾疏"误为之说"。常祀亦需卜日,贾疏并非不知,故"帅执事卜日"疏文云:"四时迎气、冬至、夏至郊天等(前文已将明堂排除,故此处无明堂),虽有常时常日,犹须审慎,仍卜日,故《表记》云'不犯日月,不违卜筮',⋯⋯假令不吉,改卜后日。"

孔疏的解释如上孙氏所引。《礼记·表记》"皆事天地之神明,无非卜筮之用,⋯⋯是故不犯日月,不违卜筮"一段,孔疏云:

> "皆事天地之神明"者,谓祭事天地及诸神明也。"无非卜筮之用"者,言皆须卜筮,**惟九月大享帝于明堂不用卜也**,故《曲礼》下篇云"大祫不问卜",郑云"莫适卜也",以其总祫五帝,不知主何帝而卜之,故不卜矣。

祭天地皆需卜,所卜者,日、牲、尸。孔疏与贾疏所释不违,又云:

> 知冬夏及四时皆卜者,案《大宰》云"祀五帝,帅执事而卜日",郑注云:"五帝,谓四郊及明堂。"是四郊有卜也。《大宰》又云"祀大神,祭大示,亦如之",大神则冬至祭圜丘,大示则夏至祭方泽。案《公

羊》《谷梁》"鲁郊"传云"卜三正",则知天子郊用夏正,亦卜之。**故知冬夏至、正月及四时皆卜日也。**然明堂不问卜,而注《大宰》祀五帝卜日云"四郊及明堂"者,广解五帝所在,其实祀明堂不卜也。

冬夏至祭天地、正月祈谷、四时迎气皆卜日,唯明堂不问卜,是《礼记·曲礼》经文明文。不过,何以众正祭中,唯独"大飨不问卜"?郑注没有说明,只说了"莫适卜","不问卜"是因为"莫适卜"。孔疏以为"莫适卜",指五帝其神非一,一一问卜,出现一致结果的几率很低,所以不这么做。但后文又说"若卜其牲日,五帝总卜而已",似乎又推翻了自己"惟九月大飨帝于明堂不用卜""其实祀明堂不卜"的说法,前后出现了矛盾。正祀虽有常时常日,但是明堂大飨的时日经文本就不明,贾疏云:"依《月令》,秦用季秋,郑云'未知周以何月'。"义献不足征,郑注无法解答,更何况孔疏了。贾疏与孙疏因不专解《礼记》,故对"莫适卜"没多所着墨。

孙疏说贾、孔皆误,那么,孙氏将"不问卜"解释成"不卜应祀不应祀"是否正确?作为礼学的常识,有些事情是不必说也能明白的,例如上文"大地方泽",即使不出现在经文中,也应知道是祭地之最大者。常祀不卜应祀不应祀,也属于相同的道理,故郑玄没有朝这个方向解释。需要解释的是,为什么其他常祀皆需卜,唯独明堂大飨不问卜?顺着郑注,孔疏给了一个有可能性的答案。若如孙氏所言

孙诒让《周礼正义》郑非经旨、贾非郑意辨

"不问应祀不应祀"，此句经文应言"正祀不问卜"，何以单举大飨而言？

又贾疏、孔疏"广解祀五帝之处"，解释相仿，或可以为是自南北朝至唐的义疏学家皆以此为通解。

至若《叙官·齐右》"下大夫二人"，郑注："充玉路、金路之右。"孙疏云：

> 贾疏云："**充玉路为主，故云齐**。按《曲礼》云'立如齐'，注：'齐谓祭祀时。'则齐虽施于祭前，当祭时亦名齐，故得兼金、玉二路。而郑不言，亦以其齐同故也。"【案】**贾说非也**。齐车以金路为主，故本职注亦云："齐车，金路，王自整齐之车也。"齐右与齐仆同事，而有祭祀之事，则兼玉路之右。盖金、玉二路虽同右，而驭则齐仆专驭金路，其玉路别为大驭所掌，明齐右充金路是其正，玉路自是兼充。**贾谓充玉路为主，非郑旨也**。(《夏官·叙官》，卷五十四，页 2266)

其实只要仔细阅读并对照下面贾疏这段疏文，一定会发现《叙官·齐右》贾疏"充玉路为主"的说法很奇怪。《夏官·齐右》经文郑注云："齐右与齐仆同车。而有祭祀之事，则兼玉路之右。然则戎右兼田右与？"贾疏云：

> 齐仆同乘金路，惟可据齐时，今此经云祭祀不言齐，明是**兼祭祀乘玉路时为右**可知也。以其玉（王）

路有五，其右惟有齐右、道右、（戎右）三者，不见祀
右及田右，祭祀时亦名齐，田与战伐俱用兵，可以相
通，**故知齐右兼玉路右，戎右兼田右也**。无正文，故
云"与"以疑之也。

《周礼·夏官》之"右"，仅有戎右、齐右、道右三者，
故五路必有二右兼为之。故知齐右充金路为主，而兼玉路。
而下表各职官位阶的对照，也可以说明正、兼之职。

玉路	戎（革）路	金路	象路	田（木）路
大驭中大夫	戎仆中大夫	齐仆下大夫	道仆上士	田仆上士
齐右下大夫（兼）	戎右中大夫（正）	齐右下大夫（正）	道右上士（正）	戎右中大夫（兼）

据阮元《校勘记》："'充金路为玉'，闽本同误也。监、毛
本'金'作'玉'，'玉'作'主'，当据正。"[1]以为此句当
作"充玉路为主"。然加藤虎之亮先生《周礼经注疏音义挍
勘记》云："案：……玉（路），监本、重修监本并作'金'，
阮校恐误。"以为"充金路为主"才是贾疏原文。京都大学
所藏单疏钞本《周礼疏》，此处亦作"充金路为主"。孙氏
根据阮校本（《周礼正义·略例》，页2），故有此误会，严格说来，
或非孙误。然只要能仔细阅读贾疏，这种错误马上可以察
觉，从此一小例可见孙氏对贾疏的态度。

1　阮元等校：《周礼注疏附校勘记》，卷二十八，页438。

四、孙诒让的解经方法

经文仅举其大，尤其《周礼》。朱熹看得最明白："周礼所载皆礼之大纲领。"（《朱子语类》，卷四十九）又言："礼学多不可考，盖为其书不全，考来考去，考得更没下梢。故学礼者多迂阔，一缘读书不广，兼亦无书可读。如《周礼》'仲春，教振旅，如战之陈'，只此一句，其间有多少事？其陈是如何安排？皆无处可考，究其他礼制皆然，大抵存于今者，只是个题目在尔。"（《朱子语类》，卷八十四）故汉人解经较粗疏，据其大而释之，领会经义即止；清人则反复思量，想要得到一个合理的解释。

孙氏对郑注的态度，虽依疏家传统，每句经文之下，先列郑注，但是二人解经的态度、方法不尽相同。前辈学者已说过，郑玄首先关注《周礼》全经的协调，如对上帝、天、五帝、禘祭的解释，跟随着经文而改变，都是为了要解决本经的矛盾。接着更寻求《仪礼》《礼记》与《周礼》之间的协调，为了达此目的，当二礼与《周礼》内容相冲突时，要想尽办法弥缝，最常见的处理方式是将之归于夏、殷礼或鲁礼，然后形成他的《三礼》理论体系。唐代的贾疏及孔疏接受郑玄的体系性，面对南北朝各种混乱疏解的局面，以郑注《三礼》为标准，将各种疏解调整梳理成后人所说的"唐例疏不破注"。反过来也可说明，从唐人的疏不破注，可以感受到郑注《三礼》完整的理论体系。而孙氏只解《周礼》，其他经书只是作为他的佐证资料，他无须调和《三礼》之间的矛盾。又，郑玄是纯粹的解经，为经学而经学，至于是否合常理（也包括能否实践），不是他想关心的问题。郑玄之后的礼学，因与朝廷的典章制度有所关联，学者无法置经学于制度之外，所以要寻求合理实践。宋人是如此，清人也是如此，故无法完全接受汉唐注疏学纯粹理论式的解经。

论者皆谓孙氏能不偏爱某一家说法，实事求是，折中众家。相较于清代其他新疏，孙疏的训诂、对众家说法的梳理折中，确实无出其右者。每讨论一个问题，若认同郑玄所说，则取郑注，例如禘祫论，孙氏列举了二十一家的异说，一一反驳，除对郑注稍稍修正外，最后以"（郑注）此外诸义，则并综贯经传，确不可易"（《春官·大宗伯》，卷三十三，页1343）作结。表面上看来，孙氏是合理地解决了历代禘祫的异说，实际上是，禘祫理论为郑玄根据《春秋》（《春秋》是鲁礼，因周礼尽在鲁，则据鲁而可推知周礼）推算、建立起来的，后代的异说大部分也都据此而发，很难超越郑注，孙氏只能以郑注来反驳后代异说。若不认同郑玄所说，孙氏大致都会以一个清人的论说作为自己解决问题的基础。惠士奇、江永、戴震、金榜、金鹗、段玉裁这些乾嘉时期的大家，是他经常引用的对象。有时候甚至整篇整大段引用。说明孙氏对于乾嘉主流学术的认同。如解"九拜"主段玉裁说法，解"九旗"主金榜之说，解"六宗"暗据惠士奇，解"血祭"主金鹗，解"冕服""弁服"则汇聚清人众说之佳者。我们看到的，是孙氏站在认同乾嘉学者学术方法的前提之下，折中过后的结果。

但是，破了郑玄的理论体系，孙氏是否建立了自己的理论体系？恐怕是没有。上文所举的节服氏，六名下士穿着跟天子一样的衮冕，是多么牵强奇怪的解释，但不这么解释，节服氏在《周礼》中就成为一个职责不甚明确，与其他官职守相互重叠的职官了；孙氏破了郑玄的解释体系，理由非常充分合理，却没有告诉我们，要怎么处置节服氏。这里所呈现的是二者对经文态度的基本差异。所以即使孙氏说"郑学精冊群经，固不容轻破"，在面对"注有违牾"时，仍然"辄为匡纠"（《周礼正义·略例》，页2）。全书一百多处的"非经义""非经意""非经旨"，就是孙氏站在"合理"这个立场上对郑、贾的"破"。孙氏对郑注、贾疏，常以"郑非经义""贾非郑旨"这样的概念论述。他的按语中，常以"某某说是也""某某驳郑说是也"开头。这些"某某"，十之八九都是清人。为什么清人是，郑、贾非？孙氏说是因为乾嘉经儒"于古训古制，宣究详确，或胜注义"（《周礼正义·略例》，页2），给予清人礼学研究极高的评价。可以说，他是以清人之是为是，郑注、贾疏如何解经，他不甚在意，他想建立的，是清人的《周礼》观。

我们今天从《清经解》《续经解》看乾嘉学者对《三礼》问题的探讨，众说纷纭，感到无所适从。晚清的读者，应该也和我们一样。孙氏既以清人之是为是，那么，在面对主张不同的清人著作时，他如何从中判断出一个标准？相信读《周礼正义》的读者，都曾如此困惑过。这个只存在于孙诒让心中的标准，我们在《周礼正义》中很难具体找到答案。只能说，孙氏尝试在晚清的学术气氛里，从乾嘉经儒的众说中，梳理出一种最稳妥、最合乎当时人思路、最能得到大家认同的解释。《周礼正义》所体现的孙诒让的学术标准，是他的"取舍"标准，《周礼正义》是反映晚清学者如何取舍乾嘉学者说法的一部著作。从结果来看，孙诒让这种尝试成功了。

即使郑玄有体系，孙诒让无体系，不适宜作为二者优劣的评价，重要的是我们能够分辨他们之间的差异，不要轻易地混为一谈，评断他们的是非。对于郑、孙，只能说是二人选择了不同的方向。为了成为一家之言，郑玄必须做出牵强、怪异的解释。在孙氏之前的金鹗、黄以周同样也成了一家之言，大部分的观点也都合理，与郑玄截然不同，所以孙氏采用了这些内容。然而，与郑玄相同，他们也无可避免地出现了牵强、怪异的解释，而这些论点被孙氏所舍弃。孙氏放弃成为一家之言，在前辈学者的观点中进行合理的取舍。他整理出来的内容都非常稳妥、符合常识，大家都容易接受。最重要的是，即使是汇聚众说，读起来非常顺畅，丝毫没有别扭的感觉。

但偶尔，我们也可以看到孙氏忍不住想要展现自己有成为一家之言的能力：《大宗伯》的宗庙六享，祭祀仪节的顺序应是祼、献、肆，但经文确实是"肆献祼"，郑玄为了符合自己认定经文有等差的规律性，做了难以理解的解释。孙诒让不能接受，予以纠正。但是在"九旗"的解释上，孙诒让却用了类似的方法：

> 自旗以下，则贵贱通建，故旜物兼有。经箸旜、物于常、旂之后，旗、旟、旐之前，文例最精。〔日月为常 1，交龙为旂 2，（**通帛**为旜，**杂帛**为物），熊虎为旗 3，鸟隼为旟 4，龟蛇为旐 5，**全羽**为旞，**析羽**为旌。〕

《司常》的经文，孙氏以为应该这么看：

> 日月为常，交龙为旂，（**通帛**为旜，**杂帛**为物）；熊虎为⑯，鸟隼为旟，龟蛇为旐，（**全羽**为旞，**析羽**为旌）。

旜（通帛）只会出现在天子、诸侯（常、旂）的旗帜上，而自常、旂以下，旗、旟、旐则旜、物兼有，所以"通帛为旜"放在经文的第三句，用来表示前两句经文有"旜"的通制。接着，再往后看，"通帛为旜，杂帛为物"用来解释以下旗、旟、旐的通制。而"全羽为旞，析羽为旌"放在经文最后，表示各通诸旗。以符合他的"五正旗四通制"的理论。这样曲折的解释，跟郑玄的"于祫逆言之"，简直有异曲同工之妙。孙氏批评了郑玄，自己却忍不住仿照了郑玄的方法。他常举出郑玄、贾公彦的解释"于经无征""于经无文""非经义"，但偶尔他也会忍不住做溢出经文的解释与推理。所以孙氏的"九旗"理论一出，随即被当时的学者胡玉缙认为推论太过，批评孙诒让"为金氏（榜）异说所惑也。

孙氏负经学盛名，此书足误后学"[1]。

从这个例子来看，成为一家之言比起汇聚众说要有趣多了，但是孙氏放弃了这个有趣的工作。郑注贾疏，对孙氏来说意义不很大，他着意的，是如何从清人各种各样的说法中，梳理出一个稳妥、合理的解释。

至于孙氏对贾疏，有误解，有断章取义的情况。因为孙疏并非全录贾疏，所以读者在阅读《周礼正义》时，很容易被孙疏节引的贾疏所误导，而认为贾疏误释经注文。这也是我们阅读《周礼正义》所需注意的。

五、余论

民国初年的学者乃至于今，皆标榜乾嘉学者以严谨的科学方法研究经学。实际上，从江永到黄以周，每个人都有自己对经书的立场、对经注的理解，故而产生了各种各样的说法，当然也包括怪异的、突发奇想的、很不科学的解释，例如"明堂"，历代没有人知道经文中的明堂到底长什么样子。到了清人，明堂图更为细致，清人对这些具体的问题都做出了明确的解释，但每个人画出来的明堂图不尽相同，每位学者也相信自己做出来的就是真相。但就我们看来，终究只是臆测与推论。问题的本质，在于《周礼》非一人一时所

1　胡玉缙：《九旗古义述跋》，《许廎学林》，页311—313。

作，文本先天的缺失与矛盾，导致后人解经时必须先设定立场，想尽办法自圆其说。

而我们受到民国初年学者美好的误导，长期以为乾嘉学者"科学的研究方法"可以解开历代经说纷乱的局面。受到清人这种方法的影响，不考虑历代经学家解经立场的不同，重复着罗列众家、折中说法，然后寻求自己认为最好的答案的工作。在这个过程中，往往又产生了新的说法。那么，我们又是以什么作为判断是非的标准呢？

我们想要脱离这种永无止境的循环。比起评判是非对错，我们更好奇的、想读懂的，是历代经学家为什么要这么解经的原因，寻找这些"为什么"的脉络，才能好好地联系起我们的经学史。因为，历代解经的工作在清末正式结束了，经学史的研究现在才正要展开。

本文 2017 年刊登于《中国经学》第二十一辑。

札记：无有、未之有

《里仁》"子曰：能以礼让为国乎，何有"，郑注云："'何有'，言其善无有也。"《雍也》"子曰：由也果，于从政乎何有"，郑注云："'于从政乎何有'，言其善□有也。"又"子曰：中庸之为德也，其至矣乎"，郑注云："'其至矣乎'，善其无有也。"（以上皆见吐鲁番出土郑注残卷，今据文物出版社1993年出版王素先生整理本。）三注正可互证，知《雍也》注之缺字必当为"无"字，"善其无有也"亦当作"其善无有也"，"善其"二字误倒。（若作"善其无有"，则"善"为动词，犹言称赞，"无有"为宾语，需有美、善之含义乃可。然《里仁》《雍也》两处"何有"，郑注皆言"其善无有"，则"善"为主语，谓其善之性质或程度如何，"无有"必非美、善之义可知。故知"中庸"章郑注必云"'其至矣乎'，其善无有也"。）据此"中庸"章注，又知"其善无有"之语义，与经文"其至矣哉"相当。然则"无有"犹"至"，当谓无比、无伦。或问："无有"其实"无"也，何得有"无比""无伦"之义？如此解释岂非增字为训，前辈学者所深戒者？按：《生民》"上帝居歆，胡臭亶时"，笺云："胡之言何也。亶，诚也。上帝安而歆享之，何芳臭之诚得其时乎！美之也。"孔疏云："既为上帝所歆，故反言以美之：'何有芳臭之诚得其时若此者乎？'言无有若此之最善也。"经文一"胡"字而已，郑笺训为"何"，是赞叹反言之词，而孔疏述其意谓："何有若此者乎？"反言之"何有？"正言则为"无有"，故又换言谓"无有若此之最善"。此理，正与郑注"其善无有"同。孔疏言"最善"，又与"中庸"章经文"其至矣哉"切合。是知"无有"犹"无比""至极",可以无疑。后人不知"无有"有此义,故《后汉书·列女传》注引《里仁》注,版本讹作"言若无有",至不成文义。(金谷治先生反据《后汉书》版本讹字,欲将《里仁》注改作"言若有无",王素先生引录其说,无所辨正,失矣。)又,《孝经·庶人章》"自天子至于庶人,孝无终始而患不及已者,未之有也",敦煌出土郑注云:"总说五孝,上从天子,下至庶人,皆当行孝无终始,能行孝道故患难不及其身。'未之有'者,善未有也。"(见 P.3428 本, http://gallica.bnf.fr/ 提供彩色图像。又,林秀一《敦煌遗书孝经郑注复原研究》,有陆明波、刁小龙译文,见《中国典籍与文化论丛》第十五辑,唯错字颇多,读者审之。)敦煌出土《孝经疏》亦有云:"郑意云:上从天子,下至庶人,皆当行孝无终始。能行孝道,故患难不及其身。'未之有'者,言'各能行孝道,故患难不及其身,此之为善'之意,故云'未之有'也。"(见 P.3274 本, http://gallica.bnf.fr/ 提供彩色图像。又,林秀一《敦煌遗书孝经郑注义疏研究》,有译文同上。)虽其于"善未有"未有析解,仍可见所据郑注即以"善未有"释经之"未之有",则此注与《论语注》以"其善无有"释"何有"同,其意犹言"其善至矣"。然邢疏引谢万云:"患不及者,谓用心忧不足也。能行如此之善,曾子所以称难,故郑注云'善未有也'。"谢万以"善未有"为"无人能行如此之善",知晋人已不解郑义。(近人陈铁凡先生撰《孝经郑注校证》,乃误认敦煌出土钞本"善"字为"盖",忽视敦煌出土《孝经疏》之明证,竟以《经典释文》作"善"为误,不顾《群书治要》亦作"善",强解之谓"'盖未有也'者,确言其不得有也",岂不荒唐。)

经学变形记

晚清学者以西学比附中国经学现象之探析

叶纯芳

一、前言

清末，西学进入中国，对中国传统知识分子造成很大的冲击，有人倡导西学，有人坚守中学，也有人主张折中中西学。有系统地将"中学为体，西学为用"的观念描述出来的，是张之洞光绪二十四年（1898）写成的《劝学篇》，此书一出，对当时的社会产生了巨大的影响，虽然学者们对"中体西用"的体会同中有异，也引来诸多争议[1]，但这个观念确实是消弭了不少传统知识分子心中的矛盾，成为当时立身处世的一个共识。

1　举例来说，维新派对《劝学篇》十分反感，梁启超批评道："孔子曰：恶紫之夺朱也，恶郑声之乱雅乐也。其南皮张公之谓乎？彼张公者，岂曾知中国为何状，岂曾知西国为何物，岂曾知西人为何学，而贸贸然号于众曰：'吾知西法者。'……今天下知西法之人如张公者，不下千万，而中国之亡真不可救矣。张公著《劝学篇》，以去岁公于世，挟朝廷之力以行之，不胫而遍于海内，其身价视孟之斯鸠之《万法精理》，卢梭之《民约论》，弥勒约翰之《自由公理》，……不三十年将化为灰烬，为尘埃野马，其灰其尘，偶因风扬起，闻者犹将掩鼻而过之。"参见梁启超：《地球第一守旧党》，《自由书》（北京：北京出版社，1999年，收于《梁启超全集》，第一册），第二卷，页339。

光绪二十七年（1901），清廷重议更制，在此之前，曾于光绪二十六年（1900）十二月十日以及次年二月三日，两度下诏，通令京外各大臣参酌古今中西政治，对朝章、国故、吏治、民生、科举、学校、军制诸端，各抒所见，以供朝廷甄择施行。[1] 于是，与政治攸关的经学，发展到晚清，出现了一种特殊的解经方式，不论古文学家或今文学家，不管赞不赞成"中体西用"说，都尝试以西方制度、学说比附经学著作。即使是自认为最不喜欢以此种方法解释中国古籍的梁启超，也在不知不觉间泥足深陷，他的《古议院考》被严复指为附会不当时，即申辩说："生平最恶人引中国古事以证西政，谓彼之所长皆我所有，此实吾国虚憍之陋习，初不欲蹈之，然在报中为中等人说法，又往往不

1　《清实录·德宗景皇帝实录》（北京：中华书局，1987年），卷四七六，页12—15，光绪二十六年（1900）庚子十二月丁未条："丁未，谕内阁，世有万古不易之常经，无一成不变之治法，……大抵法积则敝，法敝则更，要归于强国利民而已。……我中国之弱，在于习气太深，文法太密，庸俗之吏多，豪杰之士少，……公事以文牍相往来，而毫无实际；人才以资格相限制，而日渐消靡。误国家者，在一私字，困天下者，在一例字。至近之学西法者，语言文字，制造机械而已。此西艺之皮毛，而非西政之本源也。居上宽，临下简，言必信，行必果，我往圣之遗训，即西人富强之始基。中国不此之务，徒学其一言一话，一技一能，而佐以瞻徇情面，自利身家之积习，舍其本源而不学，学其皮毛而又不精。天下安得富强耶！总之法令不更，锢习不破，欲求振作，当议更张。着军机大臣、大学士、六部九卿、出使各国大臣、各省督抚，各就现在情形，参酌中西政要，举凡朝章、国故、吏治、民生、学校、科举、军政、财政，当因当革，当省当并；或取诸人，或求诸己；如何而国势始兴，如何而人才始出，如何而度支始裕，如何而武备始修。各举所知，各抒所见，通限两个月，详悉条议以闻，再由朕上禀慈谟，斟酌尽善，切实施行。"

免。"[1] 可见以西学比附中学的这种方式，几乎成了这个时期的潮流。

笔者根据《续修四库全书·经部提要》统计，这些经学著作大多集中在光绪二十年（1894）以后至清朝结束为止，其中亦不乏民国初年的作品。目前可知，以经学命题者大约三十种左右，加上未收入《续修四库全书》的著作，以及单篇论文，这类经学作品实际上是不好计算的。余英时先生曾表示这个时期的经学著作值得注意：

> 今古文经学是晚清儒学的两个主要流派。现在这两派中的领袖人物都要借重西方的观念来阐明儒学的现代意义——包括对儒学中不合时宜的部分的批判，这是一个值得注目的历史现象。[2]

葛兆光先生对此现象的描绘也颇传神，他说：

> 很多人都在试图发掘关于古典的历史记忆，解释面前的新世界，可是，当传统的古典一但遇到新鲜的世界，它的解释要么有些圆枘方凿，要么有些捉襟见肘。于是，在透过旧经典的回忆和解释中，新世界的

---

1 梁启超：《与严幼陵先生书》，《饮冰室文集类编》（台北：华正书局，1974年），页108。
2 余英时：《现代儒学的回顾与展望——从明清思想基调的转换看儒学的现代发展》，《现代儒学论》（上海：上海人民出版社，1998年），页3。

图像像透过不平的玻璃镜，有些走样，而经典的原本涵意也仿佛被浸过水的纸本，有些模糊，用来解释的和被解释的都在这个时代的语境中上演了"变形记"。[1]

晚清学者利用西学来解释经学，在文化迥异的前提之下，这种现象令人好奇，但在经学史的研究中，晚清的"经学变形记"常被学者三言两语带过，甚至忽略其重要性，为了呈现这个时期经学的面貌，今作此文。[2]

二、长袍马褂外的西服——学者以西学比附经学之情形

晚清经学家以西学比附经学的原因有多方面，除了上述张之洞"中体西用"的宣扬，朝廷重议更制而广征意见外，经学发生内部的变革[3]与严复翻译著作的流传，造成晚

1　葛兆光：《应对变局的经学——晚清对中国古典的重新诠释（一）》，李国章、赵昌平主编：《中华文史论丛》第六十四辑（上海：上海古籍出版社，2000 年），页 15。

2　这个题目是笔者博士班时，林庆彰老师在"经学史"课程中所提出的，笔者选择此题为期末报告。之后笔者撰写博士论文《孙诒让的〈周礼〉学》时，将此文作为"第八章 托古之作——《周礼政要》"的背景介绍，今提出此文，除有些材料重复使用外，又增加近几年所搜得资料，并稍稍改变论文的写法，对当时简单的论断做了更详细而不同的陈述。

3　首先，是代表汉学的乾嘉考据学到了晚清逐渐僵化，学者明白只重视汉学不能真正发挥经学经世致用的功能，于是从专汉学转而趋向汉宋兼采的态度，可惜的是汉宋兼采又不能完全解决逐渐腐败的国家所存在的许多复杂问题，积极的今文经学家便将"公羊学思想"推上晚清的政治舞台，并受到学者们的肯定。其次，不论古今文经学家，同时都面临西学的挑战。肩

学术史读书记

清解经方式的改变。虽然这种改变不是全面性的，部分经学家仍坚守着传统的注经方式。这种现象之所以令人注意，主要是其中几个核心人物都是大家耳熟能详的学者，如康有为、廖平、梁启超、孙诒让、刘师培、章太炎等人，对学术界的影响自然引人注目。

　　光绪二十二年至二十三年间（1896—1897），严复翻译了赫胥黎的《进化论与伦理学》，之后，又陆续翻译亚当·斯密《原富》、约翰·穆勒《名学》《群己权界论》、孟德斯鸠《法意》、斯宾塞《群学肄言》等书，介绍自由、平等、人权等观念。翻译这些西学书籍，严复并非漫无目的，他深切感受到亡国变种的巨变即将发生在这片土地上，为了保种自强，他发挥自己中西兼通的长处，有选择地将西方政治、经济、哲学等名著进行翻译介绍。在翻译的过程中，他并不忠于原著，除了抒发己意外，也常常以古人、古事、古书与西学相比附，希望能启迪人民的思想，改变中国的现状。他的希望，确实获得了社会极大的回响，成为当时社会时髦的话题。同时，也改变了这一时期经学家注经的方式。可以说，严复翻译作品的问世，不论在形式或内容上，都是直接促使

（接上页）负着稳定社会秩序重责大任的经学，自有它面对西学的方式，今文经学家对于西学，采取积极进取的态度，再加上隐含着微言大义、说理性强的公羊思想在比附西学的时候容易自圆其说，晚清的经学界几乎已遭今文经学家垄断。不过，古文经学家也不甘示弱，纷纷寻求经典与西学的关系，希望能稍稍稳固古文经学家不易维持的地位。参见叶纯芳：《传统经学的变革与西学的冲击》，《孙诒让〈周礼〉学研究》（东吴大学中国文学系博士班毕业论文，2005年），第八章，第一节，页301—307。

晚清学者改变解经方式的推手。

对传统知识分子来说，经书代表的是修齐治平的根本。
当这个根本被西方的船坚炮利摧毁时，所建构的中心信仰
逐步瓦解，在心里冲突着、疑惑着这个"根本"的不可易
性。但是危机也可以是转机，西学的刺激启发了新的观念，
"中体西用"刚好给知识分子一个灵感，为传统经学注入新
的力量。可惜的是，不是每个学者都像严复曾接受过西学的
训练，尽管表面上他们都赞成西学，但在文化上不能尽弃旧
学，在思想上也无法完全摆脱传统的思考模式。于是不论
古、今学派，经学家们常常从西学里断章取义，或撷取其中
一个观念、制度，便在解释经文时发挥比附。范围甚至扩大
到对经书中人格的描述、地方风气的评判、名物的解释等。
在康有为《论语注》中，俯拾皆是这种例子。如对人格的描
述，以德国之俾斯墨比作管仲，认为：

> 管仲治国之才，成霸之术，以今观之，自是周公
> 后第一人才，如今德国之俾斯墨矣。[1]

又如"子曰：管仲相桓公，霸诸侯，一匡天下，民到于今受
其赐。微管仲，吾其被发左衽矣"，康《注》云：

1　康有为撰，楼宇烈整理：《八佾第三》，《论语注》（北京：中华书局，1984
　年），页42。后引同。

如希腊之代兰得，日本之大将军耳。法之拿破仑似之，即德之该撒受封教皇，亦为霸耳。(《论语注》,《宪问第十四》,页213)

又"虞仲、夷佚，隐居放言，身中清，发中权"，康《注》云：

仲雍（即虞仲）居吴，断发文身，裸以为饰。……法之卢骚，亦其类也。(《论语注》,《微子第十八》,页282)

又如"父为子隐，子为父隐，直在其中矣"，康《注》云：

英属加拿大有女淫犬，而父扬之报中，是亦直躬之类，未被孔子之教故也。(《论语注》,《子路第十三》,页199)

对地方风气的评判，如"郑声淫，佞人殆"，康《注》云：

春秋郑声，如今法兰西处于欧中，最为靡靡者。

(《论语注》,《卫灵公第十五》,页234)

对名物的解释，如"修己以安百姓"，康《注》云：

百姓，犹云万种，如今之白、黄、黑、棕各种族人也。(《论语注》,《宪问第十四》,页225)

"食不厌精，脍不厌细"，康《注》云：

> 今日本人犹全食鱼脍，法、瑞、丹、那人初入馔
> 亦然。(《论语注》,《乡党第十》, 页 151)

又如廖平《坊记新解》释"天无二日"为"一日统八行
星"；释"土无二王"为"土，指地球言"。[1] 又刘光蕡《学
记臆解》释"射""御"为：

> 古之射如今之演放枪炮，拟乡学以枪代鼓箧之鼓，
> 凡师之号令皆令放枪，暇则演中的，则兵寓于学矣。
> 古之御如今之运用机器，拟令乡学各购一适用之小机
> 器，由此推广，以及一切机器，则工伏于学矣。此则
> 由射御变而进之也。[2]

除此以外，学者们最常将"进化""自由""民主""人权"
的观念有系统地带进经书的解释中，如果将之分类，可以
分为"政治理论的比附"与"政治制度的比附"，以下分别
说明。

1 　廖平：《坊记新解》〔台中：文听阁图书有限公司，2008 年，林庆彰主编：
　　《民国时期经学丛书》据民国十年 (1921) 成都存古书局汇印《六译馆丛书》
　　本影印，第一辑，第三十八册〕，页 13。
2 　刘光蕡：《学记臆解》(台北：新文丰出版公司，1989 年，《丛书集成·续
　　编》据关中本影印，第六十二册)，页 422。

（一）政治理论的比附

1. 社会达尔文主义

如前所言，严复的《天演论》是赫胥黎（Thomas Huxley, 1825—1895）《进化论与伦理学》（*Evolution and Ethics*）的节译本，此书虽然宣导达尔文（Charles Darwin, 1809—1882）的进化论思想，同时也以自然界生存斗争的进化来解释人类社会历史现象。他不断拿斯宾塞（Herbert Spencer, 1820—1903）与赫胥黎相对照，或加上自己的意见，或发抒对中国现状的感慨。《天演论》于光绪二十四年（1898）正式出版，严复在"物竞天择"[1]的诠释上，强调"救国保种"的思想，在中国屡战屡败之后，这种"优胜劣败""适者生存"的理论，冲击着当时人的思想，并蔚为风尚。它所传播的理论，其实就是"社会达尔文主义"。[2]严复所强调的这些思想，得到了吴汝纶的赞赏：

---

[1] 所谓的"天择"，包含了自然淘汰和人为淘汰两种方式。前者在竞争中，听任某一物种自生自灭；后者在物竞中可以经过人的主观努力，使不适于生存的生物，得以生存与发展。同理，在经过人的主观努力下，可以使自己的种族或民族保持下来。李珍指出，严复认为当时的中国应该避免自然淘汰的结果，力争以人力战胜自然规律，从而自立于世界民族之林。因此，中国人不能再妄自尊大，要清醒地认识自己正处于亡国灭种的重要关头，只有发愤图强，才能改变现状。参见李珍：《〈天演论〉评介》，《天演论》（北京：华夏出版社，2002年），页11。

[2] "社会达尔文主义"在晚清成为相当流行的一种社会理论，必须说明的是，它不等同于达尔文的"进化论"。严复翻译"物竞天择"一词虽然源自于达尔文的"竞争求存"（struggle for existence）与"自然筛选"（natural selection）说，但内涵却与达尔文的原义不尽相同。"社会达尔文主义"的创建者是英国学者斯宾塞，他把人类社会的发展规律等同于自然生物界的观点，而发展出这个理论。参见李佩珊：《社会达尔文主义和达尔文进化

> 天演者，西国格物家言也，其学以天择物竞二义，
> 综万汇之本原，考动植之藩耗，言治者取焉。……赫
> 胥氏起而尽变故说，以为天不可独任，要贵以人持天。
> 以人持天，必究极乎天赋之能，使人治日即乎新，而
> 后其国永存，而种族赖以不坠，是之谓与天争胜。……
> 凡赫胥氏之道具如此，斯以信美矣。……自吾国之译西
> 书，未有能及严子者也。[1]

国家正处于风雨飘摇的时期，严复不断重复"人定胜
天""自强保种"的观念，激励中国人奋起救亡[2]，晚清的社
会，在失望中，又缓缓地燃起一丝丝的希望。

有吴汝纶的认同，许多学者都跟着接受这样的观点，

（接上页）论在中国》，《自然辩证法通讯》，1991 年第 3 期，页 30。吴展
良则指出，所谓的"社会达尔文主义"，是一个非常模糊的字眼。Richard
Hofstadter 的经典之作《美国思想里的社会达尔文主义》（*Social Darwinism
in American Thought*）将它称为"概括地改装了达尔文的思想，而将生物
学的概念连接到社会的意识形态上"，这个定义至今仍广为学界所接受。
然而此说不仅太模糊笼统，而且言过其实。据 R. C. Bannister 的研究，社
会达尔文主义只是个迷思而已，它其实是"改革派达尔文主义"在宣传时
为了攻击假想敌的弱点而捏造出来的。Bannister 发现，几乎没有人试图将
"自然筛选说"完全应用到社会上，而他称此为"'保守达尔文主义'例
证的贫乏"。Bannister 力言，真正的达尔文主义者不会将自然法直接应用
到人类社会上。参见吴展良：《严复的"物竞天择"说析论：严复与西方
大师的演化观点之比较研究》，《台大文史哲学报》（2002 年 5 月），第 56
期，页 27。

1 吴汝纶：《天演论序》，郑振铎编：《晚清文选》（上海：上海书店出版社，
   1987 年），页 264—265。
2 严复撰，李珍评介：《天演论评介》，《天演论》，页 16。

并与经义相比附，康有为在《论语注》中运用"进化"的观念阐述世界的文明、进步，完全是由于人与人互相竞争的结果，在"君子无所争，必也射乎"中，康有为大大地将进化论比附了一番：

> 然进化之道，全赖人心之竞，乃臻文明；御侮之道，尤赖人心之竞，乃能图自存。不然，则人道退化，反于野蛮，或不能自存而并于强者。圣人立教虽仁，亦必先存己而后存人。……孔子制礼十七篇，皆寓无穷之意，但于射礼见之。凡人道当御侮图存之地，皆当用之。今各国皆立议院，一国之御侮决于是，一国之图存决于是，万国之比较文明定于是，两党之胜负迭进立于是。以争，而国治日进而不敢退；以争，而人才日进而不敢退。（《论语注》,《八佾第三》,页 34）

康有为主要想借由本章的"争"字，来阐述"竞争"对人类进化的重要性，人类进化的途径，就是从人心的竞争开始，有竞争才会进步。因为君子重礼让，所以孔子要强调的是"无所争"的"不争"，而康氏却着眼在"竞争"的"争"字上，与孔子的本意恐怕是相违背的，而康氏却说这是"真孔子意"，可见他借由西学比附经书，达到他宣扬人类进步的动力在"竞争"的思想的目的。

又如陈司败因鲁昭公娶同姓女子，问孔子昭公是否知礼一事，康有为却比附为"适者生存"的观念加以发挥：

传曰："男女同姓，其生不繁。"日本皇族即王朝公卿，皆娶同姓，至今二千五百年，皇族不过二十人。其伯爵日野秀逸，八百年之世爵也，告吾曰："吾国千年之世，公卿凡二十家，其人数少则十余，多无过六十者，皆以娶同姓，故人丁不繁。不若中国用孔子制，必娶异姓，故人数四万万，繁衍甲于大地。今亦渐知不可，多有娶异姓者矣。"欧人医院所考，姊妹为婚，多盲哑不具体。摩西之约，英法之律，亦知禁娶姊妹为妻，而曾祖以外之亲不禁，故人数仅半中国。……生理学之理，桃李梅梨之属，以异种合者，其产必繁硕味美；鸡羊牛马之种以异种合者，必硕大蕃滋。盖一地同种之物，含气无多，取而合之，发生自寡。……今地球大通，诸种多合，但当汰恶种而合良种耳。……故中国之异姓为婚，而人类冠于大地，此孔子之大功，而不可易之要义也。(《论语注》，《述而第七》，页103)

廖平亦有同样的说法，"子云：娶妻不取同姓"，廖《解》云：

草昧多血族相婚，酋长自贵其种，更自相婚嫁，男亲王取女亲王是也。圣人制礼乃分别种族，恶同喜异，《左传》男女同姓，其生不蕃，外国近详种学，专以发明斯旨。(《坊记新解》，页29)

康氏、廖氏所言即今所谓的"优生学"。康氏认为日本以及西方各国在以往的观念是：同姓联姻是使皇族血统更加纯正的方法。但实际上却正好相反，姊妹为婚，反而因为血缘太近致使后代身体残缺或早夭，使人口越来越少。康氏、廖氏以为中西交流日渐频繁，应该"汰恶种而合良种"，同姓近亲不婚，坏的基因自然被淘汰。不过中国自周代便深谙此理，实行"同姓不婚"的制度，使中国人口冠于全球。康氏这样的印证，直接证实了孔子的先见之明，间接也暗示孔子"不可易"的地位。

康有为又将公羊三世说与进化论相结合，"春秋无义战"条云：

> 盖孔子欲平均天下，本不欲有侯封，但封建甚古，始于民之部落自立，积而成土司，据乱之世，骤未能去，故只限制其国土，务削小之，使之不能日逞兵戎，以争战虐民，此不得已之意也。……孔子先发大夫不世之义，故乱世去大夫，升平去诸侯，太平去天子，此进化次第之理。今法、德、意、西班牙、日本各国，亦由暂削封建而归于一，亦定于一之义也。[1]

"不嗜杀人者能一之"条又说：

1　康有为：《孟子微》（台北：商务印书馆，1987年据《万木草堂丛书》本影印），卷三，页19b。

若天下之定于一，此乃进化自然之理。人道之始，由诸乡而兼并成部落，由诸部落兼并而成诸土司。古之侯国，即今之土司也。合诸土司必有雄长，合诸大长即为霸，其文明有治法者，四夷皆服，是即中国之天子。（《孟子微》，卷三，页20a）

康氏以为，人类由群聚而兼并成部落，由部落再兼并成侯国，众侯国最后臣服于"文明有治法者"，而形成大一统的局面，像古代的秦、泰西的罗马，都是"物理积并之自然"，他更预言，将来必"混合地球，无复分别国土"，最后成为"大一统之征"，然后"太平大同之效乃至"（页21a），没有战争、杀戮，共享世界和平。

又如"子曰：夷狄之有君，不如诸夏之亡也"，康《注》云：

此论君主民主进化之理。……盖孔子之言夷狄、中国，即今野蛮文明之谓。野蛮团体太散，当立君主专制以聚之，据乱世所宜有也。文明世人权昌明，同受治于公法之下，但有公议民主，而无君主。二者之治，皆世界所不可少，互有得失。若乱世野蛮有君主之治法，不如平世文明无君主之治法。《易》曰"飞龙在天"，有君主之治法也；"见群龙无首"，无君主之治法也；而孔子云"乾元用九，天下治也"，故知有君主者不如之。（《论语注》，《八佾第三》，页32—33）

　　廖平的《坊记新解》也有类似的言论 [1]，"子云：君子辞贵不辞贱"，廖《解》"君子"为"文明进化，与草昧野人相反"（页14）；"则民做让"，廖《解》"民"为"即野人之进步者"（页15）；"子云：小人皆能养其亲"，廖《解》"小人"为"进化所谓庶人"（页22）。人类的进化，由野人进步至小人、民，最后进化成君子。

2. 卢梭民约论

　　"社会契约论"可以说是奠立近代社会基础的第一个重要学说。"契约论"认为社会关系来自彼此平等的个人与个人的自由同意，也因此成为近代民主的第一个奠基理论。"契约论"在卢梭（Jean-Jacques Rousseau，1712—1778）之前便已提出，卢梭对其做了重要的修正与转变，[2] 使之摆脱了用以说明

1　他在序言即道出此书是"仿黄氏（道周）之意再解此书，用进化说独尊孔经，以拨全球之乱，推礼教于外人"。参见廖平：《坊记新解序》，《坊记新解》，页 1。

2　霍布斯（T. Hobbes，1588—1679）、洛克（J. Locke，1632—1704）和卢梭是"契约论"的中心人物。霍布斯的"契约论"主张可简述为三项要义：第一，每个人天生都是平等的，但为了避免自然状态中权力欲望的无限扩充而导致全面战争，于是每一个人与其他每一个人订定契约，结成社会；第二，契约签订之后，人们将绝对主权让渡给君主，霍布斯借此论点成立其绝对王权论；第三，由于王权之职责在保护人民安全，若保护之效益存在，则人民自当尽其力以维护之，保护之效益既毁，则主权不复所寄。但是，实际奠定民主政治基础的，则是洛克"契约论"中所含的自由主义（liberalism）与代议政治。按照马奎迪（R. Macridis）的看法，民主的四个枢纽概念：平等、个人人权与自由权（其中包含私有财产权）、治权立基于被治者的同意，以及对国家的设限（意即不使国家干预个人的自由与创造），都是在洛克的著作中获得详细的发展。参见沈清松：《导言》，《社约论》（台北：台湾商务印书馆，2000 年），页 7。

社会源起的奠基性迷思（mythe fondateur）色彩[1]，而成为一个说明权力基础的理论。他认为，每个人的自由和平等皆是不可让渡的，政治权力的基础不在自然，而在契约。他在《社约论》(或译成《民约论》) 第一章便开宗明义交代：

> 社会秩序是个神圣的法权，此一神圣之权又是其他一切权的基础。可是这权并非来自自然，所以必然是根据契约。[2]

又说：

> 既然没有人有支配其同类的自然权力，而且暴力并不产生任何权，那么契约便是人与人间合法权力的基础了。(页 11)

可见卢梭"契约论"的思考核心，在于自由、平等的人。肯

---

1 所谓"奠基性迷思"这一概念是克拉瓦（M. Claval）对吕格尔"奠基性事件"概念的发展，用以指称契约论所言之想象的社会奠基事件在近代社会科学形成时扮演的作用。所谓的"迷思"或"神话故事"往往是在解说某物的开端，霍布斯与洛克是以契约论来说明"国家"或"政治社会"的起源。为此，克拉瓦认为契约论是近代社会科学的第一个"奠基性迷思"。对霍布斯而言，人们由于害怕全面战争带来死亡，因此借着签订契约，成立国家，从自然状态进入社会状态。洛克也将人与人的"同意"视为一奠基性事件，用以解释政治体的起源。参见沈清松：《导言》，《社约论》，页 4—8。
2 卢梭撰，徐百齐译：《社约论》，页 3—4。

定每一个人都是生而自由和平等的，自由和平等不可让渡，因为"放弃自由，便是放弃做人，便是放弃做人的义务和权利"（页12）。

"平等"与"自由"，一直不是帝制下人民所拥有的权利与义务，因为对平等与自由的企望，导致知识分子对卢梭的学说给予了热烈的响应，梁启超就受到很深的影响，他说：

> 十八世纪之学说，其所以开拓胸襟，震撼社会，造成今日政界新现象者有两大义，一曰平等，二曰自由，吾风受其说而心醉焉，曰其庶几以此大义移植于我祖国，以苏我数千年之憔悴乎！[1]

这里所说的"十八世纪之学说"，指的即是卢梭的《民约论》。

刘师培虽然也谈"民约论"，但立场与梁启超迥然不同，他在《中国民约精义》[2]中的态度就没有梁启超这么热烈，反而一再强调卢梭《民约论》中的主张，中国传统经典早已论述，他说：

> 吾国学子知有"民约"二字者，三年耳。大率据杨氏廷栋所译和本卢骚《民约论》以为言。顾卢氏

---

1 梁启超：《中国专制进化史论》，《新民丛报》第17号，1902年9月1日。
2 刘师培的《中国民约精义》撰成于光绪三十年甲辰四月（1904年）。

《民约论》，于前世纪欧洲政界为有力之著作，吾国得此，乃仅仅于学界增一新名词，他者无有。而竺旧顽老，且以邪说目之，若以为吾国圣贤从未有倡斯义者。[1]

《中国民约精义》分上古、中古、近世三篇，他从政治、伦理等方面梳理儒家经典及其他文献中的思想资料，借以发挥民主思想，他认为《尚书》中"民惟邦本，本固邦宁"（《五子之歌》)反映了民本思想，与《民约论》中政府的定义是相同的：

> 三代之时为君民共主之时代，故《尚书》所载以民为国家之主体，以君为国家之客体，盖国家之建立，由国民凝结而成。赵太后谓：不有民，何有君？是君为民立，在战国之时且知之，而谓古圣独不知之乎？《民约论》之言曰："所谓政府者，非使人民奔走于政府之下，而使政府奔走于人民之中也。"吾尝谓中国君权之伸，非一朝一夕之故。……故观《尚书》一经，可以觇君权专制之进化。然而君权益伸，民权益屈。……后世以降，人民称朝廷为国家，以君为国家之主体，以民为国家之客体，……君民共主之世，遂一变而为君权专制之世矣。夫岂《尚书》之旨？（《中国民约精义·书》，

1　刘师培：《中国民约精义·序》，《刘申叔先生遗书（一)》(台北：大新书局，1965年)，页1。

卷一，页2—3）

而《诗》的作用，是要使下情能够上达，《板》有言
"先民有言，询于刍荛"，即是证据，且与《民约论》"以公
意为立国之本"的说法不谋而合：

> "询刍荛"即谓通民情，斯固然矣。然古人作诗
> 之旨，即在于达民情。郑渔仲《六经典论》引陈君举
> 曰："尝观之《诗》，刑政之苦，赋役之重，天子诸侯
> 朝廷之严，后妃夫妇衽席之秘，圣人举为诗，而使天
> 下匹妇之微，皆得以其言达于上。"……由郑氏所引之书
> 观之，则太师之陈诗，为周时达民情之善政，……则周
> 代之诗，虽谓即一国之公意可也。观《民约论》以公意
> 为立国之本，……则太师之陈诗，讵非国家之重务哉？
> 此古人所以闻诗知政也。(《中国民约精义·诗》，卷一，页3)

他更认为《春秋公羊传》《春秋谷梁传》很早就反映出重视
民权、民意的主张：

> 《民约论》云："当众相聚之时，公举一人为帝王，
> 众议检同则可。"又云："上古之初，民纷扰不可终日
> 宁，乃相约公戴一人以长之，后遂有君主之名。"是上
> 古立君必出于多数人民之意。《谷梁》以称魏人立晋为
> 得众之辞，得众者，即众意检同之谓也，此民约遗意

仅见于周代者。(《中国民约精义·春秋谷梁传》,卷一,页5)

刘师培有系统地将传统经学与《民约论》相比附,为"西学中源说"提供了一个表面上有力的证据,因此在当时的社会产生了不小的回响。

(二)政治体制的比附

1. 君主立宪

在晚清的改革运动中,康有为是戊戌变法的领导人物,他希望以立宪政体作为基础,建立新的王朝。他的《孔子改制说》《新学伪经考》及《大同书》逐渐支配着激进论者的思想,成为变法的张本。他们认为经书与西政不是异质之物,两者有密切的连带关系。康有为虽初学古文,但最后却舍弃古文而采今文,在《公羊》学的微言大义中找到孔子的真义。他认为输入西洋的立宪政体,就是遵从孔子的真意,并以为历史的演变过程是据乱世、升平世、太平世,最后就是大同社会。而迈向大同社会的第一步是共和政体,中国应急速输入西洋的君主立宪政体,作为朝向共和政体的前提。在他的《礼运注》《论语注》中,可以常常看到诸如"自由""平等""宪法""立宪"的字眼,如《礼运注》:

> 仁运者,大同之道;礼运者,小康之道。拨乱世以礼为治,故可以礼括之。礼者,犹希腊之言宪法,特兼该神道,较广大耳。此篇明孔子礼治之本,大义

微言多在，学者宜思焉。[1]

又如"子曰：巍巍乎，舜禹之有天下也而不与焉"，康《注》云：

> 此实为立宪君主之法，虽有天下，而实公天下，故不与。舜恭己垂裳，南面无为，禹之劳为公仆，而不敢有君天下之心，借舜禹以明之，孔子之微言也。（《论语注》，《泰伯第八》，页118—119）

"无为而治，其舜也与，夫何为哉？恭己正南面而已矣"，康《注》云：

> 舜任官得人，故无为而治。盖民主之治，有宪法之定章，有议院之公议，行政之官，悉由师锡，公举得人，故但恭己，无为而可治。……此明君主立宪，及民主责任政府之法。今欧人行之，为孔子预言之大义也。（《论语注》，《卫灵公第十五》，页229—230）

"为政以德，譬如北辰"，康《注》云：

1　康有为撰，楼宇烈整理：《孟子微·礼运注·中庸注》（北京：中华书局，1987年），页238。

行太平大同之政，人人在宥，万物熙熙，自立自由，各自正其性命。……升平世则行立宪之政，太平世则行共和之政。（《论语注》，《为政第二》，页16—17）

2. 议会制度

光绪十年（1884）之后，有识之士已多少认清不能墨守成法，以机器为中心的洋务，不能自强，因为自强的根本，在于制度的改革。与其推行这一类的洋务，不如整饬内政要来得更为重要，于是光绪执政的后半期，学习西方的议会制度成为改革者间不可或缺的话题，知识分子认为议会制度具体地实现了"君民一体，上下一心"的关系。[1]就当时而言，能够注意到这个制度，即具有很深的意义，因为日后的改革论都以议会制度作为重要的议题。

光绪二十七年（1901）一月，清政府在义和团运动掀起、八国联军入侵之时，为了缓和矛盾，维护统治，发布"变法上谕"，宣布要维新、更法，接着张之洞、刘坤一应诏会奏"变法自强"，张謇也写了《变法平议》，一时变法更政成为知识分子所用心的事。孙诒让应盛宣怀之邀，以《周礼》与西方的政治制度相互印证，草成《变法条议》。最终虽上呈未果，在次年四月易题为《周礼政要》，作为瑞安普通学堂教学用书。他在《周礼政要序》中说："中国开化四千年，

1　详细内容参见小野川秀美撰，林明德、黄福庆合译：《晚清变法论的成立》，《晚清政治思想研究》（台北：时报文化出版事业有限公司，1985年），第二章，页49—86。

而文明之盛，莫尚于周，故《周礼》一经，政法之精详，与
今泰东西诸国所以致富强者，若合符契。"[1]

孙诒让的《周礼政要》，对设立议院有具体的建议。他
举出《小宰》《宰夫》《保氏》《大仆》《大司寇》《禁杀戮》
《掌交》相关的经文，来说明中国古代与西方相同，下情能
够上达无阻：

> 周以保氏教国子，而兼谏王恶，盖谏虽无专官，
> 而达穷有令，遏讼狱有禁，自公卿至庶民，凡有复逆，
> 无不达于上。盖亦所以豫防隔塞之弊。
>
> 西国民气最伸，自官吏以逮庶人，皆得亲见国主
> 自陈，国主有过，刑官亦得援律以治之。（《周礼政要》，页
> 10—11）

既然下情能够上达，那么中国古代就有条件实行议会制
度，孙氏认为《小司寇》的三询之法"一曰讯国危，二曰
讯国迁，三曰讯立君"（页41），即是议院制度虽无其名，但
有其实的雏形。他更拟定了一套设置议院的计划，《周礼政
要·博议》云：

> 近代文明益进，议院林立，国都则有上议院、下

1　孙诒让：《周礼政要》〔北京：北京出版社，2000年，《四库未收书辑刊》
影清光绪二十八年（1902）瑞安普通学堂刻本〕，第四辑第五册，页24。

议院，各郡县亦皆有议院，辟门而公议之。……当放西
国上议院之例，设大议院于京师，定议员之额数，半
由特旨选派，半由内外各衙门公举，又设中议院于各
省会，亦半由督抚札充，半由各州县绅民公举，设小
议院于各郡县，半由守令谕充，半由绅耆公举，凡公
举亦放西国，以投票多少为凭。（《周礼政要》，页46）

孙氏主张，为适应世界潮流，必须广设议院，博采群议，使
朝野上下，情意通达，则不但民心士气，可伸之于下，且良
法嘉猷，也可贡献于上，以共策国家的进步富强。

与孙诒让颇有同感的刘师培也认为议会制度是早就存
在于中国的《周礼》中的，他说：

《周官》之制，与议院之制同，此其所以能申民情
与。虽然，一国之人至众，非人人有议政之识也，即
非人人能操议政之权。欲人人有议政之识，故《周官》
之制，首重学校之教民。欲人人操议政之权，故《周
官》之规，首重乡里之选举，凡此皆申民权之本也。
要而论之，一国之中，有法律、有敕令，非经国人所
公定者，不得为法律，虽有君主之敕令，亦无使人民
遵守之权，此法律所以重于命令也。泰西各国之宪法，
君主于事关紧要时可发敕令代法律，而中国古代，当
国家危险时，尤必行使民集言之制，即西人所谓特别
会议也。故观于《周礼》一书，而知古代民权之伸，

几等于欧西各国，讵不善哉！（《中国民约精义·周礼》，卷一，
页7）

对君主、政府与人民的关系与权责划分得最精细，则是
《孟子》一书。政府是执政大臣介于君主与人民沟通的唯一
桥梁：

> 《孟子》一书，于君主、政府、人民三级，晰之
> 最精。政府者，乃国家执政大臣介于君民之间而为君
> 民交接之枢纽也。……《民约论》云：人民虽有统治
> 之权，然不能举通国人民统治之，于是乎有政府；政
> 府之中不可无人以长者，于是乎有君主。是则政府者，
> 受人民之直接监督者也。君主者，受人民之间接监督
> 者也。故孟子立法，厥有二说：一与人民以选举政府
> 之权，一与政府以改易君主之权。……吾观泰西民主之
> 国，选举议院之权操于国民，弹劾总统之权操于上议
> 院。孟子之立法，殆即此意也夫。然欲行此法，不得
> 不重削君主之权，欲重削君主之权，不得不重与君主
> 之责。其所谓君主之责者，一曰从法，……一曰爱民。
>
> （《中国民约精义·孟子》，卷一，页12—13）

即使在经书中可以找到与西学相符合的主张，不过刘师培
"然欲行此法，不得不重削君主之权"一语，却透露了长期
身为治国指导原则的经书，对中国执政者所能产生的作用，

仅能道德劝说，而无实际的制裁作用。

又以梁启超为例，他认为西方各国之所以强盛，在于实行"议院制度"，"议院制度"所代表的意义是"君权"与"民权"的契合。虽然在中国古代并没有"议院"之名，不过，古代的先哲王们却是依赖"议院"的观念而治理天下的：

> 法先王者法其意，"议院"之名，古虽无之，若其意则在昔哲王，所恃以均天下也。[1]

他努力地翻检经书，征引与"议院制度"相类似的内容，因而撰写了《古议院考》，如：

> 其在《易》曰：上下交泰，上下不交否。其在《书》曰：询谋金同。又曰：谋及卿士，谋及庶人。其在《周官》曰：询事之朝，小司寇掌其政，以致万人而询焉。一曰询国危，二曰询国迁，三曰询立君，以众辅志而蔽谋。其在《记》曰：与国人交止于信。又曰：民之所好，好之；民之所恶，恶之，此之谓民之父母。好民之所恶，恶民之所好，是谓拂人之性，灾必逮乎身。其在《孟子》曰：国人皆曰贤，然后察之。国人皆曰不可，然后察之。国人皆曰可杀，然后杀之。

---

[1] 梁启超：《古议院考》，《饮冰室文集类编》，页477。

《洪范》之卿士,《孟子》之诸大夫,上议院也;《洪范》之庶人,《孟子》之国人,下议院也。苟不由此,何以能询?苟不由此,何以能交?苟不由此,何以能见民之所好恶?故虽无议院之名,而有其实也。(页478)

同时在经书中找出中国实行"议院制度"的例子:

滕文公欲行三年之丧,而父兄百官皆不悦,此上议院之公案也;周厉无道,国人流之于彘,此下议院之公案也。郑人游于乡校,以议执政,子产弗禁;汉昭帝始元六年,诏公卿问贤良文学,民所疾苦,遂以盐铁事相争议,辨论数万言,其后卒以此罢盐铁。是虽非国家特设之议员,而亦阴许行其权也。至于汉官之制,……各郡皆有议曹矣。西国每邦、每城皆有议会,亦即此意也。(页478)

不过,中国既然早已有议院制度之实,那么晚清为什么不实行议院制度呢?梁启超的解释是"凡国必风气已开,文学已盛,民智已成,乃可设议院"(页478—479)。议会制度只有在"君民一心"的前提下才能实施,因为这个制度建立在君与民"互信"的基础之上,晚清是一个社会动乱的时代,设议院只有更加混乱。因此他强调"强国以议院为本,议院以学校为本",中国如果要君权与民权平均,必须广设学校,让人民有知识,才有可能建立起议院制度,国家才会强盛。

诚如梁启超所说,晚清学者的通病,就是偶见经书中某字某句与西学字义略相近,即谓此制为中国所固有。这些制度、理论,在当时的西方世界也不过起于百年内,求之于古代的希腊、罗马都不可得。举例来说,"民主"的观念,斯维至认为:"显然不是今人所谓人民当家做主,而是君为人民之主,但是他必须以人民的拥护与否为条件。如果他像桀、纣那样暴虐,成汤和武王就可以进行武力革命,这样君主(人民之主)的权力绝不是专制的,可以为所欲为的,否则就要被革命所推翻。虽然这样,古代的王(君)是上帝所授予的,因此权力在神手中,而不是在人民手中。"[1] 所以孙诒让认为"国有大事,博访周咨,庶民咸与,固商周之通法"(《周礼政要》,页41)是民主的表现,与斯维至氏所理解的古代"民主"仍有一大段的差距。

虽然孙氏在《周礼政要》中的改良方案措辞慷慨激昂,希望文武官民、有志之士皆能"直攻朝廷缺失",但在君主专制时代,是永远无法实施的政策。即使如孙氏所言,圣祖"求言若渴",世宗、高宗亦曾下诏"求言图治",但最后都流于形式,仅"摭拾肤词""吹求琐屑"。以孙氏此书而言,也是应光绪皇帝的诏书而产生,最后的下场是连上呈的机会都没有,就被当初委托的盛宣怀挡下了。因此,在君主专制时代,"议会制度",只能是一种政治理想。

1　斯维至:《说古代王权、革命与民主》,《中国古代社会文化论稿》(台北:允晨文化公司,1997年),页143。

三、无法交会的平行线——经学告别政治舞台

为什么"以西学比附经学"能够在晚清时期造成一股风潮，余英时先生的一段话正可以解释此种现象：

> 通过西方的观念和价值重新发现儒家经典的现代意识。从今文派的公羊改制说到古文派《国粹学报》的融通中西学说，都是在这一典范（paradigm）之下进行的，这也可以看做是现代思想史上的一个"格义"的阶段。在这一阶段中，吸收"西学"显然是出于儒学发展的一种内在的要求……
>
> "格义"之所以可能，内在要求之所以产生，自然离不开内在的根据。如果儒学内部完全没有可以和西方的观念互相比附的东西，我们便很难解释晚清一部分儒者何以能在西方思想的启发之下大规模地诠释儒家经典而激起了一般读者的共鸣。我们必须了解，晚清的一般读者对于西学并无直接认识，但对于儒学传统则至少具备基本的知识，如果今古文两派中的人完全曲解经典以附会西来之说，那么读者当时的热烈反应便成为一个不可理解的现象了。[1]

1　余英时：《现代儒学的回顾与展望——从明清思想基调的转换看儒学的现代发展》，页30。

438

从以上所举的例子当中，都可以发现余先生所说的现象，因此以西学比附经学能在晚清蔚为风尚，最关键的还是在经书本身容易附会的特质。如语录体的《论语》，可说是历代玄学、佛学、西学最好比附的对象；又如《周礼》中包含三百多个职官，各有执掌，所系职事又繁多，因此要从中以西学比附，较之他经，不是一件困难事。

在这些比附经学的作品中，可以归纳出经学家的两种态度。趋于保守的学者想要证明，西学的内容不像疯狂崇拜西学的人形容得这么神奇，并且一再强调这些学说是中国经典中早已存在的道理，根本不需外求，这些学者，想要捍卫经学固有的地位；对西学采开放态度的学者，则是为了寄托他们对当时政治改革的理想。不管是哪种态度，经学家最后还是失败了，最主要的原因，是中西文化根本的差异，导致不自觉地从心里反抗西学，郑观应《西学》云：

> 西人谓华人所学西法，皆浅尝辄止，有名无实。盖总其事者，不精其学。未视师授优劣，课艺高下，往往为人蒙昧。……而中学日见其荒，西学遂莫窥其蕴矣。[1]

本能的反抗，连康有为也没有办法跳脱时代的局限，当他在解释"子曰：吾自卫反鲁，然后乐正，雅颂各得其所"时，说：

---

1 郑观应：《西学》,《晚清文选》,页 174—175。

> 古诗三千余篇，孔子删定之，既取其义之合于
> 人道者，又协其声使合韶武前漢之音，盖皆孔子修正
> 或新制。晋荀勖、梁武帝、隋万宝常之八十四调，犹
> 存遗制，耶律德光破东京得唐之雅乐，而宋人不复见
> 之。……今欧美之琴凡七调，高下长短，清浊皆备，其
> 弦八十五，其中半音三十五，得八十四调之意欤？何
> 其暗合也。(《论语注》,《子罕第九》, 页135)

任何西方的事物，都要与中国固有的文化牵扯上关系，又云：

> 孔子之道乃大行于欧美，而反失于故国也。今学者
> 更当光复故物，以求成材矣。(《论语注》,《泰伯第八》, 页113)
> 今美国利民之道，仁民之制，劳民之方，平等之
> 制，皆行孔子之政。(《论语注》,《尧曰第二十》, 页303)

他忽略了西方文化的发展也曾经历一番脱胎换骨，欧美的强
盛，也不仅仅是施行孔子之道就可以办得到的事。他所说的
这些话，只能安慰人心，对中国所面对的内忧外患无济于
事，并没有从这次的危机中脱困，清朝终究还是灭亡了，这
些经学家的努力最后也只沦为纸上谈兵。

再者，晚清社会所面临的，不再是经学家论争的"尊
德性""道问学"这些形而上的人格修为就可以解决的问题，
而是实实在在的船坚炮利，撼动了基本价值观念。长期以来
为政治服务的经学已穷途末路，学者们凭借着断章取义的西

方理论与几部中国经书，想要改造社会，想借西方理论挽救
颓势，只能是困兽之斗。

梁启超对此种现象的觉醒最快，批评最中肯：

> 摭古书片词单语以傅会今义，最易发生两种流
> 弊：一、倘所印证之义，其表里适相吻合，善已；若
> 稍有牵合附会，则最易导国民以不正确之观念，而缘
> "郢书燕说"以滋弊。例如：畴昔谈立宪，谈共和者，
> 偶见经典中某字某句与立宪共和等字义略相近，辄摭
> 拾以沾沾自喜，谓此制为我所固有。其实今世共和，
> 立宪制度之为物，即泰西亦不过起于近百年，求诸彼
> 古代之希腊、罗马且不可得，遑论我国。而比附之言，
> 传播既广，则能使多数人之眼光之思想，见局见缚于
> 所比附之文句，以为所谓立宪、共和者不过如是，而
> 不复追求其真义之所存。……此等结习，最易为国民研
> 究实学之魔障。二、劝人行此制，告之曰，吾先哲所
> 尝行也；劝人治此学，告之曰，吾先哲所尝治也。其
> 势较易入，固也，然频以此相诏，则人于先哲未尝行
> 之制，辄疑其不可行；于先哲未尝治之学，辄疑其不
> 当治。无形之中，恒足以增其故见自满之习，而障其
> 择善服从之明。[1]

1　梁启超：《清代学术概论》（上海：商务印书馆，1922年），页145—146。

将西政、西学与经书比附的现象，梁启超反省检讨了其恰当性，认为价值的标准在于真理，而不在于孔子。梁启超认为孔子与经书在表面上仍然没有丧失其权威，然而其绝对性却被否定了。[1] 他后来在《清代学术概论》中说他的老师康有为解经附会西学的做法是"文饰经言"，理解了这样的比附对于经书是没有任何的意义。不过，晚清的知识分子处在社会动乱、矛盾交织的年代，文化上承受沉重传统压力，又面对巨大的西方冲击，不论他们的学术历程如何差异，都带着一个时代潮流的特性，以救国救民为大方向，为内外交困的国家谋求变通计策。因此，尽管各家的政见有先后出入的不同，而解放旧制度，冲破传统束缚，赶上西方科学文明，建设自由平等的社会，是整个时代知识分子共同奋斗的目标。

这个目标，最后还是没有达成，一直为政治服务的经学终于在晚清走下舞台。不过，值得安慰的是，即使科学取代了一切，经书中的思想却自然而然地深植民间，成为每个人立身的规范与道德的标准，直到今日。

四、结语

晚清学者以西学比附经学的现象，可以从以下几个方向来看。以注解经书的方式而言，这个时期出现的以西学比附经学的著作，大都篇幅短小，用语简洁，不再像以往旁征博

1　小野川秀美撰，林明德、黄福庆合译：《晚清政治思想研究》，页282—283。

引的注经方式。最主要的因素是受限于中西方文化上的根本差异，要从经书中找寻与西方文化相符合的地方再加以系联，原属不易，经学家无法逐字逐句注解，只能选择可以附会的部分解释。此外，笔者推测或许也受张之洞在《劝学篇·守约》中所宣导的"今欲存中学必自守约始，守约必自破除门面始""义主救世，以致用当务为贵，不以弹见洽闻为贤"的影响，国家既危，儒学既危，长篇大论已不符现实的需要，除了经说以"国朝经师之说为主"、义理"仍以朱注为主"外，学者们注经也应该力求简洁易懂，以应付时务为优先。

关于被比附的经书，记载时政的如《尚书》《论语》《孟子》《中庸》等，其中所陈述的历史事件、人生哲理，让西学易于引申比附；记载制度的如《周礼》，其中包含三百个职官，官职间的联系密切，晚清输入中国的西学，也以政治制度引人注目，用以解释中国的制度经典，似乎再适合也不过。

从今古文经学家的角度来看，双方都借助早已理解的旧知识，来解释难以理解的新观念。不过，目的却不完全相同。晚清公羊学思想盛行，今文经学家的态度非常积极，对西学的接受度高，再加上隐含着微言大义、说理性强的公羊思想在比附西学的时候容易自圆其说，使得今文学家的著作读起来有系统、观念完整，他们比附的目的在于托古改制；经学舞台被今文学家占尽，古文学家想要延续经学的生命，势必要背水一战，于是《周礼》成为古文学家最后的防线。

从西学的角度来说，在中国经书中，记载着许多详实的规范与美好的人格，历代学者钻研经书，希望阐发圣人的本义，以达到圣人所追求的美好境地。但我们终究不是圣人，无法探究圣人真正的思想，即使是郑玄、朱熹乃至于清代的各个大经学家，也都不能领会完全，更何况是以西学比附，所以当晚清的经学家走到这一步，实际上已经可以预见终究要失败。

朝廷的积弱、西方学术的传入、废除科举考试制度，种种不利的条件，都让晚清经学研究产生重大的转变，在经学研究方法上，以多学科的方式来解读经书，已不是解释圣人最初的旨意，而是学者们以经书作为抒发个人理想的工具。这个改变，也影响着民国时期的学者，他们尝试以不同的学科来解释经书，如胡适、顾颉刚以民俗学观念研究《诗经》，闻一多则以弗洛伊德之性心理学研究《诗经》，郭明昆以社会学理论应用在《仪礼·丧服》的研究，吴承仕、郭沫若、高亨则以马克思思想研究经书。不过，中国经学有着强切的生命力，以其他学科附会，终究无法得到圣人的本意，必须回归经典的本身，直接与经书对话，才是正途，正如王国维所说："西洋之思想之不能骤输入我中国，亦自然之势也。……即令一时输入，非与我中国固有之思想相化，绝不能保其势力。观夫三藏之书已束于高阁，两宋之说犹习于学官，前事之不忘，来者可知矣。"[1] 这段话确实为日后西学逐渐被学者研究经学时所摒弃埋下了伏笔。

1　王国维：《论近年之学术界》，见《静安文集》(《海宁王静安先生遗书》，台北：商务印书馆，1976 年)，页 1704。

444

最后，即使大部分的学者对这时期的经学研究评价不高，实际上晚清学者在比附时，不论在用词或观念上，也皆有令人感到荒谬的地方，但笔者仍以为，晚清经学的变形记，是经学家们经世致用最具体的表现。

本文 2008 年刊登于台北市立教育大学人文艺术学院儒学中心出版的《儒学与语文学术研讨会论文集》。

札记：于义壹体

《汉书·韦贤传》载元帝诏云"孝宣皇帝为孝昭皇帝后，于义壹体"，颜师古注："一体者，俱为昭也。礼，孙与祖俱为昭，孝宣于昭为从孙，故云一体也。"刘攽云："予谓此言壹体者，以孝宣为昭帝后，臣子壹体也。寻其文自可见。"何焯云："于义一体，言不得复顾私亲，以皇考庙上序于昭穆。"今按：颜师古见下韦玄成奏云"孝昭皇帝与孝宣皇帝俱为昭"，遂为此说，不知元帝诏说与韦玄成说不同，不可牵合为解。元帝诏以悼皇考亲尽，故谓昭、宣一体。视昭、宣为父子，故称一体。韦玄成说悼皇考亲未尽，视昭帝、悼皇考、宣帝为祖、父、子三代，故谓昭帝与宣帝俱为昭。祖孙同昭穆，无所谓一体；父子一体，则昭穆必异。何焯说是。今本《丧服·齐衰杖期章》《传》云："出妻之子为父后，则为出母无服。'传'曰：与尊者为一体，不敢服其私服也。"《缌麻章》"庶子为父后者为其母"，《传》云：

"何以缌也？'传'曰：与尊者为一体，不敢服其私服也。"两《传》同引一"传"，窃疑原皆当作"与尊者为体"，"一"字出后人补入。按：王莽居摄三年（8），莽母功显君死，意在不哀，刘歆等曰："礼，庶子为后，为其母缌。'传'曰'与尊者为体，不敢服其私亲也'。摄皇帝以圣德承皇天之命，受太后之诏，居摄践阼，奉汉大宗之后，上有天地社稷之重，下有元元万机之忧，不得顾其私亲。"《晋书·礼志中》"依礼，庶子与尊者为体，不敢服其私亲"，《宋书·礼志二》"《丧服传》称'与尊者为体，则不服其私亲'""古者与尊者为体，不得服其私亲"等，亦均作"为体"，不作"为一体"。《武威汉简·服传》甲乙两本亦皆作"为体"，可见古本皆然。或校汉简，以为脱"一"字，是不疑今本衍字，反疑古本脱字，殊非其宜。《礼器》"体异姓"注"体犹连结也"，知此"体"字即有"一体"之义。当知"与尊者为体"犹"与尊者一体"。其语法，言"为体"则不当言"一"，言"一体"则不当言"为"。"一体"有形容词性质，可以单独作谓语，不待"为"字。故《韦玄成传》作"于义壹体"，不作"于义为壹体"。汉人重入统纂继大宗之义，元帝言"于义壹体"即据"孝宣皇帝为孝昭皇帝后"言。刘歆重君臣之义，以为皇帝必割私亲，故引《公羊》"臣子一例"之义。然《公羊》"臣子一例"言于弟为兄后，本属同辈，因曾为先帝臣，故降一辈分，视如其子。宣帝为昭帝孙辈，继昭帝为其后，乃为子辈，是提升辈分，实无涉于"臣子一例"。至作"臣子一体"，则更不知何云。

于义壹体

郭明昆对西方人类学理论的接受与利用

叶纯芳、乔秀岩

　　1931 年，来自台湾台南麻豆的郭明昆从日本早稻田大学文学部毕业，毕业论文是《〈仪礼·丧服〉考》。1933 年，郭明昆进入早稻田大学研究所就读，在津田左右吉教授的指导下，从事中国社会史的研究工作，作为大学毕业论文的延伸，撰写了《〈丧服〉经传考》。1934 年 6 月，郭明昆受日本外务省文化事业部派遣，至中国留学。滞留北平的近两年时间，对郭明昆来说，是研究的转捩点。1934 年 12 月撰成的《甥姪称謂と漢族称謂制の側面史》，为郭明昆其后一系列深刻周详的汉族称谓研究奠定了完整的理论基础。由于郭明昆的研究成果主要用日文发表，长期以来未被学界重视，但他的汉族称谓研究即使在今日仍有极高的参考价值，他的论证有不可驳倒的说服力。郭明昆有效地利用西方人类学理论的分析方法，同时不为其学术框架所限，给他研究的成功赋予了鲜明的独特性。

　　本文分析整理郭明昆参考、利用西方人类学理论，建立其独特成就的具体情况。为方便突出郭明昆的特点，本文也会论及与郭明昆几乎同时，中国留美研究汉族称谓的冯汉骥。相信本文的分析对当今学界认识留学、引进西方理论等问题也有不可忽视的借鉴意义。

一、郭明昆的生平与学习研究背景

郭明昆，笔名郭一舟，1905 年（明治三十八年）12 月 25 日生于台南麻豆。父亲郭就，又名郭大锦，生于清同治六年（1867），卒于日据大正三年（1914）。营商有阿片烟馆、豆油制造业、药铺"文德号"，大正三年，日据政府曾授绅章。母亲李氏，育有四子，长男郭明泉，曾任公学校训导，亦为麻豆地区第一位台北国语学校毕业生；次男明赐、四男明堂，皆为训导；明昆为其三子。

1895 年至 1945 年，是台湾历史上的"日据时期"。即使日本在此时期的台湾执行义务教育，甚至在统治后期施行"皇民化运动"[1]，但是传统的私塾仍存在于台湾，当时许多台人父母让子女在课余时间到私塾跟着汉文老师学四书五经、作诗写文，奠定了最基本的汉文基础。虽然殖民政府的政策并不希望殖民地的人民受到太高的教育，高等教育主要针对在台日人而设置，仍有少部分优秀台湾青年受过高等教育。1913 年（大正二年）4 月，郭明昆进入台湾公立台南厅麻豆公学校就读，1919 年毕业。在学期间，品德、学业皆得到师生

---

1 皇民化运动，由总督府主导，自 1937 年起，至 1945 年止，倡导台湾人全面日化，要求台湾人说国语（日语）、穿和服、住日式房屋、放弃台湾民间信仰、废汉姓名改日本姓名。并动员台湾人积极参与战时工作，效忠日本天皇。

们的赞赏，并获日本皇族闲院宫、北白川宫所设的奖学金。6 月 30 日，进入台湾总督府立商业专门学校预备学校就读，由林茂生 [1]（1887—1947 失踪）教授英语及数学。郭明昆在生前所写的最后一篇文章中，曾提到林教授在课程中所提出的"欧洲语时间观念发达，华语空间观念发达"的概念，对他研究华语形体观念也有相当的影响。

1925 年（大正十四年）3 月，郭明昆由府立商业专门学校预科毕业，4 月，留学日本，进入第二早稻田高等学院文科就学。1928 年（昭和三年）4 月，进入早稻田大学文学部哲学科社会哲学专攻就读。相对于医科、法科的留学生，他的选择在当时是一条孤独而毫无利益可言的道路。在早稻田大学，郭明昆深受研究社会哲学专业的关与三郎教授、东洋哲学专业的津田左右吉教授（1873—1961）的影响。1931 年 3 月，

1　林茂生，1887 年 10 月 30 日生于台南府城。1908 年 1 月由英国教士会资助到日本入京都同志社中学深造，毕业后考进第三高等学校，于该校毕业后又顺利考入日本最著名的学府——东京帝国大学，主修东方哲学，专攻"阳明学说"。1916 年，毕业于东京帝大文学部哲学科，成为台湾第一个获得日本最高学府之文学学士学位的人。1929 年 11 月，林茂生以优异成绩获得哥伦比亚大学的哲学博士学位，是台湾人在美国获得哲学博士的第一人。他的博士论文题目是"日本统治下之台湾的学校教育——其发展之历史与分析研究及文化问题"。1946 年 3 月，林茂生以日据时代的"兴南新闻"班底为主，创办《民报》，担任社长。《民报》立场不偏，言论公正，批评时弊，因此得罪不少当时的权贵，为其日后的不幸遭遇埋下了危机。八九月间，他为了抗议选举不公，辞退了已经当选的"国民参政会"参政员一职。1947 年，"二二八"事件爆发，林茂生因而遇难（资料来源：林茂生爱乡文化基金会，www.trf.org.tw/）。

他大学毕业，毕业论文《〈仪礼·丧服〉考》，在研究视角、分析方法上，受津田左右吉的影响相当明显。4月1日，任台南州立台南第二中学校教职。1933年（昭和八年），受津田左右吉的邀约，辞去台南第二中学之教职，至东京早稻田大学研究所就读，研究中国社会史。进入研究所后，先撰写《〈丧服〉经传考》，算是毕业论文的延伸，随即撰写《祖父称谓考》，在研究《丧服》经传的基础上，将重点转移到社会结构、家族关系的研究上。

1934年6月至1936年2月，受日本外务省文化事业部派遣至中国留学，是郭明昆学术的重大转折点。在北平期间，他结识了北京大学社会史家陶希圣、郁达夫等众多学者和文人，游历华北各地的同时，也专心致志于中国家族组织的调查研究。1934年12月，在北平撰成《甥姪稱謂と漢族稱謂制の側面史》，大量参考西方人类学的英文著作，并对西方学者的研究方法进行彻底的分析，形成独特的研究风格。自此之后，郭氏一系列关于汉族称谓研究的文章：《伯叔姆婶考》《姑姨舅姈と漢族稱謂制の側面史》《福老话方言に於ける親族稱謂の二三について》《父母称谓考》《稱呼と命名の排行制について》都以此篇为重要基础。

1936年2月回日本后，郭历任第二早稻田高等学院临时讲师、早稻田大学讲师、第二早稻田高等学院专任讲师及教授。1943年2月22日，妻黄春过世。11月22日，偕子女搭乘从神户出发的"热河丸"客轮返台湾途中，在温州冲被美军潜水艇击沉，全家罹难。[1]郭氏享年仅三十九岁。

郭明昆的学术生涯，若从进入研究所的 1933 年算起，至其去世才十年而已。然而从在津田门下研究《丧服》经传开始，在此基础上，转而研究汉族亲属称谓，全面参照西方人类学理论，加上对历史文献的深层分析以及对方言、俗语的广泛了解，推出一系列空前绝后的精辟研究，是在一段非常特殊的历史背景下，郭明昆这一既聪慧又有强烈个性的台湾人留下的心灵轨迹。

二、郭明昆学术介绍

郭明昆英年早逝，在其身后二十年，才由友人李献璋将其所有的学术论文，汇集成《中国家族制及语言研究》一书出版。其中有关中国家族制度的文章九篇、关于中国语言的三篇，另收杂笔若干篇。

关于中国家族制度的九篇文章，在我们看来，还可以分为三类：其中两篇关于《仪礼·丧服》研究；五篇是通过

1　以上郭明昆之生平资料，以李献璋所编"郭明昆教授略历"为主〔参见《中国の家族制及び言语の研究》（东京：早稻田大学出版部，1962 年），页5—7。据李献璋的"附注"所言，此略历根据郭明昆生前自撰年谱、户籍誊本、1936 年 2 月 27 日的亲笔履历书、论文刊载日期、早稻田大学教员任免记录以及战时灾害保护法麻豆街长的照会文书等，一一调查、归纳而成〕，又参考林庆彰编《日据时期台湾儒学参考文献》（台北：学生书局，2000 年，页 393—394）、台南县文献委员会编《台南县志稿》（台南：台南县文献委员会，1960 年，卷八，《人物志》，页 86）、庄永明《台湾纪事》（台北：时报文化出版公司，1989 年，页 1070—1071）等资料整理而成。

称谓的分析，讨论家族制度；最后两篇则讨论亲属称谓，重点集中于语言现象的探讨。本章简要介绍前两类的成果。

（一）《仪礼·丧服》的研究

郭明昆就读早稻田大学的毕业论文是《〈仪礼·丧服〉考》。之后，他进入早稻田大学研究所就读，在津田左右吉教授的指导下，从事中国社会史的研究工作。当时，中国的学术界正弥漫着顾颉刚等人的疑古思想；在日本，社会学研究成为学术界的新浪潮。之后，作为毕业论文的延伸，郭明昆撰写了《〈丧服〉经传考》。

作为结果来看，郭明昆在开展汉族称谓研究之前，对《仪礼·丧服》做了详尽的考证，为他的研究奠定了良好基础。似乎郭明昆在研究的最初，就已经规划好延续《仪礼·丧服》的研究方向；但实际的情形，恐怕是一个刚刚受到老师启蒙的学生，偶然地选择《仪礼·丧服》作为题目，在研究的过程中，愈来愈深入，愈来愈有兴趣，最后才发展成为汉族称谓研究的规模与一系列作品。郭明昆在《〈仪礼·丧服〉考·绪言》[1]中说：

中国的法律制度，直接使用丧服制度来表述亲属关系亲疏等级。唐代甚至有用法律强制实行丧服制度的尝试。因此，丧服礼在中国思想史及社会史上是一

1　郭明昆撰，李献璋编：《中国の家族制及び言語の研究》。

> 个值得研究的题目。我们研究《丧服》礼，一方面要
> 用《丧服》礼作为一个实例，来研究儒家所说的礼，
> 究竟属于何种性质、具有何种思想史意义；另一方面，
> 需要通过分析《丧服》礼的组织，来了解家庭生活的
> 状态，也要思考是在何等社会背景下，才会产生如此
> 繁琐的《丧服》礼讨论。（页1—2）

从这一段话，可以看出郭明昆虽然研究的是《丧服》礼，但
已经开始展现出对家族制度、社会史强烈的兴趣。不过，在
这两篇有关《丧服》经传的研究论文中，直接讨论解决的是
文献的问题。将《仪礼·丧服》当作史料看待，首先要确
定它的成书时间，才能将《丧服》的内容放在适切的历史
脉络中来看待，也才能对亲属称谓关系的演变做出准确判
断。郭明昆认为，虽然《荀子·礼论》中所叙述丧服的制度
不完全，但一定是与荀子所处时代的实际情形相符合的，且
《荀子》撰成的时间大体可考，作为检讨《丧服》的根据最
适当。在此前提下，他否定了《仪礼》与周公孔子的密切
关系，并通过丧装、丧期、服丧者三方面的分析比较[1]，认为

---

[1] 郭明昆最重要的观点是，《荀子》里面出现的丧服只有齐衰、小功、缌服
三种而已。后来在齐衰中分出斩衰，小功中分出大功，才形成《丧服经》
的五服。对国君要服三年之丧，在《孟子》与《荀子》中都有记载。但是
讲解君臣关系的所谓"从服"，则大概是《仪礼·丧服经》的新说，这也
是《丧服经》后于《孟》《荀》之后的一个证据。丧服本来是属于私生活
的礼仪，是儒家提倡久丧之礼和极端之孝来规范亲子的关系。而把君臣间
的道德看成与父子关系同等重要的思想是在战国末期开始流行的。

《丧服》经文大约是《荀子·礼论》以后、战国末期的儒家所编写的。

古代的经学家都相信《丧服》经文是圣人周公或孔子的述作,传文则是如子夏等贤者所作,并将《丧服》经、记、传视为一个整体来理解。郭明昆的《〈丧服〉经传考》则认为作为中国上古社会史的重要史料,这些内容必须分别看待:因为经文简略,传文常常过度解释,或与经文矛盾、或错误解读,与经文形成不太相同的系统。将"传"独立分别看待,才能了解传文作者独特的思想与立场。最后,经由他的分析,认为"记"是成于汉代诸儒之手,"传"则推断为汉武帝时期的作品。

在对《仪礼·丧服》做了时代的界定之后,郭明昆的汉族称谓研究,就在此基础上展开。

(二)汉族称谓的研究

李献璋在完成郭明昆论文集编辑后,在所写的《编者后跋》中说:

> 对于亲族制度来说,旁系亲属的称谓比起直系亲属称谓,更能体现其特色。因此,他撰写了《祖父称谓考》作为《丧服》制度到亲族称谓研究的过渡之后,就陆续发表甥侄、伯叔姆婶、姑姨舅妗等一系列缜密的论考,最后,又完成《父母称谓考》。研究甥侄称谓,包括旁系同辈亲属的昆弟——兄弟、叔伯兄弟、

表兄弟、堂兄弟以及婿；研究姑姨舅妗称谓，包括从他们各自的配偶、岳父母与妻的姊妹、家舅姑与夫的兄弟。最后加上排行制的文章，中国亲族称谓的研究，可谓全部被郭君囊括于此了。（页560—561）

李献璋认为郭明昆进行这一系列的家族称谓研究，一开始就有全盘的规划，因此，编辑《中国の家族制及び言語の研究》一书时，将这六篇按讨论对象的顺序排列。就编辑角度、或读者要了解亲属制度而言，这样安排自然是合理的。但当我们要分析讨论郭明昆如何建立他的学术体系，则必须依照撰写时间先后顺序观察这些文章。本文暂不讨论不直接涉及家族制度的《福老话方言に於ける親族稱謂の二三について》《稱呼と命名の排行制について》二篇，剩下五篇的撰写时间依序是：《祖父称谓考》（1934 年 3 月）、《甥姪稱謂と漢族稱謂制の側面史》（1934 年 12 月）、《伯叔姆婶考》（1935 年 5 月）、《姑姨舅妗と漢族稱謂制の側面史》（1936 年 8 月）、《父母称谓考》（1938 年 1 月）。

正如李献璋所言，郭明昆将汉族称谓的研究做得相当全面，尤其他对旁系亲属称谓的分析，周详缜密，精辟深入，达到空前绝后的境界。如果从人类学、社会史的角度来看，郭明昆最重要的发明，就在论证汉族社会从"旁系并合制"到"旁系制"的演变，他认为：

一、上古时代，同胞兄弟与平行堂表兄弟（父之兄弟之子、母之姐妹之子）不分，但交表兄弟（父之姐妹之子、母之兄弟之子）要分开，称为"甥""侄"，即 Lowie 所说的"旁系并合制"（Lowie 及有关术语，参下第三章介绍）。

二、在《仪礼》与《尔雅》的时代（战国末年），平行堂表兄弟从同胞兄弟分开，即 Lowie 所说的"旁系制"。

三、汉代，有内外兄弟、中表兄弟、中外兄弟的称呼；唐代，有表兄弟的称呼；从母昆弟称为姨兄弟、从父昆弟称为堂兄弟，同辈称谓有明显父系大家族的特色。

四、姨兄弟被归纳为表兄弟，所以称谓与宗族情况完全一致。

五、大家族衰退后，"堂兄弟"改称为"叔伯兄弟"。

六、大排行、小排行所反映家族不同。大排行是旁系并合制与旁系制的过渡；由于社会家族型态的改变，小排行愈来愈盛行，更趋向于旁系制。

郭明昆与其他学者最大的不同，可以总结为分析深度与知识广博两方面：他在开始研究家族制度之前，投入大量时间与精力，深入分析《丧服》经传，因而能够运用自如，自然是其他人类学家做不到的。不仅如此，通过对《丧服》经传的研究，他面对其他历史文献时也能够谨慎仔细地分析文献本身的性质，因而避免其他人类学家仅从文献表面讨论问题的弊病。从知识广博面来说，他对历代的文献资料涉猎广泛，如各代正史、《颜氏家训》、《恒言录》、《通俗编》、《证俗文》等讨论亲属关系常用资料外，还包括许多不属于经典的各种各样的文献，其中有可能是前人已引用过的资料，而郭明昆都能一一加以核实分析，所以不会为前人以讹传讹之论所误。他又积极参考当时中国出版的方言资料，如《吴歌甲集》《广东方言》《近现社会概况调查》《河南谚语集》《客方言》等，也直接采访各地汉人，搜集方言中的称谓讯息。再加上他精通日语之外，甚早熟悉英文，能够利用擅长英文的优势，阅读西方人类学家的研究成果，使他的研究建立在坚强的理论基础上，这些都促使他的汉族称谓研究具有独特性。

三、对西方人类学理论的吸收与讨论

（一）引用西方人类学论著的具体情况

在研究《丧服》经传的两篇论文中，郭明昆尽管引用到一部英文著作（C. S. Burne, *Handbook of Folklore*），可还谈不上参照西方理论。在开始重点研究亲属称谓的第一篇文章《祖父称谓考》，说明分析亲属称谓必须区分二人称的对称和三人称的他称（页89），在其注（注17，页93）中，他引用到 Rivers 的一段话，出处是："Hastings'*Encyclopaedia of Religion and Ethics*'. vol.vii.p.701." 今按：这是 James Hastings 主编，1915 年由 Charles Scribner's Sons 出版的 *Encyclopædia of Religion* and Ethics 中，W. H. R. Rivers 所撰写的词条 "Kin，Kinship" 的第二节 "The Terminology of Relationship"。Rivers 是当时一位很重要的人类学家，详见下文介绍。郭明昆又提到："Westermarck 'The History of Human Marriage'. vol. I . p.252." 今按：这是当时一部很著名的人类学著作，1891 年出版一卷本，1921 年出版第五版（修订版）三卷。郭明昆看到的应该是三卷本。郭明昆在后来的几篇文章中都引用到这部著作。我们可以认为他在 1934 年 3 月撰成这篇文章时，已经开始吸收西方人类学的论著，但仍然局限于分析方法的细节，尚未参照西方人类学的基本理论框架。

1934 年 6 月前往北平留学之后，12 月在北平完成的《甥姪稱謂と漢族稱謂制の側面史》（以下简称"《甥姪》"）中，我们看到郭明昆大量引用西方人类学著作，这个转变，令人注目。如上所见，郭明昆征引西方著作的出处，并不完整，我们先就这篇文章所引用的资料，核查出处，按出版先后，罗列如下：

1. 专著 "The History of Human Marriage"（Edward Westermarck 撰），1891 年 London，New York: Macmillan 出版一卷本，1921 年 London，Macmillan and Co., Limited 出版第五版（修订版）三卷。

2. 论文 "Classificatory Systems of Relationship"（A. L. Kroeber 撰），见 The Journal of the Royal Anthropological Institute of Great Britain and Ireland，Vol. 39，（Jan. — Jun.，

1909）, pp. 77–84。

3．专著"*The History of Melanesian Society*"（W. H. R. Rivers 撰）, 1914 年 Cambridge University Press 出版。

4．专著"*Primitive Society*"（Robert H. Lowie 撰）, 1920 年 Boni & Liveright 出版。

5．专著"*Social Organization*"（W. H. R. Rivers 遗稿, W. J. Perry 编 ）, 1924 年 London: Kegan Paul, Trench, Trubner & Co., Ltd. New York: Alfred A. Knopf, Inc. 出版。

6．论文"The Chinese Family: Organization, Names, and Kinship Terms"（Ching-Chao Wu 撰 ）, 见 *American Anthropologist*, Vol. 29, No. 3 , pp. 316–325, 1927 年。

7．论文"A Note on Relationship Terminologies"（R. H. Lowie 撰 ）, 见 *American Anthropologist* Vol. 30, Issue 2, pp. 263–267, 1928 年。

8．词条"Relationship Terms"（R. H. Lowie 撰 ）, 见 *Encyclopædia Britannica* 14th ed., Vol. ⅩⅨ, 1929 年出版。

9．词条"Kinship"（R. H. Lowie 撰 ）, 见 *Encyclopaedia of the SOCIAL SCIENCES.*（Edwin R. A. Seligman 主编 ）, 1930 年 Macmillan 出版。

10．专著"*Chinese Civilization*"（Granet 撰, Kathleen E. Innes, Abel R. Brailsford 译 ）, 1930 年 London: Kegan Paul, Trench, Trubner & Co., Ltd. New York: Alfred A. Knopf, Inc 出版。

11．论文"Chinese Relationship Terms"（T. S. Chen，J. K. Shyrock 撰），见 *American Anthropologist*，Vol. 34，No.4，pp. 623–664，1932 年。

12．论文"Process in the Chinese Kinship System"（A. L. Kroeber 撰），见 *American Anthropologist*，Vol. 35，No. 1，pp. 151–157，1933 年。

最早阅读郭明昆这篇论文，看到他引用 *Encyclopaedia Britannica* 亦即《大英百科全书》的词条作为重要的依据，便怀疑他未能深入了解西方学术，不过采用简便的方法。经核查有关英文资料之后，才知道实际情况并非如此，郭明昆参考引用的都是当时西方人类学界最新、最标准的文献资料，他对人类学理论的参照利用应该算较全面的。

据笔者对早期人类学临时、粗浅的了解，尽管摩根（Lewis H. Morgan）《古代社会》"Ancient Society"（1877 年出版）对当时思想界带来巨大影响，但作为专业研究的人类学主流，很早即告别了摩根他们主观推论的方式，逐渐追求研究的客观性和分析的精密性。英国科学家（人类学、民俗学、神经医学、心理医学）W. H. R. Rivers 曾经参加 1898 年托雷斯海峡（Torres Strait）诸岛的探险队，至 1908 年前往美拉尼西亚进行专业调查，1914 年出版两卷巨著"The History of Melanesian Society"，第一卷为详细的调查记录，第二卷是分析讨论。同年出版的讲义"Kinship and Social Organization"可以视为该书的一种提要。1921、1922 年的讲义，在 1922 年 Rivers

去世之后，经 Perry 的调整，1924 年出版，书名叫"*Social Organization*"。在美国，Franz Boas 被视为人类学学科的奠基人。美国第一个人类学博士课程、美国人类学学会，都由 Boas 参与建立，人类学作为一门独立的学科，至此开始具有自己的规模和一套日渐成熟的研究方法。众多美国著名人类学家均出 Boas 门下，后来在加州大学柏克莱分校执教的 Kroeber 和 Lowie 是其代表。Kroeber 和 Lowie 都选择美国或美洲土著作为深入研究的对象，在思想上受 Boas 的影响较大，形成他们学术的特点。Lowie 在 1920 年出版的"*Primitive Society*"，是首次从专业人类学的角度综述原始社会的著作，颇有淘汰摩根"*Ancient Society*"的气势。尽管同年 Rivers 发表在 *American Anthropologist* 的书评严厉指出，Lowie 讨论问题时参考征引的现象范围狭窄，忽视太多相关不同情况，而且在 Boas 的影响下，Lowie 创立的文化传播理论过于单薄，但正如 Rivers 也认同的，其意义是重大的，影响是深广的。吕叔湘在 1931 年即翻译了全书，不幸书稿毁于战祸，至 1934 年重译，1935 年出版。可以确定在 1934 年郭明昆撰写这篇论文时，应没有看到汉译本，但也能了解当时中国学界已经很重视 Lowie 这部书。Lowie 是非常勤奋的读书家，生平撰写发表过大约两百篇书评，评论对象包括 1914 年出版 Rivers 的"*Kinship and Social Organization*"、"*The History of Melanesian Society*"，*Encyclopaedia of Religion and Ethics* 中 Rivers 撰写的词条"Kin, Kinship"。Lowie 也善于理论思考，故其有关称谓的分析概念，不仅郭明昆参考利用，大都为后来的人类学家所因袭使用。

郭明昆在《祖父称谓考》中引用 *Encyclopaedia of Religion and Ethics* 中 Rivers 撰写的词条 "Kin，Kinship"，而 Lowie 专门为该条写书评。Lowie 的 "A Note on Relationship Terminologies" 虽然是一篇短文，而师兄 Kroeber 在 "Process in the Chinese Kinship System" 中也引用参考（Kroeber 用 "AA30：264，1928" 这种十分简略的形式提示 Lowie 该文）。与 Lowie 该文发表后第二年出版的 *Encyclopaedia Britannica* 第 14 版词条 "Relationship Terms" 及第三年出版的 *Encyclopaedia of the SOCIAL SCIENCES* 词条 "Kinship"，可以视为一系列作品，反映了 Lowie 对相关问题比较成熟的观点，是当时最新、最重要的学术论述。*Encyclopaedia of the SOCIAL SCIENCES* 是当时美国相关诸学科的学会第一次组织合作编纂的重要作品，*Encyclopaedia Britannica* 早期的词条都是独立的学术论文，第 14 版又对第 13 版进行全面换稿，不能与后来的同类工具书等同视之。

综观之，1934 年郭明昆掌握的人类学资料，既包括稍早 1924 年去世的 Rivers 在 1914 年问世的经典个案研究 "*The History of Melanesian Society*" 及相关的理论分析，又较全面吸收 1928、1929、1930 年出版的 Lowie 讨论亲属称谓的重要论考；1929 年出版法文原书、第二年出版英译本的 Granet "*Chinese Civilization*" 他也看到了；最晚的 1933 年的 Kroeber "Process in the Chinese Kinship System" 也有吸收，这在 1934 年时可以说是最新的。应该承认，郭明昆掌握了西方人类学近二十年的发展趋势，并且跟踪到当时最新、最前沿的观点。

郭明昆 1934 年在东京撰写的《祖父称谓考》中，只引两种英文人类学论著，同一年到北平之后撰写的这篇《甥侄》引用了如上十几种人类学论著，其间差异显然。具体而言，郭明昆在《祖父称谓考》中引两种英文材料，是为了强调区分二人称的对称和三人称的他称；而在《甥侄》论述同一问题，郭明昆仍引同一条 Rivers 撰写的词条，而不取原来引用的 Westermarck 书，另引 1929 年 Lowie 的词条、1914 年 Rivers 的专著。不妨推测，郭明昆到了北平之后，才认真学习这些西方人类学著作，尽管在东京已经开始接触。

还有一点值得注意的是，接下来郭明昆陆续撰写的《伯叔姆婶考》《姑姨舅妗と漢族稱謂の側面史》《父母称谓考》三篇论文中引用的西方人类学论著，都不出这篇《甥侄》所引范围。可以认为郭明昆 1934 年在北平撰写这一篇时，以为吸收参考西方人类学已经足够了，后来再也没有关注西方人类学的新成果。

（二）Lowie 的四分法

如上所述，在郭明昆当时，人类学已经有数十年的积累，而通过分析亲属称谓来研究该社会的亲属制度，经过 Rivers、Lowie 等的研究，逐渐形成较成熟的方法论，而以 Lowie 20 年代后期发表的几篇文章为当时最成熟、最完善的理论成果。郭明昆看到这一点，所以很重视 Lowie 的论著，在《甥侄》"绪言"的开头，郭明昆大段引用 Lowie 的话（引自词条 "Relationship Terms"，郭明昆译成日文）来说明亲属称谓研究的重要性，可见其推服。既然如此，郭明昆采用 Lowie 的四分法作为讨论亲属制度的理论框架，也就自然：

一、世辈制（Generation System），直系与旁系没有区别。

二、旁系并合制（Collateral Merging System），只有一部分旁系与直系有所区别。

三、旁系制（Collateral System），所有旁系都加以区别。

四、直系制（Lineal System），所有旁系是一个系统，直系是一个系统。

通过分析研究，郭明昆得到的结论要点，见上文第二章，此不重述。另外，在称谓的分析方法上，郭明昆也充分吸收 Lowie 等人有关分析概念的最新理论，例如摩根以来学界习惯应用的 classificatory / descriptive 的对立概念，郭明昆不仅准确吸收 Lowie 的批评和纠正，还能进一步细分更复杂的情况（《甥侄》注 7，页 282—283）。可见郭明昆已经完全掌握人类学理论，并且能够驾驭、利用。就结论来说，正如郭明昆自己所说：战国末年亦即《仪礼》《尔雅》反映的亲属制度中，伯叔父也叫兄弟之子为侄，说明"由旁系并合制进入旁系制，具有十分重大的社会史意义"（页 245）。然而我们也不得不说明，纵观郭明昆的研究，完全无法理解旁系并合制进入旁系制究竟有何实际意义。在此，不得不怀疑郭明昆采用 Lowie 的四分理论，是纯粹作为分析工具借用而已，郭明昆自己投入主要精力研究的重点即在具体材料的分析。至于郭明昆表述旁系并合制转进旁系制的"重大社会史意义",似乎在配合人类学理论,逢场作戏而已,自己并没有太大兴趣。我们愿意这样总结郭明昆对西方人类学理论的利用:郭明昆借用人类学的理论框架,分析汉族复杂的称谓现象背后的亲属制度,获得之前的学者完全无力做到,后来的学者也没能超越的成功;但他的兴趣以及研究的方向、目标,却与西方人类学截然不同,因此他的成果不能被归纳在西方人类学范畴内。我们在此能看到郭明昆学术的独特性。

(三)对 Lowie 的微词

欧洲人类学家的主要调查对象是美拉尼西亚、非洲等土著,美国人类学家的主要调查对象是美洲土著。中国与欧洲一样,作为"发达文明",很难吸引西方人类学家的研究兴趣,他们对中国的情况也缺乏了解。然而讨论理论问题,自然无法完全回避中国的情况,于是在西方人类学的著作中,经常出现有关中国非常简短、充满错误的叙述。

当时西方人类学家能够利用的有关中国的信息非常有限,郭明昆指出在 Lowie 撰写 *Encyclopaedia Britannica* 的词条 "Relationship Terms" 时,提到的有关汉族称谓的文献资料只有如下两种:

1. Ching-Chao Wu, "The Chinese Family: Organization, Names, and Kinship Terms", *American Anthropologist* Vol. 29(1927).

2．F. W. Baller，"*A Mandarin Primer*"（1911）．

后一种居然是学汉语的教材，未免令人惊异。前一种发表在
美国人类学最权威的专业期刊上，作者"Ching-Chao Wu"，
很可能是1901年出生，1923年赴美就读明尼苏达大学、芝
加哥大学，1928年返回中国大陆历任金陵大学、清华大学
教授，1949年后没有去台湾，选择留在中国大陆，最后却
被打成右派，1968年凄凉去世的吴景超。因为文章末尾注
记作者单位为"University of Minnesota"。如果这种推论不误，
可以说是就读美国大学学社会学的中国青年，为美国人类学
界提供了有关中国亲属称谓的基本材料。

　　可惜，在郭明昆看来，Ching-Chao Wu的这篇文章几乎
是乱写，郭明昆毫不掩饰对这篇文章的鄙视。我们亲自浏
览Ching-Chao Wu这篇文章，发现只是对中国家族制度、亲
属称谓做一通俗介绍而已。没有参考任何历史文献，也没考
虑地区差异，作者不分古今与东西，全凭他个人的印象，轻
松告诉你浑然一体的"China"的情况，可知郭明昆的鄙视
并不过分。在20世纪人类学的学术领域里，只有一种人可
以不深入调查各地不同习俗，不搜集分析各种文献，仅凭自
己印象，描述一个社会、文化的现象，那是被采访的土著
（informants）。笔者怀疑*American Anthropologist*刊登这篇留学生
作文，是作为土著用英文自述的原始资料，并不是作为研究
论文。十分有趣的是，郭明昆在《甥侄》注52（页291），引
用Ching-Chao Wu一段话（大意谓：中国人称呼姐姐、哥哥，都要结

466

合幼名，称"某某姐""某某哥"），指出这种情况并不普遍（较普遍的情况是加排行，称"二哥""三哥"等），又推测"恐怕是 Wu 氏介绍自己老家的习惯而已"。接着又说："根据 Wu 氏的这段介绍，我们可以了解在当代中国某些地区，对直接称呼真名的避讳心态，已经相当淡化。"郭明昆尽管鄙视 Ching–Chao Wu 这篇文章，仍然从中获得这一处有价值的信息，换言之，郭明昆认为这篇文章作为学术论文十分糟糕，但作为土著自述还有一定的参考价值。我们似乎应该承认，郭明昆这种认识十分透彻，眼界不在 *American Anthropologist* 编者之下。

Lowie 仅根据一本很简略的汉语教材、一篇极浅陋的中国人自述，分析汉族亲属称谓，推论其性质为"bifurcate merging system（旁系合并制）"，居然与郭明昆自己研究的结论相符合，令其叹服 Lowie 的"洞察与卓识"（《甥侄》，页 236）。然在其注中（注 14，页 284），郭明昆接着指出，在正文引用显示 Lowie "洞察与卓识"部分的下文，论述还是混乱。郭明昆评论说："一来为这两种肤浅、乱写的参考文献所害，二来由于这一老大国称谓制十分 puzzling 的样态，以 Lowie 高深的学识，也只能困惑无解。"郭明昆的评论有点抽象，是因为他没有具体说明 Lowie 混乱的观点。半年后仍在北平撰写的《伯叔姆婶考》（页 135—136）中，郭明昆才敢详引 Lowie 的下文，加以评论，接着回东京后撰成的《姑姨舅妗と漢族稱謂制の側面史》中（注 81，页 226—227），也引同样的原文，详加评论。

郭明昆评论的要点在，"姑父""姑母""舅父""舅母""姨父""姨母"等称谓不会用来直接称呼对方,附有"父""母"是出于修辞上的必要,并不反映亲属制度;Lowie 及 Kroeber 等忽略这一点,所以始终怀疑汉族亲属制度在类型上或许归世辈制。当 Lowie、Kroeber 等分析汉族称谓时,失于辨别不同称谓类型,因而没能准确分析汉族称谓制,这是郭明昆在《甥侄》注 7(页 283)、注 35(页 288),《姑姨舅妗と漢族稱謂制の側面史》正文(页 194)、注 81(页 226—227),《伯叔姆婶考》(页 135—136)等多处反复指出的问题。但在此我们应该注意,如在上义第(一)节廾头介绍的,郭明昆在留学北平之前,在东京撰写的《祖父称谓考》中,曾经说明分辨"直接叫呼称谓"与"他称称谓"的必要,并出注(注 17)以 Rivers 和 Westermarck 的论述为根据,后来在《甥侄》的注 70(页 293)更补充 Lowie 和 Rivers 的另一部专著。换言之,要注意分辨"直接叫呼称谓""他称称谓"等不同性质,这一点不仅 Lowie 等西方学者早就知道,郭明昆其实也是从他们那里学来的。问题是,"当我们研究汉族称谓时,只分'直接叫呼称谓'与'他称称谓'是远远不够的,至少还要将'他称称谓'细分为'白话说明称'和'文言记述称'"(《甥侄》,页 279)。在研究方法的理论层面上,Lowie 他们的认识并没有问题,只因汉族称谓的复杂性、特殊性,在分析汉族称谓时,需要更复杂的分析过程。这一点,即便是郭明昆,也是在做过深入研究、具体分析之后,才发现的。Lowie 他们根本不了解具体情况,自然无法想到这些问题。

在仔细阅读之前，将郭明昆的书从头到尾翻看一遍，表面上看最吸引人的恐怕是《甥侄》注 68（页 292）的这段话：

> 美国那些学者们，不做实地调查，只从偶然旅美的汉人讲过、写过的内容获得皮相的认识，据以讨论汉族称谓制，因而对称谓的具体用法，连"群盲摸象"程度的体会都没有。打个比方，简直像从太平洋彼岸，用望远镜窥视汉族称谓制一样。

美国人类学家的问题在于，没有像对美国土著一样对中国进行实地调查，仅凭浅陋不堪的两三种资料推论汉族称谓。反过来说，他们的理论框架、分析思路，在郭明昆看来，总体上是可以接受的。因此在《甥侄》中，他始终没有直接表述对 Lowie 的批评。写完《甥侄》（1934）之后，一方面对 Lowie 他们的理论框架、分析思路已经完全掌握，另一方面对汉族称谓的具体分析积累了丰富的经验，对相关问题有全盘的把握，所以在《伯叔姆姊考》（1935）、《姑姨舅妗と漢族稱謂制の側面史》（1936）中就敢具体指出 Lowie 的不足。

（四）不可容忍的 T. S. Chen 论文

第（一）节表列《甥侄》引用的西方人类学论著，已经看到其中具有核心意义的是 1928、1929、1930 年 Lowie 分别发表的三篇论文，除了 1930 年英文版 Granet *"Chinese Civilization"* 不属于纯粹人类学论著外，更晚的研究资料是 T. S. Chen、J. K. Shyrock 撰 "Chinese Relationship Terms"（1932）和 Kroeber 撰 "Process in the Chinese Kinship System"（1933），后者在前者的基础上撰写，关系非常密切。这两篇都发表在 *American Anthropologist*，是当时最新的专业研究成果，而且题目直接涉及郭明昆研究的内容，郭明昆不得不重视。

与 Ching-Chao Wu 的文章不同，T. S. Chen、J. K. Shyrock 的文章根据文献材料，系统梳理各种称谓，有分析，也有表，俨然是人类学研究论文的体裁，所以 Kroeber 也称"材料丰富，分析精辟"。稍后冯汉骥发表 "The Chinese Kinship System"（*Harvard Journal of Asiatic Studies*, Vol.2, 1937。今未见原书，仅据汉译本《中国亲属称谓指南》，1989 年上海文艺出版社），其《导论》称"自那（摩根）以后，涌现了不少杂录，一些包含在法律文献中或语言学入门书中，另一些包含在词汇著作中。然而，除了一本以外，没有哪一本值得重视。这就是 T. S. 切恩和 J. K. 施赖奥克的著作"，指的就是 T. S. Chen、J. K. Shyrock 的文章。T. S. Chen、J. K. Shyrock 的文章末尾标注的作者单位是 "University of Pennsylvania"，而冯汉骥也在 University of Pennsylvania 攻读人类学博士课程（1933—1936），或许直接认识作者也未可知。

然而 T. S. Chen、J. K. Shyrock 的这篇论文，在郭明昆眼里，却轻薄庸愚到无法忍受的程度。《甥侄》篇幅不短，在李献璋编的论文集中占六十五页，而只是快到第五节"结语"之前，第四节末尾才第一次提到 T. S. Chen、J. K. Shyrock 的论文，而且一提就加以严厉批评。其实郭明昆也不是为了批评而批评，在此真正的批评对象是 Kroeber 的论述。只是因为 Kroeber 的论述以 T. S. Chen、J. K. Shyrock 论文为材料基础，所以不得不分辨 T. S. Chen、J. K. Shyrock 论文的不妥。在此，我们不妨推测，在郭明昆眼里，Kroeber 是值得重视的人类学家，他的论述失实，有必要纠正。至于 T. S. Chen、J. K. Shyrock 的论文，意义不大，本来可以忽视，为了说明 Kroeber 的错误，顺便提到。

不过，到了第五节"结语"，郭明昆大段引用 T. S. Chen、J. K. Shyrock 论文"导论"开头第三句到第九句（郭明昆译成日文，占六行），对其表示完全不认同。T. S. Chen 他们或许只想说明研究汉族称谓的条件与研究原始土著称谓不同，研究原始土著必须从实地调查开始，而总结调查结果编出来的称谓资料集，也不过中国现成的《辞源》《中华大字典》那种水平，所以人类学者可以跳过实地调查，直接进入分析研究。若以人类学家主要从事的美洲、美拉尼西亚土著研究为标准，会有这种想法，是可以理解的。郭明昆的情况跟他们相反，他并不是人类学家，对美洲、美拉尼西亚土著研究没有兴趣，然投入大量时间调查各地汉族的称谓习惯，对历史文献中有关称谓的记载也进行了缜密的分析研究，最后完成《甥侄》这一重大成果。考虑到这种情况，就知道当他看到 T. S. Chen 他们说只要用《辞源》《中华大字典》就可以研究汉族称谓时，完全无法接受，纯属必然。郭明昆在此具体说明 T. S. Chen 他们用这种轻易的态度分析汉族称谓带来的种种失误，并强调细心分析文献资料、实地调查各地习惯的重要性。后来在《父母称谓考》中单独纠正 T. S. Chen、J. K. Shyrock 论文的失误（正文页 119 并注 45），则严厉批评他们未能分辨"叫呼称""说明称""记述称"等不同用法，是 T. S. Chen 他们确实忽略了仔细分析各种称谓具体使用情况的重要性。

郭明昆细心分析文献资料、实地调查各地习惯，建立他精辟的汉族亲属称谓研究，达到无人可以企及的高度。笔者虽然不研究这些问题，但完全相信在郭明昆的研究面前，T. S. Chen 他们的论文简直是儿戏。最大的问题并不在理论框架或分析概念，而在具体现象——包括历史文献、当代民俗两方面——的准确理解。现在看到 T. S. Chen 他们骄傲地宣称"用《辞源》《中华大字典》足以研究"，我们也不禁替郭明昆骂一声"别逗了"。

（五）交表婚等问题

顺带一提交表婚问题。因为美拉尼西亚等地很多原始土著都有交表婚现象，所以人类学家接触汉族称谓，很容易想到这些称谓反映交表婚制度。T. S. Chen 他们的论文、日本加藤常贤的《舅姑甥称谓考》（《甥侄》注 17 云见《支那古代家族制度研究》，正文页 268 则称"'朝鲜支那文化研究'所收"。按：此文发表于 1929 年出版的《京城帝国大学法文学会第二部论纂 第 1 辑 朝鲜支那文化研究》，即郭明昆所见。李献璋编辑体例，引用文献之出处尽量改注单行本，所以注 17 改注 1941 年出版的《支那古代家族制度研究》，而在正文中忘了修改，所以有歧异）都认为汉族早期有交表婚习俗。Lowie 则不像他们那么草率，指出假设有 levirate 婚与 sorerate 婚并行，即可解释相关现象

（见《父母称谓考》，页99—101）。对此问题，郭明昆在多篇文章中，反复表示怀疑。除了对加藤的观点提出逻辑上的问题（《姑姨舅妗と漢族稱謂制の側面史》，注28）外，对 Lowie 的推论也提出别的可能性（页99—101）。但他并没有提出自己的观点，而表示保留的态度。如在《姑姨舅妗と漢族稱謂制の側面史》"结语"的末尾，他说："汉族原始的旁系并合制自然与其原始社会组织密切相关，而这方面问题今均保留未解决状态。因为目前我们仍然缺乏对汉族原始社会组织的准确知识，与其急于做出武断的结论，不如待之将来慎重的研究。"（页212）在《父母称谓考》第二节末尾亦云："应当以称谓制的形态论层面为主，结合社会组织、婚姻制度而考察问题，但在今日对汉族原始社会缺乏准确的学术知识的情况下，恐怕只能满足于如上猜测。"（页102—103）在此我们不仅看到郭明昆的慎重以及追求客观精确性的治学态度外，也应该看到此类问题的本质。亲属称谓不过是称谓，早期汉族称谓更无法知道具体使用情况，单凭几个汉字是无法了解当时的社会制度的。反过来看，加藤他们的推论无疑是草率而武断的。

四、与冯汉骥研究的比较

Ching-Chao Wu 谈不上研究，T. S. Chen 也不知是留学生还是华裔，在此我们再拿冯汉骥与郭明昆做一简单比较。如上所述，冯汉骥在 University of Pennsylvania 攻读人类学博士课程（1933—1936）。他出生在 1899 年，早年就读于教会学校，

毕业于美国圣公会办的武昌文华大学，工作八年之后，1931
年去美国留学，此时年过三十，不能说很年轻。郭明昆出生
晚冯汉骥六年，而从小学日文、英文，冯汉骥开始留美的
1931 年时，他已经读完早稻田大学了。郭明昆在中国台湾、
日本学人文科学，又留学北平一年半，通过英文书刊学习西
方人类学的理论与方法。同一个时代，而截然不同的两个背
景，一个用日文、一个用英文分别撰写的汉族称谓研究，其
内容究竟有如何差异，令人好奇。

　　郭、冯两位同时都提出类似的问题，西方的学者或许
能够提出一套研究的方法理论，但他们都无法善用中国丰富
的古典文献资料——或许是真的不知道有这些资料存在，所
以导致他们的研究有不少的遗漏与错误。例如冯汉骥对 T. S.
Chen、J. K. Shyrock 的论文给予较高评价，但仍然承认《中
华大字典》《辞源》等提供的材料"不够翔实，不大可靠"，
所以也需要拿历史文献来补充更多材料。

　　冯、郭两人使用的历史文献互有出入，但同样以《尔
雅·释亲》与《仪礼·丧服》为核心资料。冯汉骥对两部书
的成书年代的判定：《尔雅》直接采用内藤虎次郎的说法，
并认为"《释亲》部分很可能完成于约公元前二百年"[1]；而
《仪礼》和《礼记》这两本书则产生于公元前 5 世纪至公元

1　内藤虎次郎《尔雅新研究》："《释亲》以下，至于《释天》各篇，《公羊
　　春秋》发达，礼学盛行之时代，即从荀子前后，至于汉后苍、高堂生之
　　时所制作也。"〔《先秦经籍考》（上海：商务印书馆，1931 年），中册，页
　　162—184〕。

前 1 世纪（周至汉）。他认为：

> 简单的丧服制早在周代以前可能就产生了，只是
> 到了儒家手中变得复杂起来。为了保持家族的稳固性，
> 他们不仅将丧服制复杂化，也将亲属制度进行规范化，
> 因为有严格的等级分别的丧服制，要求具有区别性强
> 的亲属称谓系统，以避免丧服等级与亲属身份不服的
> 情况发生。

所以《仪礼》也与《尔雅》相同，都是非一时、一人，
经过长时间逐步完成的。在此，他得出与郭明昆相反的结论：

> 与《仪礼·丧服传》记录的系统相比，《尔雅》系
> 统在许多方面都是前后矛盾的。一些古代学者天真地
> 试图以《仪礼》系统来修正《尔雅》，他们认为《尔雅》
> 系统与儒家划分亲属的标准不符。他们没看到，《尔雅》
> 实际上代表的是中国早期的亲属制，而《仪礼》代表的
> 则是后期的亲属制，为使《仪礼》系统与丧服制保持一
> 致，对它已经进行过订正，使之趋于合理。
> 毋庸置疑，在儒家思想的影响下，对《尔雅》系
> 统已进行了一定程度的人工处理，但其人工处理的程
> 度远不如《仪礼》。(页 40)

这段话与我们一般对《尔雅》晚于《仪礼》的认知有差距，

所根据为何，冯汉骥没有说明。不过，他认为《尔雅》所产生的矛盾，是因为还未经过太大程度人工处理的中国早期的亲属制，《丧服》则已经过儒家的"顽强地渗透于中国的社会结构"，变成复杂但有系统的亲属关系。

相较冯氏的说法，郭明昆的研究方法就严谨许多，以下举他对"甥"的分析来说明《丧服传》与《释亲篇》的时代先后。郭明昆认为，"舅""姑""甥""侄"是一套反映汉族家族制度特色的称谓，其中"甥"最早是男子对己之姐妹之男子的称呼，仅限于男性长辈对男性小辈的称呼。后来扩大范围，也可以称呼姐妹之女子，但仍然限于男性长辈对小辈的称呼。再后来，女性长辈对姐妹之男子、女子，都可以称"甥"了。《丧服·缌麻章》的"甥"属于第二个阶段，被称呼者包含男女，但称呼者仅限男性。[1]《丧服传》为了说明这一情况，用"谓吾舅者，吾谓之甥"这样一句。因为无论男女都称己母之兄弟为舅，所以"谓吾舅者"包括己之姐妹之男子与女子，而"吾"既然是"舅"，必须是男性。可见"谓吾舅者，吾谓之甥"对《丧服篇》而言，非常恰当，达到了必要的说明作用。反观《尔雅》这些则仅仅附在《释亲篇》的最末节（"婚姻章"，也是《释亲篇》的最后），似乎是最后

---

[1] 郭明昆分析《丧服经》的"报"纯粹说明两者之间互相服同样的丧。不方便分别列两条的情况，就用"报"来说明双方向的服丧关系。女性长辈从其姐妹之子看是"从母"，从母对甥的丧服规定应该是《小功章》的"从母，丈夫妇人报"。

的附录，而且恐怕要代表着多种的涵义 [1]。男性对己之姐妹之男子、女子的称呼，在"妻党章"另有"男子谓姊妹之子为出"一句。《释亲篇》在这句后只要再多写上"亦为甥"三个字，"谓吾舅者，吾谓之甥"这句话就完全没有必要了，除非"谓吾舅者，吾谓之甥"还包含同辈在内的更多种关系。再加上《丧服传》另有"谓吾姑者，吾谓之侄"这相同笔法的文句，为《释亲篇》所无，那么"谓吾舅者，吾谓之甥"，可以视为是《释亲篇》从《丧服传》中抄录出来的（页285）。也就是说，《尔雅·释亲篇》的成书比《仪礼·丧服》要来得晚。

关于此点，冯汉骥在"外甥"条下有云："《尔雅》列了称谓'出'，在后文又列了'甥'。'出'可能比'甥'古老，因为，在《仪礼》里只用了'甥'而未用'出'。"（页103）他以为《尔雅》早于《仪礼》，没有考虑《尔雅》这种训诂汇编必须以具体训释的长期积累为前提才能编辑。

又，"侄"这个称谓，冯汉骥认为：

> "侄"如《尔雅》所用，是女子称呼兄弟之子的称谓，《仪礼》中的用法与此同。**"侄"作为男子称兄弟之子的称谓始于晋代**，最早起源于中国北方，随后扩展开来。

---

1 在"妻党章"中就有"姑之子为甥""舅之子为甥""妻之昆弟为甥""姊妹之夫为甥"等多种涵义。

这里，他直接采用《颜氏家训·风操篇》的说法：

> 案《尔雅》《丧服经》《左传》，"侄"名虽通男女，并是对姑之称。晋世已来，始呼"叔侄"，今呼为"侄"，于理为胜也。

郭明昆认为"晋世已来"的时间推断太晚，颜之推只是随口说说，没有根据。那么，是什么时候开始有"叔侄"的概念呢？郭明昆认为"侄"与"甥"一样，经过逐渐扩大使用范围的过程。第一阶段，称者与被称者皆限制为女性，"侄"（姪）字从女，说明被称者为女子，《释名》"姑谓兄弟之女为侄"，保留古义。第二阶段，被称者包括男女，故《丧服传》"谓吾姑者，吾谓之侄"，侄男侄女都称父之姐妹为姑。第三阶段，称者也可以包含男性，不仅是姑，连伯父、叔父也称兄弟之了女为侄。《大功章》的"侄，丈夫妇人，报"，正如《丧服传》云"谓吾姑者，吾谓之侄"，属于第二阶段，但郭明昆还推测编纂《丧服经》的时代，作为当代的语言习惯，已经进入第三阶段。就此问题，他指出《丧服》经文不完整的现象。有"夫之昆弟之子""夫之昆弟之妇人子适人者""昆弟之子"而无"昆弟之女子子"；有"夫之昆弟之子、女子子之长殇中殇"而无"昆弟之子、女子子之长殇中殇"。郭明昆推论，在《丧服》编者平常使用的语言习惯里，"昆弟之子""昆弟之女子子"都已经是"侄"，所以有时以为"侄，丈夫妇人，报"可以包括"昆弟

478

之子""昆弟之女子子",才产生经文的缺漏。《丧服传》特意用"谓吾舅者,吾谓之甥""谓吾姑者,吾谓之侄"等句子限制称者的性别限制,反过来说明当时平常的语言习惯已经不分男女,所以才有必要明确范围。

虽然同样立足于分析古典文献材料来探讨称谓制度,但郭、冯二氏有很不相同的走向,冯汉骥仍在摩根理论的框架中论述,虽然加入西方人无法解读的中国古代史料,不仅未加以分析,也轻易误信了别人的成说。很大一部分只是将《辞源》这类二手资料还原为一手资料。这跟郭明昆一方面对历史文献进行深入细致的分析研究,另一方面对当代各地习俗进行实地调查,追求对相关称谓具体使用方法的准确理解,相差太远。或许可以说,冯汉骥没有经过研究分析中国历史文献的专业训练,也没有条件回到中国大陆调查各地习俗,所以只能根据文史常识核查历史文献,是在研究条件上不如郭明昆。这一点我们都很容易理解。至于人类学理论,冯汉骥只会套用当时学界通俗的说法,不如郭明昆对理论问题也进行深入尖锐的批评,在美国大学学人类学专业还不如郭明昆的自学,则当如何理解呢?笔者认为,这是一个有关留学的盲点。郭明昆因为是自学,离美国、欧洲都很远,所以只能靠自己读书,因而不得不自己思考。他阅读 Lowie(笔者感觉 Lowie 爱掉文,较难懂)对摩根、Kroeber 的理论批评,无法不自己思考这些理论问题,经过挣扎奋斗,等到他全明白了,则对相关各种理论问题都有自己一套有根有据的见解,这是圈外自学的优点。冯汉骥在美国修读人类学专业,周围

学术史读书记

的老师、学生都在运用属于常识的理论和方法进行研究，他自然也要跟他们一样撰写学位论文，在这种情况下，很难有机会对本专业的理论问题进行根本性的反思或批评。理论是要用的，不是要反思的，这是在圈内学习的缺点。

Kroeber 在 "Process in the Chinese Kinship System" 中，讲到汉族称谓的丰富、复杂性远远超过西方或英语时，用过两个比喻，其一曰：我们好比缺乏超过十的数字概念，是超过十的加法、乘法必须借助用手指掐算的民族。其二曰：汉族始终要用钟表，知道确切时间，我们宁愿看太阳知道时间，不想为维持钟表正常运转投入精力。并且指出，面对指称关系复杂的汉族称谓，我们只能靠先上去、后下去一个一个算关系的方法，才能准确描述同一关系。例如"堂弟"，没有一个英语词可以指称相同的亲属关系，只能说是父亲的兄弟的儿子而且是比自己年轻的。冯汉骥的 "The Chinese Kinship System"，如上所述，对历史文献的分析并不可靠，理论上也没有创造性论证，在本质上与 T. S. Chen 他们的论文差不多（尽管也有冯汉骥不认同交表婚，显示其慎重等事例）。T. S. Chen 他们的论文罗列大量（约两百）称谓词，每一称谓词后附详细描述，例如：

63. T'ang ti（father's brother's son, younger than the speaker）.

64. T'ang ti fu（wife of 63）.

这就是 Kroeber 所说先上去、后下去一个一个算关系的方法。冯汉骥完全因袭这种方法，罗列比 T. S. Chen 他们所列更多的称谓词。较 T. S. Chen 他们的论文更好的是，将大量称谓词系统梳理，分章合理，眉目清楚，查询方便，一目了然。这样看来，汉译本书名改称《中国亲属称谓指南》，比起英文原书名，更能体现该书的意义所在。

五、郭明昆的独特性与悲惨的结局

日据时期的台湾儒学家[1]，或生于日据时期之前，或卒于日据时期之后。而郭明昆（1905—1943）的一生，则是与日本统治台湾（1895—1945）相终始的。他的整个人生，可说是一部日本殖民台湾史。虽然他是比较特殊的例子，却极能代表此时期的学术背景与特色。

从小受的是日本教育，在学校说日文，私底下与家人、朋友以福佬话交谈。青年时期赴日留学，深入学习西方社会学、人类学等理论，又特别欣赏津田左右吉教授的学问，吸收津田分析先秦史料的方法。由于学习勤奋，成绩出色，受到津田的赏识，毕业后留校担任研究与教学的工作。他更在1934 年受到日本外务省文化事业部派遣，到中国留学。他是在日本教育下培养出来的知识分子，表面上，他是个地地道道的"日本人"，从个人到学识，整个被日本人接受与承

1　根据林庆彰先生编辑《日据时期台湾儒学参考文献》所列举的儒学人物。

认，他撰写的日语论文比一般日本人写的更典雅。

1936 年被派遣到北平留学，他才开始学北京话。结识北平的众多学者、文人，又接触大量从外地来北平的人，他大开眼界，对民族文化的强烈兴趣被激起了。从《甥侄》开始，他在论考中经常强调汉族历史文化的复杂性以及作为"同乡人"体会各地习俗的重要性。然在《甥侄》中，理论问题占据较大比重，至于《伯叔姆婶考》以下，理论问题没有新的讨论，而对有关历史文献、方言、民俗的具体考释越来越多，一发不可收拾，繁琐到令读者厌烦，自己却是乐此不疲的状态。

同时，他对自己的母语福佬话的兴趣也非常强烈，仍在北平的 1935 年即撰《福佬话方言的研究》，是用闽南话写的闽南话研究。郭明昆可谓书写闽南话的先驱。1937 年撰《福老话方言に於ける親族稱謂の二三について》，1939 年撰《福老话方言における及と與について》，则都用口文书写，似乎都没考虑会有什么读者，但内容却很充实，可以看出郭明昆自己很投入。

郭明昆的汉族亲属称谓研究，若以《〈仪礼·丧服〉考》《〈丧服〉经传考》为前期准备，《祖父称谓考》算是试探性成果，在北平撰写的《甥侄》一下子达到理论顶峰了。他在短时间内，学习、掌握西方人类学的理论与方法，经过一番自己的思考，作为分析方法利用人类学概念，取得空前绝后的辉煌成功。随后几年，他也陆续撰写、发表相关论考，但大体框架以及参考、利用西方著作则停滞在《甥侄》

阶段，再也没有新的发展。相反的，他对历史文献、方言、民俗的具体考释越做越多，越来越丰富，似乎对西方理论已经玩腻，觉得方言、民俗乃有无穷的乐趣，更何况自己的方言！可虽然郭明昆是台湾人，台湾当时是日本殖民地，他自己受过日本教育，甚至是早稻田高等学院教授，反对日本殖民固然无法想，连福佬话研究都找不到知音，郭明昆的心中应该是矛盾与迷茫的。1943 年郭明昆丧失妻子，九个月后郭明昆从神户出发，返台湾途中沉没大海。回想郭明昆治学的经历，不能不说是一个悲剧。

令人欣慰的是，郭明昆留下的著作，至今仍然散发着迷人的光芒。《〈仪礼·丧服〉考》《〈丧服〉经传考》的主要观点，可以说是发挥津田的方法分析《丧服》经传的重要成果，独特又有说服力，相信今后继续会被众多学者参考。《甥侄》一篇，可以视为一种艺术品，确实是空前绝后。一个没有留美、留欧的台湾学者，在东京和北平研读英文论著，充分吸收西方人类学的优点，结合自己对文献、民俗的深度理解，雕琢出这样一篇文章。假使 Lowie、Kroeber 能看懂日文，他们应该为之拍案叫绝；假使 T. S. Chen、冯汉骥能看懂日文，他们应该无地自容。说这是奇迹、奇葩，都不为过。有关福佬话的研究，是民族文化运动的先驱，令人振奋。

最后，我们对郭明昆的好友李献璋表示最诚挚的谢忱。是他真诚的友情，使郭明昆的遗稿在其去世二十年之后，得以汇集出版。我们深信，如果没有李献璋编辑的这部论文集，我们不可能注意到郭明昆这一令人既高兴又伤感的台湾人。

附录：郭明昆的《〈仪礼·丧服〉考》研究

　　郭明昆在思想上深受他的老师津田左右吉教授的影响。他在日本求学时，恰巧是津田教授从满鲜史研究转为中国上古思想研究的阶段。郭明昆屡次对好友李献璋表示，一般学生在学习的过程中很少能领悟津田教授讲义的精到处，而他自己却是马上就能理解而深感佩服，可见他对津田教授讲授内容的全神贯注。1931年，在津田教授的指导下，郭明昆完成了《〈仪礼·丧服〉考》的毕业论文，两年之后，又完成了《〈丧服〉经传考》的撰写。[1]

　　在众多中国典籍中，专注于社会学研究的郭明昆选择《仪礼·丧服》做研究，他想借由《仪礼·丧服》各章对亲疏不同的亲属规范，探求中国古代社会的家族亲属关系与其

---

[1]　由于郭明昆的文章用日文书写，本文使用了林庆彰先生所编的《日据时期台湾儒学参考文献》中，李寅生教授所翻译的内容对照参考。在中国经学史的发展中，台湾的经学研究只能算是旁支，不成体系，使得研究此时期的学术成果不丰。又由于此时期文献资料缺乏与难以获得，导致在一般人的观念里，常常误以为日据时期的台湾没有经学研究成果。《日据时期台湾儒学参考文献》不仅让我们了解日据时期台湾儒学家们的研究成果，也奠定今后研究此时期台湾儒学家的基石。又，李寅生教授的翻译时有错误，有所需要时，于注释中说明。

生活形态，同时探究儒家礼制的实质内涵。

丧服礼，是由特定的人——服丧者，在特定的时间——丧期，所穿的特定的丧装——丧服，三者所组成，郭明昆在《〈仪礼·丧服〉考》中，主要以他对此三者所产生的疑问分别讨论，以下举例说明之。

一、丧装

古代服丧者所着的丧装代表着文化意义，郭氏想探究在文献上，五服（斩衰、齐衰、大功、小功、缌麻）在实际风俗中的样貌，以及在古代的丧服礼中该如何予以说明。他认为要找出这个答案，必须先确定五服的组织，是否曾在先秦文献资料中出现过。但在古代文献中，除了《仪礼·丧服》之外，先秦典籍中没有系统或全面地详细记述丧服的制度，唯一较为详细的，是《荀子·礼论》[1]中对丧葬之礼记述的部分，郭氏此篇文章关于"丧装"的开展与推断，也环绕着《礼论》与《丧服》之间的关系而进行。

（一）《荀子·礼论》与《仪礼·丧服》内容的区别

郭明昆认为，儒家著作《荀子·礼论》，所记载的情况不仅与当时实际情形较为符合，且撰成的时间较《仪礼·丧服》为前，作为检讨《仪礼·丧服》的根据最为恰当，兹将

1　翻译皆误作《荀子·礼运篇》。

郭氏对二者所述做以下比较：

《礼论》的叙述	郭明昆对《礼论》的理解	《丧服》中对五服的记载
三年之丧，称情而立文，所以为至痛极也。齐衰苴杖，居庐食粥，席薪枕块，所以为至痛饰也。	1. 没有提到斩衰。 2. 齐衰是伴随着三年之丧最重要的丧服（言下之意没有"斩衰"）。 3. 齐衰之服由苴杖支撑。	1.五服中，斩衰最重，齐衰处于第二等。 2.斩衰之服由苴杖支撑；齐衰之服由削杖支撑。
则三年之丧，二十五月而毕。若驷之过隙然而遂之，则是无穷也。故先王圣人安为之立中制节，一使足以成文理则舍之矣。然则何以分之？曰，至亲以期断。是何也？曰，天地则以易矣，四时则以遍矣，其在宇中者，莫不更始也，故先王案以此象之也。然则三年何也？曰，加隆焉，案使倍之，故载期也。由九月已下何也？曰，案使不及也。故三年以为隆，缌、小功以为杀，期、九月以为间。……故三年之丧，人道之至文者也，夫是之谓至隆。	1. 缌、小功是最轻的丧服。[1] 2. 缌、小功是丧服之名[2]，其他则为穿丧服的期间。 3. 小功可能包含于大功。 4. 若荀子理解《仪礼》中的五服制，应作"斩衰以为隆，缌小功以为杀，齐衰大功以为间"，但未如此与，表示荀子并未看到《丧服》所制定出来的制度，因此三月、期、九月都是同为服齐衰之丧。	斩衰：三年。 齐衰：三年、杖期、不杖期、三月。 大功：成人九月、殇九月或七月、穗衰七月。 小功：成人五月、殇五月。 缌麻：三月。

1　翻译误作"缌，从字面上来看是把小功服当作最轻的一种丧服"。（页398）

2　翻译误作"缌只是小功，表现为丧服之名"。（页398）

续表

《礼论》的叙述	郭明昆对《礼论》的理解	《丧服》中对五服的记载
乳母，饮食之者也而三月；慈母，衣被之者也而九月。	此九月，因《丧服》规定了"慈母如母"，所以与九月与大功所称的轻丧服相比，将其看作"齐衰之服"解较为适当。	"慈母如母"（齐衰三年章）。
齐衰、苴杖、居庐、食粥、席薪、枕块，是君子之所以为惮诡其所哀痛之文也。		

郭氏在参考了杨倞等人对《荀子·礼论》的注释后，加上自己的看法，作了以上对《礼论》的理解[1]，他认为，在《丧服》撰成之前的时代，丧服只有齐衰、小功与缌三种。因为按照《荀子》所言，这三种丧服并不需要较长的时间和繁琐的计划才能实行，在一些形式上是与实际的民俗相符的。但在《仪礼·丧服》中，齐衰处于第二等，其上还有一个更为重要的"斩衰"，历来学者在注释《论语》《孟子》《荀子》时，都认为"齐衰"已包含"斩衰"，郭氏认为"这种把《仪礼》看作是周公或孔子的经典，凡解释都要与其他文献的记载相符，似乎有些不太合适"（页398）。

1　郭氏认为《荀子》中所看到的丧服之礼就整体而言与《仪礼》不完全相同，翻译误作"就整体而言与《仪礼》肯定是相同的"（页399）。

（二）《丧服》中加入斩衰、大功的意义

既然实际情况只有齐衰、小功、缌三种丧服,《仪礼·丧服》加入"斩衰""大功"的用意为何？郭氏认为其中一个很重要的关键,在于"齐衰"究竟应作何解释。

从文献上来看,《荀子·礼论》有齐衰而无斩衰,虽然《哀公》篇中有"斩衰"[1],已把"斩衰"加在"齐衰"之上了,但《哀公》篇被认为是汉儒的作品,不能作为早有"斩衰"的证据。

其次,从名称上来看,历来学者在解释"斩衰"与"齐衰"时,是根据《丧服传》所言"斩者何？不缉也""齐者何？缉也"而来,相对于斩衰的"不缉",而将"齐"解释为"缉"。这样的解释,长期以来被大部分的学者接受,但郭明昆认为,"齐"最早的意义被大家所遗忘。《论语·乡党》篇中有"见斋衰者,虽狎必变"之语,《子罕》篇中也有"子见斋衰者、冕衣裳者与瞽者,见之,虽少,必作；过之,必趋"之言。[2]"斋衰"的"斋",经传多用同音的"齐"

---

1 "斩衰、菅屦、杖而啜粥者,志不在于酒肉。"参见王先谦撰：《荀子集解》（台北：艺文印书馆,1994 年）,第三十一,卷二十,页 13 下。

2 历来的学者在注释时,因只见"齐衰",没有提及"斩衰",于是都解释成"齐衰"已经包含了斩衰,将《仪礼》当作是周公或孔子的经典,凡解释都要与其他文献的记载相符合。清刘宝楠《论语正义·子罕》"子见齐衰者"的注释,引江永《乡党图考》："案五服一斩四齐,第言'见齐衰'者,举齐以兼斩也。"由江说推之,则此文"齐衰"亦当兼言。

来假借，原本作"斋"，即"斋忌"之意[1]：

> "斋"字能够表现出丧服本来的咒术、宗教的意
> 义。丧服如果往远古追溯的话，是用来表示对死神和
> 死者灵魂的咒术意义，是表现对死秽斋忌意味的咒术
> 宗教禁忌。在丧服方面，从这种禁忌的表现上看，是
> 与平常的服装有着显著的变化的。（页397）

古人祭祀之前，要整洁身心，以示虔诚，称之为"斋"，不
是使参差错杂变得整齐的"齐"字，也不是裁缝上缝补
整齐的意思。因为时间久远，表现丧服本来宗教咒术意
义的"斋"被遗忘，所以才当作丧服的制作方法——"齐"
来解释。也就是说，中国的丧礼，是穿着粗制的服装，所以
具有"斋衰"与"疏衰"（郑玄注："疏"犹"粗"）的意义，即穿
丧服的意义称之为"斋衰"（宗教咒术），制作斋衰的材料称之
为"疏衰"（粗制的服装）。《孟子·滕文公》篇中所说"三年
之丧，斋疏之服"，就是于三年之丧从修辞上把"斋衰"和
"疏衰"两个概念连在一起而写成"斋疏之服"（页398）。

因此，在命名上，各表示不同的意义，"斋衰"是丧
服本来的宗教咒术意义；"疏衰"是制作斋衰的材料；"斩

---

[1] 郭明昆对"斋"字的看法，来自他的老师津田教授，他在《儒教之礼乐
说》第三章《仪礼之道德化》中，即曾经表示上古时代的冠婚丧祭的仪
礼，本来就存在着宗教咒术的思想在其中。参见津田左右吉：《津田左右
吉全集》（东京：岩波书店，1965年），第十六卷，页227。

衰"是表示制作方法的名称，三者完全不同，不可以混为一谈。

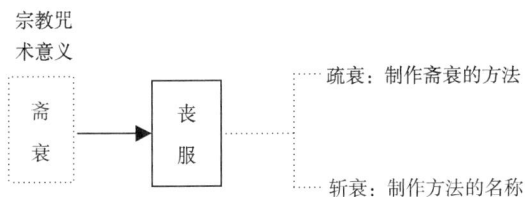

而《丧服》对"齐衰"的新解释，是指它在丧服礼中所构成的理想组织而言，"斩"指衣服不缝边，故称"斩衰"，与"齐衰"的新解释的概念相同，"斩"与"齐"，正如《荀子·荣辱》所说的"斩而齐，枉而顺，不同而一"，从相对语上容易产生联想，所以《仪礼》的作者得到灵感，在"齐衰"之上加了"斩衰"，不缝边的丧服，其意义在缝边的丧服之上。这样做的目的为何？郭明昆认为《仪礼》的作者为了要强调父权，创了"斩衰"的概念：

> 在历来丧服之礼的解释上，对父母虽同样是守孝三年，但重视父权，尊重男权，所以为父亲要比为母亲穿更重的丧服，这或许也是和这样的思想有些关系吧！（页 401）

同样的，在《荀子》中，见不到"大功"的丧服，《大略》篇中虽有"父母之丧，三年不事。齐衰大功，三月不事"，亦被后人疑为汉儒的伪作。

了解了"斩衰"如何从"齐衰"创造而来,"大功"的问题同样可以解决。"斩"相对于"齐","大"自然相对于"小",郭氏于是认为《仪礼》的作者以"小功"为基础,创造了"大功"。

在《礼论》中,"小功"是表示比三年和九月还要短的、在丧服期所穿的综合性轻丧服,并不是单纯地表示布的种类。但《仪礼》的作者却对小功的原始意义欠缺考量,以为"大功是在布上加入浅淡的人工,而小功所加入的则是深浓的人工"(页402)。对此,郭氏提出纠正:

> 小功本来的意思,是对疏衰那种质料粗糙的丧服来说,亦即如前所述的稍加一些人工成分在内的丧服。《仪礼》的作者以齐衰为本造成了斩衰一词,但却把齐衰本来的意思忘掉了。……同样,他又以小功为本创造出了大功一词,而对小功的意义没注意到,由"小"这一形容词联想到"大"这一形容词,创造出了大功这种新的丧服,并置于小功之上。在语言上,民俗是不存在的,所以才在丧服的构成上忘却了小功服的本来意义。小功服本来的意义,是稍微加了一些人工手续的丧服,与"大功"即加入大的人工手续所制成的丧服有所不同,所表现的是等级上的差别(页403)。

小功是相对于疏衰而言,而非相对于大功,但在语言上无法呈现民俗的差距,才导致后人遗忘小功原本的意义,

而专注于丧装人工的粗糙精细之别，郭氏以为"这只是一种无聊的解释而已"。（页403）

二、丧期

以实际的情况来检视《仪礼·丧服》，郭明昆认为"久丧并不是实际的风俗"（页408），就连最轻的缌麻三月，"也只不过是说说而已"。因此《仪礼·丧服》所记载的丧期最重的是三年，但实际上的守丧都不满三年。他提出几个理论根据：

一、丧事的民俗性已对此有所证明
二、考察儒家特殊的古礼主张已对此有所了解
三、儒家本身也持此说
四、墨子等人的激烈反对

其中对于第三个论点，他举马端临《文献通考·读礼通考》为解释：

案，后之儒者，皆以为短丧自孝文遗诏，以为深讥。然愚考之，三年之丧，自春秋战国以来，未有能行者矣。子张曰："《书》云：高宗谅暗，三年不言，何谓也？"子曰："何必高宗，古之人皆然。"盖时君未有行三年丧者，故子张疑而问之，而夫子答以古礼

皆然，盖亦叹今人之不能行也。滕文公问丧于孟子，
欲行三年之丧，父兄百官皆不欲，曰："吾宗国鲁先
君莫之行，吾先君亦莫之行也。"鲁最秉礼之国，夫
子称其一变可以至道，而尚不能行此，则他国可知。

（页 409）

并且他认为从马氏所说的三年之丧，自春秋以后未能落实
的话来看，在周初之时这种风俗或许曾经实行过。但仅止
于猜测。

那么"三年之丧"实际上是多少时间？《荀子》(《礼
论》)、《礼记》(《三年问》)、《公羊传》(闵公二年)、《白虎通》
(《服丧》)都说"三年之丧，二十五月而毕"。历来学者所主张
的时间长短不一，不过大约是二十五月、二十七月的说法
最多人提。关于此点，《仪礼》经文没有记载，郭明昆认为
二十五月的说法大概从《荀子》就已开始有了。

这里有个问题是，实际上服丧未满三年，为什么要说
"三年之丧"？郭氏以为关键在"三"的数字意义。他说：

《荀子·礼论》篇中说："曰至亲以期断，……然
则三年何也？曰加隆焉，案使倍之，故再期也。"又在
《论语·阳货》篇中，假托宰我之口来反对三年之丧
"期已久矣，……期已可矣"。作为儒家之礼，守丧当初
并不是三年，可能是期年而已，其后为双亲守丧，极
端注重孝道，把它加上"再期"的吧！关于"三"这

个数字，在上古中国的思想中是极为受到尊重的，因此才把丧期定为三年。为了要和"三年"名称相合，才把它调和为二十五个月。这些想法只是推测而已，但从孔子的实践态度和学风上看，即便是守三年之丧也不是与时俗的礼说相悖。此外，即使是《诗》《书》对当时丧服礼也没有过分的渲染，始说三年之丧，可能是离孟子不远的时代。（页410）

此外，关于"受服制度"，他认为《史记·刺客列传》的"聂政母死，既葬除服"、《礼记·檀弓》篇中的"既葬，各以其服除"，应该比较符合一般的民俗。由于《丧服经》的规定并不完备，遗漏处也不少，因此他强烈怀疑"受服制度"是否存在于实际的民俗之中。郭氏认为，"新想出来的礼制，一时要完密周备也不可能吧"！

三、服丧者

在《仪礼》中，丧服的分配原则上有两类，第一是按家族的身份关系，第二是按政治的身份关系。以家族的身份关系而言，通过《仪礼·丧服》的服制，可以看出当时的家族生活情况。郭氏从《丧服》中整理出九种亲族间服丧的关系，得出《仪礼》的五服制，在父系父治的父权大家族组织中，男亲、尊属、嫡长子、嫡妻、宗子的地位是比女亲、卑属、庶子、妾、宗亲的地位要来得重要。对应到西方法学家的措词中，这种制度是以"寺院法主义"[1] 的亲等制为标准的，根据众多的家族身份，来分配丧服的轻重等级。举例来说，"妻为夫"斩衰三年，"夫为妻"却齐衰杖期，对妻子而言，所体现的意义是"君临其下的强烈夫权思想"；又如"为宗子、宗子之母妻"齐衰三月，暗示在宗族中宗子的特殊地位 (页 414)。"嫂叔无服"即妻与丈夫之昆弟、昆弟之妻相互之间不必服丧 (页 419)。[2] 郭氏认为"嫂叔无服"所反映的不仅是道德思想上的东西，还有远古的婚姻形态以及家族组织的成因等，是一个值得慎重研究且深具兴味的问题。

至于政治身份的丧服，是指由君臣关系及君民关系所确定的丧服之礼。郭氏认为，丧服本来是属于私生活的礼仪，儒家提倡久丧之礼和极端之孝来规范亲子的关系，而把君臣间的道德看成与父子关系同样重要，则是在战国末期，对国君要服三年之丧，在《孟子》与《荀子》中都有记载。但是讲解君臣关系的所谓从服，则大概是《仪礼·丧服经》

1　亲等的计算方法有二种：一为"罗马法计算法"，古罗马法计算，直系血亲，是从己身上数或下数，以一代（世）为一亲等。如父母和子女间为一亲等，祖父母和孙子女、外祖父母和外孙子女为二亲等。旁系血亲，是从己身上数到同源的直系血亲，再由同源的直系血亲下数到所要计算亲等的亲属，合计其代（世）数以定亲等。一为"寺院法计算法"，中世纪寺院法计算直系血亲与罗马法计算法相同。旁系血亲，则从己身上数到同源的直系血亲，再从同源的直系血亲下数到所要计算亲等的亲属，代（世）数相同，可按一方的代（世）数来定亲等；如果代（世）数不同，则按代（世）数多的一方来定亲等。如计算己身与伯叔的亲等，先从己身上数到同源的祖父母，作为二亲等，再从同源的祖父母下数到伯叔，作为一亲等。这两个方面的代（世）数不同，从其多数一方定为二亲等。

2　翻译误作"即夫之昆弟与昆弟之妻相互之间不必服丧"。

的新说。而随着礼制思想的发展，服丧者的身份关系变得极为复杂，服丧的范围更加扩大，《仪礼》的丧服制度也再不是古代的那种情况了。

从丧装、丧期、服丧者的讨论中，郭明昆对《仪礼·丧服》篇的成立进行分析考察，认为虽然在自然年代的时间上，无法断定《丧服》编成于《荀子·礼论》之后，但是至少在思想文化的时代上，《丧服》应该在晚于《荀子·礼论》之后的战国末期形成。

但为什么战国末期的儒家要编制这么复杂繁琐的丧服礼制，并扩大服丧者的身份范围，使之纳入丧服礼制的体系中？郭明昆提出几点看法：

一、战国时的上流社会盛行厚葬的风俗，由于需要长时间的准备，所以丧礼的日期也要延长，居丧的时间也就延长。

二、儒家将这种厚葬以"孝敬"为出发点，使孝道和礼乐说的思想达到礼仪化，因此提倡极端久丧之礼。

三、在厚葬的葬礼上，数量较多的宗族、姻戚和出嫁族等有种种身份关系的人都要参加，为了适应参加者的身份，自然就需要照礼制来确定丧服的等级，并确定其排列次序。

四、在上流社会中，恐怕也有将被视为重要仪礼的丧葬赋予政治性的统治意图。

五、解释礼的儒者，实际上处于上流社会葬礼指导者的地位。

六、《仪礼》经丧服礼制的组织构成，是由于仪礼道德的新解释才创造了新礼仪，它不仅形成思想上的动因，也产生直接的、具有实际状态的社会动因，可能是由于两者的交错，才产生了《丧服》篇的组织结构。

本文收录于《存在交涉：日据时期的台湾哲学》，台北：联经出版公司，2016 年。"附录"原为叶纯芳单篇论文《郭明昆的生平与仪礼丧服研究》（全文见 2008 年台北市立教育大学人文艺术学院儒学中心编刊《儒学研究论丛：日据时期台湾经学研究专号》）之一部分，今节录以供读者对郭明昆的《仪礼·丧服》研究有初步的了解。

札记：郑注孔氏本辨

敦煌、吐鲁番出土郑注《论语》，有题"孔氏本"者。王国维《书论语郑氏注残卷后》云："郑氏所据本固为自《鲁论》出之《张侯论》，及以《古论》校之，则篇章虽仍《鲁论》，而字句全从《古文》。"今按：此说非是。郑玄校改正文，辄出注云："《鲁》读某为某，今从《古》。"其未有此注者，正文当仍同《鲁论》。《古论》与《鲁论》同者，固无论矣，若郑从《鲁》不从《古》者，郑亦不出校，其文即《鲁论》，非《古论》也。上题篇名，下题"郑氏注"，是古书题名之常式。今敦煌、吐鲁番本，中间更题"孔氏本"，当非郑氏自题，而是后人所加。然则"孔氏本"何义乎？窃疑此题出抄录郑注《论语》而删去校语者所加。按《释文》云"郑以《齐》《古》正读凡五十事"，其校语见今本《释文》者仅二十余条，而敦煌、吐鲁番本所存仅数条而已。是知曾有人抄录郑注《论语》，删去校语者。盖《论语》非《五经》比，文字异同本非学者所重，况童蒙学习，更不需校语，故尽删之。今敦煌、吐鲁番本，尚有数条校记者，不知是删除不尽，抑或后之转抄者据别本补录，皆未可知。今尽删校语，持读此本者，不知郑玄如何校改。但删去校记之处，此本已皆从《古文》，故且题"孔氏本"，以示区别于足本。然则"孔氏本"三字标题，所以取代注中五十条"今从《古》"校语也。窃为猜测如此，不知是否。

书评：汪少华《中国古车舆名物考辨》

乔秀岩

本书绪论引许嘉璐先生语："传统'小学'原本对文化现象是十分关心的，但是当它向前迈出关键性的一步，比较彻底地离开了经学附庸的地位之后，也就远离了文化。……传统'小学'产生和发展的土壤原本就是文化，或者说'小学'就是为文化的阐释而产生的，而那个时期文化的最集中的记录则是经书。"此话提出较深刻的问题，只有像许先生这样的权威学者才敢讲，而且许先生也只讲到这里。"文化"一词可以包含人类认知的一切内容，而小学阐释的对象毕竟是语言。因此，"小学产生和发展的土壤是文化"，实际上几乎等于说"小学产生和发展的土壤是经书"。小学"离开了经学附庸的地位之后"，也就离开了小学产生发展的土壤，这就是现代训诂学的尴尬处境。传统训诂学主要的阐释对象是经书，失去主要阐释对象的小学，如同无米之炊，不知能做出什么饭来。笔者作为行外人，感觉近二十年来训诂学家研究的重点似乎在中古以后词汇、敦煌俗字等，包括经书在内的先秦两汉经典文献的训诂研究并不活跃。出现这种情况，怀疑除了避熟就生等现实考虑外，"经学附庸"成为一种咒语，束缚了学者的思想，未尝不是一种原因。且不论外行人妄言是否得当，现在作者汪先生毅然研究先秦两汉车制，以《考工记》《左传》等传统经典中词语为一方面研究对象，犹如空谷足音，反而显得新鲜。本书另一方面的研究对象是出土遗物。在训诂学和考古学的交叉点上，作者对照文献和古器物进行研究，是本书的突出特点。作者考虑到读者或不熟悉有关研究情况，引录前人有关论述务求详备，致使外行人如笔者也能容易理解问题所在，这对作者的考订也增添了格外的说服力。本书对所有关心经学、古代车制以及传统训诂的人，无疑都是绝好的一部书，值得极力推荐。定价十五元也很有良心，完全适合雅俗共赏，如果因为封面不太美观并且标有"孙诒让研究丛书"七个字，让人误以为内容既专又偏，未免可惜。本文目的不在帮出版社销售，更无意讨好作者个人，但笔者仍然希望更多人有机缘阅读这部好书。

既然是"考辨"，本书主旨不在于提供系统知识。笔者喜爱本书，也不仅因为通过本书获得一些知识而已，更重要的是本书考辨具有尖端性，论述又较稳妥，因此能够引发我们对学术方法的思考。这一点或许是作者初意不到的，同时也是《中国学术》的读者会比较关注的。"作者未必然，读者何必不然"，一部好书的效应，往往不会局限在作者的意图范围之内。

作者自述自己的研究具有"训诂学向考古学、科技史靠近和介入"，在其间"建立桥梁"的意义（见《绪论》）。这些学科之间的关系，值得思考。《汉书·艺文志》"六艺略"当中,《尔雅》归《孝经》类,与《仓颉》《急就》等属"小学"类不同,说明今日所谓小学的内容不完全包摄在经学范畴内,而训诂经典《尔雅》则属于解经性质。"多识于鸟兽草木之名"也是《诗》学的一端,魏人糜信解剖蛤蟆以论《月令》"反舌"(见《月令》疏、《太平御览》等),清人程瑶田参考实物作《九谷考》,似乎都有一种科学实证精神。但经学毕竟以探讨经义为准的,不能与科学研究等同视之。钱大昭自序《三国志辨疑》说:"注史与注经不同:注经以明理为宗,理寓于训诂,训诂明而理自见;注史以达事为主,事不明,训诂虽精无益也。"属于经学的训诂学,追求阐明经书义理,不以考订历史事实为目的。比如《考工记》贾公彦疏对器度数字不厌其烦地说明计算方法,而对名物考实全不措意,假如郑玄注说"如今之某物",贾疏只说"郑举汉法以为况",不管此物形状如何,因为具体形状无关经义。乾隆年间林乔荫自序《三礼陈数求义》说:"舍义而陈数,固无由见先王体性达情之故;而舍数而专言义,又何所据而得其明备之实。则是二者不可偏废,而因数寻义,庶几近之。"光绪间朱一新《无邪堂答问》也说:"有经学家之小学,有金石家之小学。"所以经学家的训诂在现代人看来往往不合理。僖公二十八年《左传》"晋车七百乘,韅靷鞅靽",杜注:"在背曰韅,在胸曰靷,在腹曰鞅,在后曰靽。"在这本书的第119页,作者赞同许嘉璐先生"靽是套在马臀部的皮带"的观点,但文献上见到的"靽"(或"绊")都是拘绊马足的绳子,见不到"靽"作为"套在马臀部的皮带"的例子,所以只能"推测《左传》的'靽'有可能是类似'緧''鞧'的鞁具"。孔颖达的解释与此不同:"骖马挽车,有皮在背者,有约胸者,有在腹为带者,有絷绊其足者。从马上而下次之,'在后'正谓在足是也。"靽是拘绊马足的绳子,和杜注说"在后"似乎矛盾。孔颖达解释说,杜注"在背""在胸""在腹""在后",应该是由上而下的次序,所以"在后"实际上就是"在足"。诚如作者批评,孔颖达这种解释十分牵强,不能说明杜注为什么说"在后"而不说"在足"。但孔颖达至少勉强做了解释,并且对经文"鞙靷靳靽"四物列举的次序也给出了条理。以"在后"为臀部,认为"靽"是臀部的皮具,但不知为何物,固然是科学的态度,但科学有时无法满足经学的需要,所以经学有自己的解释方法,尽管这种牵强的解释也会被后来的经学家纠正。

先秦两汉车制,当时的工匠自然非常清楚,当时乘坐的贵族们对车上各部位的名称也应该熟悉。考古学家渠川福先生认为:"目前,已有数以百计的先秦古车标本出土,比之汉代学者,我们虽然年代更为久远,但条件反而可谓是近水楼台,得以不断增加的新的实物资料与《考工记》以及其他先秦文献进行直接的对比研究。至于对汉人及历代学者的释说,我们的基本态度应当是参考而不盲从,摆脱而不抛弃,毕竟他们的成果还未可一笔抹杀。"(汪书页21引)笔者相信渠先生是一位优秀的考古学家,对先秦古车遗物有深入研究,所以能自信如此。渠先生的说法固然有一定的道理,可惜他不研究历史文献,所以一提到文献,并没有任何优势,

只能甘拜汉人的下风，这是注定的。何以见得？我们且先看
蓝永蔚先生的观点："出土文物带有一定的偶然性和片面性，
而文献记载具有规律性和普遍性。文献记载自然也有传讹不
实者，但经过订正辨伪之后，仍是最主要的科学资料。特别
是包括《诗经》《周礼》在内的儒家经典，自汉以来研习不
衰，师承家法门户森严，其学术渊源的清晰可辨，保证了其
诠说的科学性。……东汉去古不远，郑玄、服虔等人为一代
宗师，其对诸经的诠释均据有不容置疑的第一手资料，如果
没有充足的论证，是不好轻易推翻的。"（汪书页 17、页 181—182
引）我们从先秦的实际语言开始考虑，诚如这本书（页 96）引
王力说，"语言是社会的产物，词的意义是被社会所制约着
的"。但语言完全同质的社会范围相当小，阶层、地方、时
间都造成不同程度的语言差异。后来有人载之文籍，用的是
文体语言，或许有类似普通话的性质，已经与口头实际语言
不同，在扩大通用范围的同时，这种语言具有较多的人为因
素。之后这些文籍被口诵、传抄，中间不断地经过程度不同
的改编。近年来出土战国及汉代帛书、竹简，证明传世古籍
都渊源有自，并非后人杜撰，同时也显示在具体字句上，和
传世古籍之间仍有较大距离。借用蓝先生的说法，可以说
"出土文献带有一定的偶然性和片面性，而传世文献具有规
律性和普遍性"。马王堆《周易》、郭店《缁衣》等都是当时
可能存在的千百种各不相同的文本中之一种，与传世文献无
论什么版本都大同小异的情况不可同日而语。不难推想，从
经书的萌芽形成开始，一直到汉魏注家编定以前，一种古籍

的不同传本之间以及各种不同古籍之间也经常发生互相影响，因而加大了经书的普遍性。乾隆间学者褚寅亮写《宫室广修考》，根据经书等文献记载，考订周代士阶层宫室各部位的长度，如东西序内六丈，序外两夹室各广一丈五尺，两房一室各广二丈等，不可谓不详审，但这些数字意味着什么？周代士阶层居住的房屋，每家都按一张图纸做得一模一样？这种设想显然不合情理。但经学家必须这样考订，才能达到他们追求经义的目的，这就有一种抽象、概念性。经学必须将经书字句的意义一一讲通，而且还要在各种不同的经书以及其他古籍记载之间，互相参证，解决其中的矛盾。然而经学的这种抽象、概念化倾向，不仅体现在汉以后学者的研究注释中，也体现在经书文本逐渐固定化的过程中。总而言之，先秦古籍尤其经书的记载，包含较大的普遍性以及抽象、概念性，与先秦任何时间、地点的实际语言以及具体事物都不完全符合。渠先生虽有"新的实物资料与《考工记》以及其他先秦文献进行直接的对比研究"的设想，两者之间不一定有直接的对应关系，这是通过经书等文献进行名物研究的第一点问题。第二点更加严重的问题是，我们今天传习的经书文本莫不经过汉魏学者校定注释，如《三礼》经过郑玄整理，而郑玄以前的情况，即便"师承家法门户森严"，能够窥知的具体情况亦不过九牛一毛。蓝先生说"文献记载自然也有传讹不实者，但经过订正辨伪之后，仍是最主要的科学资料"，但我们的订正辨伪工作，其实以恢复郑玄等校定的原貌为最终目标，一般而言，无法再追溯到郑玄等人校定以前的状态。试想我们看到的《考工记》是郑玄校定注释的《考工记》，文本、字句都是郑玄手定的，岂能有人做出比郑玄自己更精确的诠释？显然无此可能，除非郑玄的解释自我矛盾，或者和其他先秦古籍之间有矛盾。可见蓝先生说汉人的诠释不好轻易推翻，的确如此，但这不是因为郑玄他们的诠释精确无误，而是因为今天我们没有比郑玄他们更早的文献资料可以拿来对照，进而判断郑玄他们的正误，只好以郑玄他们的理解为唯一标准。从文献学的角度看，我们只能满足于了解郑玄理解的先秦车制，知道郑玄指称的部位概念，做到这一点已经相当不容易。然而这样了解到的概念，自然无法和具体的出土遗物之间打上等号。这种问题并不困扰经学家，因为他们研读的是圣贤编写的经书，探讨的是经学大义，本来不怕抽象、概念性。但训诂学如果"离开了经学附庸的地位之后"，就要面对这一理论难题。哪一天训诂学找到对此问题的答案，或许要改名为历史语言学也不可知。至于考古学家直接研究古车遗物，可以突破郑玄的局限，知道郑玄所不了解的先秦古车细节。但对车上各部位最好自己起名字，不要"与《考工记》以及其他先秦文献进行直接的对比研究"，因为所谓的"《考工记》以及其他先秦文献"并不是考古挖掘出来的先秦遗物，而是屡经历代学者改造的传世品，这一差别相信考古学家应该最能清楚。

对汉魏注家以后的经学情况，我们拥有较多资料，有可能做到"其学术渊源的清晰可辨"，而且经学学说的沿袭性又十分突出。欧阳修说得好："后之学者因迹前世之所传而较其得失，或有之矣；若使徒抱焚余残脱之经，伥伥于去圣千百年后，不见先儒中间之说，而欲特立一家之学者，果有能哉？吾未之信也。"（《诗谱补亡后序》）南宋卫湜赞同此说，他编撰《礼记集说》，其《后序》说："窃谓他人著书，惟恐不出于己；予之此编，惟恐不出于人。……盖后人掇拾前言，而观者据新忘旧，莫究所始，先儒之书日就湮晦，此予之所慨叹而《集说》所由作也。"只有通过搜集对比先儒著作，辨析何说为因袭旧说，何说为作者创见，才能看到经学学说的发展，也只有通过这一方法，才能了解某一观点的创立是由何人在何等思想背景下发生。可惜卫湜慨叹的"据新忘旧，莫究所始"状态，在他以后也没有得到有效改善，至今谈论经学的言论很少免此失。解决这一问题，有待于经学史以及文献学人员的努力。

作者同时研究文献资料和出土器物两方面，在训诂学和考古学之间搭建了桥梁。细想起来，研究出土器物的固然是考古学，但根据古籍对这些器物的各部位定名，并不是考古学固有的研究范围。考古学的核心内容应该是系统地整理古代遗迹、遗物，然而在此基础上结合文献资料进行考订，属于不同层次的研究，更接近历史学以及训诂学。在此意义上，正如作者所说，研究器物名称是训诂学"自家的传统职责"（汪书《绪论》语）。作者充分利用考古学的成果，虽然对考古学家的名物考论进行分析评论，但对考古学的基础工作，诸如挖掘、考订年代、拼合整理等，则全面接受考古学家的说法，并不置疑。这说明考古学家的基础工作做得好，所以能够给名物考订工作提供可靠的基础。反过来看，文献学的基础工作显得十分滞后，这一点在这本书中也有所反映。如第60页引"宋卫湜说"，注《礼记集说》卷九，文渊阁《四库全书》本"，正如上文所引，卫湜说明自己编《礼记集说》"惟恐不出于人"，书中可有他自己的说法？核查《礼记集说》，知此处引文乃卫氏引"长乐陈氏"说，出陈祥道《礼书》第一四四卷（刘氏《论语正义》也引用陈说）。卫氏慨叹"据新忘旧，莫究所始"而编《集说》，结果所载先儒观点竟被当作卫湜说，颇有讽刺意义。又如第145页说明"'重较'之'重'，历来读为平声"，注1"陆德明《经典释文》注'直恭反'，朱熹《诗集传》注'平声'"（文渊阁《四库全书》本卷二）。检《诗集传》二十卷本作"直恭反"，可见朱熹因袭《经典释文》的反切，后来的八卷本改为"平声"，简单化而已。又如第44页说"唐代的萧嵩与杜佑不约而同地记载《大驾卤簿》"，注2"分别见《大唐开元礼》卷二、《通典》卷一百零七"，其实《通典》卷一〇六至卷一四〇名曰"开元礼纂类"，重编抄录《大唐开元礼》，内容自然重复，谈不到"不约而同"。又如第225页引宋林岊说："韬，弓檠也。弛则缚之于弓里，备损伤，以竹为之。閟，一名韬。绁，系也。一曰置弓韬里，以绳绁之。《弓人》注'绁，弓韬'，此义也。"注5"《毛诗讲义》卷三，文渊阁《四库全书》本"，今按《小戎》孔疏："《既夕记》说明器之弓云'有韬'，注云'韬，弓檠也；弛则缚之于弓里，备损伤也，以竹为之'，引《诗》云'竹閟绲縢'。然则竹闭一名韬也。言'閟，绁'

者，《说文》云'绁，系也'。谓置弓轵里，以绳绁之，因名
轵为绁。《考工记·弓人》注云：'绁，弓轵……'……"两
相对照，因袭之迹斑斑可见，林岊并无己见，这也符合《四
库提要》对此书"大都取毛郑而折衷其异同"的评语。引林
岊说作为孔疏说的旁证，无异以复印件来证明原件，"以水
济水，谁能食之"。凡此等问题，都是忽视各种文献的不同
意义，不考虑文献中文句的来源，以致引用失当。笔者在
此，无意贬损本书，也不想以这些问题为大醇小疵、美中不
足等。因为这些问题固然存在，但并不影响本书考订的稳妥
性，而且训诂学家对文献、版本等问题从来不太在乎，拿此
类问题求备于作者，犹缘木求鱼。以当代学者为例，黄焯先
生为《黄侃手批说文解字》写《弁言》，说"其底本乃清孙
星衍仿宋刻大徐本"，其实据影印本看，刻字拙劣，行数不
同，绝非孙氏原本。徐复先生为江苏古籍影印本《经传释
词》写《弁言》，说"始刊于嘉庆三年"，"采用王氏家刻本
影印"，皆误（辛德勇先生《未亥斋读书记》有说）。直到最近中华
书局新出的《扬雄方言校释汇证》，《前言》说："曾用下述
宋本，即福山王氏天壤阁覆刻本、日本东文研藏珂罗版宋刊
本、日本静嘉堂文库藏影宋抄本、藏园据宋庆元本覆刻本、
华阳王氏重刻宋刊本、四部丛刊影傅氏藏宋本。其中藏园覆
刻本卷十三末有'湖北黄冈陶子麟刊'八字，盖上海图书馆
所藏藏园覆刻本即陶子麟覆刻本。"两句话充分显示编者对
版本文献学的不熟悉。这些版本都是宋本的复制本，不能叫
宋本。珂罗版是傅增湘做的，国内各图书馆都有收藏，不知

何必冠以"日本东文研藏"。几种复制本的底本是同一宋庆元本，而或称"覆刻本"，或称"据宋庆元本覆刻本"，或称"重刻宋刊本"，说明编者对这些版本的意义、价值无所体会，盲目因袭别人使用的称谓。陶子麟是刻书者，出版者是傅增湘，本来就是一回事，不烦"盖""即"猜想，而且所谓"华阳王氏重刻宋刊本"怀疑亦即傅增湘覆刻本，因为傅增湘覆刻本后附华阳王秉恩校记才被误认为华阳王氏所刊。总而言之，训诂学家往往表现出对版本文献的不理解，然而这仍不妨他们作为出色的训诂学家。段玉裁是公认的小学大师，而比较侧重经学，因此他的学说多一份抽象、概念化因素。他在主观上也重视版本，但他对版本的认识仍然十分粗浅，这一点笔者有十足的把握敢讲，尽管对段氏的经学、小学仍然佩服得五体投地。王念孙、王引之研究小学，经学色彩相对淡化，《读书杂志》的研究对象是史书、子书，王引之更声称"吾治经，于大道不敢承，独好小学"。二王比段玉裁更重视版本，而且善于利用。但即便二王，对版本文字的认识还有较大问题，如他们往往据类书引文改字，而文献整理专家顾千里等对此表示应当慎重，因为类书产生讹字的可能性一般不会比原书更小。可见训诂学家和文献学家的立场不同，训诂学家的目的在于讲通古书上的词句，所以用古书语言的各种规律来解释文本，务求合理。文献学家的目标在于保存古籍文本尽可能原始的面貌，不怕讲不通，因为历史上实际存在过的各种文本理当包含各类错讹，压根儿不可能是尽善尽美的理想文本，不能要求合理。当然这两者本应相辅相成，不宜互相排斥，甚至无须在文献学和训诂学之间划清分界线，但实际上学者或侧重于训诂，或侧重于文献，不能兼备。

电子版《四库全书》对我们读书提供了莫大的方便，用此利器，转眼间可以搜集大量词例。有很多古籍从来没有见过，通过词语检索才第一次认识，如林岊《毛诗讲义》笔者还是第一次看到。我们的视野一下子开阔很多，但我们的文献目录学远远没能跟上去。大量投入资金、人力，发挥尖端电脑技术，这在短时间内成就了电子版《四库全书》，可是对其中每一部书进行目录学研究，却需要靠文献学者的长期努力，而我们在这方面投入得太少而且太分散。上文指出本书中出现一些引用不当的现象，反映的就是这一问题。用电子版《四库全书》检索得来的例句在文献传承上具有什么意义，往往被训诂学家忽视。文献学对每一部古籍以及其中每一句话的来源及传承过程都应该分析清楚，好像考古学对每一件出土遗物都要说明出土在什么地层、什么状态一样。的确，一部古籍所包含的问题远比一件出土遗物复杂，可是这种基础工作还是必要的。若有文献学家对《方言》版本进行过目录学研究，分析各版本的意义、价值，像《校释汇证》这种书应该能做得更好。标点整理工作，也需要追求更完美。这本书第 139 页、147 页两处引《周礼正义》"则周时已有金薄缪龙明金耳，不徒为汉制也"，应该作"则周时已有金薄缪龙，明金耳不徒为汉制也"。第 176 页引《周礼正义》"少镳其轴而夹钩之，使轴不转钩。轴后又有革以固之",应该作"少锲其轴而夹钩之,使轴不转,钩轴后又有革以固之"。这些地方作者直接抄录中华书局点校本,错误在中华本(标点的目的在于方便阅读,但事与愿违,往往出现不应该出现的错误。笔者认为,学者引用时可以径改,不必照录这些错误,除非讨论标点问题)。我们应该努力减少这些错误。假如这些问题都得到妥善解决,本书引用历代文献更有条理的话,各种学说的来龙脉络显然可见,论述会具有历史层次的立体感,印象更加厚重。

文史哲不分家,没有训诂学家不读经书的。经学史、训诂学、文献学、名物学,互相之间密不可分,不应该条块分野,更不可以存门户成见。现在本书作者勇敢地跳出训诂学的藩篱,深入考古学领域,探讨名物学,获得了可喜成果,是我们的好榜样。在此期望文献学方面进一步加强努力,使得整个国学有更完整、更健康的发展。

本文于 2006 年应约撰写,至 2011 年始发表在商务印书馆《中国学术》第 28 期。